U0941595

欧洲文化丛书

文艺复兴思想评论

第二卷

文艺复兴的回归

徐卫翔　梁中和　主编

商务印书馆
SINCE 1897 The Commercial Press

图书在版编目(CIP)数据

文艺复兴思想评论.第2卷,文艺复兴的回归/徐卫翔,梁中和主编.—北京:商务印书馆,2019
(欧洲文化丛书)
ISBN 978-7-100-17902-7

Ⅰ.①文… Ⅱ.①徐… ②梁… Ⅲ.①文艺复兴-思想史-研究-欧洲 Ⅳ.①D095.03

中国版本图书馆CIP数据核字(2019)第230658号

欧洲文化丛书
文艺复兴思想评论
第二卷
文艺复兴的回归
徐卫翔 梁中和 主编

商 务 印 书 馆 出 版
(北京王府井大街36号 邮政编码100710)
商 务 印 书 馆 发 行
苏州市越洋印刷有限公司印刷
ISBN 978-7-100-17902-7

2019年11月第1版 开本 890×1240 1/32
2019年11月第1次印刷 印张 12.125
定价:45.00元

总　序

同济大学外国哲学学科初创于2003年，先设硕士点，两年后获批博士学位授权点，2007年成为上海市重点学科。本学科自始就把德国哲学和法国哲学立为研究重点，并于2003年开始主编、出版“同济·德意志文化丛书”，次年又启动了“同济·法兰西文化丛书”。几年来，承蒙海内外学界朋友的鼎力相助，上述两套丛书共出版了50余种学术图书（均在同济大学出版社出版），获得了良好的学术反响。

2007年，我们整合同济大学德国哲学研究所和法国思想文化研究所，成立了国内唯一的“欧洲思想文化研究院”。稍后又与香港道风山汉语基督教文化研究所合作，在研究院内设基督教文化研究所，从而初步形成了同济大学欧洲哲学文化研究的基本框架，研究重点范围得以进一步扩展，涉及德国哲学、法国哲学、欧洲诗学（文艺）、欧洲基督教哲学等多个学科。为适应新的形势，我们随即把“德意志文化”和“法兰西文化”两个系列合并成一套丛书，并把它冠名为“欧洲文化丛书”。自2014年起，该丛书由商务印书馆出版。

众所周知，欧洲曾经是、现在重又是一个整体单位。中古基督教的欧洲原是一个统一的帝国，所谓“神圣罗马帝国”。文艺复兴前后,欧洲分出众多以民族语言为基础的现代民族国家。这些民族国家有大有小,有强有弱,也有早有晚(德国算是其中的一个特别迟发的国家了),风风雨雨几个世纪间,完成了工业化—现代化过程。而到20世纪的后半叶,欧洲重新开始了政治经济上的一体化进程,1993年11月1日,“欧盟”正式成立。至少在名义上,又一个统一的欧洲诞生了——是谓天下大势,分久必合,合久必分么?

马克思当年曾预判:要搞社会主义或者共产主义,至少得整个欧洲一起搞(但后来列宁同志单干了)。一个统一的欧洲显然也是哲人马克思的理想。而今天的欧盟似乎正在一步步实现马克思的社会理想。虽然欧盟起步不久,内部存在种种差异、矛盾和问题,但在我看来,在今天以美国主义为主导的全球文明格局中,一个崇尚民主自由的欧洲,一个重视民生福利的欧洲,一个趋向稳重节制姿态的欧洲,是有特别重要的地位和价值的。这样一个统一的欧洲的存在,不仅具有地缘战略上的显赫意义,更可以具有某种文化上的示范和警示意义。

欧洲是“世界历史性的”欧洲。有鉴于此,我们当年创办了“欧洲思想文化研究院”。也正因此,我们今天要继续编辑出版“欧洲文化丛书”,愿以同舟共济的精神,推进我国的欧洲文化研究事业。

孙周兴

2013年12月14日于沪上同济

目 录

文艺复兴政治哲学

文艺复兴晚期的塔西佗主义与国家理性学说

韩　潮

（同济大学　哲学系）

一　塔西佗主义的兴起

文艺复兴晚期塔西佗主义的盛行和传播初看上去是一件咄咄怪事，在所有的古典作家中塔西佗似乎姗姗来迟，但却收获了最后的成果。16世纪80年代短短十年间，塔西佗就开始在欧洲知识界风靡起来。这十年间，有三部重要的塔西佗评注作品面世，它们分别是1581年皮埃蒙特学者帕斯夸莱（Carlo Pasquale）在巴黎出版的四卷本《〈编年史〉评注》、1582年佛罗伦萨学者达蒂（Giurgio Dati）的《〈编年史〉评注》和1589年隶属罗马教廷的学者斯科蒂（Annibate Scotti）发表的《塔西佗〈编年史〉及〈历史〉评注》。值得注意的是，这三个学者各自所在的国家即萨沃公国、佛罗伦萨的托斯卡纳公国以及教皇国都是典型的意大利绝对主义国家。这似乎表明塔西佗主义更受绝对主义国家的青睐。当然，由于出身于美第奇家族的凯瑟琳·德·美第奇嫁入法国宫廷，而围绕在凯瑟琳周围的佛罗伦萨学者小圈子中，对塔西佗的研究早已成为其内部的风尚，因此当时的巴黎也就成为重要的塔西佗主义大本营。原先对塔西佗一无所知的博特罗（Giovanni Botero）很可能就是在1585年造访巴黎期间与同为萨沃公国属民，同时也是第一个塔西佗作品评注者的帕斯夸莱会面之后，才关注起塔西佗的著述，并且在1589年写作《国家理性》(*The Reason of State*)时将塔西佗和马基雅维利并称为主要的政治理论家。

据彼得·伯克统计，在1580—1700年期间，整个欧洲共有超过一百部关于塔西佗著作的评注面世，其中大部分是政治性的评注，而在1600—1649年期间，坊间则共有67种不同版本的塔西佗本人的著作出版。可以这么说，在帕斯夸莱第一部关于塔西佗的完整政治评注出版以后的50年里，塔西佗主义是整个欧洲知识界最为引人注目的一个学派。[①]

不过，塔西佗第一次为现代政治思想所引用，还要回溯到布鲁尼的《佛罗伦萨颂》。在那里，布鲁尼引用塔西佗在《历史》第一卷第一章中的话指出，"当权力集中在一个人身上时，伟大的心智就消失了"[②]。汉斯·巴隆(Hans Baron)敏锐地看到这里蕴含对塔西佗立场的共和主义扩展，因为，塔西佗描述的仅仅是罗马史的一个现象，"而对布鲁尼来说，'伟大心智的消失'却是对帝制政府产生后果的一个普遍性的历史见证"[③]。布鲁尼之后，佛罗伦萨的人文主义者如波焦(Poggio Bracciolini)也持有类似立场，在他与瓜里诺(Guarino da Verona)关于罗马共和国和罗马帝国哪一个孕育了更多文化智识成果的争论里，波焦也曾援引塔西

---

① 关于塔西佗主义的传播，参见 Peter Burke, "Tacitism, Scepticism and Reason of State", in *The Cambridge History of Political Thought, 1450–1700*, eds. J. H. Burns and Mark Goldie, Cambridge: Cambridge University Press, 1991；以及理查·塔克：《哲学与治术》，韩潮译，译林出版社，2013年，第33—71页。

② Leonardo Bruni, *The Humanism of Leonardo Bruni: Selected Text*, trans. Gordon Griffiths, James Hankins, and David Thompson, Binghamton, 1987, p.136.布鲁尼本人在《佛罗伦萨史》中的一段描述几乎与此同出一辙，这证明布鲁尼的确使塔西佗的判断普遍化了；Leonardo Bruni, *History of the Florentine People*, vol.1, ed. James Hankins, Cambridge: Harvard University Press, 2001, pp.49–51。

③ H. Baron, *The Crisis of the Early Italian Renaissance: Civic Humanism and Republican Liberty in an Age of Classicism and Tyranny*, Princeton University Press, 1966, pp.59–60.

佗的同一段话，以证明自由的丧失对罗马文化的损害无比巨大。[①]

不过，尽管如此，布鲁尼和波焦对塔西佗的政治运用在这一时期仍旧不属于主流，这其中首要的原因在于，当时的主流话语仍旧依附于西塞罗的权威：在文体风格方面，西塞罗的雄辩风格征服了15世纪的人文主义者，从彼得拉克开始一直到伊拉斯谟之前，西塞罗在语言风格方面几乎具有统治性的地位。15世纪的人文主义与12世纪文艺复兴以来的早期人文主义间的断裂，其最重要的标志就是对西塞罗式的雄辩风格以及相伴随的罗马道德观念的追慕。事实上，尽管布鲁尼运用了塔西佗的某些观念，但布鲁尼本人却是西塞罗主义的始作俑者。布鲁尼重译了亚里士多德的《伦理学》和《政治学》，在为《伦理学》新译本所作的前言中，他甚至明确表示，他之所以重译亚里士多德的《伦理学》，就是为了以西塞罗式的拉丁语表达亚里士多德的思想。这表明，以布鲁尼为代表的15世纪人文主义者对经过经院哲学术语改造的亚里士多德思想感到不满，他们致力于将希腊文文献重新翻译为西塞罗风格的拉丁文文献，并且试图传达一种与经院哲学的亚里士多德主义不同的政治观念。[②]

西塞罗式的公民人文主义者强调共和制的公民道德以及“积极生活”的道德优先性，并且他们主张，培育这种积极生活的公民道德需要一种使每个公民都投入到公共事务中的政治秩序也就是共和政体。因此，对积极生活的肯定和对共和政体的认同其实是同一个过程的两个侧面，而把这两个侧面结合在一起的就是西塞罗式的演说术：一方面，演说术是公民公共生活的标志；另

---

① K. C. Schellhase, *Tacitus in Renaissance Political Thought*, Chicago: University of Chicago Press, 1976, p.23.

② 理查·塔克：《哲学与治术》，第13—14页。

一方面,演说术也是共和政体运转的枢纽。在这个意义上,我们甚至可以把公民人文主义看作一种典型的"对雄辩的追求"。从布鲁尼开始一直到16世纪70年代,在西塞罗的支配之下,共和主义的风格和修辞很难想象有另一种可能性。尽管塔西佗也体现出共和主义的倾向,但他之所以在这一时期不受重视,正是因为他的风格与西塞罗迥然不同。塔西佗的风格并不是雄辩式的,而更像是一种反讽式的历史叙事,在时人看来,塔西佗的风格甚至近于"恶毒"(atrocious),属于一种与西塞罗式的华丽雄辩文体格格不入的"非西塞罗式"(un-Ciceronian)的风格。[①]比如,佛罗伦萨的书记官、当时的人文主义领袖萨卢塔蒂(Coluccio Salutati)对史学家有过一番排序,在他看来,尽管塔西佗的学识不容置疑,但在史识和雄辩方面,还是不能和西塞罗相提并论,甚至与塔西佗本人试图追随的李维相比,也要稍逊一筹;[②]而到了16世纪初,这一情形也没有多少改观。马基雅维利共和主义小圈子的核心人物、佛罗伦萨奥里切拉伊花园的主人、人文主义者鲁切拉伊(Bernardo Rucillai)曾在一封信里提到,"塔西佗缺少淳朴的高贵和优雅"[③]。而这些批评中那不勒斯的人文主义者彭塔诺(Giovanni Pontano)的观点尤具代表性:

> 塔西佗对我而言只是一个残缺的形象,人们很难对他有明确肯定的判断,只能流于猜测或揣度。[④]

对塔西佗史学意义和政治意义的低估是16世纪上半叶普遍的现象,但塔西佗的不被理解到了16世纪80年代突然有了很大

---

① K. C. Schellhase, *Tacitus in Renaissance Political Thought*, pp.26－27.

② Ibid., p.20.

③④ Ibid., p.29.

的改观。除了我们提到的短短十年间出版的三部塔西佗作品评注之外,1589 年两部塔西佗主义的代表作博特罗的《国家理性》和利普修斯(Justus Lipsius)的《政治六书》的相继面世也起了重要作用。无论是《国家理性》还是《政治六书》都包含了大量对塔西佗的引证,一时间引发诸多模仿者。而 1594 年佛罗伦萨人阿米纳托(Scipione Ammirato)出版的《论塔西佗》则是这一系列塔西佗主义作品的代表作之一,这本书是对塔西佗的《编年史》和《历史》极为全面的研究,出版之后随即成为享誉欧洲的典范之作。

与此相对,西塞罗主义逐渐开始出现了与时代相背离的走向。在关于西塞罗主义的争论中,一个很重要的议题是,西塞罗是否脱离了当下的现实。比如西塞罗主义论争中的代表人物伊拉斯谟就曾指出:

> 如果西塞罗在每件事上都附和我们的观点,这对他来说难道不也是件不可思议的事?他能把他的那个时代带给我们?罗马?元老院?元老院议员?骑兵团?部落?还是百人团?……我越往回看就越感觉时代已经变了,我站在另一个舞台上,我看到的是另一个剧场、另一个世界。我该怎么做?作为一个基督徒,我必须与信众讨论基督教。为了言说得当,我难道应该设想,我生活在西塞罗的时代,作为一个议员,站在塔尔皮亚岩石(Tarpeian Rock)上,面对拥挤的元老院发表演说?①

人文主义运动中西塞罗主义的退潮和塔西佗主义的兴起,这

---

① Erasmus Desiderius, *Ciceronianus*: *Or*, *A Dialogue on the Best Style of Speaking. No. 21*, Teachers College, Columbia University, 1908, p.383.转引自理查·塔克:《哲学与治术》,第 23 页。

一现象是文艺复兴晚期的标志性转变。因此,塔克提出了一种具有广泛影响力的观点,在他看来,西塞罗主义代表着 15 世纪到 16 世纪 80 年代之前的旧人文主义,从 16 世纪 80 年代开始一种以塔西佗为典范的新人文主义开始走上历史的舞台。

二　为什么是塔西佗?

我们或许要问,为什么是塔西佗?为什么塔西佗能够在这个时代盛行于欧洲?

最为直接的理由是,意大利已经进入了它的专制时代。盛行的小僭主统治以及相伴随的西班牙的事实控制已经让意大利丧失了自治的可能性:托斯卡纳大公国取代了佛罗伦萨共和国,其他的小城邦共和国也纷纷失去了自治的地位,即便是唯一的例外,威尼斯共和国也进入了它的衰落期。当 1559 年西班牙在意大利建立起稳固的统治时,共和主义的政治现实性也就随之而丧失殆尽了。在这种情况下,从西塞罗主义到塔西佗主义的过渡也就不难理解了。如果说,西塞罗代表了公民人文主义的正面价值的典范,塔西佗毋宁说代表了这个正面典范的政治现实性丧失之后的结果。无论是布鲁尼还是波焦,对塔西佗的运用虽然是对塔西佗的共和主义的运用,但他们的论证思路其实都是以共和制丧失的残酷后果反证共和政体本身的可贵。现在,当这个残酷的现实终于来临时,塔西佗主义对僭政的洞察力也就成了弥足珍贵的东西。

前面提到的伊拉斯谟的感触在那个时代其实是相当有代表性的,因为,自由传统在这个时代已经是一种过去年代的传说,除了威尼斯之外,在意大利本土已经找不到一个能够看到活生生的自由经验的地方。不仅如此,整个欧洲也在 16 世纪进入了绝对主义国家的时期。只有当整个欧洲尤其是意大利已经开始了它们的绝对主义命运时,塔西佗主义才有了真正的政治现实性。

而就在同一个时刻，一种从波里庇乌斯那里流传下来的“similitudo temporum”(时代相似性)观念开始出现，其始作俑者就是利普修斯和蒙田共同的老师马可·安东尼·穆雷(Marc Antoine Muret)。作为16世纪最伟大的古典学家之一，穆雷1559年后移居意大利，并在罗马开设讲座，利普修斯正是于1566—1569年造访罗马期间接受穆雷的教导后才转向了塔西佗主义。穆雷在他1580年关于塔西佗的演说中明确指出：

> 首先，我们要考虑到，今天已经几乎没有什么共和国存在了。今天，不再有任何一个国家不依赖于一个人的专断意志，不再有任何一个国家不服从于某一个人，也不再有任何一个国家不被一个人统治。因此，在这个意义上，我们这个时代与国家事务受到罗马皇帝控制的那个时代极为相似。而历史越相似，就有越多与我们的生活相关的事情值得学习和运用。尽管承蒙上帝恩典，我们这个时代没有提比略、尼禄和卡里古拉，但是了解一个明智的好人如何在他们的统治下生活，总是有意义的。①

如果说穆雷只是以一种中立的，甚至近于政治犬儒主义的心态看待两个时代的相似性，那么利普修斯的道德洞察力则要敏锐得多。在利普修斯编辑的塔西佗著作的献辞部分，他曾有过一段关于塔西佗主义何以适用于这个时代的剖析：

> 塔西佗是极为深刻的学者，天知道，他是个多么聪明过

① Marc Antoine Muret, “Oratio XIV”, in *Tacitus: the Classical Heritage*, vol.6, ed. Ronald Mellor, Taylor & Francis, 1995, p.33.

> 人的家伙:可如果说有哪一个时代能从他的著作中受益,我敢说一定就是现在、当下。因为,塔西佗记录的既不是汉尼拔对罗马人令人不快的胜利,也不是卢克蕾佳的戏剧性死亡;既不是占卜者的预言,也不是伊特鲁里亚人的符兆,更不是那些娱乐远远大于教益的东西。塔西佗处理的是君主的宫廷,是他们的隐秘生活,他们的计划、命令和行动;我们会发现,他教给我们的东西与我们这个时代的极为相似,似乎都是从同样的原因里推出的结论。暴政之下,只有背叛和谄媚——我们这个时代对此已屡见不鲜——没有真诚、坦率的友谊,朋友间也没有信任;有的是对背信弃义无休止的指责、对伟大人物的戕害以及比战争更加野蛮的和平。[①]

"时代相似性"是一种重要的历史分析方法,它的历史哲学基础是假设不同历史时期的人具有共同或相似的历史处境或历史境遇。这一方面当然是许诺了在历史表象之后有更为真实的历史存在,另一方面,通过对共同或相似的历史处境的探究,为当下的政治实践和过去的历史经验间搭上了一座桥梁,使历史发挥政治教诲的功用。在现代意义上的实证主义史学兴起之前,历史学并不只是一个局限于追求历史真实的学科领域,历史的政治功用——尤其是最初在波里庇乌斯那里被明确表述出来的"实用历史观念"——在相当长的一段时间内其实是历史学的重要组成部分。

穆雷和利普修斯所诉诸的"时代相似性"观念将文艺复兴晚期的国家与塔西佗笔下的罗马帝国联系在一起,凭此他们认为,这个时代将从塔西佗那里获得政治上的教诲。而众所周知,塔西

---

① Justus Lipsius, "Dedication to Maximilian II", in *Tacitus: the Classical Heritage*, vol.6, p.43.

佗讲述的是罗马自屋大维之后的帝国历史，他记录了帝制下的内战、人性以及人性的扭曲。因此，在许多人看来，他是专制主义和暴政的记录者。但塔西佗的意义还不止于此，莫米利亚诺准确地指出，塔西佗和希腊史学家的不同在于，希腊史学家记录的只是暴政在一段时间内对城邦政体的凌虐，而塔西佗描述的却仿佛是没有尽头的暴政，或者说自由被永恒地剥夺之后的状态。只有在自由几乎一去不复返之时，暴政的真正残酷性才显露出来。所有人，或者放弃反抗的念头，一味阿谀奉承，或者就算提出异议，也派不上任何用场，只不过说上两句空洞无谓、毫无用处的意见罢了。用塔西佗自己的话来说，"在鲁莽的执拗和卑鄙的奴颜婢膝"，或者说在阿谀奉承和空洞的抗议之间被迫做出选择，可能就是专制主义的特征之一。[①]而文艺复兴晚期的国家形态仿佛是重演了这个过程，随着共和国的纷纷瓦解和终结，人们似乎再也看不到共和曙光的重临，生活在君主制下的塔西佗主义者们对另一种政体实践的可能性不再抱有奢望，他们唯一的希望只是用从塔西佗那里学来的方法解剖这个时代君主政体中的种种国家心术。

不过，塔西佗所描述的时代与文艺复兴晚期的时代同为君主制时代只是所谓"时代相似性"最表面的特征。更确切的表述或许应当是，这两个时代同为由共和传统退化为君主专制传统的时代。首先，"罗马帝国"这个表述本身就是后来者的发明（文艺复兴早期的公民人文主义者就是始作俑者）。用吉本的话来说，奥古斯都所创立的政体是一种"由共和制形式伪装的君主专制"，而这恰恰早已在塔西佗那里被清晰明白地指出——"表示最高权力的这个说法是由奥古斯都发明出来的，因为他嫌恶国王或独

① 莫米利亚诺：《现代史学的古典基础》，冯洁音译，华东师范大学出版社，2009年，第158页。

裁官的名号,却又想用一个什么头衔把自己的高于其他一切权力的地位表示出来"[①]。同一个过程似乎也发生在16世纪的意大利,马基雅维利和圭恰迪尼(Francesco Guicciardini)就是这个过程的亲历者,他们几乎眼睁睁看着佛罗伦萨共和国被交付到美第奇家族手中,而佛罗伦萨聚集在法国的后裔包括科比内利、帕斯夸莱等人之所以成为第一批塔西佗的拥趸,也与他们从马基雅维利和圭恰迪尼那里获得的共和主义正在走向消亡的记忆有关。这种从共和制向君主制的过渡与一般的君主制时代颇为不同,因为这种君主制并非已经确立了漫长时期的王朝合法性的君主制度,而是在共和国的形式下注入了君主制内容的制度。美第奇家族在1512年复辟之后成立了40人的"巴利阿"以控制佛罗伦萨政府,但是当时的宣言采用的却是恢复佛罗伦萨自由的名号:"如果不建立一个拥有完全自由和充分绝对权力的巴利阿,就无法排除所有障碍,保证佛罗伦萨的自由。"[②]而意大利战争结束之后,出现了更多名义上独立实际上依附于西班牙的邦国,这更加重了名义和实际的分离。在这样的时代里,共和主义虽然并非全无踪迹,但只是在形式上保留着,正如罗马的帝王们佯装他们是元老院的一员一样。

而在名义上,君主制往往能够提供一个具有诱惑力的选择——和平。和平是共和制纷争乃至共和国内战之外的另一个选项,长期的内部纷争已经让民众感到厌倦,因此君主就用和平为甜蜜的诱饵换取民众的支持。1559年的《卡托-康布雷齐和约》结束了已经绵延超过半个世纪的意大利战争,带来了和平的果实,但与和平的果实伴随来临的是奴役,就像恺撒结束罗马内

---

① 塔西佗:《编年史》,王以铸、崔妙因译,商务印书馆,1981年,第178页。

② 参见ASF, Balie, vol.43, f.30r., Sept. 16, 1512,转引自Felix Gilbert, *Machiavelli and Guicciardini: Politics and History in Sixteenth-Century Florence*, no.302, Princeton, NJ, UP, 1965, p.133。

战许诺给公民的“罗马和平”时期(pax romana)一样。在这种情况下,和平往往成了共和制转向君主制的许诺或借口——这也就是为什么利普修斯有所谓的“比战争更加野蛮的和平”。这一点,同样已经被塔西佗在《编年史》第一卷第一章中用他特有的冷峻笔法描摹了:

> 屋大维放弃了三头之一的头衔,声称自己只不过是一个普通的执政官,只要有保护普通人民的保民官的权力便感满足。他首先用慷慨的赏赐笼络军队,用廉价的粮食讨好民众,用和平安乐的生活猎取世人对他的好感。然后再逐步地提高自己的地位,把元老院、高级法官乃至立法的职权都集于一身。反对他的力量已荡然无存:公然反抗的人或在战场上、或在罗马公敌宣告名单的法律制裁下被消灭了;剩下来的贵族觉得心甘情愿的奴颜婢膝才是升官发财最便捷的道路;他们既然从革命中得到好处,也就宁愿在当前的新秩序之下苟且偷安,不去留恋那会带来危险的旧制度了。[①]

因此,不仅是就其身处的君主制时代而言,而且是就共和制向君主制蜕化乃至政体转换的契机而言,文艺复兴晚期的新人文主义者都有充分理由认为,他们身处的时代与塔西佗所描述的罗马帝国初期在很大程度上是相似的。问题是,在时代相似性的前提下,塔西佗究竟能带来什么样的教诲?

三　提比略的形象与塔西佗的教诲

塔西佗的教诲总体而言是丰富而复杂的,但最直接的一点莫

---

① 塔西佗:《编年史》,第3页。

过于他为文艺复兴晚期的知识界带来了一位“理想”的君主——提比略。上文我们已经提到,16世纪下半叶的新人文主义者之所以纷纷转向塔西佗,正是因为他们所经历的历史局面与塔西佗笔下罗马逐渐在共和制的形式下注入君主制的内容,并最终形成了彻底的帝制有关。而共和制蜕化为君主制的关键人物首先当然是恺撒和奥古斯都,其次则是奥古斯都的继承者提比略。不过,由于塔西佗并没有将笔力集中于屋大维,而是放在继承屋大维地位的提比略身上,所以帝制早期的提比略及其统治技艺也就成了这一时期极为盛行的话题。塔西佗的提比略叙述在这一时期甚至可说与马基雅维利的《君主论》共同构成了有关“君主”统治的叙述典范。

塔西佗之所以没有将笔力集中于屋大维,很可能是因为屋大维的统治很大程度上依赖于他在结束罗马内战之后建立的自然权威,因此,在屋大维那里,即便存在着某些统治技艺,也只是附属性的。在塔西佗的描述中,就统治技艺而言,没有任何一个罗马皇帝可以和提比略相提并论。另一方面,也正是提比略设立的某些政策决定性地将罗马的自由推向了全面丧失,而这种自由在奥古斯都建立政体之初实际上多多少少还存在着。因此,塔西佗的《编年史》只是用第一卷的前六章追溯了奥古斯都的统治,却用整整六卷去描述提比略的统治。

而且,更为重要的是,由于提比略的统治距罗马共和国时间不算太远,所以在形式上还力图保持共和国某些政治规则和法权状态,这种形式上的共和制和实际上的君主制之间造成的张力在提比略统治下被尤其突出地放大了。如果借用马基雅维利的语言来描述,那么甚至不妨说,提比略实际上是一个伪装成共和国守护者的“新君主”。

在塔西佗笔下,这一点从《编年史》的第一卷第七章即提比略继位之初开始就突出地体现出来。在那里塔西佗是这样描述的:提比略"不管做什么事情,总是要执政官先提出来,仿佛过去的共和国依然存在,而他本人还不能肯定是否应当掌握统治大权。甚至在发布敕令召集元老到元老院开会时,他所使用的也不过是他在奥古斯都时期取得的保民官的权力"①。看上去提比略对掌握罗马最高权力表现得极为犹豫。但其后塔西佗的评论马上就指出,提比略实际上早已开始行使皇帝的权力:他早已配置了近卫军等一套宫廷人马,早已以统帅的身份向近卫军下达命令,到广场和元老院去时都有近卫军相随,写信给军队时所用的口吻也俨然以罗马的最高元首自居。所以,塔西佗说:"他在任何地方都不犹豫,除了在元老院讲话时。"②

而在塔西佗记述的提比略第一次召集的元老院会议上,提比略又一次显出信心不足的样子。他对元老院说:"在一个要依靠许多杰出人物来维持的国家里,不应当把全部责任推到任何个人身上去。如果一些人协力的话,那么国家的治理就要容易得多。"③这些话看上去也像是提比略对罗马共和国的政治传统持有敬意,但塔西佗随后的评论则表明他完全不相信提比略的话,他说:"诸如此类的话说起来冠冕堂皇,实际却没有说服力。"④

随后塔西佗对提比略的犹豫表现提出了三种解释:其一,提比略是顾忌日尔曼尼库斯的势力;其二,提比略这么做是为了让人们觉得他是因奉国家之召而非晚年被收为屋大维的养子继位的;其三,这是提比略的政治权谋,"他想了解元老们的心思:他一直把人们的每一句话、每一个表情都曲解为犯罪行为,并且深深地记在脑海里"⑤。

---

①② 塔西佗:《编年史》,第7页。
③④ 同上书,第13页。
⑤ 同上书,第8页。

所有读过塔西佗作品的读者都一定会对他描述的提比略形象印象深刻,这在某种程度上要归功于他对提比略的表面意图和真实意图、词语表象和实际行为的对比性呈现。通过这种对比性呈现,塔西佗成功刻画了一个表面和实际分离的君主形象——不过,这一切或多或少都建立在他对提比略真实意图的分析(如果不说揣测的话)之上。

从史学角度来看,塔西佗对提比略真实意图的揣测事实上留下了不少可议之处,20 世纪对塔西佗史学的重新反思往往认为,他笔下有关提比略的部分恰恰是他偏见最多的章节,他的论述其实多少带有僭政受害者的想象。①当然,这里并不是对塔西佗史学做出评议的适当场合;但这一巧合很可能恰恰说明,如果塔西佗的提比略论述带有僭政受害者的想象,那么这种想象至少迎合了文艺复兴晚期的政治需求。提比略那种"把人们的每一句话、每一个表情都曲解为犯罪行为"的意图推理,事实上毋宁是塔西佗自己为读者提供的一幅政治心理学的图景。正如当代塔西佗研究权威学者梅勒(Ronald Mellor)所言,塔西佗的历史是"一幕内在的心理学的戏剧"②,国家理性中的统治秘术或国家心术都需要塔西佗的这幅政治心理学图景。

这幅政治心理学图景的另外一面则是提比略那让人把捉不住或者说善于"掩饰"(dissimulation)的性格。塔西佗对提比略有过一个判断,在他看来,"提比略的讲话方式,甚至在他不是故意隐瞒自己的真实意图时,也永远是曲曲折折、吞吞吐吐的,永远是晦涩难解的。这或许是出于他的本性,或许是出于他的习惯。既然现在他尽力不使自己的真实感情有丝毫流露,他的话就更加暧

① 参见 Frank Burr Marsh, *The Reign of Tiberius*, W. Heffer and sons, 1931。

② Ronald Mellor, *Tacitus*, New York: Routledge, 1993, p.70;关于塔西佗的心理建构,参见该书第 68—86 页。

昧、含混、不可捉摸了”[①]。

同样是关于表面和实际分离的君主形象，如果说虚伪（simulation）是伪装成某种不真实的状态，那么掩饰（dissimulation）则近于是不让人看出真实的样子。在塔西佗的笔下，提比略的最大特点与其说是虚伪，还不如说是善于掩饰。尽管马基雅维利在《君主论》第18章已经提到了虚伪和掩饰兼具的必要性，但他没有区分虚伪和掩饰，而塔西佗却突出了提比略的掩饰技巧。因此，对文艺复兴晚期的塔西佗主义者来说，再没有什么比塔西佗笔下活生生的、善于掩饰的提比略更加值得研究的了。

之所以掩饰得到凸显，其中很重要的原因在于，虚伪或刻意地作伪在道德上更不可接受，而掩饰所面临的道德指责显然就没有那么严重，甚至在很多情况下无伤大雅。沉默是一种掩饰，部分地说出实情也是一种掩饰，但这两种情况都很难说是不诚实的。因此，这个时期还发展出一种极为有趣的所谓“诚实的掩饰”（honest dissimulation）的说法[②]。

这其中塔西佗的提比略论述起到了很大的推进作用，正如他所言，“在提比略自以为拥有的美德中，他最喜爱的是自己掩饰的本领；因此要让他把特意藏在心里的想法说出来，是他最感到恼火的”[③]。在培根的《论说文集》里有一篇名为《论虚伪和掩饰》的短文，一开篇引用的第一个例子就是塔西佗笔下提比略善于掩饰的性格；并且他明确认为，虚伪在道德上是不可接受的，其罪恶要大过计谋，对于掩饰他则没有加以道德判词。[④]

---

① 塔西佗：《编年史》，第13页。

② J. H. Johnson, *Venice Incognito: Masks in the Serene Republic*, University of California Press, 2011, pp.86－105.

③ 塔西佗：《编年史》，第257页。

④ 培根：《培根论说文集》，水天同译，商务印书馆，1983年，第20—23页。

事实上,文艺复兴晚期的新人文主义者们服膺塔西佗也恰在于此。塔西佗的第一部完整政治评注的作者帕斯夸莱针对塔西佗那句“在提比略自以为拥有的美德中,他最喜爱的是自己掩饰的本领”有过一段评论:“非但提比略,所有的君主都会把掩饰算作必要的美德之一;他们注重掩饰要远远超出其他的美德;即便在今天他们也会说,掩饰对于君主是必要的。”[①]正是在这个意义上,文艺复兴晚期的塔西佗主义者才将提比略视为玩弄政治诈术的典范,因为,如果说,只是不说出自己的看法,不让别人看破自己的意图并不能算作一种道德上的恶,那么这种政治机巧就回避了虚伪所带来的道德难题。

当然,塔西佗的提比略论述提供的教诲还不止于此。《编年史》的第一至六卷之所以比其他部分得到更为充分的关注,还在于提比略个人的复杂性格以及他由此实施的其他统治技艺。应当说,毕竟不同于后来的尼禄和卡里古拉,提比略并没有非常耸人听闻的暴行和荒唐的举止;即便是在塔西佗的描述下,提比略个人品质上的一些优点也得到了表现[②],比如他对金钱毫不在意,对过分的奉承也往往持鄙视态度。因此,提比略显然要比后来的罗马暴君更容易被接受。即便是塔西佗主义者中支持君主专制的学者,其所欣赏的也还是具有技巧性的统治技艺而非彻底的暴政。

但公允地说,实际上恰恰是技巧性的统治而非暴政,才真正是导向专制的源泉,提比略引入的“大逆法”(lex maiestatis,或译为“叛国法”)就是一个极为突出的例子。在提比略的所有政策中,“大逆法”是让罗马走向全面丧失自由的最具决定性的一步。

---

① 理查·塔克:《哲学与治术》,第235页。

② 里克:《塔西佗的教诲》,刘小枫编,肖涧译,华东师范大学出版社,2011年,第77页。

塔西佗正是在"大逆法"这个问题上勘破了提比略的种种掩饰。因为,从表面上看,似乎有很多理由认为,提比略并不是那么可恶和暴虐,比如他拒绝了"国父"的称号,这个称号曾经被赋予奥古斯都,而他继位之后就有很多人主张将同样的称号赋予他,但他一生都没有接受,今天考古学发现的古罗马钱币也可以佐证这一点。这其实在罗马皇帝中并不多见,更何况他还拒绝了罗马元老院提出的让所有罗马公民都宣誓服从提比略法令的建议,这同样与其后的罗马皇帝有着明显的区别。20 世纪的罗马史学家正是基于此,才纷纷为反对塔西佗的论述而为提比略翻案,他们认为,塔西佗是将提比略等同于后世的罗马皇帝,是从后世的暴政角度来理解提比略的。[①]塔西佗并不是没有注意到提比略的这些举措所表现的克制倾向,可他对此的评论却是,"虽然如此,他依然未能使人民相信他是共和制度的拥护者。因为他恢复了大逆法"[②]。

塔西佗其实相当清楚,从表象上看,提比略或许比其后的罗马皇帝要好得多,但始作俑者其无后乎?后世的种种暴政其实正是源于提比略的政治机巧,塔西佗的分析方法就是抓住表面和现实的对立;对他而言,凭此才能理解暴政的真正逻辑。"大逆法"就是塔西佗的"判教"方法,他指出,提比略巧妙地想出了这个可憎的措施,"这个措施在开头不声不响地执行,中间有一个短时期被抑制,最后终于爆发为把一切都烧光的大火"[③]。塔西佗所说的大火很可能是指多米提安晚期对"大逆法"全面滥用造成的暴政,而如果塔西佗惦记的是多米提安晚期,那么他无异于是说,这一切在提比略那里就已经埋下了种子。

---

① Barbara Levick, *Tiberius the Politician*, Routledge, 2003, p.177.

②③ 塔西佗:《编年史》,第 60 页。

按照塔西佗的分析,共和国时期的"大逆法"本来只是针对具体的行动比如军队的叛乱以及煽动人民叛乱等,其名只是"冒犯了罗马人民的尊严",而言论本身是不适用于"大逆法"的,但奥古斯都尤其是提比略却让这个法律出现了根本的模糊,从此可以对言论治罪。如此一来,人民中的告密风气就不知不觉流行开来。孟德斯鸠在《罗马盛衰原因论》里尤其提到一节,称提比略:

> 利用了这个法律,不过他不是用这个法律来对付原来规定的对象,而是用来对付他所憎恶的或不信任的一切人。受这个法律所管束的不单单是行动,而且有言语、表情,甚至思想,因为在两个朋友之间相互倾诉的由衷之言是只能被视为思想的。在宴会上面于是不再有自由,亲戚之间也不再相互信任,奴隶中间也不再存在着忠诚。[1]

而在《论法的精神》里,孟德斯鸠更加敏锐地指出,"如果大逆罪含义不明,便足以让一个政府堕落到专制主义中去"[2]。里克(James Leake)发展了孟德斯鸠的观点,在他看来,这条法律的不公正不在于它惩罚叛国,而在于它的模糊,由于模糊不清,它就给所有人造成了威胁。[3]

但法律的模糊很可能是提比略有意造成的,事实上,前两条"大逆罪"的指控都被提比略本人赦免了,但他并没有废除这条法律。他对指控的赦免显得主观随意,这一方面当然使得他本人显得更为仁慈,但另一方面却让这条法律实际上变得更为模糊,

---

① 孟德斯鸠:《罗马盛衰原因论》,婉玲译,商务印书馆,1962年,第74—75页。
② 孟德斯鸠:《论法的精神》,张雁深译,商务印书馆,1961年,第194页。
③ 里克:《塔西佗的教诲》,第81—82页。

因为其践行完全依赖于皇帝本人的主观决定。正是在这个意义上,塔西佗才说出了关于提比略掩饰性格的著名说法。

因此,从根本上说,法律的模糊与提比略掩饰的性格是一而二、二而一的关系:君主须隐藏自己的意图,不让他人猜透自己的意图并保持其暧昧性,反过来说也就是将君主的不可测的意志凌驾于可以理解的法律之上——这是塔西佗的政治史学留给文艺复兴晚期解析暴政的方法。

四 黑色塔西佗主义与红色塔西佗主义

不过,尽管如此,我们并不能就此认为,塔西佗主义纯粹就是对专制和暴政的批判。这并不符合实际,恐怕也忽视了塔西佗本身的复杂性。圭恰迪尼曾经说,塔西佗教暴君如何做暴君,教他们的臣民如何在暴君的统治下乖乖做人,这可能也恰恰是塔西佗的另一面。他既能成为专制主义的敌人,也能成为专制主义的朋友;既是专制暴政的揭露者,也是专制治理术的教师;既可以与专制为敌,也可以为专制所用。1709 年,伟大的古典语文学家卡索邦(Isaac Casaubon)就已经指出了这个矛盾的现象,在他看来,有些塔西佗主义者公开地教导君主如何建立僭政,但另有一些塔西佗主义者则隐秘地批评现存的僭政。[①]有鉴于此,意大利学者托法宁(Giuseppe Toffanin)曾有一个非常有意思的区分,他认为存在两种对立的塔西佗主义,一种是支持共和政体的“红色塔西佗主义”,一种是主张国家理性和现实政治的“黑色塔西佗主义”。[②]

---

① K. Hoekstra, “Thucydides and the bellicose beginnings of modern political theory”, in *Thucydides and the Modern World: Reception, Reinterpretation and Influence from the Renaissance to the Present*, eds. K. Harloe and Morley, Cambridge University Press, 2012, p.32.

② Peter Burke, “Tacitism, Scepticism and Reason of State”, p.484.

但无论是哪一种塔西佗主义,事实上都来源于塔西佗本人,他的表述本身就留下了暧昧之处。比如他的反讽修辞往往就刻意保存了一种微妙的中立。塔西佗在他两部著作的首章都曾表明过其写作的风格:在《编年史》(1.1)中他称自己的写作风格为"无忿无偏"(Sine Ira et Studio),在《历史》(1.1)中则是"不含爱憎"(neque amore quisquam et sine odio)。[①]塔西佗的道德中立性在此表露无遗,可以说,这其实就是一种塔西佗有意为之的方法论。

不过,塔西佗的中立性绝非直接的知识客观性,而是刻意造就的道德修辞的中立性。塔西佗论述的对象是共和的退化史或自由精神的丧失史(恺撒主义的后僭政状态),他的论述方式则建立在自由的高贵性和脆弱性之间的反讽之上。没有这个反讽,就没有客观性。塔西佗对其对象并不是没有批评,从他的反讽语调中我们可以看出他对暴政下的阿谀奉承总是嗤之以鼻,给予不留情面的讽刺,但同时他对理想化的政治理论也一样给予不留情面的批评,最为著名的例子就是塔西佗在《编年史》中对混合政体学说的质疑。在他看来,混合政体学说"容易得到颂扬,却难于创制。即便能够创制,也无法长久维持下去"[②]。而由于他对理想化的政治理论的不屑一顾,总让我们疑心他似乎认为暴政是一种必然的、不太坏的选择,或者说,塔西佗本人就是一个因绝望而选择君主制度的人。实际上,塔西佗从没有批评过整个帝国制度,他似乎认为帝国统治是不可能被改变的,或者说,他从没有想象过除了帝制之外,罗马还有其他选择。

更有甚者,塔西佗很可能根本就拒绝这种无谓的想象。在暴

---

① 塔西佗:《编年史》,第2页。这句话的来源很有可能是通过西塞罗流传下来的波里庇乌斯第六卷第九节中的"不带敌意或嫉妒"。

② 同上书,第223页,4.33。

政下观察到的人性让他发现,人类总是轻易放弃自由而换取可鄙的利益和可怜的和平,同时又用一些空洞的自由语言来安慰自己。因此他似乎认为,这是人性本身的问题,而非纯粹源于暴政的扭曲。用莫米利亚诺的话来说,对塔西佗而言,专制主义并不是一种没有来由的孤立现象,这里存在的并非只是君主之恶,它其实也是一种来源于人性基本罪恶的症候。《编年史》最具讽刺性的一幕莫过于塔西佗提到,提比略每次离开元老院的时候总是习惯于用希腊语说:“多么适于做奴才的人们啊!”因此,正是基于对人性的悲观看法,自由的语言对塔西佗才不再是一种恰如其分的语言。正如莫米利亚诺指出的那样,“塔西佗越是深入地讨论这个问题,就越是感到悲观。他观察得越深入,现实与表面之间以及人类的言行之间的矛盾就越突出”①,以至于我们只能把他当作一个政治的怀疑论者,一个对政治本身就心存疑虑的哲人。

事实上,弗朗西斯·培根以及后来的维柯对塔西佗有过一个著名的评价:柏拉图教给我们人应该是怎样的,塔西佗则教给我们人实际上是怎样的。②这不由得让我们想起马基雅维利在《君主论》第五章提出的那种“想象中的国家”和“实际存在的国家”的著名区分。在这一点上,马基雅维利和塔西佗有着惊人的相似,他们的论述共同构成了与古代政治的根本性断裂。

《君主论》的作者去世之后不久,那不勒斯的学者阿圭司提诺·尼夫(Agostino Nifo)曾对其著述有过一段评述:“你会在这些文字里看到君主和僭主的事迹,就像在医术书里同时看到毒物学

---

① 莫米利亚诺:《现代史学的古典基础》,第158页。

② 同上书,第170页。

和药物学;很显然,你应当避免毒物,学习药理。"[1]这句话中表达的毒与药的机制,或许也可以用来说明"红色塔西佗主义"与"黑色塔西佗主义"的差异和相生相伴,在这个问题上,马基雅维利的接受史处境和塔西佗主义的几乎别无二致。"红色塔西佗主义"和"黑色塔西佗主义"的同时出现,尽管殊为奇特,但放在这个特定的历史时期,却不难理解。在马基雅维利的接受史上其实也出现过一种类似的现象——这就是此前我们已经叙述过同样出现在文艺复兴晚期,同样让人难解的所谓"反马基雅维利主义的马基雅维利主义"。

迈内克(Friedrich Meinecke)曾说,在一些思想家那里,"马基雅维利主义和反马基雅维利主义彼此密切相关。他们这么选择的原因在于他们自己是内心分裂的,因而他们反映了通过马基雅维利主义这一中介进入的历史生活悲剧式的二元性,亦即马基雅维利主义包含的那种难分难解、事关根本的结合——毒害力和治疗力的结合"[2]。迈内克描述的这种情形尤其典型地体现在这个时期的两位思想家那里,他们分别是博特罗和博卡利尼。

五　博卡利尼与博特罗

塔西佗主义是一个纷繁复杂的思想运动,一是因为其中的政治倾向有所不同,比如红色塔西佗主义支持共和制而黑色塔西佗主义支持君主制;二是因为,这个运动首先是以语文学的方式展

---

① Agostino Nifo, *Machiavel. Il Principe*, ed. Paul Larivaille, Paris: Les Belles Lettres, 2008,转引自 James O. Ward, "Reading Machiavelli Rhetorically: The Prince as Covert Critique of the Renaissance Prince", in *California Italian Studies*, 2(2)。关于尼夫与马基雅维利的关系,另见 Sydney Anglo, *Machiavelli: the First Century: Studies in Enthusiasm, Hostility and Indifference*, Oxford: Oxford University Press, 2005。

② 迈内克:《马基雅维里主义》,时殷弘译,商务印书馆,2008 年,第 114 页。

开的，通过注疏的方式诠释塔西佗的思想是这个思想运动的主体；同时它又不是纯粹语文学的，对塔西佗的注疏大多属于政治性评论。当然，在此之后也出现了另一些更加系统化和原理化的论著。莫米利亚诺将这个时期的塔西佗研究文献分为三种类型：第一类是，或者以连续注疏，或者以零散评论的方式对塔西佗作品的解释，这种文体往往采取警句的注疏和评论法，要想将注疏者自己的观点和塔西佗的观点区分开，对这部分文献来说几乎是不可能的；第二类是对塔西佗著作的长篇系统讨论；第三类是系统性论著，比如当时出现的类似于《塔西佗的君主论》的大量作品，基本上是将塔西佗的警句加以系统编排的产物。[①]

如果说上述对塔西佗的研究和注疏处于核心和基石的位置，那么除此之外，塔西佗主义还有一些延伸性的文本，比如在塔西佗文本研究的基础之上扩展成系统政治原理的利普修斯的《政治六论》，以及博卡利尼的巴洛克式讽刺文学作品《帕纳索斯山公报》（*De' Ragguagli di Parnaso*）。利普修斯和博卡利尼毫无疑问都在塔西佗主义者之列，他们各自都有针对塔西佗著述的研究成果面世。利普修斯对于文艺复兴晚期塔西佗研究的贡献是最大的，1574 年第一部经过现代校勘方法编订的塔西佗论著正是出自利普修斯之手，1581 年他又最先出版了对塔西佗著作的历史政治注疏，而其他所有的塔西佗主义政治文献都出现于 16 世纪 80 年代之后。利普修斯的工作奠定了其后塔西佗研究的基础。博卡利尼的工作相对较晚，他皇皇八百余页的《塔西佗评

---

① 莫米利亚诺：《塔西佗史学著作的第一部政治注疏》，收入《论古代和现代的历史学》，黄洋、晏绍祥译，北京大学出版社，2015 年，第 219—220 页。而在另一处，他还采取了另一种分类方法，认为这部分的文献可以分为四类：（1）塔西佗的政治格言摘录；（2）针对塔西佗格言的详细政治评论；（3）根据塔西佗而建立的普通政治原理；（4）关于塔西佗的政治评论。参见莫米利亚诺：《现代史学的古典基础》，第 168 页。

注》直到其去世60年之后才得以出版,而且出版的只占这部著作的三分之一内容,其他部分直到今天仍旧停留在手稿状态,没有得到系统整理。但无论是利普修斯还是博卡利尼,都代表了塔西佗主义扩展为一种政治思考方式的面向:他们一方面有对塔西佗著作的精深研究和评论;另一方面则试图运用塔西佗的方法思考当下的政治现实,或者将塔西佗的方法整理为一种系统性、原理性的政治思考。

博特罗尽管并没有关于塔西佗的评注面世,但他却是第一个将马基雅维利与塔西佗相提并论的人。他在塔西佗主义的发展史中占有一个独特的位置,这不仅是因为塔西佗在他那里第一次不是作为一个史学家而是作为一个政治思想家出现,而且还因为,正是他使得塔西佗成为"国家理性"这个词汇的代言人。博特罗的《国家理性》一书可能是那个时代最受欢迎的政治理论著作,在他这部极为著名的论著的献辞部分,有一段常常为人提及的陈词:

> 我很惊讶,有人提到国家理性时竟然引用马基雅维利和塔西佗……既然这么多人谈论他们,我认为我有必要表明我的态度。在我看来,马基雅维利的国家理性根本没有良心可言……让我感到惊讶的是,这么一个邪恶的人竟然得到这么多的尊崇,仅仅因为据说他教授了国家应当如何统治和管理的方法;对我而言,与其说愤怒还不如说惊讶:这么一种野蛮的治理方式得到广泛认可,简直是公然违反神法(divine law)。有人竟然说,某些事是基于国家理性的,其他的事情才基于良心(conscience)。这种说法既亵渎神灵也违背理性。[①]

① Giovanni Botero, *The Reason of State*, trans. P. J. and D. P. Waley, New Haven: Yale University Press, 1956, XIII - XIV.

博特罗这段充满道德感的文字代表了那个时代耶稣会正统的反马基雅维利立场，在道德上博特罗做到了尽可能的义正词严，以至于这本书在出版八年后大获成功之时，有位耶稣会人士在论博特罗的书评里写道：“博特罗是无与伦比的。他既赞赏美德、公正和义务，又赞同君主的利益，就此而言，他就能得到不朽的声名。”①不过，如果我们仅仅把博特罗这段道德指责当作他的全部立场，那就大错特错了。正如迈内克所言，在博特罗那里，马基雅维利主义的动机和反马基雅维利主义的动机是纠缠在一起的，他在道德上表现得是个反马基雅维利主义者，但在其他方面尤其是国家治理的方法层面，其实对马基雅维利沿袭尤多。比如，他其实是第一个使用“国家理性”作为书名的作者，而“国家理性”这个词在当时实际上的代言人就是马基雅维利和塔西佗。博特罗的工作毋宁是为“国家理性”正名，他试图把马基雅维利和塔西佗那里的道德暧昧性清理出去，以保持“国家理性”一词在道德问题上的中立性。因此，在论述的方式上，博特罗总是采取一种中性化的表述，避免产生任何道德上的挑衅。

我们不妨来看他在此书开篇首先交待的关于“国家”和“国家理性”的定义。他将“国家”定义为“对人民的持续稳定的统治”(un dominio fermo sopra popoli)，将“国家理性”定义为“关于国家的建立、维系与扩张的知识”。②很显然，这个关于国家理性的定义不包含任何直接与权术相关的、具有否定性道德内涵的成分，只是一个客观的中立性的描述和定义。但这并不意味着博特罗仅仅是一位智力平庸的道德审查家，相反，我们只要留心他对

① Robert Bireley, *The Counter Reformation Prince: Anti-Machiavellianism or Catholic Statecraft in Early Modern Europe*, Chapel Hill and London: University of North Carolina Press, 1990, p.45.

② Giovanni Botero, *The Reason of State*, p.3.

"国家理性"的进一步说明,就足以发现他对这一问题的理解深度并没有停留在表层。很少有人注意到,博特罗对"国家理性"概念的进一步修正性界定。实际上,在博特罗看来,尽管国家理性包含了建立、维系和扩张三个层面的知识,但与其最密切相关的是维系国家的知识,其次是扩张国家的知识,最后才是建立国家的知识。他给出的理由是,国家理性预设了既定的或者说稳定的统治者和国家作为其前提,而无论是扩张还是建国,都多多少少预设了不存在既定的统治者和国家——扩张部分地预设了不存在既定的统治者和国家,建国则完完全全预设不存在既定的统治者和国家。[①]如果我们还不曾忘记马基雅维利《君主论》中著名的关于新君主、世袭君主和混合君主的区分,就不难发现这里的对应关系:新君主是建国的君主,世袭君主是维系统治的君主,而混合君主则是扩张性的君主。当然,博特罗的处理方式是沿袭了马基雅维利的区分,但从他的立场来看,以新君主为代表的建国行为严格说来与博特罗的"国家理性"相距最远,真正符合博特罗定义的是以世袭君主为代表的维系国家统治的行为。这么处理当然和马基雅维利大相径庭,但就此也就回避了建国和扩张中由于权力关系不稳定造成的必然暴力。马基雅维利谈论的是必然暴力,而博特罗却回避了它。在 1599 年出版的另一部著作的前言中,博特罗甚至明确指出,"马基雅维利创造的那个君主与亚里士多德在《政治学》中描述的僭主别无二致"[②]。

当然,即便博特罗回避了马基雅维利谈论的必然暴力,即便他认为马基雅维利的君主就是亚里士多德的僭主,也并不表明他完全站在传统的政治理论立场上。从他的行文中流露出的若干

① Giovanni Botero, *The Reason of State*, p.3.

② Victoria Kahn, *Machiavellian Rhetoric: From the Counter-Reformation to Milton*, Princeton: Princeton University Press, 1994, p.65.

细节，我们可以判定，他并没有远离马基雅维利。比如他曾说，“君主做出的决定首先考虑的应当是利益，而不是任何其他什么想法；君主无论同谁打交道，来自他们的友谊、亲情、约定等不能归结为利益的关系都不值得信任”①。又比如，在讨论君主的慷慨美德时，他采取了与马基雅维利《君主论》第16章相似的告诫：好处不能一次性给完，要一点一点给，“让接受者产生或许能够得到更多的希望”②。

更让人不可思议的是，正如马基雅维利在《君主论》最后一章发出的统一意大利的呼告，《国家理性》的最后一节也告诫君主，不要害怕战争，要联合起来对付欧洲的大敌土耳其人。他甚至指责马基雅维利，说“马基雅维利只知道对教会叫嚣，从没有将矛头指向异教徒”。博特罗没有忘了为国家理性辩白，他刻意把国家理性和基督教欧洲的整体利益捆绑在一起——谁害怕国家理性？土耳其人！异教徒！而不应当是基督徒！③

尽管如此，博特罗对马基雅维利的袭用还是经过了一层转化。由于博特罗考虑得更多的是维持一个国家的手段，他对利益的考量要远远超过对战争和暴力（建国和扩张）的考量，因此他比马基雅维利要多出的一面就是在经济方面的策略考虑。事实上，博特罗是将经济学动机引入政治领域的第一人，他用经济学国家理性取代了旧式的军事国家理性。比如在他关于增加国家财政收入方法的研究中，博特罗认识到，制造业获取利润的可能性要大于农业，因此提高制造业的比重并降低农业的比重，是国家繁荣的途径之一。这一点在早期经济学的发展历史上亦占有一席之地。而在这方面他最为重要的发现是对人口问题的看法，

---

① Giovanni Botero, *The Reason of State*, p.41.

② Ibid., p.33.

③ Ibid., p.222.

他认识到人口的增长要快过生存手段的增长,因此道德的约束和战争分别从正面和负面对人口增长形成约束。熊彼特因此说,后来马尔萨斯除了一些简单的数学分析之外,没有什么不是博特罗已经说过了的看法。[①]

经济学动机的引入对于国家理性学说而言是一个巨大的转变,这直接促进了国家理性学说摆脱马基雅维利和塔西佗的影响,进入了一个更具中立性的领域。尽管经济学国家理性归根结底还是"利益的理性"(ragione d'interesse),但之前的国家理性学说所带有的权术论调和否定性道德内涵也就此多多少少被清洗干净。所以,维罗里(Maurizio Viroli)说,"通过与马基雅维利和塔西佗划清界限,博特罗为国家理性赋予了一种新的、更容易被接受的意义。他让有关权术的话语走进了阳光地带,此前,它一直在高尚的'政治'的阴影里徘徊"[②]。

与博特罗差不多同一时期、往往与他相提并论的博卡利尼,实际上是一个和博特罗相差极大的人物。如果说博特罗代表的是国家理性学说平庸的经济学面向,那么博卡利尼代表的就是这个学说天才的讽刺文学的面向。当然,就博特罗对"国家理性"定义的修正性界定来看,他绝不是一个简单或智力平庸的角色,维罗里和迈内克对博特罗的平庸特质的判断多多少少是有误导性的,不过他们对博卡利尼的推崇的确有相当合理的成分。

其实,博卡利尼甚至不能算作一个政治理论家,但是他却能算作现代政治的第一个批判者,这不仅是因为他的《帕纳索斯山公报》开启了现代类型的政治讽刺文学的先河,而且还因为他的讽刺文学能够传达出早期现代绝对主义国家来临之际的历史阴

① 熊彼特:《经济分析史》(第一卷),陈锡龄、朱泱、孙鸿敞译,商务印书馆,1996年,第385页。

② 迈内克:《马基雅维里主义》,第256页。

暗面。按照迈内克的话来说,"博卡利尼的首要历史重要性在于,通过一位当时人的活生生的敏感,首次使历史发展的黑暗面成为对我们来说真正可以理解的"。而迈内克之所以对博卡利尼评价甚高,是因为在他看来,"在这个世纪里,对初生的现代国家固有的真正不虔敬和不道德,或者它对该时代文化理想的彻底二元论态度,没有任何别的思想家有过如此深刻和痛苦的认识……也从没有任何别的思想家同时以理性和非理性方式如此清晰地设想过构成国家的人的激情、人的理性和超出人之上的命运的整个组织构造"①。

迈内克的评价针对的是博卡利尼在道德情怀和现实触觉之间的平衡。就他的现实触觉而言,博卡利尼当然是一个塔西佗主义者;而就他的道德情怀而论,如果按照托法宁的区分来评价博卡利尼,那么他毫无疑问属于红色塔西佗主义者,也就是说,他是一个带有共和主义情怀的塔西佗主义者。他的著述中没有任何教唆统治技艺或生存技巧的嫌疑,也没有其他塔西佗主义者那里的道德暧昧性成分。这或许是因为他采取了讽刺文学的形式,他的所有工作似乎就是尽情地嘲弄这个时代的全面腐败。他的著作《帕纳索斯山公报》的英译本有一个冗长但独具慧眼的标题:《新政治学——揭示廷臣、政治家、普通人的隐秘本性,揭露世界上最有名望的君主国、共和国各自政府的权力和伟大功业的秘密》。应当说,这准确捕捉到了博卡利尼与那个时代知识氛围之间的关系。

博卡利尼的《帕纳索斯山公报》以及其后成书的《政治试金石》(*Pietra del paragone politico*)虚构了一个混杂了历史和神话传说的帕纳索斯山。阿波罗和缪斯是帕纳索斯山的主人,除此之

---

① 迈内克:《马基雅维里主义》,第162页。

外,不同时代、不同背景的历史人物,如形形色色的哲学家、政治家、诗人各自会在这座帕纳索斯山上出现,由此产生了300个荒诞不经却意味深长的故事。而博卡利尼则把自己视作这些故事的汇报者,以超然冷峻的态度不动声色地转述这些荒诞之事。所有这些故事采取的都是从卢西安(Lucian)那里继承来的"梅尼普讽刺"(Menippean satire)的风格,也有类似于伊索寓言式的描绘方式,按照他在《帕纳索斯山公报》第二部献辞里的说法,其实是"大事小说,正史稗谈;佯言此事,实说彼事;自揭其短,以示其盲"[①],藏严肃的批判于谐趣的笔法之中。

博卡利尼之所以采用这种荒诞的故事讲法,除了秉性所致之外,其实也是有避免迫害的考虑,他在一封信中曾提到,"我要说出的真理必定会激怒君主,为了避免激怒这些大君主,我只能让真理披上笑话的外衣,藏在隐喻的阴影里"[②]。相传博卡利尼被西班牙人派来的刺客暗杀于威尼斯,虽然史实仍有争议,但传说背后的历史氛围却一定是真实的。

被博卡利尼披上笑话外衣、藏在隐喻阴影里的"真理"其实并不神秘,它无非是君主藏诸密室却不幸为马基雅维利和塔西佗公之于天下的统治秘术。《帕纳索斯山公报》全书第一个故事说的是"政治家协会"在帕纳索斯山上开了商店,出售各种有神奇魔力的商品,比如第一处商店是叫"吹牛小铺"的地方,专供有知识有品位的廷臣;又有出售一种神奇的铅笔,紧急时刻可以把白的涂成黑的;还有出售给廷臣专用的眼镜,可以把跳蚤看成大象,

---

① Traiano Boccalini, *Advertisements from Parnassus: in Two Centuries, with the Politick Touch-stone*, vol.2, Henry Carey Monmouth, 1669, p.4.

② 给红衣主教卡埃塔诺(Cardinal Caetano)的信,转引自 A. Weststeijn, *Commercial Republicanism in the Dutch Golden Age: the Political Thought of Johan & Pieter de la Court*, Brill, 2011, p.130。

侏儒看成巨人;另外又有一种是皇家黄油,可以壮大胃口,吞得下世界上最恶心的食物。[①]

这种对统治秘术的影射绝非仅仅是文学戏笔,实际上,博卡利尼多多少少是有所寄托的。这可以从他对塔西佗的描绘中看得分明。《帕纳索斯山公报》曾有一则涉及塔西佗的故事,说的是有一天在帕纳索斯山上塔西佗被世上大大小小的君主们控告,他们指责塔西佗在他的《历史》和《编年史》里发明了一种眼镜,让最淳朴无知的人也能看到他人的内心深处,了解别人隐秘的想法。君主们愤愤不满,因为这么一来原先不为人知的君主本性以及政府必要的计谋现在就要公之于众了。过去,君主们常常声称他们的所作所为都是基于公共利益和善良意愿,然而实际却是为自己谋利,这本来是"治理国家最有效的工具",或者说是"政治家所能发现的最无与伦比的国家理性"。现在有了塔西佗的眼镜,一切都失效了,最有效、最无与伦比的国家理性根本无从谈起。所以他们提议把塔西佗送入监狱,禁止出版《历史》和《编年史》。故事的最后,阿波罗做出了判决,决定查禁《历史》和《编年史》,但塔西佗不必入狱,他应当制作少量的眼镜专供君主们之用,在君主们的御前会议上分享,以方便他们统治大众。至于淳朴无知的人最好还是不要让他们知道(enlightened)太多学识,这样一来,盲目无从的他们才需要一个向导,更易于统治。[②]

博卡利尼笔下的这个塔西佗故事,其实或多或少代表了他对塔西佗主义的理解,即:为少数人所掌握的塔西佗主义是专制主义的朋友,而为大多数人所知的塔西佗主义却是专制主义的敌人。这个充满启蒙色彩的隐喻很难不让我们想起卢梭对马基雅

---

① Traiano Boccalini, *Advertisements from Parnassus*, pp.1 - 3.

② Ibid., pp.285 - 286.

维利的判断:马基雅维利看似为君主上小课,实则是在为共和党人上大课,因此,启蒙是必要的,让更多的人知道、了解、看透君主的秘术,本身就具有解放性,或者说本身就是动摇暴政的重要一步。

但这并不是说博卡利尼的学说具有革命性。迈内克的判断是不错的,博卡利尼仿佛是站在文艺复兴和欧洲革命精神发端的中间位置,不过他本人终究是文艺复兴时代的产物。而属于文艺复兴的政治情绪远不是革命的,博卡利尼对人类的变革自然也是从来不抱希望的。《帕纳索斯山公报》里有一个阿波罗倡导的全面改革世界的故事:其时阿波罗召集了帕纳索斯山上的希腊七贤人,再加上罗马老加图、塞涅卡以及现代的哲学家雅科布·马佐尼(Jacopo Mazzoni),为全面改革世界出谋划策,但每一个智者提出的改革方案最终都以失败告终,于是故事在塔西佗那句"只要有人,就有罪恶"(la vitia erunt donec homines)的名言里落幕。博卡利尼补充了一句告诫:"人类的最高智慧无非是保持审慎,满足于让世界维持在它原来的样子上。"[①]

实际上,博卡利尼本人从没有宣扬他的共和理想,尽管他个人的确对威尼斯的自由政体情有独钟,尽管自由可能对于他来说要高过一切——维罗里甚至说,《帕纳索斯山公报》里唯一的正面形象就是威尼斯[②]——但博卡利尼笔下的另一个故事恰恰说明,威尼斯是不可学的,甚至,任何自由政体都是不可学的。

这一则故事说的是,密提林(Mytilene)的君主死后没有留下继位者,于是密提林人为采取君主制还是共和制展开了一场争论。博卡利尼记录了其中一个公民的演讲,这个公民忠告密提林人:

---

① Traiano Boccalini, *Advertisements from Parnassus*, pp.119 - 132.

② 他很可能是错误的,因为博卡利尼对德意志的共和体制也同样抱有好感,其推崇度甚至要超过对威尼斯的。参见迈内克:《马基雅维里主义》,第151页。

虽然自由就好比一块珍贵的宝石，虽然没有什么比只服从上帝和人本身的法律，不屈从任何一个个人更为幸福的事情了，但宝石之所以珍贵，是因为它在世间是罕见的。在这个世界上，君主国常有而共和国不常有。共和国是由那些具有良好品性的公民建立的。威尼斯那样的自由政体是值得钦佩的，但要建立类似于威尼斯的共和国，需要公民能够爱他们的祖国超过爱他们自己的子女和财产，能够把公共利益放在个人利益之上，能够在涉及朋友和父母的民事和刑事事务中保持公正，能够对法律保持敬畏，能够屈尊接受下层民众的投票选择，能够在公共事务中保持静默。总之，能够表现出一个配得上做自由人的习俗。而所有这些，绝无可能从威尼斯的法律中习得。佛罗伦萨共和国最后落入一个僭主之手，就是一个反证。

不过，这位公民的演讲没有阻止密提林人决定建立一个自由城邦的决心，他们决定派大使去威尼斯学习威尼斯人的法律。后来，密提林人的大使果真把威尼斯的法律带回了母邦，而密提林人也果然按照威尼斯的法律建立了一个共和国。但他们很快就发现，自己根本不能忍受威尼斯法律的约束。贵族不愿让渡原先在君主制下获得的个人利益，人民不愿被排除在政府之外空有共和国之名，结果在一片混乱之中，密提林人重新聚在广场上，所有人都张开了嗓门：君主制！君主制！[①]

这个故事的调子与其说是喜剧的还不如说是悲剧的，故事中的大段议会演说词放在《帕纳索斯山公报》300个类似故事里其实也颇为罕见。其演说词的庄严风格与整部书“梅尼普讽

① Traiano Boccalini, *Advertisements from Parnassus*, pp.64－69.

刺”的谐趣笔法更是大相径庭,让人疑心这段文字是否代表了博卡利尼本人对共和政体实现可能性的深深忧虑和审慎判断:自由是可欲的,但也是艰难的;固然是可欲的,但归根结底是艰难的。

这种对于共和政体的审慎判断应当是基于他作为塔西佗主义者的现实触觉,但这个故事的真正主题其实早已在马基雅维利《李维史论》第 16 和 17 卷中得到了阐发,如“习惯了受君主统治的人民即便获得了自由,也难以维持”,以及“腐败的人民在获得自由后,也极难维护这种自由”。事实上,这个主题也是共和主义理论史上最为棘手的难题,直到哈林顿的《大洋国》里,哈林顿毅然决然地采取制度决定论的立场,才宣告了这个问题的无果而终。但哈林顿与其说是克服了这个问题,还不如说是告别了带有公民人文主义特征的共和主义,才回避了这个由马基雅维利提出的难题。

对于博卡利尼来说,法律和公民美德在密提林故事里的对照表明他对共和政体的理解还是在公民人文主义的大范畴之内。在这种公民人文主义的自由理解中,自由政体的建立对公民美德提出了极高的要求,密提林演说中的爱国主义、公德心、对法律的敬畏与这个时期的国家理性学说几乎处于完全对立的位置。博卡利尼的内心分裂也正在于此。他不可能克服这种内心分裂,因为在这种分裂背后,其实是文艺复兴政治思想的分裂。文艺复兴晚期的国家理性学说只有在经过某种转化之后才能和共和主义并行不悖,但那已经是不属于博卡利尼的历史任务了。

六 国家理性学说及其转化

16 世纪是国家理性学说被发明的世纪,我们曾讨论的马基雅维利主义和塔西佗主义大体都属于这个学说。这个学说在17世纪被发扬光大,既而以某种方式融入现代政治话语中去。

不过,在谈论国家理性学说之前,首先需要大致了解一下"国家理性"这个词语的起源。

一般认为,将"国家理性"作为一个政治术语使用源自1547年的德拉·卡萨(Giovanni della Casa),1589年博特罗正式以此术语作为独立标题的著述《国家理性》一书出版,标志这个术语正式进入政治思想的舞台。当然,一个政治概念的形成历史包含着许多不易确定之处,何时是日常的用法,何时成为确定的术语,并非不存在争议。事实上,也有不少学者认为,圭恰迪尼在《关于佛罗伦萨政府的对话》一书中已经使用了"根据国家的理性和习惯"这样的表述,并且他确实是在相近的内涵上使用这个词语的。圭恰迪尼在这本书里主张,所有的国家都植根于暴力,而所有的国家暴力也都会被正当化,因此,当书中圭恰迪尼的代言人指出,某人不以基督教的方式,而是"根据国家的理性和习惯"来行事时,他确实已经使用了与后世国家理性概念意义相似的表述。但是,如果说1547年德拉·卡萨对这一术语的使用与圭恰迪尼的表述有什么不同,那么毋宁说是,德拉·卡萨刻意区分了"公民理性"和"国家理性",从而把这个词语的含义边界确定了,固定了这个词语作为政治术语运用的基本内涵。德拉·卡萨运用这个词语的背景是这样的:当时,查理五世借机得到了原属帕尔马的皮亚琴察,但之后他拒绝将其归还给帕尔马的奥塔维·法内塞公爵,于是法内塞指派人文主义者德拉·卡萨给查理五世写了一封信试图要回皮亚琴察。德拉·卡萨在给查理五世的信中这么写道:

> 一些被贪婪蒙住眼睛的人说陛下您一定会拒绝放弃皮

> 亚琴察;他们说,出于"公民理性"(la ragion civile)您也许会放弃皮亚琴察,但出于"国家理性"(la ragion delgi Stati)您一定会拒绝。不过我认为,这种想法不但是非基督教的,而且是非人道的:这就好比公平与诚实仅仅是我们参加劳动时穿上的一件肮脏外衣,而不是参加典礼时的华丽外套。[①]

因此,就这个术语的第一次使用以及其概念内涵的确定而言,最为重要的莫过于这个词语与"公民理性"的差异。维罗里尤其注重这个区分,他认为,这表明存在着两种不同的语境:一种是政治的传统语言,一种是16世纪的国家技艺语言。"公民理性"和"政治理性"是同义词,它们都代表了传统的西塞罗或亚里士多德式的政治理解,即政治是由理性主宰的,政治理性的使命是通过法律的安排把正义引入人类世界,法律就是政治理性的规则。而16世纪开始,有人开始使用"国家理性"这一词语,用以说明在实际政治操作中区别于"政治理性",甚至与"政治理性"相悖的政治实践,比如发动一场不正义的战争,不公正地处罚公民,为了私人目的动用公共权力机关,陷害一个无辜的人,用欺诈的手段破坏一个联盟等。所有这些政治实践都是缺乏理性根据的,只能诉诸国家的实践,在这种政治实践中形成的东西只是一种"技艺"而不是传统的"理性"。因此,维罗里主张,传统的"公民哲学"有自己的理性,而"国家技艺"只有实践。[②]

维罗里的说明当然有其合理性,尤其是考虑到当时人对国家理性的批评态度。比如康帕内拉就曾说:过去我们称为"政治理

---

① Giovanni Della Casa, *Opere III*, Venice, 1752, p.337. 转引自理查·塔克:《哲学与治术》,第41—42页。

② 维罗里:《"国家理性"的起源与意义》,收入许章润、翟志勇编:《国家理性与现代国家》,清华大学出版社,2012年,第8—9页。

性”的东西，现在人们称之为“国家理性”；实际上，今天我们已经把这两个词语混淆起来，过去的“政治理性”就等于正义和公正，而今天的“国家理性”其实是对真正政治的一种背弃。[①]我们有理由相信，维罗里的说明多多少少反映了当时的某些倾向性认识。

不过，维罗里的这种说明也存在着几点缺陷：其一，他过于重视“国家理性”的批评者的立场，而几乎没有呈现“国家理性”的倡导者和使用者的立场；其二，他将“公民理性”和“国家理性”简化为理性和实践的对立，不能说明何以“国家理性”的倡导者和运用者要称“理性”一词；其三，他的行文往往还有一种倾向性，认为“公民理性”是属于共和国的理性，而“国家理性”属于专制主义国家，这即便不是误导，至少也是一种简化；其四，他过于强调“公民理性”的道德性和“国家理性”的不道德性的对比，这显然仍旧是某种简化的处理方式。

这些缺陷很可能是维罗里为阐发自己的共和主义立场而刻意建立的意识形态对立面。为了有相对客观的了解，这里我们也希望对当时实际的国家理性理解做几点说明：

首先，除了部分对国家理性的严厉批评之外，更为当时人所认同的观点是，存在两种国家理性：一种是好的国家理性，一种是坏的国家理性，好的国家理性服务于国家的整体利益和公共的“善”，坏的国家理性只为君主或某个特定阶层所用。另外，好的国家理性始终受到神法或自然法的制约，不能为所欲为，而坏的国家理性往往意味着对基督教伦理和一般人性原则的刻意践踏。当然，在某一种情况下可以从权，在某一种情况下需要坚持原则而不能从权，本身的确存在着争议，在具体实践中也有暧昧含混

---

① 维罗里：《“国家理性”的起源与意义》，收入许章润、翟志勇编：《国家理性与现代国家》，第8—9页。

的地方,但大多数意见还是保留了对"好的国家理性"的认可。

其次,主流意见之所以保留了对"好的国家理性"一说的认可,是因为,它本身就来自传统的政治理性。有人认为(如费拉切塔[Girolamo Frachetta])"好的国家理性"来源于亚里士多德和西塞罗那里的政治审慎(civil prudence),也有人认为(如德国的亚里士多德主义者贝索尔德[Christoph Besold]和克莱玛[Arnold Clapmar])"好的国家理性"就是亚里士多德伦理学中的"衡平"(epiekeia)概念,后者往往把更高的正义原则置于现实的法律之上。也就是说,并不存在维罗里说的那种实践和理性的对立,而是"好的国家理性"本身就有作为审慎、衡平,概而言之作为实践智慧的一面;这种实践智慧其实是主张为了更高的正义原则,只能在必要的情况下不遵守现实的法律或约定。[①]这是一种实践的理性,也是"国家理性"的倡导者和运用者还要沿用"理性"一词的原因所在。

再次,由于这种国家理性学说强调更高的正义原则,因此往往国家理性主义者并非全然不顾道德,而是诉诸在他们看来比法律或联盟条约更高的东西,这就是当时著名的国家理性主义信条——"人民的福祉就是最高的法"(salus populi est suprema lex)或"国家的福祉是最高的法律"(salus republicae suprema lex)。当国家理性主义者搬出他们心目中的"最高的法"时,他们往往带有热情洋溢的道德感,而不是我们所以为的那副冷酷无情的样子。其中非常典型的标志是一个法国国家理性者路易·马洪(Louis Machon)在他《为马基雅维利申辩》一书中说出的一番感情充沛,甚至不乏煽动性的言论:

---

① 需要补充的是,所有国家理性的负面成分如国家心术、诈伪和欺骗(狐狸)、例外,都是从这里来的。

> 一位君主、一位主权者,或者说任何一位执掌国家权力的人物,其目标只能是人民的安全、公共的利益以及国家的保全。“人民的福祉就是最高的法”——这句话是一切政治法条的基石,是人类智慧的秘密所在,是对所有人都普遍适用的公理。正因为这位纯洁的女神,爱国才成为我们道德德行和世俗情感的目标。[①]

当然,也有另外一类相对更带有冷峻风格的国家理性主义者,他们固然也诉诸某种比法律更高的东西,但他们所诉诸的并不是某种更高的道德准则,而是近乎自然理性的那种东西——这就是当时国家理性主义者所引用的另一个关键词语“必然性”。比如,我们前面曾提到的克莱玛,他曾引用过塞涅卡的“必然性让一切合法”,并且在塞涅卡的这句箴言后加上了一句评论:“必然往往让不合法的事情成为公平和正义,这就是必然性的力量和尊严所在。”[②]由于克莱玛的理论路径是从政体学说着手的,所以在他看来,维系某种特定政体运行的就是这样一种必然性。

最后,问题自然来到了与政体有关的地方。维罗里有意无意诱导我们认为,“公民理性”是属于共和国的理性,而“国家理性”属于专制主义国家。但这肯定是不准确的。共和国当然也有它的国家理性,差不多所有的国家理性主义者都会认为,无论就国际关系而言还是就国内的叛乱而言,共和国都需要运用某种国家理性。某些国家理性主义者甚至从国家利益的角度论证“弑僭”的必要性,就是一个明证。

---

① William F. Church, *Richelieu and Reason of State*, Princeton University Press, 1972, p.426.

② 理查·塔克:《哲学与治术》,第135页。

更为重要的是，另有一些国家理性主义者从政体和法律的关系角度来看待国家理性问题，他们把中性的“理性”（ragion）概念转化为包含道德或法律内涵的“法权（正当性）”（ius）概念，提出每一种政体类型都有其特定的“统治法权（正当性）”（ius dominationis），这种统治正当性高于已经制定的法律。这其中的代表仍然是德国亚里士多德主义者克莱玛和意大利的亚里士多德主义者佐科罗（Lodovico Zuccolo）。克莱玛和佐科罗使用的“统治法权（正当性）”概念其实是用法学术语表达了国家理性的一般内涵。

克莱玛和佐科罗的论证依赖于亚里士多德，在亚里士多德《政治学》中曾有一个讲述政体高于法律的段落：

> 真正的政治智慧应当能够分别何为最优良的法律，何为适应于不同政体的法律；法律实际上是，也应该是根据政体来制定的，不能反过来根据法律来决定政体。政体既是一个城邦的政权组织形式，也是每一个共同体所企求的目的所在。法律则不同，它是执政者借以控制国家、处理违逆者的规章。（1289a）

因此，亚里士多德的《政治学》第五卷其实提供了一种不带政体偏好的国家理性学说的理论来源。从政体的统治正当性角度来看，为了让政体形式延续下去，为了维护统治正当性，法律本身要服从于政体本身的要求，这才是国家理性学说真正的落脚点。但这个“ius dominationis”是否已近于博丹的主权概念？是否国家理性学说已经蕴含了某种转化的契机？

我们知道，博丹其实并不算是一个严格意义上的国家理性主义者。博丹一方面是塔西佗坚定的仰慕者。比如，他接受了塔西佗的判断，认为君主制是共和德性败坏后的必然结果；[1]又比如，他呼应了文艺复兴晚期以塔西佗主义取代西塞罗主义的大势，对西塞罗式的国家观念提出了严厉的批评——他曾说，“西塞罗的国家定义即将国家定义为人为了更好地生活而聚集在一起的共同体，虽然说出了美好的目标，却没有说出国家建制的本质及其权力所在”[2]。这似乎验证了维柯对塔西佗主义的断言：柏拉图教给我们人应该是怎样的，而塔西佗则教给我们人实际上是怎样的。亦即把应然的层面拉回至实然的层面。

不过，博丹或许也从某种角度微妙地背离了塔西佗。博丹虽然追随塔西佗对西塞罗式的古典国家的道德定义提出挑战，但是他的论述并不带有塔西佗主义通常所具有的道德暧昧性。博丹在道德上毋宁说是严正的，他认为君主必须受到神法和自然法的限制，必须遵守自己许下的诺言，即便是与强盗团伙缔结的协议也要遵守。因此，很难说博丹是一个严格意义上的国家理性主义者。我们不要忘了他对马基雅维利的严厉指责——“轻浮却无益”（homo levissimus ac nequissimus）。

但迈内克在《马基雅维里主义》一书中对博丹的处理是耐人寻味的，他一方面认同博丹在讨论毁约和背信等案例时，全部从纯道德、纯法律的观点做出的评判，不承认国家理性的正当性；另一方面，在他看来，博丹总是希望为国家政治生活找出某种普遍和绝对的标准，或者说他总是希望能为纷繁复杂的政治现象找到一个牢靠的道德和法理基础，这一点使得他和马基

---

① 参见 J. H. M. Salmon, *Renaissance and Revolt: Essays in the Intellectual and Social History of Early Modern France*, Cambridge University Press, 1987, p.38。

② Jean Bodin, *Method for Easy Comprehension of History*, trans. Beatrice Reynolds, Columbia University Press, 1945, p.158；另见 J. H. M. Salmon, *Renaissance and Revolt*, p.38。

雅维利判然有别。[1]这么看来,似乎博丹与国家理性主义者的一般立场差异很大,可迈内克同时却坚持把博丹纳入国家理性主义者的范围。他认为,博丹和马基雅维利是以两种完全不同的方式通向了同一种现代国家的观念:马基雅维利看到的是国家的权势冲动。而博丹并不把权势冲动当作自己的出发点,他不愿被那些非法或不道德的权势动机诱惑,宁可采取某种法理逻辑的力量达到对现代国家本质的理解,同时尽可能削弱这些不正当的动机;他发现,在所有这些权势冲动背后,存在着一个永恒而牢不可破的法理逻辑纽带,这就是其具有开创性的概念——"主权"[2]。

从"国家理性"到"主权",是国家理性主义的一个转化契机,不过,具体的论述将留待现代政治思想史的展开了。

---

① 迈内克:《马基雅维里主义》,第130、128页。
② 同上书,第131页。

马基雅维利在何种意义上是“马基雅维利主义者”?

刘训练

(天津师范大学　政治文化与政治文明建设研究院)

在西方思想文化史上,围绕马基雅维利(Niccolò Machiavelli,1469—1527年)的争论几乎在他生前就已经产生,数个世纪以来从未中断。近两年,值其主要著作问世500周年之际,西方学界各类传记、诠释著作更是层出不穷、蔚为大观。

在关于马基雅维利的众多评论中,有两条“酷评”让人特别印象深刻。一条是英国著名史学家麦考利所谈到的马基雅维利的历史遭遇:“从他的姓引出了一个适用于恶棍的同音形容词(指‘Machiavellianism’,马基雅维利主义——引者注),从他的名引出了一个魔鬼的同义词(指‘Old Nick’,撒旦——引者注)。”① 另一条是著名学者施特劳斯的苛责:“马基雅维里是绝无仅有的一位哲学家,不惜将自己的名字,同跟社会政治生活本身一样年代久远的一种政治思想与政治行为,公然联系起来,以至于他的名字被人普遍使用,作为这种政治思想与政治行为的代名词。”②

---

① 麦考利:《马基雅维里》,收入《西方名著入门》第7卷,商务印书馆,1995年,第365页。本文引文中的“马基雅维利/马基雅维里”“国家理性/国家理由”等译名未做统一,特此说明。

② 施特劳斯:《关于马基雅维里的思考》,申彤译,译林出版社,2003年,第2页。

这两条评论都指向了“马基雅维利主义”,而中文学界尤其是中文媒体有一个流行的说法,即马基雅维利说过或者主张过“为达目的不择手段”,并认为这就是所谓的“马基雅维利主义”。

那么,马基雅维利是一位“马基雅维利主义者”吗?如果是,他又在何种意义上是一位“马基雅维利主义者”呢?

一

按照《牛津英语词典》的解释,“马基雅维利主义”指“(尤其是在政治生活中的)狡诈、诡计多端和不择手段”;而《观念史辞典》的定义则是,“历史上指认为在政治生活中唯一重要的是有效性,政治行动不应该受到道德考量亦即善恶评判的限制”。①

仔细辨析一下可以发现,这两种“马基雅维利主义”的含义事实上是有区别的,前者指向的是一种**行为**或**事实**,后者指向的是一种**理论**或**逻辑**:前者(我们称之为狭义的“马基雅维利主义”)的侧重点是,为了达到某种**私人的**目的或者**不正当的**目的而**主动**采取某些(依据道德或法律)**恶劣的**手段;后者(我们称之为国家理性意义上的“马基雅维利主义”②)的侧重点是,为了实现某种**公共的**目的或者**崇高的**目的而**不得不**采取某些恶劣的手段,但目的(依据更高的道德或“超道德”)可以使这种做法得到辩护、正当化(justify),或者至少得到原谅。后者更像一个中立性

---

① 《牛津英语词典》(在线版):http://www.oxforddictionaries.com/definition/english/Machiavellian?q=Machiavellianism#Machiavellian__9;《观念史辞典》(在线版):http://xtf.lib.virginia.edu/xtf/view?docId=DicHist/uvaBook/tei/DicHist3.xml;chunk.id=dv3-15。

② 关于国家理性的具体诠释,详见下文;“马基雅维利主义”的这层含义大概主要因为迈内克那本名著的英译本标题(F. Meinecke, *Die Idee der Staatsrason*, Munich, 1924; *Machiavellism: The Doctrine of Raison d'Etat*, trans. D. Scott, Yale University Press, 1957)而普及。

命题，而前者本身已然是一个道德论断：因为目的（私人的欲求或少数人的利益）一开始就是不正当的，所以无论其手段如何，在道德上都不足取，而使用恶劣的手段只能更加突显其目的的不正当。

按照这种细致入微的区分，我们会发现，在很多情况下，“为达目的不择手段”（或者直接就是“不择手段”）这个句子或短语其实是对“the ends justify the means”的误译，而其正确的译法应该是：“目的证明手段”或者“目的使手段正当化”。“为达目的不择手段”是狭义的“马基雅维利主义”的实质，而“目的证明手段”是国家理性意义上的“马基雅维利主义”的内在逻辑。

不过，需要特别指出的是，在政治生活中，尽管这两种“马基雅维利主义”**从观念上**很容易区分开来，但**在事实上**却难以明确区分：没有哪个政治家、统治者或政府会公然以**自私**的名义行事，相反，他们都会打着**公共利益**的旗号，以**必然性**的理由推行自己的政策；而且，他们的动机也可能是双重的而非单一的，既有公共利益的考量，也有私人利益的算计。我们在评价政治家及其政策时，因为**目的、意图、动机**是隐蔽的、复杂的，所以也是不易判定的、容易引发争论的。这一点至关重要，否则的话，恺撒、拿破仑这样的历史人物就不会永远无法盖棺定论，下文将要探讨的那些理论难题也就不会产生。

无论如何，至少到目前为止，我们可以得出**第一个结论**：存在两种意义上的“马基雅维利主义”，有必要把它们区分开来；把“the ends justify the means”翻译成“为达目的不择手段”是一种误导，它混淆了狭义的“马基雅维利主义”和国家理性意义上的“马基雅维利主义”。

在辨析出两种含义的“马基雅维利主义”之后，接下来可以探讨一下这个问题：它们都产生于马基雅维利吗？关于第一种

"马基雅维利主义",几乎用不着理论思考就可以断言,政治中的阴谋诡计、背信弃义既是(就像施特劳斯所说)与人类政治生活相伴生的历史现象,也是任何时代权力角逐者得心应手的工具。不是马基雅维利教导了《君主论》中的英雄切萨雷·博尔贾,反而是他从后者那里获益良多。正如很多学者注意到的,即使从理论上看,《君主论》也没有比亚里士多德《政治学》第5卷(给僭主的建议)提供更多、更新颖的东西。

那么,第二种"马基雅维利主义"呢?不是有很多学者以及教科书都指出,国家理性学说产生于马基雅维利吗?征之于历史,答案仍然是否定的。"国家理性"的观念同样源远流长,在西方古典文献中屡见不鲜。例如,雅典著名政治领袖地米斯托克利被"公正者"阿里斯提德否决的"有利于城邦但有损于公正"秘密提案;[①]修昔底德《伯罗奔尼撒战争史》第5卷中记载的"米洛斯对话";《喀提林阴谋》中记载的西塞罗、恺撒、小加图关于如何处置喀提林分子的争论;塔西佗《编年史》第14卷中记载的"卡西乌斯演说"。不但有历史事例,还有理论分析,例如,在亚里士多德(《政治学》第7卷第3章;《修辞学》第1卷第13章)和西塞罗(《论义务》第3卷第21章)的著作中,我们都可以看到相关的辩驳。[②]

总之,无论是狭义的"马基雅维利主义",还是国家理性意义上的"马基雅维利主义";无论是作为一种政治现象和历史事实,还是作为一种思想观念和理论学说;无论是参照不同的文化传统来考察(比如,古代印度考底利耶的《利论》[Kautilya, *Arthasastra*]、

---

① 参见普鲁塔克《希腊罗马名人传》(《地米斯托克利传》第20节,《阿里斯提德传》第22节)。马基雅维利在《李维史论》第1卷第59章中引述过这个故事。

② 其他的例子参见迈内克:《马基雅维里主义》,时殷弘译,商务印书馆,2008年,第81—82页。

中国的《韩非子》），还是从西方文化内部来看，都很难说马基雅维利的论述是全新的，它们都不是首先源自马基雅维利。[①]这是我们可以得出的**第二个结论**。

接下来的问题便是，既然这两种意义上的“马基雅维利主义”都不是起源于马基雅维利，那么，为什么它们会以“马基雅维利”来命名呢？[②]或者我们可以更直接地设问，马基雅维利在其著作中到底有没有说过或者主张过“为达目的不择手段”以及“目的证明手段”呢？

二

事实上，认为马基雅维利说过“目的证明手段”，源自《君主论》中一句话的误译。在《君主论》第 18 章中有一个著名的段落：“对于不能向法庭申诉的一切人的行动，尤其是君主的行动，人们就注意**结果**。所以，只要一位君主能够赢得并维持他的国家，（他所采取的）**手段**就总是被认为是光荣的，并将受到每个人的赞扬。”[③]早先曾有英译本依据后面那句话的意思而将“人们就注意结果”（si guarda al fine）这个短语不太准确地译为“the ends justify the means”，而现代大多数英译本译为“one must think of

---

① 这几乎确证了施特劳斯的说法，马基雅维利为之贡献的仅仅是他的名字。

② 也就是说，既然国家理性古已有之，那么，何以到了马基雅维利这里才成为一个问题或者说焦点？关于这个问题，参见迈内克：《马基雅维里主义》，第 82—84 页。

③ 马基雅维利著作的中译文，《君主论》由笔者依据曼斯菲尔德英译本（*The Prince*, 2nd. edition, trans. and intro. Harvey C. Mansfield, Chicago: University of Chicago Press, 1998）译出，中译本参见《君主论》，刘训练译，吉林出版集团，2014 年，本段文中的引文参见第 150 页。其他都采自吉林出版集团中文版《马基雅维利全集》（《李维史论》，薛军译，2011 年；《佛罗伦萨史》，王永忠译，2011 年；《书信集》，段保良译，2013 年），并略有调整。马基雅维利著作的意大利文版，《书信集》依据马尔泰利编校本（Florence: Sansoni, 1971），其他依据“国家版”（Roma: Salerno）。引文中的黑体强调部分全部为引者所加。

the final result”或“one judges by the result”。[①]

统观马基雅维利的著作,相关的表达还有几处:早在 1506 年 9 月致焦万·巴蒂斯塔·索德里尼的一封著名信件中,他说起多数人的视角,“显然只看事情的**结果**而不是**手段**(che si habbi nelle cose ad vedere el fine et non el mezo);我看到,沿着不同的道路,可以到达同一个地方;以不同的方式行动,可以导致同样的结果——这种意见要什么证明的话,这位教皇的行动及其**效果**(effetti)都可以提供”;在《李维史论》第 1 卷第 9 章中,他评论罗穆路斯说,“极为合理的是,尽管就**事实**而言应该指控他,但就**效果**而言应该原谅他(accusandolo il fatto, lo effetto lo scusi)”;在《李维史论》第 3 卷第 3 章中,他评论索德里尼时说道,“他的工作及其**意图**必须得由其行为的**结果**来判断”(avendosi a giudicare l'opere sue e la intenzione sua dal fine)。

这些文本表明,在马基雅维利看来,尽管大多数人只依据结果/效果来评判行为、事情和建议是不明智的、盲目的,但是,“群氓总是被事物的外表和结果所吸引,而这个世界里尽是群氓”(《君主论》第 18 章);所以,在这种情况下,依据结果来评判行动又是必然的:毕竟如前文所说,动机是复杂的,意图是隐蔽的,目的是看不见的。这样,在马基雅维利这里,分析的要点就不仅仅是目的与手段,还要看结果:不是**目的证明手段**,而是**结果证明目的和手段**;问题的关键不在于手段,不在于目的,尤其不在于你宣称了什么样的目的,而在于取得了什么样的结果;**无论是手段还是目的,都需要结果来评估**!这可以看作是我们得出的**第三个**

---

① 阿尔瓦热兹英译本(*The Prince*, trans., intro. and note. Leo Paul S. de Alvarez, Waveland Press, 1980)和曼斯菲尔德英译本译为“one looks to the end”,“end”兼有“结果”与“目的”的意思。

结论。

然而,至少从诠释者的角度看,认为马基雅维利主张“为达目的不择手段”也并非说不通,取得“良好”结果不就是“达到(预定)目的”吗?在他的著作中,马基雅维利当然设定了目的,而且表达得异常清晰:在《君主论》中,君主(尤其是新君主)必须维护自己的地位,保住自己的政权;在《李维史论》中,共和国及其公民必须捍卫自己的祖国。①

关于《君主论》设定的目的,他指出,“一位君主如果想要保全自己,就必须学会做不良好的事情,并且依据**必然性**使用这一手或不使用这一手”。他建议,对于“那些会使自己失去国家的恶行”,君主应当避免;对于“那些不会使自己失去国家的恶行”,君主不能防范的话不妨听之任之;但对于维护自己的政权所必需的恶行,则不应当有任何顾虑和不安,因为“一些事情看起来是善行,可是如果照办了就会自取灭亡,而另一些事情看起来是恶行,可是如果照办了却会给他带来安全与福祉”(《君主论》第15章)。

所谓“不良好的事情”和“恶行”,他有进一步的解释,“一位君主,尤其是一位新君主,不可能遵守所有那些被认为是良善之人应该拥有的品性;因为**为了维持他的国家,迫于必然性,他常常不得不背信弃义、毫无仁慈、不讲人道、违反神道**。因此,他必须做好精神准备,随时顺应机运的风向和支配他的世事的变幻而转变;并且正如我前面说过的,只要可能的话,还是不要背离良善之道;但如果为**必然性**所迫,就要懂得如何走上为非作恶之途”(《君主论》第18章)。他的结论就是前面引证过的“只要一位君主能够赢得并维持他的国家,(他所采取的)手段就总是被认为是光荣的,并将受到每个人的赞扬”(《君主论》第18章)。

---

① 至于马基雅维利到底支持君主制还是共和制,那是另外一个问题。

由此,我们可以断定,马基雅维利确凿无疑地主张,为了达到保持国家的目的,君主可以不择手段。[①]但是,特别要注意的是,就像赫克斯特(J. H. Hexter)的著名研究所指出的,马基雅维利在《君主论》中所使用的"国家"(stato,根据语境不妨译作"政权""地位"等)概念具有非常明显的攫取性特征,还不能把它理解为政治共同体意义上的现代国家。[②]因此,这种主张属于狭义的"马基雅维利主义"没有问题,但还不能把它直接理解为国家理性论。

然而,如果从"结果证明手段"的角度看,并考虑到目的和意图的复杂性与不确定性,对于《君主论》倡导狭义的"马基雅维利主义"这一点我们可能又需要做出某种限定和修正:首先,再次强调,新君主们可能并不需要马基雅维利来教导他们如何为了维护自身的地位而抑善扬恶;其次,马基雅维利的教导处处着眼于审慎的考量(审慎是国家理性论的一个重要议题);再次,马基雅维利的教导可能包含着"驯化君主"的隐蔽意图。

在《君主论》以上的论述中,马基雅维利提到了"必然性",并告诫"只要可能的话,还是不要背离良善之道"。这里的道理其实很简单:维护自身的地位不可能主要靠"恶行",一味地为非作歹只能适得其反;所以,新君主只需要"学会做不良好的事情",并且要远离"那些会使自己失去国家的恶行"。但是,一切都取决于目的或结果,即维护自身的政权和地位,无论是为善还是作恶,都是基于审慎的考量,而非道德的考量;在古典伦理中,审慎

① 马基雅维利在评价马其顿国王腓力时再次肯定了这一点:"这些手段是极其残酷的,它们与所有社会相对立,不仅包括基督教社会,而且也包括人类社会;任何人都应避免它们,宁愿做一介平民,也不愿当一个给世人带来如此大破坏的王。不过,对于不希望走那第一条良善之路的人来说,如果想维持自身,就必须为这种恶。"(《李维史论》第1卷第26章,第221—222页)

② 参见 J. H. Hexter, "*Il principe* and *lo stato*", in *Studies in the Renaissance*, vol.4 (1957), pp.113-138。

只是一种德性，而在马基雅维利这里，审慎却成了最高的德性。

除了审慎的考量外，我们还发现，这其中可能也包含着驯化君主的隐蔽意图。[①]比如，在《君主论》第6章中，马基雅维利在罗列"以自己的力量与德能获得王国的新君主"如摩西、居鲁士、罗穆路斯和提修斯时，强调他们获得和享有"权势、安全、名望和幸福"，同时还提到他们利用自己的德能，使得"他们的祖国也由此蒸蒸日上，变得繁荣昌盛"（这是《君主论》中少数使用"祖国"概念的地方之一）。即使是他对臭名昭著的切萨雷·博尔贾的推崇，也不仅仅在于其手腕的干练与毒辣，而且也在于博尔贾在罗马涅地区建立起秩序："他的残酷却给罗马涅带来了秩序，把它统一起来，使它恢复了和平与信仰。"（《君主论》第17章）

当然，这也许只是马基雅维利希望见到的"副产品"，而非出于新君主的本意。从马基雅维利的角度看，除了以"审慎"晓示、劝诫君主之外，还需要以"荣耀"来诱惑、引导君主。前者的思路是在"权势、安全"与公益、善政之间建立事实联系，后者则主要是一个"动机激励"问题，在"名望、幸福"与公益、善政（及其所必需的"恶行"）之间建立心理联系，特别是利用"荣耀"这一大人物才具有的欲求来诱导君主在维持自身权势之外，造福祖国。[②]当然，对于新君主而言，无论是为善还是作恶，无论是出于审慎还是基于荣耀，一切都还是从私利出发。不过，既然政治家的动机很难辨别，我们不得不"只看结果"，那么，对于这样的驯化意图——通过间接的方式服务于公益——未尝不可以视为一种国

---

① 比较一下亚里士多德在《政治学》中为僭主出谋划策的驯化议题，参见刘玮：《为僭主出谋与为君主献策——亚里士多德与马基雅维利论政治现实主义》，载《政治思想史》2011年第4期。当然，马基雅维利可能更直接地受到了色诺芬《希耶罗：论僭政》的影响，对此笔者将另文详述。

② 参见《君主论》第26章以及《论小洛伦佐去世后佛罗伦萨的政务》中马基雅维利对美第奇家族的进言。

家理性论,一种隐含的国家理性论。[①]

在进一步转向国家理性问题之前,我们不妨总结一下我们的**第四个结论**:《君主论》确乎支持着某种狭义的“马基雅维利主义”,但它受制于种种审慎的考量并可能包含着“驯化君主”的隐蔽意图,所以,它也是一种有待推定的国家理性论。

三

完备形态的国家理性学说强调:国家利益(其实就是一个政治共同体中大多数人的利益,或者一个政治共同体的利益对另外一个政治共同体的利益;国家利益肯定不会是全人类的利益)是政治生活(包括对内的公共政策以及对外的军事和外交事务)最高的目标和最重要的评价标准;在必要的情况下(或者说基于必然性,在非常态的紧急情况下),可以或者必须采用各种手段和措施(往往是违背既定道德或法律的、恶的或不正义的手段和措施;牺牲一部分公民或其他国家人民的利益)来捍卫之。[②]所以,国家理性论的核心主要在于两点:一是以公共利益、国家利益为宗旨;二是关于“必然性”的限定、判断以及审慎地介入。

比照这两点,我们发现,首先,如果说在《君主论》中,马基雅维利公开设定的只是一个私人的目的,那么在《李维史论》中,他则将同样坚定的论断应用于**公共的目的**,从而确立了公共利益原

---

① 有趣的是,施特劳斯的观点与我们这里的观点恰好颠倒。他认为,马基雅维利恰恰是利用了爱国主义和共同福祉来为君主的一己私利辩护:他“仅仅只是以君主对他个人的福祉、安全和荣耀的私己关注为依据来论证的”(《关于马基雅维里的思考》,第105—107页)。我们认为,马基雅维利到底是在“驯化君主”还是“粉饰美化君主”,哪个才是他“隐秘不宣、讳莫如深的”真实意图,至少是可以探讨的,而不必先在认定;尤其是,《李维史论》中类似的机制让我们倾向于前者。

② 关于“国家理性”的历史起源、理论难题与相关争论,参见许章润、翟志勇编:《国家理性与现代国家》,清华大学出版社,2013年。

则:“只要能够很好地保卫祖国,应当不择手段,不计荣辱”;“在决定祖国存亡的关头,根本不容考虑是正义的还是不正义的,是怜悯的还是残忍的,是值得称颂的还是可耻的;相反,他应该抛开其他所有的顾虑,把那个能够挽救国家生命并维护其自由的策略遵循到底”(《李维史论》第 3 卷第 41 章)。

其次,在国家理性论中,关于必然性及其适用情境的判定才是一个更为关键和棘手的问题。之所以要严格限定“在必要的情况下”,是因为即使国家理性论者也会承认,道德和法律才是维护公共利益和绝大多数人利益的首要手段。事实上,国家理性只对那些期望其统治者受到传统、宗教、道德和法律制约的合宪性国家才成为一个难题,对于纯粹的暴政而言,国家理性根本就不构成一个困境。

如果说在马基雅维利那里,对于君主维持政权而言,何为迫不得已的必然性并不好规定的话,那么,服务于公共目的的“国家理性”则相对容易确定出两种必然性的情境:一是在创建国家、奠定新秩序的时候,二是在对外战争或严重内乱中维护共和国的时候;在马基雅维利看来,它们都属于非常状态。《李维史论》第 3 卷第 41 章谈到的正是对外战争的行为,正如他在这前后两章的标题中所表明的,“在进行战争时运用欺诈是件光荣的事”(第 40 章),“被迫做出的承诺不必遵守”(第 42 章)。

关于奠定新秩序,马基雅维利断言,“如果想要组建一个新的共和国或者要在一个共和国鼎新革故,必须一人独自担当”(《李维史论》第 1 卷第 9 章)。立国者的典范是罗穆路斯[1],马基雅维利在谈到罗穆路斯杀害他的弟弟雷穆斯和同僚萨宾王塔提

---

① 虽然罗穆路斯是一个王,但马基雅维利是在“组建一个新共和国”的标题之下将其作为“一个公民政体的创建者”来谈论的(《李维史论》第 1 卷第 9 章)。

乌斯时,是这样为其辩护的:“一个审慎的共和国创建者,并且如果**他想的是要对共同福祉有益而非对自己有益**,不是对自己的子孙后代有益而是**对共同的祖国有益**,他就应该想方设法独揽大权;一个心智健全的、有才华的人也绝不会斥责某个人为了组建一个王国或建立一个共和国而采用任何非法行动。极为合理的是,尽管**就行为而言**应该指控他,但**就结果而言**应该原谅他;并且如果结果是好的,就像罗穆路斯的结果那样,总是应该原谅他,因为应该受斥责的是那些使用暴力破坏的人,而不是那个使用暴力重整的人。”(《李维史论》第1卷第9章)

需要注意的是,马基雅维利在这里做了两条限定。首先,必须确定“他所做的事是为了共同福祉而不是个人野心”,而如下这一点可以证明罗穆路斯不是出于个人野心:他随即组建了元老院,只为自己保留了有限的权力。其次,他应当足够审慎和能干,不会把这样一种权力传承给另外一个人,因为“他曾经高尚地使用过的东西,他的继任者可能会出于野心加以利用”。

除了罗穆路斯之外,马基雅维利在其著作中提到的适用于国家理性的例子还包括摩西为了实施自己的法律和制度被迫“杀人无数”,斯巴达国王克莱奥梅尼为了恢复莱库古的法律而杀死民选监察官,老布鲁图斯以严酷的方式执行自己儿子的死刑,这些都是奠定新秩序,引入“新的方式和制度”的成功或几近成功的例子。此外,马基雅维利也分析了失败的例子——亦是在严重内乱中应当采取非常措施的例子,其中的一个例子直接关乎马基雅维利本人的政治生涯。

1512年佛罗伦萨正义旗手索德里尼在反对派和西班牙军队的压力下被迫下台,美第奇家族复辟,马基雅维利也由此离职。虽然曾受庇于索德里尼,但他始终对后者的优柔寡断以及在危机中未能采取非常措施耿耿于怀。他在《李维史论》中评论说:索德里尼"自认为以他的耐心和善意能够克服布鲁图斯的儿子们心中恢复旧政权的欲望,然而他错了。虽然他因为精明而认识到这种**必要性**,虽然命运以及那些反对他的人的野心使他有机会消灭他们,但他从来没有下定决心要这么做。……这种顾虑是明智的,也很好;但是,**当一种善非常轻易地就能够被一种恶压制时,绝不应为了不失去那种善,而放任那种恶发展下去**。既然他的工作及其意图必须得由其行为的结果来判断,他就应当相信他能够向所有的人证明,**他所做的事情是为了拯救祖国而不是为了他自己的野心**,并且他能够把事情安排得使他的任何继承者都**不能为了某种邪恶的目的而做他曾为了一种好的目的而做过的事情**。但是,……由于不懂得如何仿效布鲁图斯,他不仅失去了自己的祖国,也一起失去了自己的地位和名声"(《李维史论》第3卷第3章)。

这段文本的分析极为细腻:一方面,马基雅维利承认索德里尼意识到了采取非常措施的必要性并顾虑于可能由此导致的恶果,这里他再次提到了他在评述罗穆路斯时做出的两个限定(为了公共福祉而不是私人野心,不能为后继者所利用);另一方面,他又指出,索德里尼不能准确判断形势,过于妇人之仁,最终失败。马基雅维利很清楚,作为一个人,他的老上司值得尊敬和称赞;但作为一个政治家,他应该受到谴责。

通过正反两方面的例子,马基雅维利设定了国家理性适用的必要性及其限度,从而较为清晰地揭示了国家理性论的理论内核;在这个意义上说,马基雅维利是西方**现代**国家理性论的奠基人。这是我们得出的**第五个结论**。

四

根据维罗里的研究,就"国家理性"概念的近代早期起源而论,所谓"国家理性"对应于另外两种"正当理性"(right reason/

recta ratio),即“道德理性”(moral reason)和“公民理性”(civil reason/ratio civilis——基于正义,通过法律实现的理性,有时也称“政治理性”[ratio politica])。在这场语言转换和概念革新过程,亦即“国家技艺”(the art of state)获得自身理性的过程中,直接的贡献来自圭恰迪尼而非马基雅维利,但马基雅维利仍然是关键性的人物。[①]

同时,在16—17世纪,“国家”(state)的意涵也发生了一次重大的变化:最初,政治=共和国=共同善、公共利益(政治是“理性的女儿和法律的母亲”,是“伦理和法律的思想之女”);国家=僭政(tyranny)=统治者的利益。后来,“国家”的用法提升,“政治”的用法降格,两者趋同,直至出现逆转:“国家”开始中性化,“政治”开始污名化。[②]因此,需要特别注意两点:一是,一开始“国家理性”之所以与“正当理性”相对,并且长期无法“正名”,主要是基于对“国家”含义的理解,它是与暴政、统治者的利益联系在一起的;二是,反过来就意味着,“政治”是与共和国、共同善、公共利益联系在一起的,因此,它与法律(正义)、道德是一致的。

在此过程中,马基雅维利居于转折性的位置:他事实上并置了**“国家理性”**(为了获得和保有“stato”可以不择手段)与**“政治理性”**(为了保卫共和国/祖国应当不择手段、不计荣辱),亦即并置了两种“马基雅维利主义”,它们分别成为他两本主要著作的主旨。这就等于取消了“国家”与“政治”的传统区分。

马基雅维利将公共利益导向的“政治”与私人利益导向的“国家”一视同仁的做法,尤其体现在篇幅更长、时间上相对靠后完成的《李维史论》中。例如,在第2卷第13章中,马基雅维利不

---

① 参见维罗里:《国家理性的起源和意义》,收入《比较视野中的概念史》,周保巍译,华东师范大学出版社,2010年。

② 参见维罗里:《从善的政治到国家理由》,郑红译,吉林人民出版社,2011年。

动声色地指出:"君主们在起家发迹时必须做的事情(指使用欺诈手段——引者注),共和国也必须做,直到它们变得强大,而且单靠武力就足够了。……很明显,罗马人在他们发展初期也少不了采用欺骗,这种欺骗对于那些希望从小的开端爬升到崇高职位的人来说总是有必要使用的。这种东西越是隐秘,就越不该受到谴责,罗马人的欺骗就是如此。"

事实上,正是马基雅维利这种看似中立、不做价值判断的冷漠态度,让很多人震惊和愤怒,从而引发了后世无穷无尽的争议。马基雅维利的真确之处在于,他指出了公共利益导向的"国家理性"(也就是传统含义上的"政治")与法律、道德可能存在不一致之处,以及在特定情况下"为恶"的必要性。他为人所诟病的地方在于,对于统治者个人利益导向的"国家理性"(这是"国家"的传统含义),他非但没有予以谴责,反而公然认可。马基雅维利之后的人们之所以对他爱恨交加,恰恰就是因为他们对前者无法**从理智上**否定,对后者却不能**在情感上**认同。也正是因为这个原因,后来的一些国家理性论者便积极探求所谓"非马基雅维利主义的"国家理性,将国家理性从其不正当的形式、狭义的"马基雅维利主义"中解救出来。[①]

最后,我们可以通过如下的总结来结束我们关于马基雅维利是否是一位"马基雅维利主义者"以及他在何种意义上是一位"马基雅维利主义者"这一问题的探寻:首先,有必要区分出两种"马基雅维利主义",它们的含义绝不相同,而这两种意义上的

① 当然,我们这里并没有探讨作为"国家理性"之基本逻辑的"目的(结果)证明手段"本身的问题。事实上,正如拉斯基在20世纪30年代就反思的,"马基雅维利主义意义上的结果决定手段的理论是不完整的和不充分的。因为有清楚可查的教训证明,手段会介入结果并改变结果"(拉斯基:《马基雅维利与当代》,吴灏译,载《政治思想史》2014年第4期,第114页)。

“马基雅维利主义”又都能在马基雅维利的著作中找到各自的依据,并且马基雅维利从未对它们做出澄清,反而有意识地将其并置处理,这正是后世对他的意图与评价争论不休的原因;其次,从国家理性论这个更具学理性的议题来看,虽然马基雅维利并没有使用过“国家理性”这个概念——他的著作中既没有出现过“理性”这个概念,他使用的“国家”也不是现代意义上的国家概念——但是,他已然提出了现代国家理性学说的基本要点。国家理性论在《君主论》中是间接的、需要进一步推定的,而在《李维史论》中是确定而明晰的。[1]

① 关于马基雅维利国家理性论中的国家(政治)与宗教、道德、法律的关系以及相关的思想史背景等问题,参见拙文《马基雅维利的国家理性论》,载《学海》2013年第3期。

马基雅维利的著作与思想在中国的早期传播

刘学浩　刘训练
（天津师范大学　政治与行政学院）

一　小　引

1840年鸦片战争以后，传统中国被动地开启了现代化进程。在政治领域，传统的君主专制政体的合法性和有效性均出现严重危机，对外不足以应对和抵抗西方列强的侵略和压迫，对内不能回应和容纳社会经济变迁产生的新的政治诉求。显然，中国传统的政治制度路径与思想资源已经无法支撑上述现代国家建构的任务，而在欧风美雨的催生下，中国人开始参照、借鉴西方现代国家建构的经验与理论。然而，自古希腊以来，西方的政制复杂多样，政治思想主题与理论范式几经转换，构成了一种与"一以贯之型"的中华政治文明在制度形态、思维方式、话语体系方面截然不同的"多元演变型"的政治文明传统。面对一个如此异质并且内部多样的政治文明传统，近现代中国人做了怎样的摄取与转化，并在多大程度上影响了近现代中国的政治发展进程，便是一个非常值得关注和探讨的议题。

本文旨在考察马基雅维利（Niccolò Machiavelli，1469—1527年）的著作与思想在中国的早期传播，特别是考察他的政治思想是如何被近现代中国人认识、理解、吸收和转化的。①选取这样一个主题乃是基于如下考虑:虽然数个世纪以来,学术界围绕马基雅维利思想的诠释存在着诸多的争议②,他却被公认为“西方现代政治学的奠基人”,他生活的时代是西方现代民族国家建构的关键时期、意大利文艺复兴由盛而衰的转捩点,马基雅维利深厚的古典学修养、强烈的时代意识、敏锐的政治分析能力、卓越的写作技巧和犀利的文风使他在西方思想史上居于非常重要的地位;无论是他积极谋求意大利统一的爱国主义情怀还是他对现代政治的深刻洞见,都使他的著作和思想与近现代中国的时代主题产生明显的关联,从而使之有可能成为近现代中国人借鉴、利用的思想资源之一。

二　马基雅维利的著作与思想在近现代中国传播的基本情况

以甲午战败为界,晚清西学的传入大致可以分为两个阶段:甲午战败之前中国人多引入西方自然科学,之后则社会科学日益增多,“第二阶段传入的社会科学,虽然包括了哲学、历史、法学、文学、经济、政治、社会学等学科,但主要以政治和法学类为主”③。严复的多种经典译作就是在甲午之后相继出版的。显然,救亡图存的急迫性使得近现代中国人开始更加关注西方的政治制度和政治

---

① 此前,国内学术界除了李长林教授在他的《欧洲文艺复兴文化在中国的传播》(原载郑大华、邹小站主编:《西方思想在近代中国》,社会科学文献出版社,2005 年)一文中对该主题略有涉及之外,尚未见任何其他介绍和研究。

② 20 世纪 90 年代之前马基雅维利研究的一本近千页的文献题录,参见 *Niccolò Machiavelli: An Annotated Bibliography of Modern Criticism and Scholarship*, ed. Silvia Ruffo-Fiore, New York: Greenwood Publishing Group, 1990。2013 年正值《君主论》成书 500 周年,所以这两年西方学界出版的各类传记、诠释著作更是层出不穷,不胜枚举。

③ 参见郑大华:《论民国时期西学东渐的特点》,载《中州学刊》2002 年第 5 期,第 118—119 页。引文在第 119 页。

理论。中国人对马基雅维利的关注也始于这个阶段。[①]

（一）清末民初的最初传入

从目前掌握的史料来看,马基雅维利的名字第一次出现在中文世界可能是在严复所译的《法意》中。1905—1909 年严译《法意》相继出版,第一册开篇附有严复撰写的《孟德斯鸠列传》。文中写道:“论治道者,英有郝伯恩、洛克,义有墨迦伏勒(即马基雅维利——引者注),而法有孟德斯鸠,则导福禄特尔、卢梭辈先路者也。”[②]在第六卷第五章孟德斯鸠评论马基雅维利的地方,严复用小字加注称马基雅维利为“大政治思想家,佛罗连思人。尝论其国治制,又著《帝王要术》一书,为此学巨子”[③]。由于严复未附注人名原文,而且在“按语”中也未加评论,因此,读者未必会给予这位“巨子”足够的注意。这不是马基雅维利唯一一次出现在严复笔下,严复晚年对马基雅维利还有三次提及。[④]

---

① 1949 年以后,在中国大陆(香港、台湾地区暂不在讨论之内),马基雅维利的名字及其思想观点只是偶尔地出现在马恩著作以及相关历史与政治背景的阐述中,这种情况直到改革开放之后才逐渐改观,故此本文将研究的时间下限确定在 1949 年。1949 年后马基雅维利著作在中国的译介情况,参见刘训练:《马基雅维利著作在中国的传播》,载《中华读书报》2011 年 2 月 23 日 09 版。另外,我国台湾地区学者詹康教授的《台湾近十年新闻评论中的马基雅维利》(收入《马基雅维利与现代政治——纪念〈君主论〉成书五百周年国际学术研讨会论文集》,天津师范大学,2013 年 5 月)也有有趣的考察。

② 孟德斯鸠:《法意》(第一册),严复译,商务印书馆,1905 年,第 1 页。

③ 同上书,第 150 页。

④ 严复后来的著作中有两处认为马基雅维利的思想与中国传统思想中(法家和荀子)的某些学说相类似,参见《李斯〈论督责书〉批语》(创作于 1911—1917 年间),收入王栻主编:《严复集》(第四册),中华书局,1986 年,第 1195—1196 页;英文论文《中国古代政治结社小史》(Yen Fuh, “A Historical Account of Ancient Political Societies in China”, in *The Chinese Social and Political Science Review*, 1916, vol.I, no.4, p.20),中译文参见孙应祥:《严复年谱》,福建人民出版社,2003 年,第 478 页。在同时期写给学生熊纯如的信中,严复也提到了马基雅维利(详见下文)。

稍晚于严复,梁启超在1906年1月发表的名篇《开明专制论》中将马基雅维利视为开明专制论者,并粗线条地介绍了马基雅维利的时代背景、历史的方法、性恶论等,甚至还引用了马基雅维利的两段话。正是在这篇文章中,梁启超开启了“马基雅维利与中国法家的比较”这一后来经久不息的话题。[①]在他看来,两者的相似性表现在三个方面:其一,面对的时代问题相似,针对的都是贵族政治的弊端;其二,观点类似,都奉行国家利益至上,主张集权;其三,文风相仿,马氏“持论大率明快而峭刻,与商君韩非深相类”,又称“其持论之诡激……与商、韩六虱可谓不谋而合”。[②]值得一提的是,此时正在日本与梁启超论战的革命派阵营中的朱执信,在文章中也提到了马基雅维利,将他作为“君权不当限制之说”的代表人物,并错误地称其为“十七八世纪中霍布士、马奇斐利亚辈之说”。[③]

在革命派与改良派论战的大背景下创刊,在日本出版但在国内外有较大影响力的《河南》杂志,在1908年接连刊发两篇文章,均提及马基雅维利。一篇是“令飞”(鲁迅)的《摩罗诗力说》(作于1907年),文中介绍波兰爱国诗人密茨凯维支的《康拉德·华伦洛德》,称“其诗取材古代,有英雄以败亡之余,谋复国仇,因伪降敌陈,减为其长,得一举而复之。此盖意大利文人摩契阿威黎(Machiavelli)之意,附诸裴伦之英雄,故初视之亦第罗曼派言情之作”[④]。另一篇

① 在《先秦政治思想史》(商务印书馆,1923年,第234页)中,梁启超称申不害的“术治主义”“殆如欧洲中世米奇维里辈,主张用阴谋以为操纵”。

② 梁启超:《开明专制论》,载《新民丛报》第73号,第18—19页。

③ 县解:《论社会革命当与政治革命并行》,载《民报》1906年第5号。十多年后,朱执信在论述国家主义时再次提到了马基雅维利(详见下文)。

④ 令飞:《摩罗诗力说》,载《河南》1908年第3号,收入《鲁迅全集》(第一卷),人民文学出版社,2005年,第95页。密茨凯维支的《康拉德·华伦洛德》在献辞中引用了马基雅维利的名言:“所以,你们必须知道,要实行斗争,有两个方法:一个人必须又是狐狸又是狮子。”参见密茨凯维支:《康拉德·华伦洛德》,景行译,人民文学出版社,1958年,第123页。

为“旒其”（许寿裳）的《兴国精神之史曜》，在论意大利兴国精神时作者写道：“比入十九稘，伊之国民切望统一，重以欧洲诸国之为自由政治而兴也，伊自有以应之。虽然伊大里统一之念，岂始胎于斯日耶？已入于但丁之梦，已涌于彼脱勒迦之怀，已往来于摩佉阿维黎 Machiavelli, Niccolo（1469—1527）之匈臆。”[①]

无论是梁启超、朱执信，还是鲁迅、许寿裳，写作时都身处当时聚集了大量留学生和青年知识分子的日本，因此，他们应该是通过日文二手材料而接触到马基雅维利思想和著作的。以梁启超为例，他对马基雅维利的介绍属于典型的教科书式写法；当时虽然已有《君主论》的日译本（1886 年，集成社），但《李维史论》的日译本则是 1906 年（博文馆）出版的，梁启超在 1906 年初不太可能看到，所以，那两段引文多半是转引自当时的日文二手资料。

1910 年辜鸿铭用英文写作的《中国牛津运动故事》由上海墨丘利公司出版（1912 年再版），以纪念张之洞所领导的清流运动。辜鸿铭对张之洞评价很高，但批评了他的中体西用论，认为它会“得出一个结论，即，一个人必须有双重道德标准 —— ·重是关于个人生活的，另一重则是关于民族和国家生活的。作为个人，中国人必须严守儒教原则，但作为一个民族，中国人则必须抛弃儒教原则而采纳现代欧洲新学的原则”[②]。辜鸿铭认为这种调和“在政治上则导致了被称为马基雅维里主义的东西”[③]，一旦被品格不如张之洞高尚的人（他认为袁世凯便是一例）运用，将产生极为严重的危害。辜鸿铭使用“马基雅维利主义”这一概念固然

---

① 旒其：《兴国精神之史曜》，载《河南》1908 年第 7 号，第 36—37 页。

② 辜鸿铭：《中国牛津运动故事》，收入《辜鸿铭文集》（上），黄兴涛等译，海南出版社，1996 年，第 321 页。

③ 同上书，第 322 页。辜鸿铭接下来反复提到这个概念，参见第 335、337、338、340、341 页。

较早,他的评论也非常深刻,不过由于他以英文写作,受众应当非常有限。

进入民国后,论及马基雅维利的文献日渐丰富,《君主论》更是出现了三个中译本,其中第一个译本出现在20世纪20年代,而另外两个译本均出现在20世纪30年代。纵观民国时期马基雅维利著作和思想的传播,可以看到,1931年民族危机加剧后,中国人对马基雅维利的关注程度明显增强,因此,本文以20世纪30年代为界区分出两个时段。

1925年翻译大家伍光建译述的《霸术》出版,这是《君主论》第一个中译本,也是较早被译成中文的西方政治学经典。此书正文仅64页,所据底本不详,译者还分别以"分界不清晰"和"与今日时势不合"为由未译出第1章和第10章。[①]在该书"序言"中,伍光建特别注意到了马基雅维利的爱国主义情感:"以意大利城市丘墟,人民涂炭,异族横行,不复能制,非治标无以救国,无以统一。观此书之本章,其悲愤爱国,情见乎辞,不啻一字一泪,岂可以其惨酷而少之哉。"[②]从第18章末起译者还添加了几条按语,或为马氏主张权谋诡诈辩护,或以马氏观点观照中国传统。这些按语难免有穿凿附会之处,但多少反映了马基雅维利在中国思想界激起的涟漪。

这一时期,中国出现了不少介绍西方政治思想通史的著作和译著,都不同程度地涉及马基雅维利的思想。1916年严鹤龄的《东西政治思想之变迁》可能是近代中国人最早论述政治思想通史的专题论文。作者在文中将马基雅维利与亚里士多德做对比:"至十四世纪,人厌空谈复归实际,希腊罗马之典籍趋之若鹜,政

① 马加维理:《霸术》,伍光建译,商务印书馆,1925年,第1、24页。
② 同上书,序言第3页。

治之学乃复灿然。当是之时,有政治大家马基樊里与焉。马氏踵希腊亚利斯大德之后,以实地研究为根据。所不同者,亚氏综观各国政象之全体,分门别类,然后志其异同求其会通,而明千载不易之理。马氏不然,不志异同不求会通,就事论事,以求解决之方。……故亚氏者,政治学家也,马氏者,政术家也(马氏生于意大利福洛莲次城)。……马氏学说,时事使然,而亦代表欧洲文学复兴时代之政治也。"[①]

严鹤龄曾于1911年在哥伦比亚大学获得博士学位,想来他的论述来自西文二手材料。不过,此后中文文献中出现的论述与介绍多遵循此路径:论其方法常与亚里士多德相联系,论其观点(不计道德,以国家为重及主张阴谋诡诈之术等)则必归因于时势。比如,1922年出版的《政治哲学导言》(第3章第3节)[②]、1928年出版的《政治学史概论》(第2章)[③]、高一涵在1925年出版的《欧洲政治思想史》卷中(第4编第3章)[④]等等。

另外,当时已有学者注意到了《君主论》之外的马基雅维利著作。比如,李金发在《意大利及其艺术概要》一书中称意大利人"好行大志及超乎因果的大欲,有时使我们觉到一种奇形的真理",并引《佛罗伦萨史》序言中的一段佐证之。[⑤]

(二)20世纪30年代及其后的翻译与研究

20世纪30年代日本侵华战争全面爆发之前,尚处在"黄金十年"当中的中国,学术事业也呈现出繁荣的景象。在此期间,

---

① 严鹤龄:《东西政治思想之变迁》,载《政治学报年刊》1916年第1期,第167页。

② 浮列尔:《政治哲学导言》,范用馀译,商务印书馆,1922年。

③ 波拉克:《政治学史概论》,张景琨译,商务印书馆,1928年。

④ 高一涵:《欧洲政治思想史》(卷中),商务印书馆,1948年第2版。

⑤ 李金发:《意大利及其艺术概要》,商务印书馆,1928年,第7页。

既出于学术兴趣,更出于时局的刺激,中国人对马基雅维利表现出更多的兴趣,不仅出版了《君主论》的两个全译本,更有多篇颇有深度的学术论文发表。

《君主论》的第一个新译本为1930年出版的曾纪蔚译《横霸政治论》。[①]根据译者所著《清代之监察制度论》的一个注释推测,该译本的底本应为《君主论》1913年的一个英译本。[②]第二个新译本为1934年出版的张左企与陈汝衡合译的《君》,亦为全译本,所据底本不详。该书由中国文化学会出版(关于"中国文化学会"参见下文),被列为"世界名著丛书第一种"。

除此之外,《君主论》还有节译及编译各一种。1933年王明甫在《政治季刊》第2期上发表了《马基维尼与制霸论》,该文分为上下两篇,上篇介绍马基雅维利的生平和观点,下篇节译了《君主论》的第15章、第16—19章、第21章,所据底本情况由文后参考文献推测应为一个英文版的政治哲学读本[③]。编译为柯柏年所译《世界社会科学名著精要》第7章的马基雅弗利《霸术》。此章将《君主论》摘编为四部分:1.以才能得国;2.不以才能得国;3.如何保有其国;4.机谋。奇怪的是,在已有三个《君主论》中译本的情况下,编译者却称"就译者所知,尚未有中译本"[④]。

20世纪30年代商务印书馆推出英文本的"社会科学名著选读丛书"若干种,其中便有钱端升节选、加注以及导读的马基雅

---

① 麦克维利:《横霸政治论》,曾纪蔚译,光华大学政治学社,1930年。

② 曾纪蔚:《清代之监察制度论》,兴宁书店,1931年,第8页。这个英译本是:Machiavelli, *The Prince*, trans. N. H. Thomson, Oxford: Clarendon Press, 1913。

③ *Readings in Political Philosophy*, ed. Francis William Coker, Toronto: The Macmillan Company, 1914;但此选读并未收入第15章。王文参考文献中另列有英文版马基雅维利《君主论》,却未注明具体版本。

④ 哈麦顿爵士编:《世界社会科学名著精要》(译自 Sir J. A. Hammerton, *Outline of Great Books*),柯柏年译,南强书局,1936年,第93页。

维利《霸术》[1]。钱端升在"编者导言"中对马基雅维利的生平、著作情况以及马基雅维利的方法与思想史上的评价等问题都做了较为详细的介绍,其中特别指出马基雅维利号称运用历史的方法却缺乏"历史学的精神",虽然屡屡引用历史材料,"然他自己早已胸有成竹,初不受历史材料的拘束"[2]。

这一时期,关于马基雅维利与中国传统思想的对比也颇有新意。陈独秀在 1937 年发表了《孔子与中国》一文,认为孔子乃"中国的马基雅维利"。同梁启超一样,陈独秀将中国历史同西欧历史对照起来,发现春秋战国时代的中国同欧洲中世纪末一样面对类似的时代问题,并且在相似的历史阶段产生了各自应对时代问题的思想家与学说。中国经济的发展动摇了原有的封建制度,"当时的商业,已经动摇了闭关自给的封建农业经济之基础,由经济的兼并,开始了政治的兼并,为封建制度掘下了坟墓,为统一政权开辟了道路,同时也产生了孔子的政治思想"[3]。陈独秀强调"尊君"是孔子学说的核心,他认为孔子意识到了封建制度的颓势是不可避免的,于是抽出尊卑长幼之节这一封建秩序的精髓,提出"君臣之义、父子之恩、夫妇之别"的礼教,希望由此不但能靠君臣之礼为封建之后的新生社会形态建构起政治统治的秩序,也能以同样的逻辑使当时分崩离析的社会走向有序。西欧也是如此,"封建陵夷以后,亦非直接走向民主,中间曾经过王政复兴君主专制的时代,'Machiavelli'的君主大权主义,正是这一时代的产物"[4]。这样一来,孔子便与马基雅维利对应起来,以新的

---

① 马加维里:《霸术》,商务印书馆,1931 年;该书采自里奇的英译本(Machiavelli, *The Prince*, trans. Luigi Ricci, London: Grant Richards, 1903)。

② 钱端升:《编者导言》,载马加维里:《霸术》,第 8 页。

③ 陈独秀:《孔子与中国》,载《东方杂志》1937 年第 34 卷第 18—19 号,第 10 页。

④ 同上刊,第 10—11 页。

制度和方式叩响了新时代的大门,孔子的学说也就成了新社会的政治科学,“孔门的礼教即孔门的政治思想”[①]。而法家的韩非、李斯只不过是三权一体的秩序构想的实行者。于是,陈独秀明确提出:“孔子是中国的‘Machiavelli’,也就是韩非李斯的先驱,世人尊孔子而薄韩非李斯,真是二千年来一大冤案。”[②]陈独秀同时代人(包括当今许多学者)的着眼点均在马基雅维利思想与中国传统思想具体内容的比较乃至比附上,而陈独秀则从历史发展的角度别出心裁,令人耳目一新。

1947年萧公权在《中国政治思想史》中同样将马基雅维利同韩非对照,但也颇具新意。与梁启超《先秦政治思想史》中对法家做出细分的观点不同,萧公权认为韩非的学说综合了法、术、势三者。韩非所说的“势”指的是“人民承认君主之地位而服从之,君主凭借此地位以号令人民。……私人之道德才能,与此并无直接关系。盖人君发号施令而民奉行之者,非以其为圣人贤人之所发,而以其为君主之所发”[③]。也就是说,在政治生活中,人民看似服从某些具体的人,但实际上乃是对其地位所具有之权威的服从,与其个人品格特质无关,“于是君主本身遂成政治上最后之目的,惟一之标准,而**势治**亦成为君主专制最合逻辑之理论。且儒家混道德政治为一谈,不脱古代思想之色彩。韩非论势,乃划道德于政治领域之外,而建立含有近代意味纯政治之政治哲学”[④]。此处萧公权加注称“治欧洲政治思想史者每以马克亚维利(Machiavelli 1469—1527)为近代思想之先锋,其理由之一为

① 陈独秀:《孔子与中国》,载《东方杂志》1937年第34卷第18—19号,第11页。
② 同上刊,第13页。
③ 萧公权:《中国政治思想史》(第一册),国立编译馆,1947年第3版,第174—175页。
④ 同上书,第176页。

《君道》一书……明划道德于政治之外”[①]。以此观之，在萧公权这里，不仅韩非如马基雅维利一样划分了个人道德与政治，甚至在他那里现代国家观念也呼之欲出了。萧公权还注意到了二者在方法上的近似性，但未加详论，仅在一注释中称："法家诸子如韩非之立论，颇重史实，每陈一义，辄引古今人事以为例证，其方法亦略近马克维利。"[②]

20 世纪 30 年代马基雅维利研究较为杰出者应属浦薛凤，他引用《君主论》《李维史论》和《佛罗伦萨史》三本著作，介绍了马基雅维利关于人性、权术、党争、军事、宗教等方面的思想，论述全面且注释较为规范。[③]但这仍属于教科书式的全面介绍，不是研究型的论文。

抗战胜利后，中国学界对马基雅维利最主要的研究者当属吴恩裕。吴恩裕在伦敦政治经济学院受教于拉斯基，并用以马克思的政治思想为主题的论文获得博士学位，1939 年回国后即从事西方政治思想史的教学和研究工作。在 1944—1948 年间他共写过 4 篇关于马基雅维利的文章：1944 年的《马开维里论人性、政治、道德及法律》（《东方杂志》第 40 卷第 19 号）、1946 年的《马开维里的时代著作及其方法》（《读书通讯》第 108 期）、1946 年的《〈马开维里代表思想选集〉书评》（《观察》第 3 卷第 22 期）和 1948 年的《马开维里的政治"理论"及其意义》（国立北京大学五十周年纪念论文集，为 1944 年论文的扩充）。另外，在 1948 年出版的《唯物史观精义》中他还比较过马克思与马基雅维利的道德论。

---

① 萧公权：《中国政治思想史》（第一册），第 191 页。

② 同上书，第 193 页。同一本书，两注相距不过两页，马基雅维利的译名竟不统一。

③ 浦薛凤 1933 年在《民族杂志》上连载其《自柏拉图至孟德斯鸠——西洋近代政治思潮之渊源》一文，后收入其专著《西洋近代政治思潮》（商务印书馆，1939 年）中，作为一章。

吴恩裕的研究有两点值得注意。一是他关于道德的看法。前人往往着眼于论述马基雅维利将“政治与道德分离”,而吴恩裕则指出马基雅维利是将道德视为一种工具或“社会的力量”,即承认“道德的手段,往往使实行者受害;而用不道德的手段,却往往使实行者得到利益。因此,在他看来,不是抽象的‘应不应该讲道德’的问题;而是:在什么情况下,在什么时候,什么地方,应不应该采取道德手段的问题”①。吴恩裕的研究与前人的第二个不同之处在于他的历史唯物主义方法和立场。他看重马基雅维利所持的“自私自利”的人性论,并突出此论在推导私有财产与国家关系方面的意义。吴恩裕认为,“在私有财产制度之下,人类必然有自私的习性”②,而这自私的习性又促使人获取更多的财产,并要求国家保护这些财产。吴恩裕认为马基雅维利正是基于这一逻辑才奉劝君主勿夺人民财产,因而“马开维里实在奠定了近代政治理论的主要题材”③,但他们都不能“认清这经济意义背后所隐藏的社会阶级特质”,于是只能由“马克思补足了他们的缺憾”。④

20世纪30年代之后虽然中国人对马基雅维利的关注程度和研究水平有明显提升,但《君主论》之外的其他著作少有人问津。比如《李维史论》,论者(如梁启超)多仅据其简称“*Discourses*”译作《论丛》或偶有简略介绍,《佛罗伦萨史》同样如此,至于《战争的技艺》则似乎无人提及。倒是马基雅维利的讽刺小说《魔鬼娶亲记》(*Belfagor arcidiavolo*)曾被胡适注意到,但也只是作为一

---

① 吴恩裕:《唯物史观精义》,观察社,1948年,第27页。

② 吴恩裕:《〈马开维里代表思想选集〉书评》,载《观察》1946年第3卷第22期,第19页。

③ 吴恩裕:《马开维里的政治“理论”及其意义》,国立北京大学五十周年纪念论文集,1948年,第14页。

④ 同上书,第3页。

则笑谈。[1]

三　作为国家主义者的马基雅维利

在西方思想史上，为马基雅维利正名和辩护的多是一直苦于国家分裂而民族意识勃发的意大利人和德国人[2]，而20世纪30年代处于深重民族危机中的中国人对马基雅维利也是情有独钟。在当时历史条件下，对于急切地向西方学习的中国人而言，"国家主义"[3]无疑代表人类发展的方向，是摆脱外辱、寻求民族独立和富强的一味灵丹妙药。在近现代中国，"国家主义"并不局限于某个特定的思想派别或政治势力，而是共同的思想底色。在从西方思想中寻求国家主义的资源时，中国知识分子自然会关注、评论和反思马基雅维利的学说。

（一）作为西方强权"邪恶导师"的马基雅维利

在西方的语境下，马基雅维利的"邪恶导师"形象主要是针对古代伦理和基督教传统而言的，而在近现代中国的语境下，马基雅维利的学说则成为理解西方强国对外政策的"指导手册"。

---

① 胡适自1942年起开始收集各国有关怕老婆的故事、笑话和漫画，并根据自己的收藏戏言存在着某种定律："凡是有怕老婆故事的国家，都是民主自由的国家；反之，凡是没有怕老婆故事的国家，都是独裁的或极权的国家。……意大利倒有很多的怕老婆故事。到了1943年夏天，我收到玛吉亚维利（Machiavelli）写的一个意大利最有名的怕老婆故事，我就预料到意大利是会跳出轴心国的，果然，不到四个月，意大利真的跳出来了。"

② 例如，黑格尔的《德国法制》（1802年，参见《黑格尔政治著作选》，薛华译，商务印书馆，1981年）、费希特的《论马基雅维利》（1807年，参见梁志学主编：《费希特选集》［第五卷］，商务印书馆，2006年）。

③ 简单地说，"国家主义"就是把国家利益看作高于一切；毫无疑问，在不同的语境下，各个国家不同时代会有不同的国家主义，其内容和作用往往差别很大，本文是在一种宽泛和中性意义上使用这个概念的。

1927年马基雅维利逝世四百周年之际,有人在《东方杂志》上发表了一篇短文《马吉亚佛利四百年纪念与今日欧洲的政治实际》,这或许是中文世界第一篇专门论述马基雅维利的文章。此文开篇即认为当时西方国家无不在遵循马基雅维利的学说,"今日各国帝国主义政治的实际,确在实现马吉亚佛利的政治学"[①]。作者把《君主论》(作者译为《王者》)与《李维史论》(作者译为《衡论》)统一在一起,认定马基雅维利这两部著作"一方面要伸尊严的王者之权,或巩固的民主中央之实力;一方面要用狡狯的手腕,获得外交的胜利"[②]。作者承认《李维史论》与《君主论》有所不同,但仍认为"出发点不同,而根本原则还是一样的",因为作者认为马氏有"世间政治之善德与恶德,有同样固定之量"的看法:善德聚集于意大利则有古罗马的共和政治(作者称其为民主),而马氏主张专制独裁则是因为政治之善德已不再集聚于意大利。[③]也就是说,政体的选择并无一定标准,一切应以国家面临的形势而定。最后,作者认为如今时代已经发生了变化,科学的进步和经济的相互依赖超过了政治因素,构成了和平的根基,马氏学说已经失去了现实基础。显然,作者无论是对马基雅维利学说本身还是对世界政治的走势都没有做出准确的判断。

如前所述,伍光建在翻译《霸术》时尚对其多持积极意见,而《君主论》后两个中译本的译者态度则多批判。《横霸政治论》的译者曾纪蔚在"译者序"中认为,在过往政治思想史上"赤裸裸地描写人类的本性——势利,专横,阴谋——的,首推功利主义派麦克维利的'横霸政治'了。……他用事例观察的方法,得着不少

① 文宙:《马吉亚佛利四百年纪念与今日欧洲的政治实际》,载《东方杂志》1927年第24卷第13号,第78页。

② 同上刊,第77页。

③ 同上刊,第78—79页。

的结论。这种结论就是今日帝国主义的原理,也就是今日帝国主义侵略弱小民族的蓝本"[①]。中国作为正在遭受他国欺凌的东方弱小民族应当仔细研究马基雅维利思想,因此他才翻译此书,此种意图也解释了书名何以被译作"横霸政治论"。译者甚至认为,我们不能忽视马基雅维利思想乃是因为他的思想"影响到近日帝国主义的伸张凌迫,比十八世纪卢骚民约论的影响于法国革命、孟德斯鸠三权论影响于美国宪法确有同日而论的价值"[②]。

《君主论》第三个中译本《君》的出版机构为"中国文化学会",这是中国准法西斯组织"力行社"的外围组织之一。[③]中国文化学会将《君》列为"世界名著丛书第一种",可见出版者对《君主论》的地位是非常看重的,当然这也是力行社的组织性质使然。《〈君〉序》为时任蒋介石秘书的邓文仪所作,他也认为马基雅维利"尚权术以成霸道,西方之所称而吾华之所轻也"[④],并认为阅读此书可帮助国人了解西方政治。但邓文仪又认为西方虽以霸术而强却未必值得仿效,中国还是应当回归孔子的仁政王道。[⑤]

---

① 曾纪蔚:《译者序》,载麦克维利:《横霸政治论》,第1页。

② 同上书,第2页。

③ "三民主义力行社"(简称"力行社",别称"蓝衣社")组织体系庞大,拥有多种文化机关,其基层组织"复兴社"在各地的成员还参与创办了多种刊物,其中便包括《国际译报》杂志(参见萧作霖:《复兴社述略》,收入《文史资料选辑》编辑部编:《文史资料精选》[第8册],中国文史出版社,1990年,第337页)。1934年《国际译报》的第3、4期合刊为意大利专号,文章多涉及意大利法西斯主义。张左企与陈汝衡也均有译文和论文在该杂志发表。从翻译出版《君主论》和组织《国际译报》的意大利专号可见当时力行社系统对意大利法西斯主义的瞩目。

④ 邓文仪:《〈君〉序》,载马嘉佛利:《君》,张左企、陈汝衡译,中国文化学会,1934年,第1页。

⑤ 力行社虽然欣赏法西斯主义,试图成为中国的"党卫军",并且得到蒋介石的支持,但因为蒋并未公开奉行法西斯主义,始终是一个秘密组织。蒋介石虽然希望借助法西斯主义的精神来整饬腐化的国民党,但他仍坚持儒家思想为中国根本。"中国文化学会"的宗旨是坚持中国文化本位,亦兼收他国文化,1933年的《中国文化学会缘起》可反映其旨趣(部分内容参见萧作霖:《复兴社述略》,收入《文史资料选辑》编辑部编:《文史资料精选》[第8册],第332页)。邓文仪的序言可以看作这种情况的反映。

事实上,任何认真阅读过《君主论》并且对马基雅维利时代有所了解的人,都知道《君主论》乃弱小国家人士在强大外族军事和外交压力下的愤激之作。然而,敏感于异族压迫的中国知识分子,对这剂“猛药”的体味却是主张帝国主义侵略。[①]20世纪二三十年代《君主论》三篇中译本的“序”(译者自撰或请人代写)都表明,译者译述此书的动机非常复杂:一方面他们都认为此书在西方政治思想史上居于非常重要的地位,值得译介;另一方面又都认为此书尚权术、武力以成霸道,为当时中国人所痛恨之“帝国主义”“权力政治”的圣经,不足为训。虽然个别译者对马基雅维利的爱国主义情愫有所感知,但他们更多是从当时国际形势的角度来理解《君主论》的。

另外,中国近代早期倡导国家主义的人中鲜有论及马基雅维利者,他们更多援引费希特、黑格尔的学说加以发挥。只有朱执信曾将马基雅维利纳入国家主义的讨论中,承认马氏“其说以为国家之有危机,人惟当取必要之手段,以救助国家生命、维持国家独立。……以国家存在必要为第一义,一切道德宗教皆只认为国家所用手段而已”。但他立刻指出马氏之论“不过当代政局之反映,以其奉职二十余年之经验,使成为非宗教、非道德之政治家。论史以罗马为宗,从而不止主张国家主义,实并行主张帝国主义”,并以马氏之“国家主义”未能唤起意大利人为由责其实效不强。[②]总之,在近代早期的国家主义论述中,马基雅维利并未成为理论资源。

---

① 相比之下,倒是在倡导共和主义的《李维史论》里,马基雅维利支持扩张型共和国的帝国主义政策,参见 Mark Hulliung, *Citizen Machiavelli*, Princeton University Press, 1983; Mikael Hornqvist, *Machiavelli and Empire*, Cambridge University Press, 2004。

② 朱执信:《国家主义之发生及其变态》,载《建设》1919年第1卷第2号,第22—23页。

（二）作为“中国复兴”导师的马基雅维利

随着民族危机的日渐加剧，某些知识人开始以相对积极的眼光来看待马基雅维利的学说，他们对于马基雅维利时代在中国历史上的对照也有了新的灵感。1933年陈其刚在《复兴月刊》撰文称：“我们试一考察今日的中国，实在讲起来，形势的危殆何异于中世纪的罗马？……国内军阀霸据四方，中央政府无力统一，等于虚设，庶政不修，纪纲荡然，外则强邻犯境，辱国丧权，无所不用其极。人民一方面受统治者的剥削，同时，又受异族的陵夷，在这种双重压迫之下，生不如死，而最近数年来的国势，尤令人欲哭无泪，每况愈下，危如累卵，这种局面不就是中世纪黑暗时代的重现吗？”[①]于是，马基雅维利的学说变成了一种可资参照的理论：“要复兴中国就必须要步着马克维尼的后尘努力前进。”[②]1935年大连《新文化》月刊上的《马凯维尼与中国革命》一文亦持此论：“我国现在的情形，与中世纪的意大利一样，数十年来军阀割据的局面，中央政府力量薄弱，自然谈不到真正统一，社会紊乱，经济破产，人心事尚虚伪嚣薄，同时帝国主义的侵略，日益加甚，随时有国灭家亡的危险。在这危机四伏的危险中，十五世纪的意大利，正是我们的榜样，马凯维尼，正是我们革命的导师。”[③]这样一来，被视为马基雅维利当代“最好的子孙”[④]的墨索里尼及其领导的法西斯意大利自然也就成了彼时中国学习的最好样板。

马基雅维利之为“中国复兴”导师的第一点在于其“国家理性论”[⑤]。早在1916年，严复便提出了这一命题，在9月10日写

---

① 陈其刚：《马克维尼与中国复兴》，载《复兴月刊》1933年第1期，第3—4页。

② 同上刊，第4页。

③ 翼民：《马凯维尼与中国革命》，载《新文化》1935年第1期，第41页。

④ 陈其刚：《马克维尼与中国复兴》，载《复兴月刊》1933年第1期，第3页。

⑤ 关于马基雅维利的国家理性论，参见刘训练：《马基雅维利的国家理性论》，载《学海》2013年第3期。

给他学生熊纯如的信[①]中,严复认为当时中国政治乱象的根本症结不在于袁世凯,“项城不过因势而挺之而已,非造成此势者也”;究其根本,乃因推翻清王朝后共和政府无力建立有效的政治秩序,而欲脱离共和又无恰当方法,社会既不安宁,救亡图存更无从谈起。严复感慨若熊纯如能读“墨迦维黎”(即马基雅维利,译法与《法意》中不同)与“脱雷什奇”(Treitschke,今译特赖奇克)的著作,便能理解“今日政治惟一要义,其对外能强,其对内能治,所用方法,皆在其次”[②]。孟子式的“行一不义,杀一不辜,虽得天下不为”的境界固然高远,但无济于时局。严复惋惜的只是,作为当时中国少有的强权人物,袁世凯“表现出了马基雅维利式统治的所有令人讨厌的方面,而不具有任何真正地达到马基雅维利式目标的能力”[③]。严复在这里实际上提出了“国家理性论”的要义,马基雅维利的学说显然启发了他,成为他观察中国社会现实的西方理论参照。

中共早期党员、哲学家张申府在《续所思》中也曾流露过类似的思想。他自称“前些年我喜言,‘抱定目的不择手段’。这自与文艺复兴时期意大利的政治哲学家而为今日墨索里尼先师的马奇维里所持的‘目的证成手段’同科”[④]。他承认要恰当地做到“抱定目的不择手段”是困难的,这是一位大政治家的理想做

---

① 该年份为编者推断年份,详见严复:《与熊纯如书》(三十八),收入王栻主编:《严复集》(第三册),中华书局,1986 年,第 647 页注释 1。

② 严复:《与熊纯如书》(三十八),收入王栻主编:《严复集》(第三册),第 645—646 页。

③ 参见史华兹:《寻求富强——严复与西方》,叶凤美译,江苏人民出版社,2010 年第 2 版,第 151 页(原文此句中第一个马基雅维利为“马其雅维利”,应为印刷错误)。

④ 张申府:《续所思》,收入《所思》,生活·读书·新知三联书店,1986 年,第 148 页。张申府的《所思》出版于 1931 年,《续所思》则在 1933—1934 年间发表于《大公报·世界思潮副刊》。这时的张申府正在清华大学哲学系教书,暂离政治活动。

法，而中国正缺乏这样一位大政治家："大政治家必既能认清了目的，更能认清了现下那些可能的手段可以达到那个目的，于是两害相权取其轻，两利相权取其重，而切实以行之。"[①]结合20世纪30年代中国的时局，我们不难明白张申府对"大政治家"的期待同严复的期待应当是一致的，都是要建立秩序、抵抗外侮。

如果说"国家理性论"在严复那里只是初见端倪，那么，到了这个时候，这些思想已在一些中国人的头脑中非常清晰。"翼民"和陈其刚都对马基雅维利的思想大加赞赏，都热切地渴望运用这种思想。"翼民"认为马基雅维利完全是以"救国"为目标的，"所以由他看来，政体的好坏，没有绝对的标准，只看他能否适应环境，如果能统一挽救国家，独裁政体也好，民主政体也好；同时，君主的责任专在救国，如果能救国，仁慈不仁慈，诚信不诚信，都可以不管，有人称他为极端的爱国主义者，诚非虚言"[②]。陈其刚则认为马基雅维利就是"不顾什么道德不道德，宗教不宗教的，在他看来，只要为了国家的福利，无论什么手段都可以采用，最重要的就是那个大目的"[③]。因而，陈其刚主张对中国人来说，"在根本上，自然的原则就是生存竞争，优则胜，劣则败，我们要用空想的伦理的观念，来制止自然的发展，岂非自寻苦恼？于事丝毫无补，徒见其心劳日拙而已。我们不要生存则已，要生存就要准备实力来竞争，为整个的国家，为全体的福利，而奋斗，而牺牲，这，对于人类文化是一个最好的推动机，对于世界前途是一个最光明的探照灯"[④]。虽然他们没有使用"国家理性"这一概

---

① 张申府：《续所思》，收入《所思》，第149页。

② 翼民：《马凯维尼与中国革命》，载《新文化》1935年第1期，第44页。

③ 陈其刚：《马克维尼与中国复兴》，载《复兴月刊》1933年第1期，第9页。

④ 同上刊，第15页。

念,但以上论证的思路却明显属于国家理性论范畴。

从哈佛大学获得博士学位的政治学者王赣愚点明了马基雅维利学说中的“国家理性论”,并做出了理论上的阐释:“其唯一任务在树一种政治行为之论据,今人援用新名词,称之为‘国家利害说’(Raison d'état)。……政治之于道德,犹道德之于自然科学,各划鸿沟,格格不相入;道德仅为私人行为之准则,而公共行为则当以政治目的为依归。马氏对伦理与宗教持同样之态度,故意置之不问而不直接加以反抗,其意以为政治之为物本无道德与不道德之可言,世之所谓‘政治道德’(Political Morality)者,乃名辞上之矛盾耳。”[①]但王赣愚亦对此论有所警惕,在一篇书评中他写道:“就其精神而言,马氏不愧为近世民族主义的先导。称他为爱国者,爱其祖国意大利者,自无可疑义的。在评者看来,他的学说确是目前我国的兴奋剂,而绝对不是今后我国的万病药。”[②]

马基雅维利之为“中国复兴”导师的第二点在于灵活实用的政治制度选择。傅遂之认为马氏虽然实际上偏爱共和,却有实事求是的精神:“着眼于功利之上,何者可使是时之意大利重臻于强盛之域者,虽其嫉视之政体,亦可取之;否则,虽其爱好之政体,亦可暂时放弃,实事求是,此马氏之谓欤!”[③]彼时意大利的经验似乎表明独裁制较之民主制更为优越,中国是否应行独裁政治成

① 王赣愚:《马克维尼与近世政治思想》,载《民族杂志》1935年第3卷第4期,第698页。

② 王赣愚:《政治与伦理》,载《政治经济学报》1936年第2期,第488页。

③ 傅遂之:《马克维里的政治思想之研究》,载《国本》1937年第1卷第10期,第60页。傅遂之的文风平和,远较“翼民”、陈其刚节制,但他对马氏思想之服膺,欲发扬马氏学说以服务中国复兴之意图与前两者并无二致。另外,从内容上看,其论述马氏思想颇为全面(分人性观、国家观、政体观、政术观依次论述),并多处引用《李维史论》。

为争论的热点。马基雅维利关于罗马独裁官的论述已为某些论者所注意[①],陈其刚则据此指出,独裁制非但与共和国是相容的,甚至还是必要的:“为了要挽救危殆的国势,马克维尼认为采用‘狄克推多制’(Dictatorship)对于共和国是一种最有力量,最有效用的政策……他常常说,狄克推多是成就罗马伟业的最大原因。共和国平日的行政,因为要得到许多意见的调和,程序繁复,行事与决定自不免迂缓迟滞,所以,他主张宪法中应该特别规定,在危急时得采一种敏捷行动的处置,而这种处置良莫良过于狄克推多制。”[②]这种观点的针对性是很明显的,也是很有吸引力的,它避开了类似于“民主还是独裁”的非此即彼的选择,而只是将独裁作为政治制度中的一个特殊装置,它并不妨碍中国作为一个共和国而存在。

马基雅维利之为“中国复兴”导师的第三点在于其崇尚武力。前文曾引述朱执信及曾纪蔚对马基雅维利帝国主义倾向的批评,1935 年周克传的《马克维尼之政治哲学的分析》中亦有专节“关于扩张领土之理论”予以分析。[③] 然而,如果从国家生存角度立论解读则有所不同:“一个国家要生存在这个世界上就得扩张势力,不扩张势力便难以维持固有的地位,不能有繁荣的发展;易词言之,不发展便要消灭,不扩张便被侵略。”[④]“翼民”则强调马基雅维利对国民军的重视:“他更以为要彻底改革旧的社会制度,维持新制度,非有充分的武力不可……他坚信:一个国家,必需有一支精练的国民军,要如此,积极的才能扩张国家势力,消极

---

① 比如,张孟浩曾在《独裁政治史的考察》(《自觉》1935 年第 32—33 期,第 42 页)一文中援引马氏。

② 陈其刚:《马克维尼与中国复兴》,载《复兴月刊》1933 年第 1 期,第 12 页。

③ 参见周克传:《马克维尼之政治哲学的分析》,载《政治期刊》1935 年第 4 期,第 53—54 页。

④ 陈其刚:《马克维尼与中国复兴》,载《复兴月刊》1933 年第 1 期,第 11 页。

的才能维持国家生存。”[①]陈其刚尚为马氏的扩张论寻求一个“崇尚和平与文化的政治”[②]的目的,而“翼民”则疾呼:“我们要救国家,救民族,要实行统一,为实行统一,我们要实行独裁政治;为完成革命,我们要培养武力,注重权术。……更重要的我们要把政治道德自私人道德中分出,万不能因为要避免自己恶名,置国家于不顾。要这样革命才能完成,国家才能统一,民族才有出路!”[③]此种呼吁不啻为彻底的中国法西斯主义宣言了。

抗战期间兴起的“战国策派”是以倡导国家主义著称的文化流派,其理论资源主要来自德国,但他们应该对马基雅维利也不陌生。[④]战国策派代表人物之一何永佶从更抽象和宏大的视角看待“力”的问题。他提出中西文化差异的根源之一在于中西的传统政治格局有所不同:与中国长期的大一统格局不同,西方的分裂局势使得西方保持了一种国与国的对峙,而这“根本上即为‘力’与‘力’对峙的局面。在这‘力’‘力’不断相争的前进中,人们遂没有功夫再如从前那样的视‘力’为手段(Means),而今乃视之为目的(End)……在这种局面下,‘力’的哲学,‘力’的讴歌,与乎国力政治(Power Politics)自必应运而兴”[⑤]。经过中世纪的统一,到了文艺复兴时期,又重出现了国与国的对峙,这样便产生了马基雅维利的政治思想。何永佶将马基雅维利遭受的恶名归结为“他的政治哲学的确是诲‘邪’诲力”,而马氏倡导国力政治非为一己之私,乃是为了追求意大利的统一。统一之道就在一个

---

① 翼民:《马凯维尼与中国革命》,载《新文化》1935 年第 1 期,第 43 页。

② 陈其刚:《马克维尼与中国复兴》,载《复兴月刊》1933 年第 1 期,第 11 页。

③ 翼民:《马凯维尼与中国革命》,载《新文化》1935 年第 1 期,第 44 页。

④ 战国策派的领军人物雷海宗虽然没有在其政论中引述过马基雅维利,但他在 20 世纪 30 年代武汉大学历史系开设的《欧洲通史》课程提纲中曾对马基雅维利有较为详尽的评述,参见雷海宗:《西洋文化史纲要》,上海古籍出版社,2001 年。

⑤ 何永佶:《论国力政治》,载《战国策》1940 年第 13 期,第 3 页。

力字,“尽管你怎样谈仁义道德,尽管你谈得天花乱坠,说得花团锦簇,统一一个国家还是需要军队,兵器,和武力。这个武力在数个政治权力之下则相消,在一元化的政治重心下则可完整对外”①。何永佶进一步解释道,马氏言“力”乃是用于国与国之间的关系,将马氏学说用作人际间的尔虞我诈乃是巨大的误解,“马奇维里主义是用以对外的,而不是用以对内的,对内愈应用它而对外愈不能用它,因为内部愈马奇维里式,则团体的力量自己相消愈甚,对外的力量愈见为微弱”。由此作者转入评论中国衰败之原因,根源也就在中国因“大一统”出现太早而缺少“力的文化”。中国人长期浸淫于中庸哲学,少了“战意识”,而日本之所以能够迅速崛起,乃是因为“日本人离他们封建‘战国’时代仍近,战意识仍然很重,容易学会那一套”②。因此,作者虽未明言,但上述论证合乎逻辑的结果便是,于今之计在于培育和激发中国人的“战意识”与“力的文化”。

王赣愚虽不属于战国策派,但与战国策派的关系较为密切,他对马基雅维利的理解与何永佶颇为相似。他认为人们常常只见战争的凶险,却忽视“对外战争之有刺激民族意识的功效……十六世纪的意大利政治家马克维尼(Machiavelli),早已看到战争是治疗弱国的良剂,其所以推崇穷兵黩武的雄主,无非欲靠他做统一的中心;其所以鼓励拓地扬威的伟业,亦所以启发当时人民爱国的情绪。依马氏看来,战争是一国生气的特征,也是一国强盛的途径”③。因此,应当看到全面抗日战争恰好使得中国人民族情绪高涨,能够觉悟到团结起来用统一的力量挽救国家危亡才是正途。

---

① 何永佶:《论国力政治》,载《战国策》1940 年第 13 期,第 5—6 页。
② 同上刊,第 7—8 页。
③ 王赣愚:《抗战与统一》,载《东方杂志》1938 年第 4 号,第 19—20 页。

四　结语:近现代中国政治话语中的马基雅维利

总体来看,在1905—1949年的近半个世纪中,马基雅维利的名字、著作和思想时常被中国学界和舆论界提及,其代表作《君主论》也有多个中译本。然而,这些论述基本上都属于西方政治思想史教科书的写法,在介绍方面无非是罗列他的国家至上思想、研究方法、人性论、权术论等内容,在评价方面则多指出他的思想源自其生活的时代和从政经历,等等。近现代中国人对于这个四百多年前的意大利思想家的了解仅止于此,他从未成为学者们(在伦敦政治经济学院接受过系统学术训练的吴恩裕也许是个例外)专注的研究对象,更没有像卢梭、马克思那样成为"革命导师",在公共政治话语中受到热烈关注和积极回响。如果说20世纪早期尚有严复、梁启超、朱执信等思想界的"大人物"论及马基雅维利,那么到了20世纪30年代,虽然提到马基雅维利的文献很多,但他始终没有成为一个重要的探讨对象,对他议论颇多的只是一些活跃在地方性刊物上的名不见经传的"小人物"。此外,关注到马基雅维利的论者大都对其学说和主张保留了一些疑虑和排斥。因此,很难说马基雅维利及其思想在近现代中国产生了多大的影响。

从情理上讲,马基雅维利与西方古典伦理思想的决裂、他的爱国主义及国家理论这两个方面本应该对近现代中国人具有非常大的吸引力。①然而,就第一个方面而言,即使在今天的西方学术界,马基雅维利与古典传统到底是何种关系也仍未完全澄清,而他对基督教传统的彻底背离只有在现代早期欧洲的语境之下

① 在2009年笔者(刘训练)对新时期《君主论》的第一位,也是迄今为止唯一一位从意大利文译出中译本的译者潘汉典(1920—　)先生的访谈中,潘先生在谈到当初苦译《君主论》的动力时,还一再提到马基雅维利的爱国主义,并动情地忆及抗战期间的国难家仇。

才显得惊世骇俗，在近现代中国的语境下，马基雅维利这一最具现代性的面向是很难激起多大回响的。[1]在第二个方面，马基雅维利为救治当时意大利局势所开的药方，无论是《君主论》中的“权谋论”，还是《李维史论》中的“共和论”，对于处于救亡与启蒙双重任务之下的中国知识分子来说，都不可能引起太大共鸣：“权谋论”在基督教传统与复兴古典文化的人文主义风潮中当然显得意义非凡，但比之于久远的法家权术传统，却卑之无甚高论（不过，做一些中西思想的比附还是难免的）；“共和论”则是一个过于复杂的话题，只有对西方古典政治史有透彻的理解之后才能体会到其中的深刻意蕴，对于在中华民国建立后似乎已经一劳永逸地解决了“君主制/共和制”问题的中国人来说，自然也就失去了兴趣。[2]这就不难理解，为什么《李维史论》很难进入近现代中国学者的视野。事实上，西方学界对马基雅维利思想复杂性的探索以及对《李维史论》的关注也是从 20 世纪初才开始的，所以，无法想象像“《君主论》与《李维史论》的一致与矛盾”这样精微的学术议题会引起近现代中国人的关注。

在近现代中国重要的政治思潮中，只有“国家主义”和法西斯主义能够与马基雅维利产生一些联系。马基雅维利当然是一

---

① 当然，中国学者从政治与道德的关系、马基雅维利与亚里士多德以及孔子学说的对比等议题上还是多少能够感受到这一面向的。

② 相比于西方古典政治及政治思想传统中丰富的政体类型学，中国古代只有专制君主政体一类，所以，近代中国的学者很难理解西方古典的政体分类学说（《李维史论》便多次回到该传统），而更容易接受《君主论》第 1 章中倡导的君主国/共和国的二分法：“国体三种说与近今事实不能符合，且亚氏（亚里士多德——引者注）立论从主权之人数区别，国体不免稍有浅薄之嫌。近世政法学家，有马克拔利氏者，只分君主及共和二制，此种区别乃最适合于近代事实。”（枝庵：《国体政体之要论》，载《大中华》1915 年第 1 卷第 10 期，第 2 页）正是由于《君主论》第 1 章涉及多种类型的君主国，伍光建译本便以“国制分界不清晰”为由，略去不译了。

个赤诚的爱国主义者和“国家主义者”，但在中国人的视野中他充其量只是“意大利建国三杰”之一以及墨索里尼的一位遥远先驱而已。并且如朱执信所言，马基雅维利的爱国主义与国家主义中的“帝国主义”成分（当然包括马基雅维利本人狼藉的声誉），以及不够系统的理论[①]，均不足以成为中国国家主义运动的思想来源。更不幸的是，对于受压迫民族的国家主义者而言，撇清国家主义与帝国主义之间的关系是非常重要的，过多地征引这位“邪恶导师”显然无益于他们的事业。随着政治局势的变化，“国家主义”和法西斯主义逐渐成为“反动”的代名词，马基雅维利也就彻底退出了公共舆论。在学术领域，吴恩裕固然强调了马基雅维利的思想史地位，但在历史唯物主义的范式下，他不过是“人类最壮美的日出”之前诸多闪亮的星光之一，其思想本身的复杂性必然会被忽略而无法得到恰当的探讨。当然，张申府所期待的“抱定目的不择手段”的“大政治家”在中国近现代史上终究不乏其人，“目的证成手段”的逻辑实际上也一直支配着中国人的思维方式和处世态度。以此观之，至少某个面向的“马基雅维利主义”（虽然未必直接来自马基雅维利本人）从未退出过中国近现代的政治话语。[②]

---

① “在十六世纪中，虽有一个意大利学者马其菲利（Machiavelli）想用民族主义鼓动意大利人，以谋意大利的统一（因此多以马氏为欧洲民族主义之首倡者）；但是他的议论，不是学者的议论，是一种宣传的议论。”参见李剑农：《政治学概论》，商务印书馆，1934年，第26页。

② 参见梁启超与宋庆龄关于孙中山“目的与手段”问题不同立场的评价（1925年3月13日梁启超答《晨报》记者问《孙文之价值》，载《〈饮冰室合集〉集外文》［中］，夏晓虹辑，北京大学出版社，2005年，第956—957页；1925年6月9日宋庆龄《为“五卅”惨案对上海〈民国日报〉记者的谈话》，载《宋庆龄选集》，中华书局，1966年，第7—8页）；以及鲁迅关于“目的与手段”的自述（1925年5月鲁迅致许广平的信，载《鲁迅全集》［第11卷］，人民文学出版社，2005年，第487页；1933年12月《答杨邨人先生公开信的公开信》，载《鲁迅全集》［第4卷］，第645页）。此外，20世纪60年代中国著名托派王凡西以“双山”的笔名在香港出版的一种《君主论》中译本（信达出版社；这个译本即后来内地多次翻印的“惠泉”译本）的“译后记”对这个问题也有所剖析。

无论如何，从西方政治思想传入中国的一般情况来看，当时最时髦、影响最大的思想与流派往往率先被译介到中国，并引发国人的关注和辩论；而且，这种传播不止于智识上的兴趣，更因应于时局与政治需要。马基雅维利的例子再次说明了这一点。尽管马基雅维利被尊为“现代政治学的奠基人”，但对急于“仿泰西之良法”的中国知识分子来说，他的思想和主张却显得过于古旧和乏味，甚至让人反感：在早期，马基雅维利显然不如穆勒（密尔）、卢梭、孟德斯鸠等人在“兴民权、开民智”方面来得解渴；到后来，更不如马克思（主义）、拉斯基甚或墨索里尼等人在“救亡图存、争取民族独立和人民解放”方面来得有前景。在这种情况下，人们对马基雅维利及其著作与思想只能是“耳熟而不能详”了。[1]

---

① “耳熟而不能详”借自颜德如对卢梭与晚清革命话语关系的评论，参见颜德如：《卢梭与晚清革命话语》，收入袁贺、谈火生编：《百年卢梭：卢梭在中国》，吉林出版集团，2009年，第70页。

圭恰迪尼的《格言集》和他与马基雅维利的交往

周施廷

（中国人民大学　历史学院）

意大利文艺复兴后期（约 1494—1532 年），是佛罗伦萨从共和政体向君主政体转变的时期。自由公民共和国的制度在破坏，美第奇家族的统治在兴起，法国和德国侵入意大利，发动了意大利战争（Italian War, 1494—1559 年）。政治家、历史学家弗朗切斯科·圭恰迪尼（Francesco Guicciardini, 1483—1540 年）在《意大利史》中坦言："后期文艺复兴被一场战争分为两段截然不同的、针锋相对的政治发展时期。"这场爆发于 1494 年的战争不仅使意大利人陷入了"苦难血肉之躯遭受的种种灾难"，而且时间很长，断断续续持续了 60 多年。①城邦危机和外敌入侵严重改变了意大利的政治状况，法王查理八世（Charles VIII of France）入侵意大利，迫使佛罗伦萨和罗马投降，佛罗伦萨"僭主"皮耶罗二世·德·美第奇（Piero di Lorenzo de' Medici）遭遇流放。在美第奇家族经此打击后，佛罗伦萨人在多明我会修士萨沃纳罗拉（Savonarole）的领导下重建共和国，但意大利的战争直到圭恰迪尼去世之

---

① 昆廷·斯金纳：《近代政治思想的基础·上卷：文艺复兴》，商务印书馆，2002 年，第 182 页。

时还没有结束。1512 年,美第奇家族在西班牙军队的帮助下再次夺回了佛罗伦萨的控制权。1513 年,出身于美第奇家族的乔凡尼成为教皇利奥十世(Pope Leo X, 1513—1521 年在位),佛罗伦萨与罗马的关系益发紧密,意大利战争对佛罗伦萨的影响也更为明显。美国历史学家菲利克斯·吉伯(Felix Gilbert)认为:“这场战争对意大利甚至整个欧洲产生了深远的影响。它标志着一个历史转折点,因为它结束了一个稳定、和平的时代,开启了战争和动荡的时代。”①此后 30 年间,意大利沦为欧洲列强争霸的战场。

在这大变动的时代,出现了一个公职人员的阶层。这个阶层的人士不仅拥有知识,而且还担负起了让意大利人摆脱困境的政治使命。圭恰迪尼是 15 世纪晚期的人,公职人员的出现,当在此之前很久。这些公职人员具有政治才能,大多是政府的官员。他们或出自城市显贵的家族,或出自庶民,都著书立说,并且亲手处理外交、军事及公共事务管理的大事情。文艺复兴后期,在佛罗伦萨出现的公职人员有马基雅维利和圭恰迪尼。他们两人一先一后,当时都是公众人物。稍晚的圭恰迪尼亲历了佛罗伦萨从共和制向君主制转变的整个过程,他用了 18 年时间(1512—1530 年),把自己的一些政治经验写下来,这就是呈现给后世的《格言集》。

《格言集》虽然篇幅不大,内容却非常广泛,对命运、历史、人性、制度、政治技巧、政治经验等许许多多的大问题,发表了极为精彩的见解。500 多年前的议论,今天读来依然虎虎生威,如呐喊,如号角,如风起云涌,如大海波澜。它与文艺复兴后期的著作一样,使人惊醒,使人奋发,充满了对那个时代的眷恋。实际上,

---

① Felix Gilbert, *Machiavelli and Guicciardini: Politics and History in Sixteenth-Century Florence*, New Jersey: Princeton University Press, 1965, pp.261 - 262.

《格言集》中大多是力挽狂澜的知识分子的愤激之词。《格言集》中的一些话,代表了那个时代先进的知识分子的议论。

一 圭恰迪尼与后期人文主义者

圭恰迪尼的祖先是佛罗伦萨贵族,家族里有好几个人先后担任过要职。他的祖父担任过首要部门的主管,他的叔伯多次连任佛罗伦萨共和国的行政长官,而他的父亲则是一位精通拉丁文和希腊文的外交官。圭恰迪尼自幼进学,广泛接受过人文主义的教育。其后他专攻法学,分别在佛罗伦萨(Florence)、费拉拉(Ferrara)和帕多瓦(Padua)学习,后来在23岁时,担任了佛罗伦萨大学的法学教授。

圭恰迪尼是一个拥有实际政治能力的人。他有各种不同的任职经历,也多次处理过棘手的外交、军事问题。杰出的政治才能,显赫的家庭背景,以及1508年与出身名门的玛利亚·萨尔维阿蒂(Maria Salviati)的联姻,使他顺利地在公共社会生活中崭露头角。圭恰迪尼担任的第一个重要职务是佛罗伦萨驻费迪南统治下的西班牙的外交大使。在日记中他这么写道:“佛罗伦萨还从来没有一个人能在这么年轻的时候担任过大使的职务。”[①]圭恰迪尼家族在政治上效忠美第奇家族——尤其是他的祖父和叔伯,曾是洛伦佐(Lorenzo de' Medici)的近臣,逐步提升了家族的政治地位。家族的背景和圭恰迪尼的能力最终结出硕果,1511年10月,圭恰迪尼迎来了他政治生涯的一个重要转折点:八十人议会选举他正式担任驻西班牙大使,从此改变了这位年轻法学家的命运。教皇利奥十世上任后,佛罗伦萨人开始在教廷里担任职

① Francesco Guicciardini, “Ricordanze”, in *Scritti autobiografici e rari*, ed. R. Palmarocchi, Bari, 1936, p.69; Also see Francesco Guicciardini, *Maxims and Reflections*, *Ricordi*, Philadelpha: University of Pennsylvania Press, 1972, p.7.

务，圭恰迪尼成了其中的佼佼者，他在1516年夏天首次获得教皇任命，成为摩德纳地区的总督。随后在利奥十世和克莱门特七世(Pope Clement VII, 1523—1534年在位)在位期间，他还被任命为雷焦(Reggio Emilia)、帕尔马(Parma)的行政长官[①]，以及罗马涅(Romagna)总督、神圣罗马帝国军队的副将和教皇联盟军的总管。

圭恰迪尼的政治才能在意大利战争中得到了检验。1525年2月，神圣罗马帝国皇帝查理五世(Charles V)在帕维亚(Pavia)打败法王法兰西斯一世(Francis I of France)，造成整个意大利面临濒于崩溃的重大危机。圭恰迪尼临危受命，被派遣至罗马与教廷、法国、米兰、威尼斯的代表进行外交斡旋，并在1526年5月，促成了一个旨在解放意大利的"干邑联盟"(League of Cognac, 1526—1529年)。圭恰迪尼旋即被任命为教皇联盟军的总管(lieutenant general)。但他却备感受挫，因为他无法说服联盟军的首领乌尔比诺公爵基奥凡尼·德拉·罗维尔(Giovanni Maria della Rovere, Duke of Urbino)解米兰之围，致使1526年11月神圣罗马帝国军队越过波河后，米兰公爵弗朗切斯科·斯福尔扎二世(Francesco II Sforza)投降。不过，圭恰迪尼率领的联盟军还是抵御住了神圣罗马帝国对罗马的攻击，在1527年取得胜利，保护了佛罗伦萨。

圭恰迪尼非常重视政治的实践，然而他的命运却常常随着美第奇家族的动荡而沉浮。意大利战争中罗马横遭洗劫，美第奇家族也再度失势被逐。与美第奇家族关系密切的圭恰迪尼受到牵连，不得不逃离佛罗伦萨去教廷寻求庇护，佛罗伦萨的共和政府则视其逃离为对城邦的一种背叛。[②]1530年3月，美第奇家族夺

---

① 威尔·杜兰：《文艺复兴》，东方出版社，1999年，第695页。

② Francesco Guicciardini, *Maxims and Reflections*(*Ricordi*), 1972, p.17.中译本参见圭恰迪尼：《格言集》，周施廷译，广西师范大学出版社，2013年。

回了政权,圭恰迪尼旋即以教皇代表的身份重返故乡。同年,出身美第奇家族的教皇克莱门特七世任命年仅19岁的亚历山德罗·德·美第奇(Alessandro de' Medici,1510—1537年)为佛罗伦萨公爵,成了佛罗伦萨的行政长官。不久,在1532年,查理五世赐其世袭公爵,从此佛罗伦萨共和国正式消亡,转变成为托斯卡纳大公国。[①]在这个转变过程中,圭恰迪尼曾经帮助亚历山德罗稳定政权,并协助他获得了查理五世的承认。靠着这些功绩,圭恰迪尼认为自己应当成为年轻的新统治者的导师,结果却遭到亚历山德罗的猜忌——他坚持自己统治者的权力,圭恰迪尼的希望落空。[②]1537年,亚历山德罗强迫圭恰迪尼退休。圭恰迪尼似乎早已预知会有这样的结局,在写于1530年的第53条格言中,他说:“当你帮助我成为君主后,一旦你希望我按照你的意思去管治领土,或者希望我会在削弱的事情上向你让步,这么做就是在抵消你为我做过的好事。因为你所要求的,或多或少的是夺取我在你帮助下得到的权力。”[③]这肯定是他对君主行为观察、思考了千百次的结果。

是什么把这些礼遇、努力、失落、失意和圭恰迪尼联系起来的呢?文艺复兴后期,致力于孕育美德、教化民众的人文主义者,已经处在被统治者们利用和排斥的境遇。不仅是圭恰迪尼,那位或许比他更有才干的前辈马基雅维利,也只能从一位共和政治的积极拥戴者,转变成为研究君主制的严肃的政治学者。或许,这些人仍然是在“知不可为而为之”,以为靠着自己的才学,仍然可以为民众做一些事;尽管已是人微言轻,并且也不再有意追求功名,

---

① 昆廷·斯金纳:《近代政治思想的基础·上卷:文艺复兴》,第185页。

② Joseph Markulin, “Gucciardini's Ricordi and the Idea of a book”, in *Italica*, vol.59, no.4, Renaissance(Winter, 1982), pp.299-300.

③ 圭恰迪尼:《格言集》,第53页。

却仍然不愿放弃。《格言集》开篇云："保罗说，信能成就大事，如福音书所示，信能移山。"(C1[①])圭恰迪尼此言，可能是有所寄托的。但这几句话却极其恰当地写出了一位后期人文主义者在举世沉沦之下的真实感受："有信之人坚守自己的信念；他自行其道，毅然决然，不畏艰难困苦，甘冒绝境之险。"(C1)

二 《格言集》的体例和特点

如前所述，《格言集》是在 1512—1530 年的 18 年间断断续续写成的，本是记在日记本上供其私用的政治经验备忘录。必须指出的是，这本书的写作并非为了出版，事实上，这本小册子在圭恰迪尼生前并没有出版。[②]在 1530 年的最后版本里，圭恰迪尼提到，《格言集》是一本只写给家人看的书。这在当时的人眼里是一件很平常的事，因为在 14、15 世纪的佛罗伦萨，一直存在这个传统，家书性质的文集是为了给家族后人提出忠告和指示，另外，也有助于他们加深了解佛罗伦萨甚至整个欧洲的政治局势。故此，《格言集》里谆谆善导的感觉非常浓厚，笔调温和，像是一位长者对自己亲爱的孩子的临终嘱咐。圭恰迪尼也处处提到了自己的父亲，文中充满了他对人世间的种种依恋和不舍。

早年的《格言集》内容写于圭恰迪尼出使西班牙宫廷期间。1512—1513 年，他曾经写下了 13 条格言(Q1)；后来又陆续写了 29 条格言(Q2)；1528 年他继续撰写并且做了一次合集(B 系列)，这个系列包含了 181 条格言；1530 年，他又编撰了最终版本的 C 系列，共 221 条格言。B 系列和 C 系列的格言被认为是两本

---

① 圭恰迪尼：《格言集》，第 31 页。C1 指《格言集》C 部分第 1 条格言，下同。B 则指《格言集》的 B 部分。

② Olivia Holmes, "Reading Order in Disord", in *Italica*, vol.76, no.3(Autumn, 1999), p.314.

独立的册子,尽管其中的许多格言大同小异,只是在排列顺序上发生了变化。美国学者奥利维亚·霍姆斯(Olivia Holmes)指出,《格言集》是一部“开放式”的、带有“作者意识”的著作,它邀请读者一同“再发现”和“再参与”。[①]这或许解释了为什么圭恰迪尼没有为这些格言加上标题,并且极力避免把格言与历史记录混在一起。这种做法在当时是极为罕见的,比如薄伽丘和但丁都小心地为自己的作品编号排列,透过其笔下的描述我们可以设身处地地猜想作者当时的背景和境况。但是,《格言集》却不是按照历史事件编排的,具体的历史事件是隐形的。也因为此,《格言集》即使放在今天来读也不过时。《格言集》的排列缺乏标题和分类,乍看之下似乎是出于随意的安排,甚至可以说给人一种边走边写的感觉。但如果仔细辨别,便会发现作者对格言进行过一定的分类,前后几条格言是为一组,相互呼应。而多次的编撰也显示出圭恰迪尼对这部作品的形式和文采带有强烈的自我意识追求,绝非一部“流水账”式的潦草之作。意大利历史学家埃马努埃莱·斯卡拉诺(Emanuella Scarano)认为圭恰迪尼连续编撰格言意味着一种转变,他想把《格言集》最终版本的读者群扩大到普通民众,甚至包括当下和未来的读者,而不仅仅是自己的亲朋好友。[②]

如果把 B 系列和 C 系列加以比较的话,会看得更为清楚。1528 年写就的 B 系列中的格言是沿着线性方向推进的,而 C 系列的安排却发生了变化,格言之间的连接性减弱,三条为一组的情况变得十分稀少。[③]另一个例子是在 B 系列中频繁出现了连接

---

① Olivia Holmes, “Reading Order in Disord”, pp.314 - 315.

② Ibid., p.315.

③ 三条为一组的情况在 C 系列只出现过一次,即 C78 - 79 - 80;两条一组的情况比较常见,如 C19 - 20、C55 - 56、C64 - 65 等。

句,如“我前面已经说过很多遍,现在我再说一次”,“记住我前面说过的话”,“我经常说”,而这在C系列里完全消失了。

《格言集》可以说是集圭恰迪尼政治经验之大成,是这个意义上的一部杰作。与引用罗马历史来反衬现实政治的马基雅维利不同,圭恰迪尼更加注重就事论事,从而把自己放在对日常政治生活的密切观察中。人们以为美德、命运是圭恰迪尼的中心思想,这当然是很对的。但他从来不发空洞之言,更愿意把自己的探讨集中在共和制、美第奇、战争和人性等现实话题上。

圭恰迪尼非常重视时局的变化。他说:“虽然美第奇家族的势力庞大,并且产生过两位教皇,但是比起科西莫(Cosimo de' Medici)的时候(当时他只是一个普通公民),现在要控制佛罗伦萨则困难得多。撇开他非凡的能力不谈,科西莫生活的时代赋予了他成功的条件。仅凭着几个人的帮助,他就可以获取和控制政府,也没有得罪那些当时还不知道自由为何物的公民们。事实上,在他的时代,每次有力人士发生争吵,或者出现革命的时候,中下产阶级往往是受益者。”又说:“现在人们尝过了大议会的滋味,无论如何,权力不再是四个,六个,十个或者二十个公民之间争夺的对象,而是全体公民的问题。他们非常看重个人自由,无论政府表现的多么仁慈或者良好,无论他们对美第奇或者其他的政权多么认可和满意——都不可能让他们再忘记自由的味道。”[①](C38)因此,对于不关注时局的败坏而谈论政治的做法,圭恰迪尼深恶痛绝地说:“用绝对的抑或不加区别的方式来谈论以及处理这个世界上的事物,是大错特错的。”[②](C6)他以为具体问题需要具体分

① 圭恰迪尼:《格言集》,第48—49页。

② 同上书,第35页。

析,“由于所处环境的差异,对几乎所有事物,人们都必须加以区分或者作出例外。这些境况不受一个不变的法则支配”[①](C6)。这种对事物的认知方法,在当时是非常充满智慧的。

在政治上,人们一贯以为圭恰迪尼赞成君主制度。但是在《格言集》里,圭恰迪尼却表达出截然相反的观点。不同于他父亲生活的文艺复兴鼎盛时期,到他生活的时代,佛罗伦萨已经充满了动荡和危机,逐步走向衰落,人们对政府满腹怨言,古老的共和制度早已被破坏,如何在乱世中保存自己、维持生计以及名誉变成了一件迫在眉睫的事情。同时,尽管屡遭反对,但美第奇家族登堂入室成为该城邦真正的主人已成趋势。圭恰迪尼想必是意识到了这一点,所以他不厌其烦地反复叮嘱后人,要根据现实处境来正确对待政治体制事项。圭恰迪尼时代的佛罗伦萨的共和制,一般是指意大利战争爆发后佛罗伦萨的政治,其时美第奇家族被驱离佛罗伦萨,城市建立起共和自由政府(governo libero)[②],这个政府一共持续了18年(1494—1512年)。在美第奇家族短暂复辟后不久,干邑联盟战争又使他们再度失势;第二次共和统治是从1527—1530年。美第奇家族统治时期(1434—1494年,1512—1527年)虽然也实行共和政制,但是更倾向于寡头统治。在古典时代,亚里士多德推崇的以贵族为主导的混合政体在文艺复兴时期的意大利一直被认为是最佳的政体形式,身为人文主义者的圭恰迪尼也不例外。他认为共和政府有助于保持公正和法律(C134),如果平民一味要求分享权力,城市就会陷入麻烦,只有美第奇家族、城市贵族和平民休戚与共,才是维护政治平稳的根本:

---

① 圭恰迪尼:《格言集》,第35页。

② Felix Gilbert, *Machiavelli and Guicciardini: Politics and History in Sixteenth-Century Florence*, ix.

> 在一些场合里,我已经说过并写过,因为对共和制度过于尊重,美第奇家族在27年失去对城市的控制;我担心,由于过分强硬控制国家,人们反会丧失自由。我得出上述两个结论的理由是:美第奇政权声名狼藉,如果想继续维持统治,必须得到贵族们有力的支持。这些贵族们必须不但从政府那里得到巨大利益,而且能意识到如若美第奇家族遭到流放的话自身也会随之毁灭而无法立足。但是这样的支持者寥寥无几!因为美第奇家族力图对人人表现公正,甚至在朋友和亲戚中都力求做到大公无私,分配高低职位,都惯于泛滥而慷慨。[①](C21)

换言之,圭恰迪尼提倡的乃是一种以贵族和精英公民为核心的共和主义,建立以一个人或者少数人为统治中心的共和国,同时还不能削弱公民参政的重要性。从理论上说,一个稳定的政权必须通过公正和公平来赢得人民的喜爱,同时,执政者也必须时刻不忘维护自己的良好的名声。但是"鉴于大部分的人或者不善良,或者不聪明,所以只能依赖严峻而不是宽容的手段"[②](C41)。因为"人们,特别是普通人,太过无知而无法理解导致这些灾难的原因,从而不会把其归罪于招致此混乱的过错。由于没有认识到拙劣的领导者到底带来了多么巨大的伤害,他们继续着他们自以为是的错误,或者继续让自己被一些无能者统治。这就是导致一个城市最终走向毁灭的起端"[③](C137)。如何适当地运用权力挑选执政者变得非常关键,而挑选的标准除了才智和能力外,还必须重视对于经验和荣誉的考察。这是因为,"有些事情

---

① 圭恰迪尼:《格言集》,第40页。

② 同上书,第50页。

③ 同上书,第82页。

缺乏经验还是无法实现或无法理解的”[①](B71);而只有重视荣誉的人,才能做到“既不会畏惧任何危险,也不会做出不得体的行为来”[②](B105)。人民不应该尝试推翻政府,只要政府的缺点可以忍受,就没有必要一定要求它做出改变,否则只会“越变越糟”(B21)。这句话或许是圭恰迪尼的肺腑之言,经历过多次政权更迭的佛罗伦萨早已是伤痕累累,政治的不稳定不仅制约了城市经济和文化的发展,也带来道德败坏和人性堕落。

如何处理与诸侯的关系,以及如何在弱肉强食的政治斗争中保存自己,也是圭恰迪尼关注的主题之一。不同于马基雅维利,圭恰迪尼在思考意大利统一和争霸的手段的同时,还刻意强调了与诸侯保持良好互动的重要性:不能走得太近,这样会被诸侯看轻(C196),也不能离得太远,否则好差事轮不到你,因为诸侯不会等你,机会溜走后,“无论事情多么微不足道,失去了机会,就等于失去了一条康庄大道”[③](B134)。所以,如果想得到诸侯的重用,最好的办法是“让自己保持在他的视线之内”[④](C94),而且要“用尽一切手段去讨取诸侯和统治者的欢心”[⑤](C174),当你取得了他们的欢心,就等同于“打开了通往巨大的利益和崇高的荣誉之门”[⑥](C179)。那么是不是只要成为诸侯的近臣就安枕无忧了呢?圭恰迪尼的答案是否定的:由于人人都是“那么的虚伪,那么的狡猾,不诚实,诡计多端”[⑦](C157),无论你多么努力,都难以保证会得到收获,所以在任何时候都要谨慎,必须假装和

---

① 圭恰迪尼:《格言集》,第 137 页。

② 同上书,第 148 页。

③ 同上书,第 156—157 页。

④ 同上书,第 67 页。

⑤ 同上书,第 95 页。

⑥ 同上书,第 96 页。

⑦ 同上书,第 89 页。

掩饰自己的意图(C49、C104),同时"必须永远隐藏你的失败和夸大你的成功"[1](C86),而且要在诸侯面前展露你的勇气,这样一来,他就会满足你的需要,因为诸侯是不会怠慢勇敢的人的(C98)。反之,如果你表现得胆怯怕事,诸侯就会随心所欲地待你(C99)。

可惜的是,圭恰迪尼仔细分析得出的与诸侯维持和睦关系的方法,并没有帮助他取得君主亚历山德罗·德·美第奇对自己的欢心。亚历山德罗执政不久,他们之间的关系就出现了变化,圭恰迪尼也再次预言了这次冲突。他说:"回望前事,我们会发现随着时间的流淌,在帮助别人获取权力后,这些人的付出只得到极少的回报。"又说:"据说原因在于诸侯对他的能力非常了解,害怕有一天这人会夺取他协助获得的权力。或许也可能因为这个人认为自己付出了太多,想要得到超过他应得的报酬,如果愿望没有实现,他就会感到不满,于是在他和诸侯之间便会产生愤怒和猜忌。"[2](C52)

圭恰迪尼在B系列格言的开篇第一条公然呼吁公民美德:"公民们在城市里追求荣誉是值得表扬和有意义的,但是实现这一目标不能靠拉帮结派或投机取巧的手段,只能靠运用聪敏才智来为国家服务。愿上帝让共和国里的每个人都怀此抱负!如果市民们把追求权力当作唯一目标,那是危险的。因为崇拜权力的人会忽视荣誉和公正,他们会为此目的而不择手段。"[3]荣誉作为主题贯穿了整个系列,这也可以说是圭恰迪尼穷其一生追求的生活目标和做人宗旨。如果把早期的格言(B系列的前23条格言来自Q2)和后期的格言进行比较,可以看出圭恰迪尼关注焦点的

---

① 圭恰迪尼:《格言集》,第64—65页。
② 同上书,第53页。
③ 同上书,第117页。

转变。在前 23 条,他对佛罗伦萨的共和制度进行了大量讨论。但是,从 B 系列的第 24 条开始,外交、战争、教廷、人性、经验、命运等主题开始进入视野,他对佛罗伦萨的共和政治制度表示怀疑,对美第奇家族的独裁统治也不喜欢,对人性更抱有悲观态度;换句话说,这段时期的圭恰迪尼由于政治上遭到挫败,他发现理性的思考既无法应对突发事件,也不能帮助其走出困境,人生充满了不可预测的偶然性,而人性的丑恶更会进一步让所有的理性估量失算,如果缺乏经验和运气,即使身居高位也会突然失势,连带着失去得来不易的荣誉,而他本人正是如此。他希望人们能够自尊自爱,在动荡中不忘保护和爱惜自己的名誉,尽量避免失去良好的名声。作为一种政治思想看,这应当说是当时知识分子在困境中"威武不能屈"的真实反映。

三 圭恰迪尼和马基雅维利的政治思想异同

在意大利文艺复兴晚期,活跃在政治舞台上的圭恰迪尼是一位堪与马基雅维利相提并论的政治学家。美国历史学家汤普森(James W. Thompson)曾说:"马基雅维利的伟大继承者和唯一可以与之匹敌的人是费兰西斯科·圭恰迪尼。"[①]就像马基雅维利写下了《君主论》,圭恰迪尼也用他的细腻的笔触和敏锐的观察写下了《意大利史》《佛罗伦萨史》和《格言集》。不过,经历了多次变革,随着职务的升迁和变动,身处政治漩涡核心的圭恰迪尼似乎对欧洲大陆的局势有了更全面的认识,对政治局势和人之美德也有了更深一层的思考。

圭恰迪尼与马基雅维利有过多次交往,并且结为好友,尽管

① J. W.汤普森:《历史著作史》(上卷第二分册),谢德峰译,商务印书馆,1988 年,第 720 页。

马基雅维利出生于1469年,而圭恰迪尼出生于1483年,两人相差了14岁。他们共同经历了意大利战争与干邑联盟战争。不同的是,干邑联盟战争开始后不久,马基雅维利便于1527年去世了,故此,他没有见证佛罗伦萨文化由盛转衰的过程。在1521—1524年期间,圭恰迪尼写下了《对马基雅维利〈论李维〉的思考》(Considerations of the Discourses of Niccolò Machiavelli)①。圭恰迪尼在前言里表示自己是在教皇利奥十世统治期间动笔的,当时他正担任教皇军队的行政长官,止笔于利奥十世去世,教皇克莱门特七世任命他为罗马涅总督后。而他与马基雅维利的交往也始于这段时期。两人一生中分别有过两次密切交往。第一次见面是在1521年,当时圭恰迪尼任雷焦和摩德纳总督,而马基雅维利曾在摩德纳有过短暂停留,两人接触后因志趣相投结为好友。②马基雅维利写给圭恰迪尼的第一封书信的日期是1521年5月17日。③在这封最初的信中,马基雅维利称呼圭恰迪尼为"尊贵的先生,最值得尊敬的统治者"④,他代表佛罗伦萨的美第奇政府就传教士和僧侣问题写信给圭恰迪尼。随后马基雅维利在18和19日继续写信给圭恰迪尼讨论同一主题。到了1524年8月30日,两人的关系有了明显的变化:从生疏客气变得亲密无间。马基雅维利写信告诉圭恰迪尼,自己正在写作《佛罗伦萨史》⑤,并说:"我愿意支付给你10个铜币——就这么多——来换取你的支持,

---

① Francesco Guicciardini, "Considerations of the Discourses of Niccolò Machiavelli", in *The Sweetness of Power, Machiavelli's Discourses and Guicciardini's Considerations*, trans. James B. Atkinson and David Sices, De Kalb: Northern Illinois University Press, 2002.

② 威尔·杜兰:《文艺复兴》,第695页。

③④ Niccolò Machiavelli, *Lettere*, ed. Franco Gaeta, Turin: Unione Tipografico-Editrice Torinese, 1961, p.192.

⑤ Niccolò Machiavelli, *Lettere*, p.203.

因为在处理某些细节问题上,我需要向你学习,怎么才能在评判功过时避免触怒他人。"①此后,两人的交往变得十分频繁,在1525—1526年间,马基雅维利共写了13封信给圭恰迪尼,信件的数量仅次于给他的好友维托里(Francesco Vettori)的。②足见马基雅维利在去世前与圭恰迪尼一直保持着密切的友谊。

随后不久,在干邑联盟战争中,圭恰迪尼成为教皇联盟军的总管,马基雅维利则主管佛罗伦萨的防御工事,两人与公、与私的关系都非常密切;同时又由于两人都热爱自己的家乡佛罗伦萨,在战争的处境下,这份情谊越发紧密,马基雅维利甚至写下:"我爱弗朗切斯科·圭恰迪尼,我爱我的家乡甚于我自己的灵魂。"③

圭恰迪尼与马基雅维利的交往时期正是他思想和历史观形成的重要时期,同时也是他的政治生涯达到顶峰的时候。在此期间写作的《格言集》和《关于佛罗伦萨政府的对话》具有重要的研究意义。两人拥有不少共同点。他们的经历相似,都是佛罗伦萨人,都同样担任过佛罗伦萨的公职和外交使者,而外交和战争的经历对他们政治观的形成都起到决定性的作用。出于对当时意大利处境的焦虑,在爱国精神的驱动下,马基雅维利写作了《君主论》和《佛罗伦萨史》,圭恰迪尼则写作了《意大利史》和《格言集》等著作。这几部著作的主题也大致相同,皆是以意大利为中心,分析、考察意大利历史以及与周边欧洲各国的关系,希望统治者及后人能够从历史中借鉴经验,总结得失成败,找到处理政治、外交和战争复杂局势的技巧,带领意大利走出纷争烦扰的城邦之争,在瞬息万变的政治形势中找到意大利的生存之道。

---

① Niccolò Machiavelli, *Lettere*, p.204.

② Ibid., p.250.

③ Ibid., p.505.

不同于外来的政治家，布鲁尼、波焦①、马基雅维利和圭恰迪尼都是土生土长的佛罗伦萨人，他们的家族、事业、婚姻等都与这座城市紧密相连。例如马基雅维利在《佛罗伦萨史》的序言里对布鲁尼和波焦的批评，他发现，“莱奥纳尔多·阿雷佐阁下②和马尔科·波焦阁下……在叙述佛罗伦萨人与其他君主和邦国的战争时，勤奋之至，准确可靠；而在国内动乱和内部纷争及其产生的影响方面，他们要么三缄其口，要么一笔带过……由于他们似乎认为这些事情过于琐碎，并不值得保留下来成为文字记忆，或者由于他们有可能不得不提到一些人的劣迹，害怕得罪那些人的后裔。这两个原因，(恕我直言)对于这两位伟大的人物，似乎是不应该的”③。所以，马基雅维利和圭恰迪尼的历史著作正好填补了布鲁尼和波焦留下的空白。

尽管存在上述的一致性，两人之间的差异也是显著的。由于马基雅维利早在1527年就已逝世，所以他更多是站在意大利战争的背景下写作的，圭恰迪尼则还完整经历了干邑联盟战争，故此，两人的历史视野就有了区别。圭恰迪尼的《意大利史》不仅是以意大利为出发点对整个欧洲的局势进行探讨，他更是认识到外交关系对意大利的政治的重要性，致使他把意大利各个分裂的城邦当作了一个整体来考察其与欧洲其他国家的关系。此外，他还认为意大利的衰落是命运对意大利城邦之间连年互相倾轧的惩罚。

马基雅维利虽然也是共和主义的拥护者，但是由于两人的生

---

① 莱奥纳尔多·布鲁尼(Leonardo Bruni, 1369—1444年)生于阿雷佐，后移居佛罗伦萨；马尔科·波焦(Poggio Bracciolini, 1380—1459年)生于托斯卡纳。他们都担任过佛罗伦萨共和国的秘书。

② 莱奥纳尔多·阿雷佐阁下指的是布鲁尼。

③ 马基雅维利：《马基雅维利全集·佛罗伦萨史》，王永忠译，吉林出版集团，2011年，序言。

活背景和环境的不同,以及身份和际遇的不同,他们在政治观点上也就产生了分歧。就个人背景而言,“马基雅维利”一姓虽然也是佛罗伦萨的名门望族,但是尼科洛·马基雅维利却属于族中穷寒的一支。[1]马基雅维利信仰共和制度,当过国务秘书、外交官员,是一位历史学家,而且喜爱通信;相反,圭恰迪尼是一位来自贵族阶层的政治家,拥有从事政治活动需要的所有条件,无论是其家族传统、教育背景、交际手腕、社会关系还是个人能力,都可以说是代表了传统的贵族精神。[2]也正是因为这个原因,年轻的圭恰迪尼很早就意识到自己在家族中的重要意义。不同于马基雅维利的第一部著作是献给美第奇家族的《君主论》,他的第一部著作《佛罗伦萨史》是一本家族传记;对家族的关怀也始终贯穿着他所有的写作,《佛罗伦萨史》和《格言集》的写作初衷都是给他的家人和后人看的,并无意像布鲁尼和马基雅维利那样借著作来对统治者或者公民述说微言大义。

在政治问题上,两人观点的分歧主要表现在马基雅维利注重理性和历史的经验,圭恰迪尼却相信经验和命运的作用是不可忽视的。1528—1530年间,圭恰迪尼由于政治失势而拥有了许多闲暇时光,他利用这些时日进行了大量阅读和写作。1528年,他续写停笔已久的《佛罗伦萨史》;在1530年,他又写了《对马基雅维利的观察》。也是在这段时间,圭恰迪尼关注的对象发生了变化,他的兴趣渐渐从家族转移到了社会,开始自我审视和自我批判。在中年阶段完成的几部著作如《格言集》的最终版本和《对马基雅维利的讨论》,正好见证了这个时期的转折。此时,他不但对马基雅维利将历史简单化的做法进行批评,而且反对将佛罗

---

① 马基雅维利:《佛罗伦萨史》,李活译,商务印书馆,1982年,第2页。

② Mark Philips, “Machiavelli, Guicciardini, and the Tradition of Vernacular Historiography in Florence”, in *The American Historical Review*, vol.84, no.1(Feb., 1979), p.95.

伦萨和罗马相提并论,主张强调个人经验的独特性,摒弃以往将一切归咎为历史的传统观念。同时,他对史料的选择也越发慎重,编年史和日记是他写作的基础。[①]圭恰迪尼以总结自身的政治经验来解释当下政治的做法极大地影响了一代人的政治活动。菲利克斯·吉伯教授指出,"在政治和军事的双重危机下,圭恰迪尼选择了从实用主义的角度进行历史写作,他让历史服从于政治,在某种程度上为了政治正确而修改或者丢弃了部分历史。这正是马基雅维利和圭恰迪尼所创造的新的政治观和历史观"[②]。这其中也包括了圭恰迪尼对马基雅维利传统人文主义政治思想的革新和重建。

在历史观和历史著作的作用方面,两人也存在着显著的差异。历史学的一个本质特征是为后人提供可靠和有用的经验。文艺复兴时期的人文主义者不约而同地认为"经验是他们的主人"而把大量时间投入历史著作的写作当中。但是,由于他们对现实和经验的关系抱有不同的看法,结果他们的作品也大相径庭。圭恰迪尼认为现实展现在他面前的是一连串混乱、碎片化、充满矛盾和无序的世界。相反,在马基雅维利看来,世界是一个宏大而简单的结构,理论充斥在每一个角落,他认为,政治体制分为两条路线,一是君主制,一是共和制。君主制要不是通过继承,要不就是新近取得的统治。而共和制要不是罗马的制度,要不就是威尼斯的制度。[③]所以,这里有的不过是两个简单的选项,如果发现罗马的制度不可行,那就转向威尼斯的制度。总之,一切必

---

① Mark Philips, "Machiavelli, Guicciardini, and the Tradition of Vernacular Historiography in Florence", p.97.

② Felix Gilbert, *Machiavelli and Guicciardini: Politics and History in Sixteenth-Century Florence*, pp.226 – 235.

③ Joseph Markulin, "Gucciardini's Ricordi and the Idea of a Book", pp.302 – 303.

须服从于制度,才有望建立强大政权。但是圭恰迪尼这位偶然性的信徒却不这么认为。他所思考的世界脉络要错综复杂得多。这是因为“在所有人类的决定和行动里,总能找到原因去支持相反的行为,这是因为没有事情是完美的,不带有一丝缺陷”[①](C213),而且事情很可能会“按照你从来没有想过的第三,或者第四种方式发展,而你无法调整并适应这种模式。因此,尽可能做出最稳妥的决定,记住最不可能发生的事情往往最容易发生”[②](C182)。圭恰迪尼可能还认为,马基雅维利简单的两分法过于草率,无法很好地应对复杂多变的现实世界。无可否认马基雅维利是一位非常优秀的政治理论家,但是在实际的政治生活里,他显然不如圭恰迪尼那么游刃有余和备受重用。同时,马基雅维利对诸侯的看法也过于乐观。在《君主论》中,他把诸侯的个人品质看得极为重要,而事实上据圭恰迪尼的观察,诸侯既“愚昧”又“忘恩负义”(C204),而且还会“轻而易举地把自己的责任推卸给别人。他们本该为自己的错误或者罪行负责,却往往被归罪于坏的建议”[③](C170)。在B系列的第97条格言中,他正面回应了他对马基雅维利对于诸侯的看法:“在关于国家事务的讨论中,我时常看见人们对诸侯们的判断有误,他们以为诸侯会按照理性而不是按照各自的天性和个性处事。举个例子,如果你想判断法国的国王会怎么做,你必须更加关注法国人的性格和习俗,而不是去想一个谨慎的人理应如何行动。”[④]然后他还说道:“时时引用罗马人为例是错误的。因为要任何比较成立的话,必须拥有和罗马一样的城市条件,这样才能按照他

① 圭恰迪尼:《格言集》,第110页。
② 同上书,第97—98页。
③ 同上书,第110页。
④ 同上书,第145页。

们的方式治理。”[①](C110)

与马基雅维利相比,圭恰迪尼似乎更加注重地域的差异。例如:佛罗伦萨人习惯了自由,拥有太多特权;相反,“威尼斯人占领的土地上的人民惯于被奴役,无论防御还是反抗都孱弱无力。作为邻居他们曾拥有世俗诸侯,而其寿命与名声都并非永存不朽的”[②](C29)。所以,无论是罗马的,还是威尼斯的,这两条道路在佛罗伦萨都不可行。并且,“教廷也成为佛罗伦萨的巨大阻碍;因为教廷的根基非常深厚,严重妨碍了我们的统治”[③](B131)。面对这许许多多的困难,马基雅维利两分法的普遍性原则显然无法适用于意大利当时混乱的局面。换句话说,计划、组织和理论这些在马基雅维利脑海里通往成功的不可或缺的条件反倒成了圭恰迪尼眼里的障碍。这是由于圭恰迪尼对人性持着悲观的态度,认为“人的行为更多的是由私心,或者邪恶的品性决定的,很少从理性的角度”[④](C196)考虑,而且有时候可以利用那些聪明的、“理性”的人(B109)来达到自己的目的,因为他们总是会按照理性的方案行事,这样一来,要比那些随意的人更好琢磨。同时,他认为,如果想掩盖自己的真实意图,最好的办法就是让别人相信自己是一个理性的人(C199)。

由此看来,马基雅维利极其看重的“理性”在圭恰迪尼这里变成了一个可以任意操控的工具,所以,在理性无法主宰的时候,圭恰迪尼选择把一切诉诸命运的力量。因为理性归根结底是人的力量,是在有限的范围内通过人力去探究和改变事态的发展。他认为,命运是不可抗拒的力量,它“在人类的事情中起着决定

---

① 圭恰迪尼:《格言集》,第 73 页。
② 同上书,第 44 页。
③ 同上书,第 155 页。
④ 同上书,第 103 页。

性的作用。我们经常看见事情的发展被一些偶然的情况影响,而人既无法预见,也无力避免"[①](C30);如果人试图挣脱命运的掌控,往往会触怒命运,带来严重的后果(C20)。圭恰迪尼还指出,正因为聪明人过于借助理性来处理事情,往往不如傻子容易成功。正如"佛罗伦萨的聪明人大多屈服于眼前的风暴;傻子才会与理智背道而驰的努力奋斗",所以说,"勇敢的人运气好(Audaces fortuna juvat)"[②](C136)。但是,即使圭恰迪尼反复强调命运的重要,仅凭着运气生活也是远远不够的,"正确的方式是去思考、去检验和小心地考虑每一处细节,连最微小处也不放过"[③](C187),然后把一切都交给命运。

有些人可能会对圭恰迪尼的写作感到奇怪,为什么花费如此多的时间和精力不断地对《格言集》进行修改和汇编,以至出现了多个版本。此外,书中也反映出圭恰迪尼在现实中遇到的种种难题和变化,以及他的政治思考。其实,圭恰迪尼的政治观、历史观并不是一成不变的,而是通过在实际生活中的与人交往渐渐形成和不断调整的。虽然佛罗伦萨的贵族们都曾经接受过良好的古典教育,熟知柏拉图或者亚里士多德的著作,但是他在书中并没有引用他们的经典文句,而往往宣称:这是我父亲告诉我的。他大力反对在现实生活中机械地使用政治理论或者常识,认为应该灵活地进行思考,不要被规章制度所束缚。在圭恰迪尼看来,这正是共和制度在佛罗伦萨失败的原因,而他与马基雅维利的最大区别也在于此:不要过于执着于制度理论,应该学会顺应时势的发展和人民的需要来进行政治的调整,这样才能避免社会动荡,逢凶化吉。

---

① 圭恰迪尼:《格言集》,第45页。

② 同上书,第82页。

③ 同上书,第99页。

现代共和思想的时间意识：以波考克和阿伦特为例

王寅丽

（华东师范大学　哲学系）

共和理论或共和主义，全称为“公民共和主义”（civic Republicanism），是一套关于政治自由和政治生活的共同善的理论。作为西方最古老、最悠久的政治思想传统，它的古典模式要追溯到亚里士多德对城邦之为一种生活方式的认识，以及西塞罗关于共和国的真正含义是公民之间的共同善的思想。这种对希腊城邦和罗马共和国的理解，在变化的文本和历史语境下，传承到文艺复兴时期的马基雅维利和公民人文主义者、17 世纪的哈林顿、18 世纪的孟德斯鸠和康德、19 世纪的托克维尔；直到 20 世纪，这一悠久传统在阿伦特政治哲学对共和主义振奋人心的表达，以及剑桥历史学派代表波考克、斯金纳对近代西方政治思想史的“共和主义修正派综合”[①]中，得到了再生。

虽然波考克在《马基雅维里时刻》“后记”中承认他的共和主义叙事受到由阿伦特所恢复的亚里士多德主张——“人是一种政治动物”——的启发[②]，但除此之外，阿伦特基于现象学存在论

① 戴维·伍顿：《共和主义、自由与商业社会：1649—1776》，盛文沁、左敏译，上海人民出版社，2014 年，第 10 页。

② 波考克：《马基雅维里时刻：佛罗伦萨政治思想和大西洋共和主义传统》，冯克利、傅乾译，译林出版社，2013 年，第 577 页。以下简称《马基雅维里时刻》。

对政治之共享价值的论证,很难说跟波考克的史学建构有何共通之处。可是如果我们注意到波考克的共和思想史是在一种政治与时间关系的分析框架下提出的,就会发现他们两人除了在共和理念上的接近之外,还对现代政治的时间性有着更深切的共同关注。简言之,对他们来说,共和国都体现了人以行动开辟空间来克服时间的努力,而对政治的热情乃是出于人类在世俗王国中寻求不朽的渴望。正是这种对共和主义在本体论假定和时间内涵上的认同,让他们都不约而同地关注到美国革命之后的共和国能否持久的问题。

一

政治与时间有何干系?要理解这一点,就要理解“政治”一词除了指一般意义上的政治对象和领域,如权力、统治、利益分配、政府等之外,在西方传统上还特指一类活动,即阿伦特所说的“行动”。后者可以从“政治”(politics)的希腊词源上所指的集中于城邦(polis)事务的活动中得到解释。奥克肖特也从后一含义上来定义政治,他说,行动或政治行为的基本点,是多数人在一起发生的活动,因此,尽管政治不能没有统治,但统治本身不是政治活动。“政治不是统治,它是思考应该做什么,并说服或诱使那些有权行动的人做出某些选择,而放弃另一些选择。”[①]政治的这两个特点——多数和选择——造成了行动的偶然性、不确定性和冲突。波考克因此也说,政治是奥克肖特所谓的“处理可能之事的技艺”,在政治的偶然性领域上航行是人类“无止境的冒险”[②]。

从时间性上来说,行动是对连续的时间之流的打断,造成了

① 迈克尔·奥克肖特:《政治思想史》,秦传安译,上海财经大学出版社,2012年,第6页。

② 波考克:《马基雅维里时刻》,第9页。

过去和未来之间的断裂,产生了政治社会如何建立时间连续性的意识和理解自身传统的问题。但正如阿伦特指出的,传统的西方政治哲学都可以看作是企图消除行动的偶然性、不确定性的种种尝试。波考克也如此评价传统,"人们做出种种努力,阐述它(政治)的理念和形式,把它的原理同它作为其中一部分的普遍秩序的原理联系起来",而这些努力都"倾向于把它从特殊性和偶然性的领域中移除"。即力图取消行动本身的时间性,把它纳入"神圣起源时间""无时间存在者""不可追忆的过去"等概念框架中。[①]在波考克看来,15世纪早期佛罗伦萨共和国所带来的政治经验,是中古用来处理偶然性和变化的"习俗—经验模式"无法容纳的:"因为有时不期而至的特殊事件之流使它面对十分独特的问题,不论是理性还是三段论,不论是经验还是传统,都不能为此提供现成的答案。"[②]

欧洲中世纪占主导地位的神意模式支持的则是在政治社会中确立自然秩序的帝国史观,在其中,世俗王国中的个别事件是没有意义的。因为一方面基督的降生与复活创造了一套神圣历史,这个历史与政治权力的兴衰交替无关;另一方面,世俗王权又为自己的统治找到了神圣意义上的象征符号,即所谓"国王的两个身体"。基督教时间观与帝国史观之间的一致性,要求共和国重构对时间的想象。"在所谓帝国史观中,政治社会被设想为存在于生活在天国和自然的等级秩序中的人们之间,它的正当性和它赖以进行组织的范畴是超时间的,变化只能是退化或恢复。"而共和国的组织方式肯定人的个性和特殊性,肯定公民同胞一起参与决定的自治。对基督教时间观来说,世俗统治仅仅是永恒秩

① J. G. A. Pocock, *Politics, Language and Times*, New York: Atheneum, 1971, p.242.
② 波考克:《马基雅维里时刻》,第53页。

序在其中重复和恢复的帝国,作为上帝计划的实现,本身没有自足的意义,而“新的观点则宣布,佛罗伦萨共和国是一个高贵的理想,然而它是存在于当下和它自身的过去之中,这个理想只归属于另一些共和国和存在着共和国的既往时代的某些时刻。……共和国有更多政治的而不是等级制的特点;其组织方式使它能够肯定它的主权和自治,从而肯定它的个性和特殊性”;“肯定共和国,就是打破秩序井然的宇宙之无时间的连续性,把它分解成特殊的时刻”。①

二

在波考克的史学诠释中,公民人文主义产生于中世纪晚期和现代早期知识分子对于“特殊、偶然的政治事件和行动如何在时间中理解自身”这样一个唯名论问题的回应。作为现代早期与基督教救赎史观相抗衡的政治论说,这套典范旨在解决两个难题。一是普遍性和特殊性的难题:政治行动如何既是特殊的、关乎个体的,不依赖超时间的永恒秩序,又实现某种普遍之善。二是共和国的持存的问题:共和国是特殊的,也就是在时间上是有限的、可朽的,其特殊性和偶然性也加剧了政治生活内部动荡和外部环境的危机,从而使得共和国如何更长久地维持自身的问题变得十分重要。

波考克的公民人文主义范式正是对以上两个问题的回答:首先,早期公民人文主义吸取了亚里士多德的德性论观点,并使之充分政治化,从而把共和国视为公民的特殊价值得以实现的“普遍实体”。

为了证明这一点,波考克给出亚氏的两个命题:命题一,“每

① 波考克:《马基雅维里时刻》,第57、58页。

一种人类活动都有价值取向”。亚氏教导说,属人的每种活动都指向某种价值,都意图实现某种特定的善。命题二,“一切有价值取向的活动都是社会的,也就是说,它是人们相互结成社团加以追求的善”①。亚氏认为人本性上是政治或社会的动物,所有的善都要以相互合作的形式来实现。但单单根据这两个命题,也可以得出“政治合作本身是没有价值的,只是个人达到私人利益的工具”这样的自由主义观点。对此,波考克补充了亚氏的另一个重要教导,即德性是一种实践,是以自身为目的的“自足”活动。在他看来公民人文主义改造亚氏学说的最重要方面,乃是对德性的政治化,“肯定当一个人生活在积极状态中时,他就自然地成了一位公民,并最充分地实现了自己”②。公民人文主义因此是“一套声称人是公民动物或政治动物的语汇,并声称个人只有在他是一个公民,与其他公民一起参与旨在分配公共善的决定的条件下,才能充分实现他的本性或获致德性”③。正是在这个意义上,波考克偏爱把“公民人文主义”一词跟“古典共和主义”一词等同起来。个人只有成为一个公民,才是充分意义上的人,普遍参与的政治生活乃是个人实现其特殊善的必由之路。理想的政治制度是依据个人能力和利益偏好的多样性来分配政治权威,使每个公民都能承担适合自己特殊性的角色,各尽所能地贡献于公益。他认为亚氏的共和政体(polity)就是基于公民团体的多样性而分配不同政治职能的一种安排。

亚里士多德主张现实的共和政制是平民制和寡头制的混合,

---

① 波考克:《马基雅维里时刻》,第 72 页。

② 波考克:《德性、权利与风俗——政治思想史家的一种模式》,收入应奇、刘训练编:《公民共和主义》,东方出版社,2006 年,第 39 页。

③ J. G. A. Pocock, “Custom & Grace, Form & Matter: An Approach to Machiavelli’s Concept of innovation”, in *Machiavelli and the Nature Political Thought*, ed. Martin Fleischer, New York: Atheneum, 1972, p.160.

即多数人和少数人统治的“混合”,一般对亚氏采取混合制的目的的解释是追求政治稳定,各个统治要素的混合和均衡使之较不易发生革命和政体变迁。[①]但波考克不采取这种解释,他认为在亚氏所接受的古希腊循环时间观下,政体变迁和退化仅是一种“自然”,亚氏“对于(共和制)作为一种不稳定因素的时间图式并没有给予压倒性的关切”[②]。并且,由于亚氏在自然目的论上把变化等同于“自然过程”,是事物固有潜能的实现,达到其形式的过程,从而对他来说没有真正意义上的事件或行动。

但在公民人文主义对“美德政治化”的理解中,城邦的稳定性和持久性对于一个受制于特殊性的结构来说是内在紧迫的问题。波考克的看法是,早期公民人文主义者对时间性问题的理解,乃是把波里庇乌斯的政体循环论思想与亚氏积极公民理想相融合的结果。因为波里庇乌斯并没有把循环当作自然,而是把它描述为“宿命”和“命运”,从而将罗马的“命运”概念引入共和德性,这一点对于后基督教的人文主义者的话语革新至为重要。[③]因为在罗马德性论中,命运不是与人的德性无关、完全外部的不可控因素,而是积极美德加以形塑的“质料”。从而,一方面,处在时间中的共和国是必死的,因为每一种单纯的美德必然退化,特殊利益压倒公益就会腐蚀共和德性;另一方面,人为塑造的德性可以把形式和稳定性强加于命运,“政治化的美德可以持续下

---

① Aristotle, *Politics*, 1295a35 – 40;萧高彦:《西方共和主义思想史论》,台北:联经出版公司,2013 年,第 65 页。

② 波考克:《马基雅维里时刻》,第 82 页。

③ 关于历史学家对波考克以“公民人文主义”范式来阐释亚里士多德和波里庇乌斯的批评,参见 Christopher Nadon, “Aristotle and the Republican Paradigm: A Reconsideration of Pocock's ‘Machiavellian Moment’”, in *The Review of Politics*, vol.58, no.4(Autumn, 1996), pp.677 – 698;Wilfried Nippel, “Ancient and modern republicanism: ‘mixed constitution’ and ‘ephors’”, in *Ancient and Modern Democracy: Two Concepts of Liberty*, Cambridge, 2016。

去，只要未蒙神恩的美德能够在这个由堕落和命运主宰的世界延续下去，它就几乎可以做到永恒”①。我们发现，自足的公民德性和命运的时间形态成为波考克解读公民人文主义在各个历史时期发展的关键要素，也是他阐释马基雅维利革新的关键要素。②

波考克的公民人文主义因此一方面重复了奥古斯丁的信念：地上之城终将覆灭，人的得救不存在于政治和历史之中；另一方面用政治取代神恩，相信人可以自由地运用美德而追求共和国的不朽。在他看来，公民人文主义是在现代彻底丧失不朽的信念之前，对基督教永恒时间模式所带来的政治难题的亚里士多德式回应，在这一认识图式下，共和主义理论乃是一种前现代的悲观意识，因为只要承认共和国是有限的，它就不是真正自足的，共和美德战胜历史的命运也就没有保证，除非神恩在历史上以这样一种方式运作，使时间上有限的共和国占据末世时刻。迈克尔·扎克特因此评论说，波考克最终接受了退化的时间观，根据他对共和主义的重新概念化，美国的缔造者不是向前，面向现代性，而是向后，面向古代，建立在“对现代性的恐惧”之上。③这种评价不无道理，在《马基雅维里时刻》的后半部分，“德性”“命运”“腐败”依然是他理解18世纪英、美共和国的关键词，对他来说，美国革命是另一个“马基雅维利时刻”，美洲殖民地人民脱离英国建立联邦的主要目的，是捍卫他们的农业共和主义美德以及对抗腐败的议会君主制；而建国后亚当斯、杰弗逊对腐败的忧虑主要来自美德和商业的对立，担心商业化造成的人身依附导致人们失去作为

---

① 波考克：《马基雅维里时刻》，第85页。

② 参见王寅丽：《波考克对马基雅维利德性语言的共和主义阐释》，载《华东师范大学学报》2012年第6期。

③ 迈克尔·扎科特：《自然权利与新共和主义》，王崇兴译，吉林出版集团，2008年，第218页。

公民的自主性,丧失古典的共和美德。

三

阿伦特把“政治”定义为公共领域中的人际交往和自我彰显的活动,她对“政治”的定义关注行动,强调行动跟重复性的劳动和工具性的制作的区分。照波考克的观点,这种“政治”概念势必强烈依赖于一种肯定“时间中的特殊时刻”和“时间中的行动”的意识。的确,阿伦特在引入希腊城邦原初的“政治”概念时就指出,古希腊人在普遍接受循环时间的同时,还存在着一种对人作为“有死者”的时间意识。他们经验到的周围世界不仅包括循环往复的自然,还有不死的奥林匹斯诸神;镶嵌在这种宇宙背景下,“有死性”成了人的唯一标志。在阿伦特看来,正是人存在这种特有的时间性,使言说和行动成为必要和可能。“人,虽然作为个体是有死的,但他们以做出不朽功业的能力,以他们身后留下不可磨灭印记的能力,获得了属于自己的不朽。”[①]她认为,古希腊诗人和史学家正是在这种时间观的背景下讲述人的言行所能达到的不朽,希腊城邦的组织形式则是一种“组织化的记忆”,保证了有死者“倏忽即逝的存在和稍纵即逝的伟大”得以被他人听闻和后人铭记。[②]她把希腊城邦生活隐含的“不朽”时间观,与柏拉图在其政治哲学中出于形而上学考虑所采取的“永恒”时间相对照,在她看来,后者更长久地支配了西方政治思想,使行动不再有意义。

阿伦特常常被批评为对希腊城邦模式的怀旧或复活,但仅从时间意识来看也并非如此。在《历史的概念》一文中她指出,希腊城邦中不顾一切地追求自身闪耀的行动建立在一种客观性假

---

① 汉娜·阿伦特:《人的境况》,王寅丽译,上海人民出版社,2009年,第10页。
② 同上书,第155页。

定上，即存在着客观的、自身显示的伟大或荣耀："荷马式的中立建立在这样一个假定之上，即伟大的事物是不证自明的，自身就发出耀眼的光芒。"而"随着现代来临，这种客观性已丧失了基础"[①]。这说明她清醒地意识到城邦政治的客观性基础——伟大乃是自身显现的——在现代早已丧失。另一方面，阿伦特对行动的看法跟现代"开端"的时间意识有着更紧密的联系，如卡诺万指出的，阿伦特"重思政治本身，围绕着行动的复数性和自发性质，……强调未来的开放性，政治行动者的始创和行不可预料之事的能力"[②]。

她认为"开端"的时间意识，根本上包含在奥古斯丁的诞生思想中，她在多处把"人凭借诞生即是'intitium'——新来者和开创者"的看法归于奥古斯丁。但奥古斯丁表达这一思想的背景是，在《上帝之城》中从基督教立场上对古代循环论时间观的批判。他以神意的创造秩序扭转古代意义上的自然秩序，宣称世界有一个开端，彼时世界和时间同时被造，人也是在时间当中被造而有的。因而不仅世界不是永远轮回，上帝对人的创造也是全新的。对阿伦特来说，这是一个可以撇开奥古斯丁本人的神学立场，依据他的罗马政治经验来吸取的洞见：承认人类行动的新颖性和自发性，肯定人的行动总是能打破重复的生命循环，中断生物的自动化过程或虚构的历史过程。在她看来，我们必须不断唤起"开端"的力量来打破一成不变、机械前进的时间，因为现代劳动社会强化了对时间作为"过程"的意识，时间被看成一种无休止的连续，在过去和未来两个向度上无限延伸，"我们生活在一个既不知道开端，也不知道终结的过程中"[③]。

---

① 汉娜·阿伦特：《过去与未来之间》，王寅丽、张立立译，译林出版社，2011 年，第 48 页。

② 转引自 Fergus O' Ferrall, "Civic-Republican Citizenship and Voluntary Action", in *Republics*, 2001(2), p.135。

③ 汉娜·阿伦特：《论革命》，陈周旺译，译林出版社，2007 年，第 191 页。

四

阿伦特基于现象学存在论的"行动"概念,同样难以解答共和国的持久性问题。从现象学立场看,行动要在一个世界的可能境域中发生,开端创新只有相对于公共世界的持久性才有意义:"如果世界包含一个公共领域,它就不能只为一代人而建"①;另一方面,开端行动本身又是完全任意的,"自身携带一种完全任意的尺度正是开端的本性,……似乎开端者在开端的一刻废除了时间本身的序列,或者仿佛行动者被抛到了时间秩序和连续性之外"②。换言之,对"开端"时间而言,创新性和持久性注定是矛盾的,因为使"新"之为"新"的东西,就在于它不是某种先在序列的延续,而是某种我们既无法从传统或先例中辨认出,也无法借助普遍规范或行之有效的法则来理解的东西;是罗伯特·皮平所说的"一种新的、自我决定的开端",它必须自我证成,使自身成为连续性的基础。共和国的持久性问题因此变成了一个"开端"的自我确证问题。③阿伦特对共和国持久性问题的关注,深刻地体现在她关于现代革命如何重建权威的论述中。在她那里,现代革命是"开端"意义上的行动典范,是"传说中终结与开端、'不再'与'尚未'的鸿沟"。同时,革命的任务是"以自由立国",即建立一种持久的自由建制。她认为革命对新政体之持久性的渴望,最清晰地揭示出现代崭新的、在世上建立永恒之城的渴求。④她称赞美国革命始终把握了现代革命的双重任务——以自由立国和

① 汉娜·阿伦特:《人的境况》,第36页。

② 汉娜·阿伦特:《论革命》,第191页。

③ 罗伯特·皮平:《作为哲学问题的现代主义》,阎嘉译,商务印书馆,2007年,第57页;刘擎:《大革命与现代政治的正当性:施密特与阿伦特的竞争性阐释》,载《学术月刊》2006年第9期,第28页。

④ 汉娜·阿伦特:《论革命》,第190、138、215页。

建立持久制度。阿伦特对"权威"概念的考察,就体现了持久性问题在现代时间意识下的转化。

现代的"政治权威"概念通常指法律的合法性或政治权力的正当性基础,但阿伦特沿袭古典共和传统,把"权威"理解为政治体的稳固性和持久性根基。罗马的"权威"概念,也是"权威"(auctoritas)一词在词源上的含义:把奠基事件作为政体的基石,以后的行为都视为对这一"决定性的、不可重复的开端"的持续"增添"(augere)。权威"以过去的一次奠基作为它不可动摇的基石,为世界带来了永恒性和持久性"[①]。在她看来,这正是美国"建国之父"在一个全新的立国时刻,为了解决宪法权威的难题,所转而诉诸的思想资源。

在《论革命》中,阿伦特总结了美国在寻求法律来源时的三种表达:第一种是诉诸希伯来的上帝,这是一种绝对立法者的观念,它为人定法提供了宗教的绝对命令。第二种是诉诸来世报应的说法,作为对现实法律的道德约束。但她随即指出,跟以上两种宗教说辞矛盾的是,美国"建国之父"大都是自然神论者,他们采用此类语言显然不是出于宗教热诚,而完全是出于对"人类世俗政治事务领域所固有的巨大危险性的政治疑虑"。第三种是采取了启蒙时代流行的自明真理的形式——如杰弗逊的名言"我们同意这些真理是自明的"。但阿伦特又随即反驳说,如果杰弗逊的确把"所有人被造而平等"看成像数学真理一样自明和毋庸置疑,他就不需要加上"我们同意"这样的承诺句式,而只需说"这些真理是自明的"。[②]她对这三种表述的简单反驳试图证明,美国革命者们艰难地借用宗教或形而上学语言,真正想要实现的乃是把"开端"本身塑

① 汉娜·阿伦特:《过去与未来之间》,第89页。
② 汉娜·阿伦特:《论革命》,第177—179页。

造为绝对,把立国行动当成崇拜的对象。

> 美国革命者将自己想成是"立国者"这一事实表明:他们是多么了解,那最终成为新政治体权威之源的,不是不朽立法者或自明真理,抑或任何其他超验的、超凡的来源,而是立国行动。从此就可以得出,寻求一种绝对性来打破一切开端都不可避免要陷入恶性循环,是徒劳无益的,因为这种"绝对性"就在开端行动本身中。[①]

阿伦特指出,美国革命者对宪法来源的思考背后,真正的关切是新政体的存续,即如何建立一个保卫自由的"持久联盟"从而奠定一种新权威的问题。在此问题上,美国革命在实践中成功地把作为"绝对"的"开端"(principium)与作为共同行动之"原则"的"开端"(initium)区别开来。"开端"与"原则"的统一,保证了行动者可以切入到时间当中,使每一次行动都变成共和国开端的重续、重演。在美利坚合众国,权威的真正位置在最高法院,这种权威通过一种连续制宪的方式行使。阿伦特虽然把这种思考开端之延续的方式追溯到古罗马的政治智慧,但在她看来,其实质是彻底现代的对新政治体的稳定性和持久性的一种悖论式解决。在阿伦特那里,革命的开端仿佛自身成了一个站在时间之外的起源时刻、一个政治上的"永恒在场"(nunc stans),基于诞生性的开端因此具有一种准先验的性质。

结　论

查尔斯·泰勒在讨论"现代世俗化"的含义时,从时间的角

---

① 汉娜·阿伦特:《论革命》,第189页,译文有改动。

度区分了“世俗时间”和“更高时间”。他指出,“世俗”(secular)这个词来源于“俗世”(saeculum),传统上,世俗时间总是在与更高时间处于对立或张力的关系下理解的日常、现世时间。[①]他认为在时间性上现代世俗化可以看作是对更高时间——柏拉图的永恒时间、基督教的神圣时间或古罗马的奠基时间——的拒绝,所有的事物都被理解为在单一、同质的时间维度里共存。他又把这种彻底净化的时间称为“凡俗时间”(profane time),并认为这种时间意识是现代公共领域前所未有的本质,“18世纪的公共领域代表了一种新型的空间,……没有超验行为的构造,完全以自身共同行动为基础的机构”[②]。但共和主义对时间性问题的关注则显示出在前现代的更高时间被拒绝后,除了接受单一、均质流动的时间或过程之外,仍有多种使特殊事件获得可理解性以及让政治共同体不依赖超越基础而获得持久性的方式。实际上,波考克正是在这种意义上提供了另一种对现代性的理解,他指出,现代性唤起的是人们对于过去与未来之间距的意识,除了把现代看作一种过程或古今转型之外,现代仍能从传统中获得对于政治社会的持久性及其权威来源的多种应对方式。[③]

波考克和阿伦特的共和主义虽然来自不同理论背景,但本文从时间意识角度的分析证明了他们之间有一种更深刻的共同性。他们都反对把现代视为一种无休止的进步过程,或围绕着对“物的管理”展开的均质流动的时间;对他们来说,共和国都体现了人以行动开辟空间来克服时间的努力,对政治的热情乃是出于人类在真正意义的世俗王国中寻求不朽的渴望。同时本文也证明

---

① Charles Taylor, *A Secular Age*, Cambridge: Harvard University Press, 2007, p.54.

② Charles Taylor, *Modern Social Imaginaries*, Durham and London, 2004, p.96.

③ 参见J. G. A. Pocock,“Machiavelli and Guicciardini: Ancients and Moderns”, in *Canadian Journal of Political and Social Theory*, 2(Fall, 1978), pp.93－109。

了他们对待共和主义时间模式的态度仍有区别:波考克的共和主义基于他对文艺复兴时期公民人文主义话语的史学建构,而阿伦特则在现代的开端、创新时间下揭示了共同行动的意义。这种不同也反映在他们对美国共和制度的诠释上,如里格斯柏(Ellen Rigsby)指出的,波考克把那种在欧洲语境下与基督教神学融合的古典共和主义版本延续到美国革命的话语实践中;而阿伦特仍用她的共和主义来衡量美国的政治景观,借此分析了美国宪法在推动这样一种共和制度上的成败。[1]

① Ellen M. Rigsby, "the Failure of Success: Arendt and Pocock on the Fall of American Republicanism", in *Theory & Event* 6:1, 2002, p.1.

文艺复兴历史与艺术

从中世纪盛期到巴洛克时期意大利城墙的变迁(1000—1750)

刘耀春
(四川大学　历史系)

城市在人类文明史上扮演了重要的角色,它的出现往往意味着文明的发展。但不论全球各地的城市存在何种差异,其显著的共性之一是拥有城墙。正是城墙界定了城市的边界和基本物质架构。本文旨在通过对意大利城墙的长时段考察,揭示意大利城市的历史发展。

一　"城墙确定城市":中世纪盛期意大利城市的城墙(1000—1348)

在欧洲中世纪早期,城市的规模都很小,城市既无甚必要,也无财力修建耗费巨大的城墙。那些起源于古罗马时代的城市,城区面积一直局限在旧有的城墙内。由于修建城墙耗费甚大,对许多城市来说是一项沉重的负担,因而通常的做法是维修老城墙,而不是修建新城墙。[①]到中世纪盛期,随着远程贸易的发展和商业革命的推广,城市开始复兴和扩展。1000—1350年间,欧洲城

① Bryan Ward-Perkins, *From Classical Antiquity to the Middle Ages*, Oxford: Oxford University Press, 1984, pp.179－195.

市进入第二次大规模修建城墙的浪潮。[1]意大利的海滨地区和中北部地区是当时欧洲城市化水平最高的地区之一,在此期间,意大利新修的城墙圈定的城区面积皆远远超过了罗马时代的老城。一些城市更是数次修建城墙,不断扩大城区面积,佛罗伦萨城就是一例。

佛罗伦萨城的历史最早可追溯至古罗马时代。罗马人建造的兵营防御墙,成为佛罗伦萨城最早的城墙。佛罗伦萨城的居民在古罗马城墙内生活了千年之久,经历了罗马帝国和中世纪早期的动荡(哥特人时期、伦巴第时期和卡洛林王朝时期),直到10世纪,佛罗伦萨的老城墙仍基本未变。[2]到中世纪盛期,随着城市经济的繁荣和人口的不断膨胀,修建新城墙势在必行。10世纪,佛罗伦萨人首先将罗马时代的城墙延伸到阿尔诺河;由于人口迅猛增长,1172—1175年,人们又在阿尔诺河右岸修建了新城墙;1250年,新城墙延伸至左岸。此时,新城墙内的城区面积已是10世纪的两倍。

1284年,即诗人但丁所处的时代,佛罗伦萨城开始修建第三道城墙。按照建筑师阿诺尔佛·迪·卡姆比奥(Arnolfo di Cambio)的规划,该城墙需50年(1284—1333年)完成,其圈定的佛罗伦萨城区面积扩展至最初的6倍,这充分显示了当时人们的乐观精神。由于新城墙圈定的城区面积很大,在随后的岁月中,城内一直有大片闲置地,直到19世纪才住满(图1)。

---

① James Tracy, "To Wall or not to Wall: Evidence from Medieval Germany", in *City Walls: The Urban Enceinte in Global Perspective*, ed. James Tracy, Cambridge: Cambridge University Press, 2000, p.74.

② M. King, *The Renaissance in Europe*, London: Laurence King Publishing, 2003, p.45.

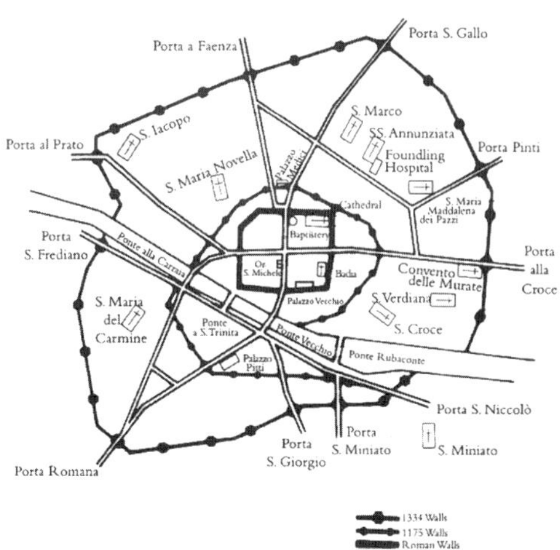

图 1　15 世纪晚期的佛罗伦萨城平面图

托斯卡纳地区的其他城市经历了类似发展。起源于罗马时代的皮斯托亚城的城墙也在 11 世纪大大拓展，并在 1305 年修建了新城墙以容纳不断增长的人口。最终，该城新城墙内的城区面积达到罗马时代的 12 倍。[①]同样起源于罗马时代的卢卡城是托斯卡纳地区的另一座重要城市。12 世纪末，卢卡城开始扩建罗马时代的城墙，后于 1400 年左右又修建新城墙，扩大城区。

这一时期的大多数意大利城市都有城墙，但威尼斯是个例外。威尼斯著名的日记作家马林·萨努多（Marin Sanudo）在 1493 年写道："威尼斯城的周长大约 7 英里；它没有环城城墙，没有在夜间闭锁的城门，没有像其他城市那样出于担心敌人而让哨兵保持警戒；目前它非常安全，无人能攻击或威胁它。"[②]由于独特的地理位置，威尼斯的环礁湖实际上起了城墙的作用。但威尼

---

① M. King, *The Renaissance in Europe*, pp.45－46.

② 转引自 *Venice and Veneto*, ed. Peter Humfrey, Cambridge: Cambridge University Press, 2007, p.78。

斯控制下的陆地城市都有城墙,如威内托地区的小城蒙塔尼亚纳(Montagnana),其城墙修建于14世纪,是意大利保存至今最完好的中世纪城墙(图2)。

图2 蒙塔尼亚纳的中世纪城墙

蒙塔尼亚纳的城墙体现了中世纪城墙的典型特征:城墙较单薄,每隔一段有一个高耸的瞭望塔;在城市的不同方向筑有高大坚固的城门。[①]在中世纪盛期,城墙是城市的重要象征,城墙的长度、高度和厚度皆成为市民自豪感的源泉和体现。[②]城墙既为城市居民提供安全保障,也是"城市世界"的物质象征,正所谓城墙"确定城市"(le mura fanno una città)[③]。在中世纪,作为一条人

① 中世纪意大利城门的命名通常有两种方式,一种是沿袭古罗马传统以地理方位命名,如佛罗伦萨和锡耶纳通向罗马的城门皆命名为"罗马门"(porta Romana),另一种是以圣徒的名字命名,以此纪念圣徒并期望得其庇佑。

② Daniel Waley and Trevor Dean, *Italian City-Republics*, London: Longman, 2010, pp.112 -114.

③ Elisabetta Molteni, "Le cinte murarie urbane", in *Il Rinascimento Italiano e L'Europa*, vol.6, Vicenze, 2010, p.41.

为划定的界线，城墙将都市和乡村划分为两个截然不同的世界。14 世纪锡耶纳画家安布罗焦·洛伦采蒂(Ambrogio Lorenzetti)在锡耶纳市政府大楼"和平室"所绘壁画《好政府的寓言》就反映了这一点。该画描绘了理想的城市世界和乡村世界生活，而分隔这两个世界的就是城墙(图 3)。

图 3 《好政府的寓言》里作为城乡分界线的城墙

15 世纪佛罗伦萨建筑家阿尔贝蒂(Leon Battista Alberti, 1404—1472 年)在其《建筑十论》中强调了城墙的重要意义："城墙是神圣的，因为它团结和保护市民。"[①] 现代美国城市史家芒福德(Lewis Mumford)也指出城墙在确立城市集体认同上的重要性："不能忘掉城墙在心理上的重要性，即：谁在城市之中？谁在城市之外？谁属于城市？谁不属于城市？一到黄昏就关闭城门，城市即与外面隔绝。城墙就像是船，促进了居民之间产生'同舟共济'的感情。"[②]

军事防御是城墙的重要功能之一，阿尔贝蒂指出："当我们

---

① L. B. Alberti, *On the Art of Building in Ten Books*, trans. J. Rykwert et al., Cambridge. Mass.: MIT Press, 1988, p.190.

② Lewis Mumford, *The Culture of Cities*, London: Secker and Warburg, 1942, p.54.

思考城墙为市民们的安全和自由提供抵御装备精良和人数更多的敌人时,我们既不同意那些想让城市无法防御的人,也不同意那些把所有希望寄托在城墙结构上的人。”①到文艺复兴时期,战争与城墙的发展前所未有地密切关联在一起。

二　大炮的挑战与城墙的危机:文艺复兴时期的“火药革命”与城墙的变革

中世纪的城墙体系基本能满足冷兵器时代的防御需要,但到文艺复兴时期,随着军事技术的革命性突破,尤其是火器的发展,中世纪的城墙开始不堪使用。文艺复兴时期欧洲军事技术的进步主要体现为火药的发明和使用,军事史学家常用“火药革命”来描述这一军事技术革新。②而“火药革命”的最重要的表现便是火枪与大炮的发明和应用。

(一) 大炮的发明和改良

由于文献记载的匮乏,很难判定大炮在欧洲出现的确切时间,但 1326 年佛罗伦萨的一份文献表明,大炮在这一年业已存在。到 14 世纪中期,大炮已成为战场上的常见武器,著名文人和学者弗朗切斯科·彼得拉克(Francesco Petrarch, 1304—1374年)指出:“许多年前,这些在发射金属弹丸时伴随着巨大呼啸声和冒着火光的器械(大炮)尚属罕见之物,人们以无比惊讶和羡慕的心情看待这种东西,但如今它和其他武器一样,已成司空见惯之物……人在学习这些邪恶的技艺方面是何其敏捷和聪明。”③到

---

① L.B. Alberti, *On the Art of Building in Ten Books*, p.102.

② *The Cambridge History of Warfare*, ed. G. Parker, Cambridge: Cambridge University Press, 2005, pp.101 - 114.

③ 转引自 Carlo Cippolla, *Guns, Sails and Empires*, New York: Random House, 1965, pp.21 - 22。

14世纪末,火器推广到全欧洲。15世纪中期,大炮在攻城略地中开始显现出威力,并对旧有的中世纪城墙提出挑战。[①]

15世纪,意大利由于独特的政治和军事形势,在武器制造方面领先于欧洲其他国家。由于诸城邦国间战争不断,各个城邦的统治者都非常重视武器的改良,尤其是大炮。为提高大炮的杀伤力,人们不断增加大炮的尺寸和重量。结果大炮越造越重,最后不得不以牛车载运,机动性很低。故此,意式大炮在野战中鲜能发挥功效,杀伤力也不尽如人意,只能在攻城时发挥一定效能。到15世纪末,北方各国,尤其是法国的火器制造技术取得长足进步,法国大炮的优越性在其入侵意大利时充分体现出来。由于法国军队使用的大炮较轻、机动,很快赢得了战场主动权,法王查理八世的军队一路势如破竹。佛罗伦萨政治思想家和外交家弗朗切斯科·圭恰迪尼(Francesco Guicciardini, 1483—1540年)对此有深刻感受,他在其《意大利史》中指出了法国的新式大炮带来的挑战:"在1494年,战争常为持久战,战斗中很少流血,围城的方法是缓慢的和不确定的。虽然大炮业已投入实战,但由于大炮未能妥善使用,故而造成的伤害很小。正因为如此,一个拥有国家(城市)的统治者事实上是不可能失去国家(城市)的。但法国人在入侵意大利时,在战争中引入快速部署大炮之法,故而到1521年,一个城邦一旦失去外围的开阔地(这便为围城创造条件),也就意味着国家(城市)即将不保。普罗斯佩罗大人在守卫米兰城时,首先展示了如何击退敌人的进攻,许多国家的统治者纷纷以他为榜样,在1494年之前,由于种种原因,他们都可以高枕无忧,无须为城防而费心。这是因为,当时人们只有守卫术而无进攻术。"[②]他进而指出:"法国人

---

① Eugene Rice Jr. and Anthony Grafton, *The Foundations of Early Modern Europe: 1460 – 1559*, New York: W. W. Norton, 1994, p.11.

② Francesco Guicciardini, *Francesco Guicciardini: Selected Writings*, Oxford: Oxford University Press, 1965, p.20.

发明了许多更便于机动,用青铜铸造的武器,人们称之为'加农炮'(cannon),它们发射的不再是石制弹丸,而是铁弹,新的弹丸比以前攻城炮的弹丸更大、更重。此外,法国人的大炮并不像意大利人的大炮安置在由牛牵引的四轮车上,而是置于马拉的四轮车上,非常灵便,因此,法国人的大炮与军队并行前进,一直运到城墙边上,并以令人难以置信的速度布置妥当,两次射击之间间隔很小,不但射击频率高,且异常猛烈。所以以前在意大利需要许多天才能攻克一座城市,如今只需数个小时即可完成。法国人把这种魔鬼般的和非人道的武器以及其他一些大炮和类似的小武器用于围城战和野战,所有这些武器不论尺寸大小,都具有相同的敏捷性。"[①]总之,法国新式大炮的出现使"攻守之势"发生了革命性逆转(图4)。[②]

---

① Francesco Guicciardini, *Story of Italy*, Princeton: Princeton University Press, 1984, pp.50 - 51.

② 在同一时期的西班牙,大炮也发挥了类似的作用。它在15世纪末西班牙人驱逐异教徒的战争中的作用尤为明显。8世纪,阿拉伯人在征服西班牙南部后便定居下来,把这一区域变为伊斯兰教的势力范围。几个世纪以来,西班牙的基督徒不甘心异教徒(西班牙人称为"摩尔人")盘踞本国的领土,一心想把他们逐出西班牙,但总是力不从心。文艺复兴时期欧洲军事技术的进步终于使西班牙人看到希望。1479年,阿拉贡王国的费迪南与卡斯提尔王国的继承人伊莎贝尔联姻,从而形成了一个统一的西班牙王国,这就为解决南部的摩尔人奠定了良好的政治基础。随后,西班牙人展开著名的"收复失地运动"。与往昔和阿拉伯后裔交战的一个巨大不同是,西班牙人首次拥有一个无比强大的武器——大炮。1492年,西班牙人开始逼近穆斯林在西班牙南部的最后一个据点——格拉纳达。格拉纳达地势险峻,有一夫当关万夫莫开之势,而且它的防御工事异常坚固,格拉纳达城内的穆斯林居民皆认为该城固若金汤。但西班牙人借助威力惊人的大炮,逐一攻占它的外围据点,一个西班牙人见证了大炮在攻克龙达时的巨大威力,"炮火异常猛烈,并且持续不断,那些正在做礼拜的摩尔人很难听见对方的说话声,他们也无法入睡,不知道哪一个地方需要支援,因为在一个地方大炮撕裂城墙,在另外一个地方冲车捣毁了房屋。他们即使想修复大炮造成的破坏,也是心有余而力不足,因为小武器的持续射击杀死了守城的人……该城的居民原以为凭借该城坚不可摧的防御工事可以高枕无忧,突然之间,他们的自信消失了,每个人都惊恐万状,如同惊弓之鸟"(Lisa Jardine, *Worldly Goods: A New History of the Renaissance*, London: Macmillan, 1996, pp.83 - 86)。西班牙军队最终一举攻占格拉纳达,把穆斯林逐出西班牙。

随后，大炮不断改良，功能也日趋多元化，比如出现了射程更远、威力更大的长炮管大炮。不同功能的大炮还开始配合使用，如先用重炮（cannon）撕裂城墙，再用臼炮（mortars）向城内投射。臼炮起初发射实心弹，后来使用“开花弹”，即发射后可以爆炸的弹丸（图5）。

图4　丢勒在1518年创作的一幅版画着重描绘了一门大炮，凸显大炮在战场上的重要性

图5　文艺复兴时期的臼炮

到16世纪,随着冶金技术和铸炮工艺的发展,大炮的杀伤力不断提高。大炮的巨大威力和效能给时人留下深刻印象,1575年,法国人勒·胡瓦(Le Roy)指出:“大炮的发明使过去的一切武器归于终结,这个武器无论在运动、破坏力和速度方面都超过以往所有武器——它的发明不是造福人类,而是为了人类的毁灭。它是一切美德的敌人,因为它不加区别地攻击任何人,无坚不摧。”①

(二)攻守易势:城墙防御体系的改进

在中世纪和文艺复兴早期,攻城武器主要是抛石器和冲车,它们虽能对城墙造成一定破坏,但无法摧毁城墙。②但威力巨大的新式大炮的出现给传统的中世纪城墙和城市防御带来了严重挑战。佛罗伦萨政治思想家和军事理论家尼科罗·马基雅维利(Niccolò Machiavelli, 1469—1527年)指出,“以火炮的威力,没有城墙能够抵挡,无论它有多厚,大炮都能在数日之内将其摧毁”③。一份源于16世纪的视觉资料也表明了大炮是如何能轻而易举地撕裂城墙的(图6)。

1527年,威尼斯大使马克罗·福斯卡里(Marco Foscari, 1477—1551年)对佛罗伦萨城墙防御能力的评估同样反映了这一情势,他指出:“佛罗伦萨的城墙是按照旧方式建造的,非常高,缺少

---

① *The Portable Renaissance Reader*, eds. James Ross and Mary McLaughlin, New York: Penguin, 1968, p.101.

② Horst De La Croix, *Military Considerations in City Planning*, New York: George Braziller, 1982, p.39.

③ N. Machiavelli, *The Discourses* (Book II, Chapter 17), Harmondsworth: Penguin, 1974, p.322;另参见马基雅维利:《论李维》,冯克利译,上海人民出版社,2005年,第253—254页。

图 6 攻打帕多瓦城

任何类型的护城壕、外护墙或内部的工事;城墙约有 4 佛罗伦萨尺(braccia)高,相当于 6 威尼斯尺。墙体的内外表层都砌有采自(佛罗伦萨)附近山脉的岩石(ex lapidibus quadratis),这种岩石有点类似钙华(tufa)。墙体里面填充了砾石和石灰浆,……若用棱锥,只需两天就能在城墙上凿开一个小洞,……因此,一些经验丰富的人认为,若用大炮,只需数日就可以将这些城墙摧毁。"①如前所述,新式大炮已在法国和意大利的战争(1494—1559 年)中充分展示了其威力。1527 年,西班牙人与德国人组成的神圣罗马帝国军队攻陷并洗劫了基督教圣城罗马。这一悲惨事件

① Gene Brucker, *Florence: The Golden Age, 1138–1737*, Berkeley: California University Press, 1998, p.174.

给意大利人造成强烈冲击。如何有效抵御外敌成为一个迫切问题。马基雅维利在其《兵法》一书中强调了改造现存城墙并强化城墙内的防御工事的重要性。[①]16世纪建筑理论家和工程师皮埃特罗·卡塔内奥(Pietro Cataneo,约1510—1574年)在其《建筑四论》(*I Quattro Primi Libri di Architettura*, 1554年)中也特别关注如何修建不同于以往的新型城市,以应对大炮带来的前所未有的威胁。[②]

面对大炮的挑战,城市统治者的反应首先是改造旧城墙或新修城墙以强化防卫,这主要表现为:一是将中世纪垂直、单薄的城墙改造成斜坡状并加厚。前面提到,中世纪的城墙大多是垂直的,且注重高度而非厚度。[③]这种高而单薄的城墙很容易被新式大炮击穿或撕裂。通过降低城墙的高度并将其修成斜坡状和加厚,大大提高了城墙对火炮弹丸的抗击能力。二是在城墙四周修建护城河或护城壕,以阻止大炮靠近主城墙,减轻大炮对主城墙的压力。[④]三是为城墙修建新式要塞,即凸堡。在这三种改进城墙防卫的措施中以凸堡的发明最为重要和意义深远。[⑤]

---

① 马基雅维利:《兵法》,袁坚译,商务印书馆,2012年,第192—197、208—209页。

② Martha Pollak, *Cities at War in Early Modern Europe*, Cambridge: Cambridge University Press, 2010, p.9.

③ *The Renaissance World*, ed. John Martin, London: Routledge, p.122.

④ Bert Hall, *Weapons and Warfare in Renaissance Europe*, Baltimore: The John Hopkins University Press, 1997, pp.162-164.

⑤ 凸堡(bastione)是由文艺复兴时期的艺术家和"军事工程师"共同发明并完善的一种新型防御工事,时人称为"意大利式要塞"(trace italienne)。文艺复兴时期的艺术家和今天的职业艺术家有很大的不同,他们所从事的工作并不完全限于现代人理解的"艺术",他们通常身兼数职,从事一切可能施展其才华并能获利的工作,他们既可能是画家、雕塑家和建筑师,也可能是机械师和军事工程师。这一时期的一些艺术家,如莱奥纳尔多·达·芬奇和米开朗琪罗等都有过设计和修筑防御工事的经历。

据英国军事史家约翰·黑尔考证,凸堡的发展经历了漫长的演变过程。[①]它脱胎于中世纪的塔楼,早期多为圆柱形或五角形。随着时间的推移,凸堡的形制逐渐发生变化,特别是在“意大利战争”期间,由于新式大炮的威胁,凸堡逐渐演化为尖角形或箭头形。[②]因此,凸堡通常又被称为“角堡”(angle-bastion)、“棱堡”或“箭堡”。[③]1501年教皇国修筑的内图诺(Nettuno)要塞是第一座严格意义的箭堡。[④]随后,箭堡被越来越多的城市采用,成为意大利最主要的军事建筑形式。一些城市将箭堡修筑在城墙外围,每个箭堡就是一座小型要塞,既可以充当城市的屏障,也可以作为安置武器的平台。由此,一个箭堡就是一个火力点,每两个箭堡还可成犄角之势,交叉射击,以达退敌护城之效。

箭堡的出现不仅提高了城市的防御能力,而且深刻影响了城市的形态。一些城市在城墙薄弱环节或要害位置修建大型的、通常为五角星形的箭堡综合体,以应对火炮的威胁。佛罗伦萨就是一个典型例子。1530年,美第奇家族的亚历山德罗·德·美第奇(Alessandro de'Medici, 1510—1537年)成为佛罗伦萨的新主人。1534年,他任命建筑师小安托尼奥·达·桑加罗(Antonio da San Gallo the Younger, 1484—1546年)在佛罗伦萨西面的法恩扎门附近修筑了一个巨大要塞,时人称之为“施洗者圣约翰要

---

① John Hale, *Renaissance War Studies*, London: The Hambledon Press, 1983, 1997, pp.11 - 29.

② John Hale, *Renaissance War Studies*, p.14.

③ 人们用各种比喻描绘“bastion”形状,如“三角形”(或尖角形)、“箭头形”或“矛形”等,因此,可以把它译为“角堡”“箭堡”或“矛堡”。

④ 许二斌在其书中简要地讨论了16世纪新型防御工事的改进,与本文此处有关增强城墙防卫能力的概括有相似之处,但他的侧重点是防御工事的改进,而本文的侧重点是城墙形态的变化。参见许二斌:《变动社会中的军事革命》,黑龙江人民出版社,2008年,第58—59页。

塞”。该要塞处于佛罗伦萨地势低洼地带,故名“低堡”(Fortezza da Basso)[1]。这座要塞的外观和构造与此前的中世纪城堡都有很大差异。中世纪的意大利城堡多为矩形,四角的角楼或为方柱形或为圆柱形。“低堡”则呈五角星形,每个角就是一个箭头形的箭堡,而每两个箭堡以掎角之势形成交叉火力,从而大大地增强了防御能力。“低堡”是文艺复兴时期第一座完善的新式要塞,它既能有力地防御外部来犯之敌,又在面向城区的中间位置建了一个瞭望台和炮塔,严密监视佛罗伦萨城内的一举一动,威慑着城市居民(图7)。[2]

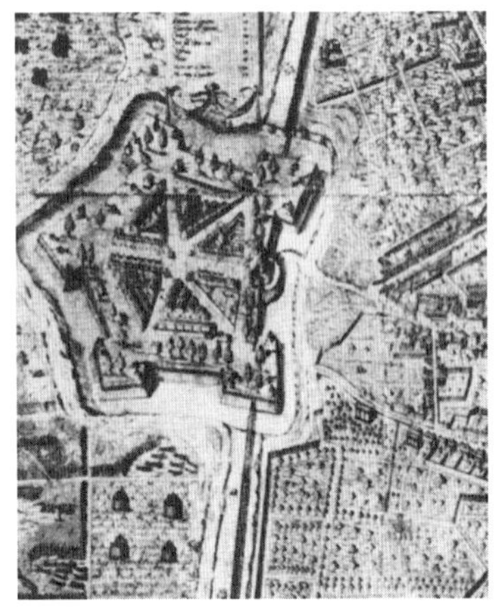

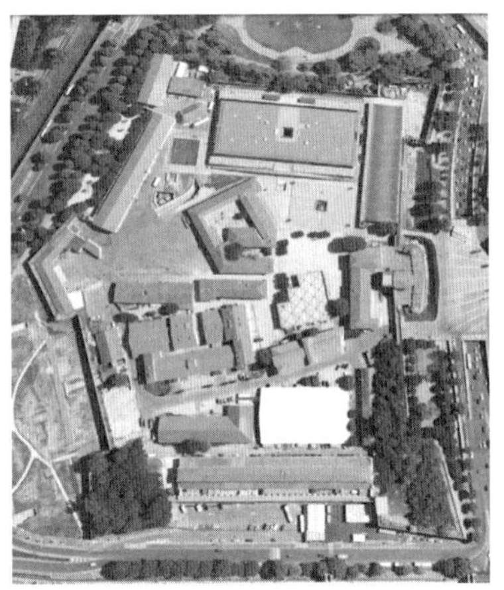

图 7　1593 年地图中的“低堡”与当今卫星拍摄的“低堡”

难怪当时佛罗伦萨人认为,该城堡的出现意味着佛罗伦萨人

---

① 这是相对于16世纪末在佛罗伦萨南山上修建的“高堡”(Fortezza da Alto,又名“瞭望台要塞”[Forte di Belvedere])而言的。

② 迟至1720年,一位英国游客观察到“城堡里的大炮瞄准佛罗伦萨城,时刻准备镇压任何民众的骚乱”。转引自 Wolfgand Braunfels, *Urban Design in Western Europe*, Chicago: University of Chicago Press, 1988, p.68。

自由的丧失。[1]1590—1595年，佛罗伦萨统治者费尔朗多·德·美第奇大公委派建筑师贝尔纳多·鲍恩塔棱蒂（Bernardo Buontalenti，约1531—1608年）在佛罗伦萨南山的制高点修建了一座“高堡”。该要塞平时驻扎军队，安置大炮，成为保护佛罗伦萨城的又一座重要堡垒。16世纪中后期，美第奇家族又在其辖下的锡耶纳、伏尔泰拉等城市修建了多个采用新式箭堡的军事要塞，作为其统治据点。[2]

另一方面，有些城市则将城墙箭堡化，即在城墙外围修建多个箭堡，守望相助。无险可守的平原城市多采用这种方式，比如1508年伦巴第地区的帕尔马城就在原来的中世纪城墙外围增修了14座箭堡。[3]1534年，土耳其舰队在台伯河入海口处的港口城市奥斯提亚（Ostia）附近登陆，威胁罗马。教皇保罗三世（Paul III）委派建筑师小安托尼奥·达·桑加罗对修建于古罗马时期的奥雷良城墙进行加固。小安托尼奥原计划增修18座箭堡，但因耗费巨大，最终只完成对南边城墙的加固。另外，他还在一些山头建了要塞，并在朝向意大利半岛西海岸的阿尔代亚提纳门（Porta Ardeatina，1535—1540年）修建了一个箭堡，该堡完整地保存至今。[4]

佛罗伦萨的“低堡”和罗马城（特别是梵蒂冈所在地区）的新

---

① John Hale，“The End of Florentine Liberty：the Fortezza da Basso”，in *Florentine Studies: Politics and Society in Renaissance Florence*，ed. Nicolai Rubinstein，London：Faber & Faber，1968，pp.501－532，esp. p.503.

② Giovanni Cipriani，“La città medicea：Politica e Interventi Territoriali nella Toscana de Cinquecento”，in *Le Ideologie della Città Europea: Dall' Umanesimo al Romanticismo*，a cura di Vittorio Conti，Firenze：Leo S. Olschki，1993，pp.137－147.

③ Donatella Calabi，*La città del primo Rinascimento*，Roma：Laterza，2005，p.26.

④ Colin Rowe and Leon Satkowski，*Italian Architecture of the 16th Century*，Princeton University Press，2002，pp.275－276.

防御体系为其他城市树立了榜样。1504 年,卢卡城成立了专门的“城市与国家防卫办公室”,陆续增修了一些小型的防御工事。[①]1544—1645 年,卢卡城修建了第三道,即最后一道城墙。1561 年,卢卡政府委派卢卡·帕乔托(Luca Paciotto)负责修建新城市的防卫体系。帕乔托在原有城墙的基础上增加了 11 个箭堡,每两个箭堡彼此呼应,极大地增强了卢卡城的防御能力(图 8)。幸运的是,卢卡城墙一直保存至今,成为文艺复兴时期新式城墙的典范。

图 8　卢卡城墙卫星图

1546—1560 年,统治米兰城的西班牙总督费兰特·贡扎加(Ferrante Gonzaga)下令修建米兰新城墙,即著名的“西班牙城

---

① Roberta Martinelli and Giovanni Parmini, *Le Mura Rinascimentali*, Lucca: Maria Pacini Fazzi, 1991, pp.21 - 22.

墙”(Mura Spagnole)。“西班牙城墙”由军事工程师吉安·马里亚·奥尔加迪(Gian Maria Olgiati)设计,呈心形,总长11公里,在距中世纪城墙外围700至800米的位置环绕全城。[①]该城墙也采用了箭堡体系,法国人拉夫赫里(Antoine Lafréry, 1512—1577年)在1573年描绘的米兰城景就清晰地展示了加固后的米兰城墙体系(图9)。

图9　米兰城景

罗马和佛罗伦萨修建了五角星形要塞但并未将城墙棱堡化,卢卡和米兰则是修建新式箭堡化城墙而未修建五角星形要塞。按照16世纪军事理论家的城防思想,最理想的城防体系应是将

① Stefano D'amico, *Spanish Milan: A City Within the Empire, 1535 - 1706*, New York: Palgrave Macmillan, 2012, pp.10 - 11.

两者相结合,当时能做到这一点的城市屈指可数,其中包括皮亚琴察和帕尔马。从1524年起,小安托尼奥·达·桑加罗开始负责加固皮亚琴察的城墙;1547年,该城再度扩建城墙并建造了一座大型五角形城堡(图10)。[①]帕尔马从1507—1591年一直在断断续续地加强城防,最终实现了城墙的箭堡化。1591—1598年,阿莱桑德罗·法尔内塞公爵动用3 000多人在帕尔马修建了一座大型五角形城堡(图11)。[②]

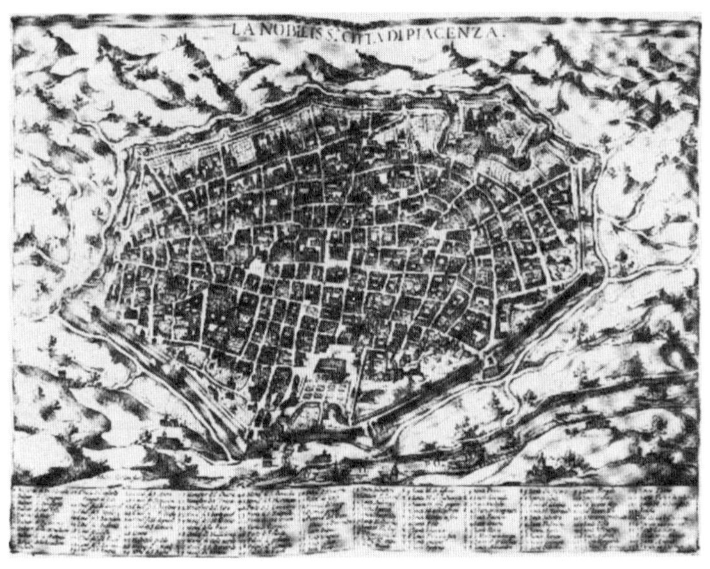

图10　1600年的皮亚琴察的城防体系

---

① Bruno Adorni, "Le Fortificazioni di Parma e Piacenza", in *La città e le mura*, eds. Cesare De Seta and Jacques Le Goff, Bari: Laterza, 1989, pp.135 – 149; Martha Pollak, *Cities at War in Early Modern Europe*, pp.29 – 31.

② Bruno Adorni, "Le Fortificazioni di Parma e Piacenza", pp.128 – 134;这座城堡幸运地保存至今,并被改造成了一座公园。

图 11　帕尔马的新式城防体系

费拉拉也为城墙增添了新式箭堡，不过这些箭堡的形制并非整齐划一，而是包括了最初的半圆柱形塔堡和后来的箭头形堡垒，成为我们认识16世纪意大利城防体系演变的重要参照物。[①]费拉拉的五角形城堡迟至17世纪才建成。

当然，并非所有意大利城市都采纳了新的箭堡体系，比如波洛尼亚。波洛尼亚未采纳星形要塞和棱堡化城墙体系的原因，除了其政局的动荡，也由于负责城防的军事工程师深受马基雅维利的影响，认为最强大的防务体系不在要塞，而在于公民的忠诚。1574年，一名到访波洛尼亚的法国学者提到，波洛尼亚的城墙"古老但不坚固"；17世纪的英国旅行家伊夫林（John Evelyn，

① Horst De La Croix, *Military Considerations in City Planning*, p.46.

1620—1706 年)亦提到波洛尼亚"单薄的城墙"①。波洛尼亚的中世纪城墙一直延存到 20 世纪初。

值得一提的是,16 世纪的军事工程师在加固城墙时并非只考虑实用,也注重审美效果。受文艺复兴时期崇尚古典文化的风气的熏染,新修的城门或多或少采用了古典元素。比如,1513 年帕多瓦修建新城墙时就放弃中世纪样式,采用了更坚固、宏大的古典风格的城门:如朱利奥·格拉德尼格(Giulio Gradenigo)修建的"圣十字门"(Santa Croce, 1517 年),以及 1528 年焦瓦尼·法尔科内托(Giovanni Falconeto)设计并建造的"圣焦瓦尼门"(Porta San Giovanni, 1527 年)和"萨沃纳罗拉门"(Porta Savonarola, 1530)。②维罗纳建筑师米凯莱·桑米凯利(Michele Sanmicheli, 1484—1559 年)为其家乡城市修建的"新门"(Porta Nuova, 1533—1540 年)、"圣泽诺门"(Porta San Zeno, 1542 年)和"帕利奥门"(Porta Palio,约 1555 年)也有古典化或风格主义的外立面(图12)。③

图 12　米凯莱设计的维罗纳"新门"

---

① Richard Tuttle, "Against Fortifications: The Defense of Renaissance Bologna", in *Journal of the Society of Architectural Historians*, vol.41, no.3(1982), pp.189 - 201, esp.189, 201.

② Camillo Semenzato, *Padua: Portrait of an Ancient City*, Udine, 1996, p.105.

③ Colin Rowe and Leon Satkowski, *Italian Architecture of the 16th Century*, pp.278 - 281.

16 世纪艺术史家瓦萨里(Giorgio Vasari, 1511—1574 年)盛赞这两座城门堪与古罗马建筑媲美。[1]米开朗琪罗(Michelangelo, 1475—1564 年)奉教皇庇护四世之命修建的罗马“庇护门”(Porta Pia)也采用了古典元素。不过,与上述防御与美结合的城门相比,“庇护门”更像一个纯装饰性立面。这座纯粹装饰性和审美化的城门成为巴洛克风格城门的先驱(图13)。[2]

图 13　米开朗琪罗设计的“庇护门”

从整体上看,16 世纪的城门设计大都力求功能与美学效果的统一,从而与中世纪的要塞式城门形成了鲜明对照。总之,

---

① Giorgio Vasari, *Lives of the Most Eminent Painters, Sculptors and Architects*, vol.3, trans. A. B. Hinds, London: Everyman Library, 1927, pp.274 - 275.

② Claudia Conforti, *La città del tardo Rinascimento*, Roma: Laterza, 2005, pp.11 - 12.

大型五角星形要塞、箭堡化城墙和古典化城门,共同构成了文艺复兴时期意大利城墙的显著特征。五角星形要塞和箭堡化城墙是为应对新式大炮的挑战而出现的伟大发明,它们不仅增强了城市的防御能力,更对近代早期意大利和整个欧洲城市的规划产生了深远影响。与文艺复兴时期意大利的新学术文化(人文主义)和艺术文化(绘画、雕塑和建筑)一样,作为一种军事文化产品的箭堡以及新的军事防御思想也传播到意大利以外,形成了欧洲近代早期独特的军事城市规划思想和实践(military urbanism)。[①]

从16世纪40年代起,意大利的箭堡体系开始向阿尔卑斯山以北的欧洲传播[②],到16世纪末,甚至远在东欧的波兰也修建了一座采用新式箭堡的要塞城——扎莫斯奇(Zamość)[③]。箭堡化的城墙及星形要塞成为这一时期欧洲城市最醒目的景观特征。尽管箭堡体系不能彻底消除大炮的威胁,但它的确在很大程度上提高了城市的防御能力,延长了城墙的生命。1590年,英国人罗杰·威廉斯(Sir Roger Williams)敏锐地指出:"亚历山大、恺撒、西皮阿和汉尼拔……就不会那样轻而易举地征服这些国家,倘若它们修建防御设施如同(当今的)德国、法国和低地国家的话。"[④]不过,需要指出的是,意大利的新式要塞和箭堡化城墙需要巨大资金和人力,因此只有经济实力雄厚的大城市和军事功能突出的城市能够修建,且一旦建成,它们又往往成为城市以后发展的"紧箍咒",对城区面积的扩展构成严重障碍。

---

① Martha Pollak, *Cities at War in Early Modern Europe*, pp.61 - 224.

② 例如在德语地区,情况就是如此。参见 Yair Mintzker, *The Defortification of the German City, 1689 - 1866*, Cambridge: Cambridge University Press, 2012, p.17。

③ Claudia Conforti, *La città del tardo Rinascimento*, pp.55 - 56.

④ Geoffrey Parker, *The Military Revolution: Military Innovation and the Rise of the West, 1500 - 1800*, New York: Cambridge University Press, 1996, p.6.

文艺复兴时期意大利的新式要塞和箭堡化城墙，是欧洲城市的独特贡献。1584年，意大利传教士利玛窦(Matteo Ricci)对中国城墙防御功能的敏锐观察就反映了这一点："当两三艘日本舰船到来，并在海岸登陆后，他们焚烧他们的船只，攻占村庄，甚至一些大城市，他们所到之处烧杀抢掠，没有遭遇任何抵抗……的确，中国有许多要塞，城镇也有用来抵御海盗攻略的城墙；但是这些城墙并非采用几何式设计(换言之，缺少侧翼的交叉火力)，也没有护城壕。"①

三　防御与展示：巴洛克时期意大利城墙—城门—广场综合体的发展

巴洛克时期的意大利城市延续了文艺复兴时期的城市规划思想和实践，箭堡化城墙(cinta bastionata)和五角形城堡被越来越多城市采用。不过，与文艺复兴时期相比，巴洛克时期的意大利城墙体系还是出现了一些重要变化。随着意大利各个君主国的确立，除传统的防御功能外，城墙体系也日益成为君主确立和展示政治权力的重要途径。其中，城门的重要性日益突显，并与城门广场构成一个整体，城墙—城门—广场综合体逐渐发展起来，防御与权力展示日益密切交织。

费拉拉和都灵的城市防御体系建设跨越了文艺复兴和巴洛克两个时期。1597年，费拉拉成为教皇国属地，教皇克莱芒八世下令在此修建一座大型五角形城堡，并由阿莱奥蒂(G.B.Aleotti)负责设计，这项工程于1618年完工(图14)。此后，军事建筑师彭佩奥·塔尔格内(Pompeo Targone，1575—1630年)又对其进行了加固。

① 转引自*City Walls: The Urban Enceinte in Global Perspective*, ed. James Tracy, Cambridge, 2000, p.388。

从建筑形制上看,这座五角形新式城堡与此前费拉拉统治家族埃斯特家族修建的埃斯特城堡形成鲜明的对照,后者为正方形,是典型的中世纪风格。[①]

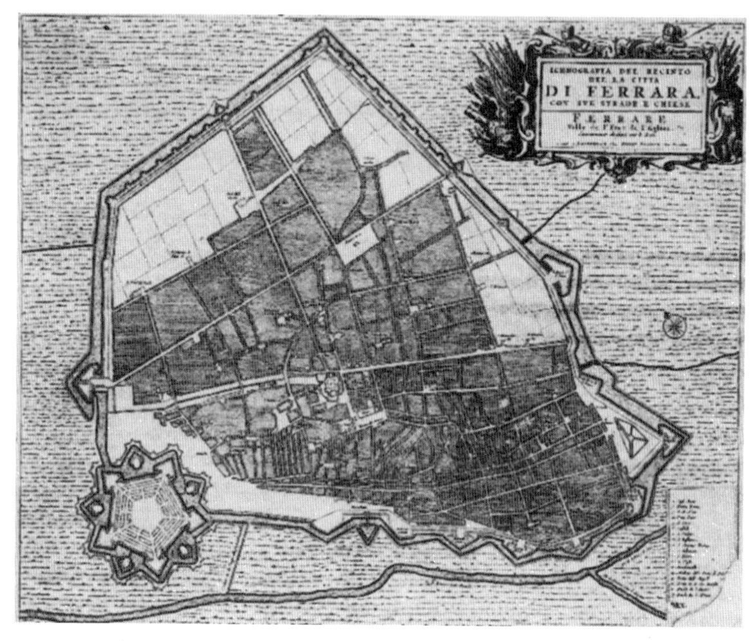

图 14　1704 年的费拉拉

1564 年,萨沃伊家族的埃马努埃莱·菲利贝尔托(Emanuelle Filiberto)公爵将其宫廷从法国香博里迁至都灵,这一决定对都灵具有划时代的意义。当时,都灵不过是一个居民 2 万人左右的小城,菲利贝尔托决心把都灵打造成一个光辉的首都。他首先关切的是安全。他委派军事建筑师弗朗切斯科·帕乔托(Francesco Paciotto)在都灵西南角修建了一座大型五角形城堡,从而将都灵变

① Martha Pollak, *Cities at War in Early Modern Europe*, pp.41 – 46.

成一个坚固的军事据点。[①]该城堡也是继佛罗伦萨"低堡"之后意大利第二座大型新式城堡。菲利贝尔托对这座城堡钟爱有加,视其为"最珍贵的珠宝"[②]。17 世纪,菲利贝尔托的继承者继续扩建城区,先后向南、东、西三个方向扩张,向东一直延伸至波河河岸,同时,箭堡化的城墙逐渐取代中世纪的城墙(图 15)。

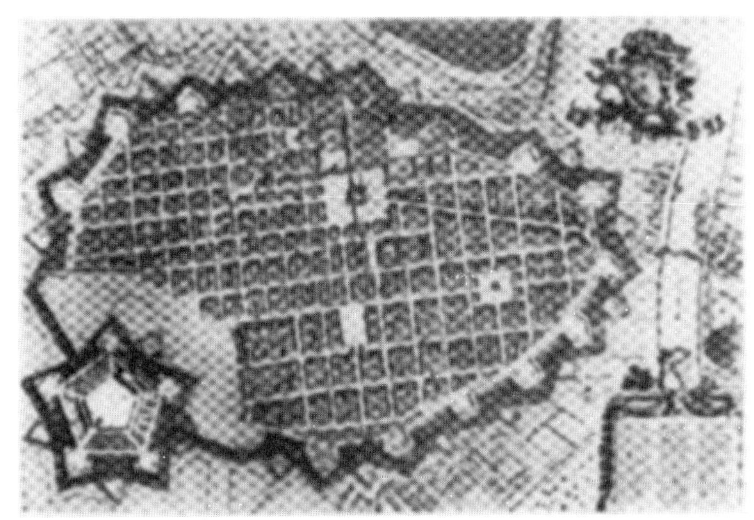

图 15　1674 年的都灵

帕尔马、皮亚琴察、费拉拉、都灵的大型五角形城堡与箭堡化城墙相结合的新式防御体系,皆令人想到 16 世纪卡塔内奥构想的理想化军事城镇。

巴洛克时期最壮观的箭堡化城墙修建于港口城市热那亚。该

---

① Geoffrey Symcox, "Turin ca 1560 – 1750: Ideal City of the Baroque", in *Le Corti e la Città Ideale*, a cura di G. Morisco e A. Calanchi, Fasaano: Schena Editore, 2004, p.226.

② Martha Pollak, *Turin, 1564 – 1680*, Chicago: University of Chicago Press, 1991, p.17.

城坐落在山脚下,地形逼仄,并不利于修建规整的新式城墙,但热那亚统治者还是排除万难,于1616—1632年在法罗角和卡里尼亚诺角之间的山脊上修建了新城墙,总长约12公里(图16)。[①]受地形限制,该城墙在山脊上蜿蜒曲折,虽缺乏几何规整性,却呈现出格外壮观的视觉效果。

图16　1635年后的热那亚

除继续沿用并发展文艺复兴时期的城墙防御体系外,巴洛克时期的意大利城墙体系也出现了一些新的变化。这突出表现为城门重要性的突显,以及配套的城门广场的发展。巴洛克时期,

---

① Ennio Poleggi, *Genoa: Portrait of a City*, Genoa: Sagep Editrice, 1985, pp.107–108.

君主们的入城仪式和凯旋式成为重要的国家典礼和向民众炫示权力、尊贵的重要手段。建筑师对这种文化风尚心领神会，皆十分注重营造“入城印象”。他们将一些主要的城门精心设计成华丽的巴洛克风格，同时建设与城门配套的广场。前面提到的米开朗琪罗修建的罗马“庇护门”就是巴洛克城门的鼻祖。罗马也是巴洛克城门广场的发源地。建筑师在“庇护门”的内侧设计了一个小型的城门广场，广场的中轴线一端连接城门，另一端连接庇护大街（即今天的“9 月 20 日大街”）。在庇护大街入口处的前方并列矗立着两座骑马像（图 17）。

图 17　1570 年“庇护门”的城门广场

而罗马的“人民门”及其“人民广场”（Piazza del popolo）更堪

称巴洛克城门广场的典范。“人民门”位于古罗马时期弗拉米尼亚大道(Via Flaminia)的起点,是罗马城的北大门,所有从北方来的人都从这个门进入罗马城,其重要性不言而喻。“人民门”由维尼奥拉(Vignola)在1589年设计建造,城门内的“人民广场”呈梯形,广场上著名的三叉街(trident),即三条辐射形的笔直街道(即著名的三叉街),直通城市的腹心地带(图18)。在三叉街的街口,有两个一模一样的教堂,即蒙特圣玛利亚教堂和奇迹圣玛利亚教堂(1662—1667年)。

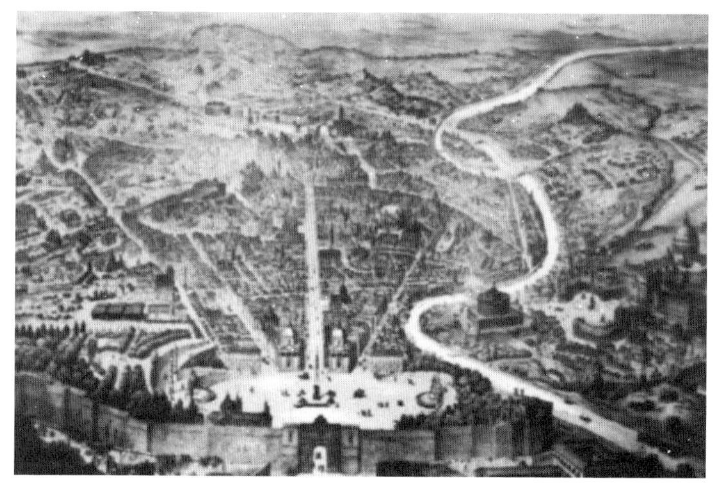

图18 “人民门”及其“人民广场”

“人民门”及其广场和辐射形的三叉街道成为巴洛克时期罗马城市设计的范例,为其他城市的规划师们提供了灵感。都灵的第三个新区,即波河新区的城门及其广场就借鉴了罗马树立的榜样。1674年,建筑师阿美代奥·迪·卡斯泰拉蒙泰(Amedeo di Castellamonte, 1610—1683年)为该新区设计了一个U字形的入口广场,广场中轴线的背后是直通城市中心的“波河大街”(Via di Po),广场及其后的大街看上去颇似一个细长的酒杯(图19)。

图 19 波河广场和波河大街

另一位建筑师则为其设计了一个半圆形的城门广场(图20);瓜里尼(Guarino Guarini, 1624—1683 年)也曾为此广场设计了华丽的巴洛克风格的“波河门”(图 21)。遗憾的是,该门在拿破仑时期被拆除了。

图 20 波河门背后的城门广场

图 21 波河门

在随后很长时间内,U字形入口广场在都灵获得普遍发展。巴洛克晚期的建筑师菲利波·朱瓦拉(Filippo Juvarra, 1678—1736年)极青睐这种设计理念,将其广泛运用于都灵许多重要街道入口广场的设计,如"市政厅门广场"(Piazza di Porta Palazzo)、"苏萨门广场"(Piazza di Porta Susa)、"圣卡罗广场"(Piazza San Carlo)等。这种城门广场(或街口广场)的设计理念为意大利南方许多城市所采用,如巴勒莫(Palermo)的"维利埃塔广场"(Piazza Vigliena,图22)。①

图22　巴勒莫的维利埃塔广场

总之,巴洛克时期的城门及其城门广场具有强烈的展示意图,即着意给外来者留下深刻的"入城印象"②。除城门和城门广

① Lorenzo Spagnoli, *Storia dell'urbanistica moderna, Vol.1 dal Rinascimento all'età delle Rivoluzioni, 1400 – 1815*, Bologna: Zanichelli, 2008, p.240.

② Giorgio Simoncini, *La Città nell'Età dell'Illuminisimo*, Firenze: Leo S. Olschki, 1996, pp.45 – 56.

场,“入城印象”的另一重要因素是连接城门广场和城市中心的主干道。14 和 15 世纪,一些城市已刻意将主干道塑造为向访客展示其财富、繁荣和实力的门面,如锡耶纳城贯通南北的“罗马大街”(Strada Romana)。在萨沃亚,1682 年出版的《萨沃亚王国大观》(*Theatrum sabaudiae*)指出:“从这个门(新门)直至王宫(Palazzo Reale),可以看到处于同一条直线上和具有同样高度的联排宫殿,这使得那些从这一个方向进入都灵城的人仰慕和惊叹不已。”[①]在巴洛克时期,意大利城市营造“入城印象”的手段日益完善,逐渐实现了城门—城门广场—主街道三个本要素的统一。在这一时期绘制的意大利城市图像中,城墙、城门、城门广场及主干道皆被刻意加以表现,成为城市最突出的景观特征。

值得一提的是,巴洛克时期意大利的城门广场和辐射形的街道对意大利之外的欧洲城市如凡尔赛、伦敦、圣彼得堡等产生了深远的影响。

四 结 语

综上所述,从 1000—1750 年,意大利城市的城墙经历了一系列重要发展。我们看到,城墙并不仅仅是形构城市的物质边界,而且是意大利整个城市文化的重要一部分,其发展沿革莫不与城市社会经济、政治、军事和文化的变迁息息相关。城墙的历史变迁,具体而微地呈现了意大利城市社会文化的发展。中世纪盛期,受经济繁荣和人口增长的推动,意大利城市出现大规模修建新城墙的浪潮;文艺复兴时期,受“火药革命”的刺激,城墙的防御功能成为重中之重。意大利的军事工程师发明了箭堡并把其

① 转引自 John B. Scott, “Fashioning a Capital: The Politics of Urban Space in Early Modern Turin”, in *The Politics of Space: European Courts ca. 1500–1750*, eds. Marcello Fantoni et al., Roma: Bulzoni, 2009, p.149。

用于加固城墙和修建大型的五角形城堡,从而产生了文艺复兴晚期和巴洛克时期的新式城防体系。到巴洛克时期,文艺复兴时期发展起来的城墙防御体系继续发展的同时,城墙还日益承载了彰显统治者的权力以及向外来访客展示城市的强大、繁荣和富裕的象征功能。其中,城门的重要性得到突显。装饰性的巴洛克城门及其配套的城门广场和城市主干道构成一个整体。防御与展示的结合,形成了巴洛克时期意大利城墙体系最显著的特点。

1750 年之后,随着军事技术的进步,城墙的军事防御功能日趋弱化和过时,而其非军事功能日益突显。18 世纪中后期,一些城市的城墙被改造成了城市居民休闲散步和观光的“林荫大道”(boulevard)①。不过,被改造的城墙往往并非中世纪时期单薄的城墙,而是文艺复兴时期和巴洛克时期修建的新式城墙。因为,后者很宽,甚至能通行马车,比较容易改造成休闲和观光的好去处。在 19 世纪之前,此类改造尚不普遍,但预示了一种未来的新趋势。总之,从中世纪盛期到 19 世纪早期的漫长岁月里,城墙是城市文化不可分割的一部分,是前工业化时代意大利城市景观的最核心的要素之一。②

---

① “林荫大道”起源于法国国王路易十四统治时期在巴黎修建的休闲式公园道路。参见科斯托夫:《城市的组合》,邓东译,中国建筑工业出版社,2008 年,第 33 页。

② *La città e le mura*, eds. Cesare De Seta and Jacques Le Goff, p.55.

15 世纪佛罗伦萨的“画家”萨沃纳罗拉

——政治改革中的图像宣传

杜佳峰

（北京大学　哲学系）

在 15 世纪时，佛罗伦萨有位“画家”萨沃纳罗拉，他精于在布道中绘声绘色地描述宗教图像。在 1494—1498 年佛罗伦萨政治改革中，萨沃纳罗拉用布道宣传改革，他在布道中融入的宣传改革提案的图像，给佛罗伦萨市民留下了深刻印象，产生了巨大的社会影响，借此他成为佛罗伦萨最重要的政治宣传家。目前学界对于萨沃纳罗拉的研究主要分思想观念①、

① 唐纳德·温斯顿研究萨氏与佛罗伦萨传统政治思想的关系的著作，参见 Donald Weinstein, *Savonarola and Florence: Prophecy and Patriotism in the Renaissance*, Princeton: Princeton University Press, 1970；从共和政治思想谱系论述萨氏的著作，参见昆廷·斯金纳：《现代政治思想的基础·文艺复兴》，奚瑞森、亚方译，译林出版社，2011 年，第 155—159 页和 J. G. A.波考克：《马基雅维里时刻：佛罗伦萨政治思想和大西洋共和主义传统》，冯克利、傅乾译，译林出版社，2013 年，第 113—115 页；研究萨氏和人文主义思想的著作，参见 Amos Edelheit, *Ficino, Pico and Savonarola: The Evolution of Humanist Theology 1461/2 - 1498*, Boston: Brill, 2008；有关 15—16 世纪萨沃纳罗拉运动和萨沃纳罗拉主义的研究，参见 Lorenzo Polizzotto, *The Elect Nation: The Savonarolan Movement in Florence, 1494 - 1545*, New York: Oxford University Press, 1994; Stefano Dall' Aglio, *Savonarola e il savonarolismo*, Bari: Cacucci Editore, 2005（英译本为 Stefano Dall' Aglio, *Savonarola and Savonarolism*, trans. John Gagné, Toronto: Centre for Reformation and Renaissance Studies, 2010）。

社会生活[1]、政制改革[2]和人物传记[3]四大类。而笔者援引潘诺夫

---

① 关于萨氏与佛罗伦萨社会生活变化的总论,参见 Richard C. Trexler, *Public Life in Renaissance Florence*, Ithaca: Cornell University Press, 1980;关于萨氏与佛罗伦萨社会观念的研究,参见 Alison Brown, *Medicean and Savonarolan Florence: the interplay of politics, humanism, and religion*, Belgium: Brepols, 2011; Paul Strathern, *Death in Florence: The Medici, Savonarola and the Battle for the Soul of the Renaissance City*, London: Jonathan Cape, 2011;萨氏关于习俗改革的译著,参见 G. Savonarola, *A Guide to Righteous Living and Other Works*, ed. Konrad Eisenbichler, Toronto: Centre for Reformation and Renaissance Studies, 2003;研究萨氏和佛罗伦萨女性的论著,参见 Lorenzo Polizzotto, "When Saints Fall Out: Women and the Savonarolan Reform in Early Sixteenth-Century Florence", in *Renaissance Quarterly*, vol.46, no.3(Autumn, 1993), pp.486-525; Sharon T. Strocchia, "Savonarolan Witnesses: The Nuns of San Jacopo and the Piagnone Movement in Sixteenth-Century Florence", in *The Sixteenth Century Journal*, vol.38, no.2(Summer, 2007), pp.393-418; Tamar Herzig, *Savonarola's Women: Visions and Reform in Renaissance Italy*, Chicago: University of Chicago Press, 2008;萨沃纳罗拉与意大利儿童的研究,参见 Lorenzo Polizzotto, *Children of the Promise: The Confraternities of the Purification and the Socialization of Youths in Florence, 1427-1785*, Oxford: Oxford University Press, 2003;关于萨氏与佛罗伦萨社会艺术转型的研究,参见 Alessio Giovanni Maria and Assonitis, *Art and Savonarolism in Florence and Rome*, Columbia University and ProQuest Dissertations Publishing, 2003; Antonio Rocca, *Savonarola e Michelangelo: tra forma e riforma*, Viterbo: Edizioni Archeo Ares, 2016; Fausta Navarro, *Plautilla Nelli: arte e devozione sulle orme di Savonarola*, Livorno: Sillabe, 2017。

② 参见 Nicolai Rubinstein, "Politics and Constitution in Florence at the End of the Fifteenth Century", in *Italian Renaissance Studies*, ed. E. F. Jacob, London, 1960, p.183; Nicolai Rubinstein, *The Government of Florence under the Medici (1434-1494)*, Oxford: The Clarendon Press, 1968, pp.229-236; Felix Gilbert, "Florentine Political Assumptions in the Period of Savonarola and Soderini", in *Journal of the Warburg and Courtauld Institutes*, vol.20, no.3/4(Jul.-Dec., 1957), pp.187-221; Donald Weinstein, *Savonarola and Florence: Prophecy and Patriotism in the Renaissance*, Princeton: Princeton University Press, 1970。

③ 参见 Pasquale Villari, *La storia di Girolamo Savonarola e de' suoi tempi*, 2 vols., Firenze: Successori le Monnier, 1882; Roberto Ridolfi, *The life of Girolamo Savonarola*, trans. Cecil Grayson, London: Routledge and Kegen Paul, 1959; Franco Cordero, *Savonarola*, 4 Vols., Roma: Laterza, 1986-1988; Lauro Martines, *Fire in the City: Savonarola and the Struggle for the Soul of Renaissance Florence*, Oxford: Oxford University Press, 2006; Donald Weinstein, *Savonarola: the Rise and Fall of a Renaissance Prophet*, New Haven: Yale University Press, 2011。

斯基(Panofsky)研究文艺复兴时期绘画的图像学理论[①]去分析萨沃纳罗拉创作的图像。图像学有助于我们结构化地探讨萨沃纳罗拉图像呈现的画面,深入发掘图像背后的象征含义;而萨沃纳罗拉在布道中宣讲图像所要传达出的平民大众的政治、宗教、社会倾向等历史意蕴,又能深化文艺复兴图像学的研究。

萨沃纳罗拉图像的表现形式既有布道时的口述描绘,也有宗教庆典的仪式呈现,它们的目的是为了呼吁市民支持佛罗伦萨改革。它们是一种以语言、仪式为载体呈现于听众、观众脑海中的图像。本文以萨沃纳罗拉在布道文与仪式中呈现的宗教图像为对象,从图像学分析视角,辅助历史学对15世纪萨沃纳罗拉在布道文、天启书等原始材料中口述的图景(vision)[②]进行研究,为的是揭示出近代早期人民的政治观念。首先,归类阐明各幅萨沃纳罗拉的图像要向公众传达的各种显性象征,探讨他是如何通过宗教图像向公众宣传特定改革提案和措施的。其次,阐释独立、分散图像背后共同的隐蔽象征,即萨沃纳罗拉并没有计划性地创造

---

① 潘诺夫斯基的理论分为三个层次:第一层是前图像志描述,阐释图像的内容和显性特征;第二层是图像志分析,阐释图像要向观者传达的隐性象征和寓意,许多是在特定历史时刻文化背景下才能理解的信息;第三层是图像学的研究,参见E.潘诺夫斯基:《视觉艺术的含义》,傅志强译,辽宁人民出版社,1987年;E.潘诺夫斯基:《图像学研究:文艺复兴时期艺术的人文主题》,戚印平、范景中译,上海三联书店,2011年。研究潘诺夫斯基图像学的专著有Michael Ann Holly, *Panofsky and the Foundations of Art History*, New York: Cambridge University Press, 1984;罗小华:《潘诺夫斯基图像学研究》,中国社会科学出版社,2016年。论文集有,*Meaning in the Visual Arts: Views from the Outside, A Centennial Commemoration of Erwin Panofsky(1892 - 1968)*, ed. Irving Erwin, Princeton, NJ: Institute for Advanced Study, 1995。论文有易英:《图像学的模式》,载《美术研究》2003年第4期;曹意强:《图像与语言的转向——后形式主义、图像学与符号学》,载《新美术》2005年第3期;陈平:《潘诺夫斯基与精神史》,载《新美术》2011年第3期。

② "vision"也被译作"神视""异象",笔者认为萨沃纳罗拉的"vision"多为具有象征含义的宗教题材画面,并且多是他在布道或著作中通过口述、笔录描述的,所以将它们作为一类图像材料,译作"图像"或"图景"。

这些图像,但它们都服务于同一场改革,所以,在创造过程中都指向了佛罗伦萨改革的总目标“新耶路撒冷”。接着,用客观事实对图像学的阐释进行检验,通过当时奉萨沃纳罗拉为先知这一历史现象去检验本文阐述的隐蔽象征“新耶路撒冷”是否真实存在。最后,从历史视角去评价萨沃纳罗拉的图像与改革的关系,分析他用宗教图像促进大众理解政治改革做法存在的诸多弊端。

一　图像的显性象征

在佛罗伦萨改革中,萨沃纳罗拉先后创作了五幅具有象征含义的图像,这五幅图像也能按照特点可以分三个阶段:从布道时口述的单幅图像,到布道时口述的故事性连续图像,再到通过节日庆典向市民呈现的仪式图景。第一阶段的单幅图像包括“上帝之剑”“新居鲁士”和“两个十字架”三幅;第二阶段的故事连续性图像是他在 1495 年岁首布道中描述的“萨沃纳罗拉出使天国”图;第三阶段,萨氏通过节日庆典演绎仪式图景,他举办“焚烧虚荣之火”(Bonfire of the vanities)仪式,让市民们亲身参与这场篝火庆典,亲眼观看仪式描绘的美好的未来图景。

整体而言,萨沃纳罗拉的图像具有两大特征。首先,五幅图像的生动性不断提升,可以分为三个阶段。其次,诸多宗教图像所象征的政治含义越来越明显。它们不再是纯粹的宗教图像,而变成了服务佛罗伦萨改革的宗教图像,其政治宣传象征日益明显。

萨沃纳罗拉的改革图像宣讲始于他从宗教布道到政治布道的转变。在 1494 年 12 月 12 日的《哈盖系列布道辞》第 13 篇中,他首次在布道中把政府形式的改革与上帝的意愿结合在一起,开始向市民建议实行“威尼斯形式政体”的改革。[1]这个改革法令后

① Girolamo Savonarola, “Predica XIII (La forma del governo de' Veneziani)”, in *Prediche sopra Aggeo*, ed. Luigi Firpo, Rome: Angelo Belardetti Editore, 1965, pp.209 -228.

来成为佛罗伦萨共和改革的最重要的举措。[①]这是萨沃纳罗拉政治布道的开端。[②]

第一,萨沃纳罗拉最早在政治布道中描绘的重要图像是“上帝之剑”。

他自称受到启示,看到“上帝之剑降临”的图像:

> 1492年我在圣母百花大教堂做最后一场基督降临节布道前的夜晚,我看见天空中有只手握着利剑,剑上写着:“天主之剑马上就要降临世间了。”在手的上方写着:“天主的判决是公正而正确的。”手臂似乎是从同一束光中的三张脸孔中伸出的。第一张脸孔说:“我的圣所被玷污了,这在召唤我来到地上。”第二张脸孔回答:“我要对他们的污秽施以棍棒,鞭挞他们所犯的罪。”第三张脸孔添说:“我不能不施仁慈于他们,我也不能容忍我的真理的崩坏,我要恩施仁慈于穷困者。”第一张脸孔又说:“我的子民已经长久忘记了我的圣律。”第二张脸孔说:“因此我要无情地毁灭他们。”第三张脸孔添说:“我留意那些仍走我的道的人。”庶几,三张脸孔发出雷霆宏音响彻整个世界:“听着,全体栖居地上的人,这是天主在说话。我,天主正用神圣的热情在说话。看哪!日子近了,我的剑将要对你们出鞘。在我盛怒之前皈依我,因为到那时你们会万分痛苦,再想寻求和平将无

---

① 费利克斯·吉尔伯特(Felix Gilbert)认为《12月22—23日宪法》是佛罗伦萨共和国的基本法,是城市显贵重建共和政府后最重要的制度改革法令,其重要性和意义的论述参见 Felix Gilbert, *Machiavelli and Guicciardini: Politics and History in Sixteenth-Century Florence*, New Jersey: Princeton University Press, 1965, pp.8-9。

② Donald Weinstein, *Savonarola and Florence: Prophecy and Patriotism in the Renaissance*, pp.142-145.

处可觅。”

言毕,全世界映入我的眼帘。穿着白色长袍的众天使从天而降,肩佩白色披肩,手持红色十字架。他们寰宇全球给每个人一个白披肩和一个红十字架。有的人接受了礼物并穿在身上;有的人拒绝了,但没有阻止他人接受;还有些人不仅自己摒弃它,还阻挠他人接受礼物。最后一类人是那些漠不关心者,他们吹捧人类的智慧,取笑礼物并去劝阻别人不要接受它们。

手低垂而剑指人间,天暗沉,稠云布。电闪雷鸣中降下剑雨、冰雹和火矢。战争、瘟疫、饥荒和无数灾难四起于世间。我看见从天堂降下众多天使行走于人间诸国,给那些穿披肩带十字架的人赐予一杯醇酒。人们饮尽后说:“主啊,你的话语在我们口中是如此甜美!”众天使把杯底的糟粕给那些不想喝,但看起来要做忏悔却又不能了的人,“主啊,你为什么忘记我们了?”他们想举目望主,却被肆虐的灾难所阻止。他们好似醉汉;他们的心似乎已经离开了胸膛。他们要寻觅属于人类快乐的安慰,但却一无所获;他们麻木而疯癫地游荡前行。

而后我听见一个雄浑有力的声音从三张脸孔中发出:“听从天主的话,我还等着施仁慈给你们。到我这来,因为我是仁慈和蔼的,我会饶恕所有求告于我的人,但如果你们还不悔改,我将移目他处永不垂青你们。”未几,那个声音向正直之人说:“欢悦吧,正直之人,因为当我短暂的怒火过后我将颠覆罪人的权力,而正直之人的权力将被颂扬。”①

① 上帝之剑的图像在1495年圣母领报节由萨沃纳罗拉首次提出,之后,他又将其收入《天启概要》一书,于1495年出版。此原始材料由佛罗伦萨的国家中心图书馆整理成电子版,参见 Hieronymus Savonarola, *Compendio di revelatione*, Flirenze: Lorenzo Morgiani and Johannes Petri, 1 settembre 1495, carta: 4v－5r.(Biblioteca nazionale centrale-Firenze, 电子资源网址 http://www.bncf.firenze.sbn.it/pagina.php?id=43)。

图 1 上图为同时代人制作的两枚萨沃纳罗拉纪念章和其背面遗存的“上帝之剑降临”图像，分别藏于伦敦的不列颠博物馆（British Museum）和佛罗伦萨的巴杰罗国立博物馆（Museo Nazionale del Bargello）。第二枚纪念章正面是萨沃纳罗拉的半身塑像；背面从云中伸出一只持剑的手，降临到城市上方，铭文是：“GLADIUS. DOMINI SUP. TERAM. CITO ET VELOCITER”。

萨沃纳罗拉从大众熟悉的基督教罪与罚的角度，描绘了“上帝之剑”的图像（图 1），重新解释了佛罗伦萨遭受 1494 年战祸的原因。依据《天启概要》的文本记载，萨沃纳罗拉通过“三张脸孔”之口说出了引起灾祸的“原因”、惩罚的“结果”和应对灾难的“出路”。第一张口说明了意大利招致战祸的原因，表明了 1494 年佛罗伦萨所受到的入侵、统治 60 年的美第奇家族的倒台都是上帝降下的惩罚；第二张口道出了结果——上帝的惩罚；第三张口则指明了出路——意大利人须尽早改过以获得上帝的原谅。在他看来,这场大灾难是上帝降下的“惩罚之剑”,是为了惩罚佛罗伦萨的罪恶,其目的是劝人悔改。

第二,在“上帝之剑”的基础上,萨沃纳罗拉又提出了法王是“新居鲁士”的图像。他称,法王查理八世是上帝派遣的使者,是“上帝之剑”惩罚的执行者。“新居鲁士翻山来到意大利”,把佛罗伦萨从美第奇暴政下解放出来,保护佛罗伦萨,归还属于佛罗伦萨的东西(城镇和要塞),而佛罗伦萨也应该与上帝的使者结盟。而且佛罗伦萨被解放之后,要按着上帝的意愿进行自己的共和重建。

> 又在上帝的启示下,我预言了有人要越过阿尔卑斯山脉进入意大利,就像以赛亚说的居鲁士那样:耶和华对他施以傅油的居鲁士说,我牵着你的右手,使列国降伏在他面前。我也要卸下列王的甲胄,在他面前开启城门,使城门不再关闭。我会走在你前面,使世间枭雄谦卑于你面前。我会打破铜门,砍断铁闩。……
>
> 我也说过意大利不应该相信城堡和要塞,因为上帝唾手可破之。我又向佛罗伦萨人预言,尤其是那班掌控政府的人,他们将会选择一个违背自身安全和利益的计划;他们会加入弱势一方并被击败,犹如醉汉会失去他们的判断力一样。甚至当这些事情已经迫在眉睫了,即使我常说他们被人类的智慧愚弄,但他们仍不相信。[①]

在《圣经》中居鲁士是巴比伦之囚——以色列人的解放者,使得以色列人返回耶路撒冷、重建圣殿。萨沃纳罗拉的用意不仅

① Hieronymus Savonarola, *Compendio di revelatione*, carta: 5v.

是用宗教形象美化法王,还带着现实的外交意图。“新居鲁士”的说法改变了法王查理八世的形象,缓和了佛罗伦萨与法国的紧张关系。萨沃纳罗拉把法王与“上帝之剑”相联系,巧妙地把法国从侵略者的负面形象转换为上帝派遣者的正面形象。之后,萨沃纳罗拉也代表佛罗伦萨新政府出使法王查理八世,在和谈时,称法王为“伟大的神圣制裁的执行者”“上帝的仆人”,“通过您,上帝将要打败骄狂者,提升卑微者,颠覆邪恶,弘扬德行才能……”① 这些美誉赢得了查理八世的善意,使法国与新政府关系缓和,为佛罗伦萨和法国的最终结盟打开了局面。

第三,在度过法国入侵的危机后,萨沃纳罗拉在布道中又开始描述“两个十字架”的图像,以展现佛罗伦萨未来的美好愿景。

在 1495 年的布道中,萨沃纳罗拉描绘了自称是在数年前看到的异象:

> 1492 年四旬斋期间,复活节的晚上在佛罗伦萨的圣洛伦佐教堂,我看见了两个十字架。第一个在罗马上方,是黑色的。它触及天堂,并把它的双臂伸向整个世界。在它上面写着:“上帝盛怒的十字架。”当我看见它时,天空立刻变黑,灾难伴着被风吹得打旋的云,伴着闪电、箭矢、冰雹、火与剑,毁灭了无数人,在地上只有很少的人幸存。之后,我看见风和日丽来临,一个金十字架在耶路撒冷之上,和另一个十字架高度相同,把全世界都照亮,充满了鲜花和欢悦。它的铭文是“上帝仁慈的十字架”。地上各个国度的男男女女都毫不迟疑地从各地聚集而来,敬拜和拥抱它。②

---

① Hieronymus Savonarola, *Compendio di revelatione*, carta: 6v, 7r, 8v.

② Ibid., carta: 9r – v.

在这个预言图景中,萨沃纳罗拉突出了悬于罗马之上的黑色十字架,这象征罗马教廷的黑暗,更象征教廷的腐败。在“两个十字架”的启示图像中,与悬在罗马上方的黑色十字架相对的是悬在耶路撒冷上方的金色十字架,是光明的象征,萨沃纳罗拉期望通过政治、宗教等一系列改革使得佛罗伦萨成为“新耶路撒冷”。把佛罗伦萨建成“新耶路撒冷”式的人间天国这个目标,也是后来佛罗伦萨改革的终极目标。在讲述“两个十字架”的启示后,萨沃纳罗拉指明了“高悬着金色十字架的耶路撒冷”就是佛罗伦萨改革的目标,“我进一步预示佛罗伦萨城将会经过改革变得更好。这是上帝的意愿,佛罗伦萨人也一定会这样做的。我还代表上帝预示了这个城市经过改革将会变得前所未有的荣耀、强大和富足”①。

第四,在1495年,萨沃纳罗拉讲述的图像从单幅提升到了连续性的故事图像,其中最重要的是“萨沃纳罗拉出使天国”的故事。1495年3月的圣母领报日(佛罗伦萨新年的首日),萨沃纳罗拉在新年布道中向佛罗伦萨人讲述了“自己出使天国觐见圣母子,圣母许诺佛罗伦萨改革成功”的故事性图像②(图2)。

2-a

2-b

① Hieronymus Savonarola, *Compendio di revelatione*, carta: 10r.

② 有关萨沃纳罗拉自述的“出使天国”的记载,参见 Hieronymus, *Compendio di revelatione*, carta: 9r-47v。

2－c

2－d

图 2　上述四图分别描述了:1495 年 3 月萨沃纳罗拉在圣母鲜花大教堂向市民布道宣讲自己出使天国(2－a);萨沃纳罗拉在四位女神陪伴下出发,途中他与一位隐修士辩论自己参与政治改革动机的合理性,在纯朴女神帮助下看破隐修士是魔鬼(Tempter)的真面目,魔鬼随即消散,他们继续天国之旅(2－b);萨沃纳罗拉一行人进入天国城门,登上天使的各级台阶,前往圣母子所在的宝座(2－c);萨沃纳罗拉向圣母子献上三层王冠,并向圣母祈求对佛罗伦萨改革的庇佑(2－d)。

萨沃纳罗拉用"出使天国觐见圣母子"的启示给佛罗伦萨改革披上了"神圣"的合法性。改革必然要成功,并且,这是由圣母许诺保障的。萨沃纳罗拉此次天国之旅的目的就是去取得圣母对改革的认可和支持。最终,萨沃纳罗拉登上天国的至高处,拜见圣母子,询问佛罗伦萨改革之事,圣母玛利亚亲口给出了明确的答复:第一,不信萨沃纳罗拉的启示是有罪的,"把这个答复带给众人。他们都是有罪之人,尤其是那些不信上帝,拒绝你宣讲上帝给你启示的人"。第二,佛罗伦萨通过这次改革将会变得富裕、强大和荣耀。第三,教会即将革新。第四,佛罗伦萨受到的上帝的惩罚要比其他意大利城邦轻。这点尤其有戏剧特色,萨沃纳罗拉通过圣母手中的两个水晶球,在大水晶球中看到意大利处于水火之中,许多城邦被毁灭;在小水晶球中看到,象征佛罗伦萨的百合花向城外延伸。第五,上帝对改革成功的许诺是无条件的、绝对的。第六,上帝的许诺的实现时间是“很快”,比人们想象的还要快。[①]圣母许诺的这六点反映出改革成功的必然性,之后萨沃纳罗拉改革展开的动力正是建立在这六点必然性之上的。

佛罗伦萨普通市民在瞻望了萨沃纳罗拉在布道会上描述的图像后记下了自己的感慨:“1495 年 4 月 1 日,吉罗拉莫修士布道说,童贞女玛利亚(Virgin Mary)向他揭示了证明,在经历许多困难后,佛罗伦萨城会变得前所未有的荣耀、富裕和强大;同时,他保证这个许诺是无条件绝对会实现的。他如先知一般讲述所有这些事情,绝大多数人相信他,尤其是那些没有政治和党派利益的人。”[②]

第五,萨沃纳罗拉进一步将“说画”提升为“演画”。

1496 年 2 月,四旬斋之前的狂欢节,萨沃纳罗拉通过“焚烧虚荣之火”的节日仪式,用公共仪式的形式把图像直接呈现给市民,让佛罗伦萨人直接观看和参与到现场图像之中。

萨沃纳罗拉把 1496 年和 1497 年的狂欢节变成吟唱圣歌、宗教游行和“焚烧虚荣之火”的庆典,用反对虚荣、提倡简朴的基督徒生活方式去证明佛罗伦萨改革正在向着一个好的方向前行。传统的节日庆典注入了理想国家的教育内核。四旬斋开始之前的一周里,萨沃纳罗拉的少年队在城里挨家挨户劝说人们过简朴的生活,要求人们放弃“虚荣之物”。少年队把收集来的“虚荣之物”堆积在领主广场的木架上。在一周狂欢节的最后一天,少年队先是进行巡城大游行,到达领主广场后,他们把收集来的淫秽画作、情歌、舞会的面具、华丽的衣服、纸牌、骰子和淫秽小说《十日谈》《巨人传》等堆成金字塔形烧掉;人们围绕着“焚烧虚荣之火”高唱圣歌,庆祝简朴生活方式的胜利。通过熊熊的“虚荣之

---

① Hieronymus Savonarola, *Compendio di revelatione*, carta: 43r－45r.

② 1495 年 4 月 1 日兰杜奇日记,参见 Luca Landucci, *Diario fiorentino*, ed. Jodoco del Badia, Firenze: G. C. Sansoni, 1883, p.103。

火”,萨沃纳罗拉赋予了节日庆典以宣传改革后的美好生活的寓意。同时代人为这种教诲所深深吸引,见证了“焚烧虚荣之火”庆典的佛罗伦萨普通市民兰杜奇在日记中描述,目睹这般庆典后,人们动容地说:“这种转变真是上帝的工作。少年们定会享受修士给他们带来的好事物。”当兰杜奇看到自己的孩子也在“受祝福和虔诚的队伍”中时,他激动不已,“这些我记录的事情都是真实的,我亲眼见证了,亲身感受了如此的激情”。[①]

不仅是平民,城市上层显贵也为萨沃纳罗拉在公共仪式中呈现的图景所感动,圭恰迪尼说:“他(萨沃纳罗拉)在促进得体行为上做的努力神圣和不可思议;在他的时代之前佛罗伦萨从未有这种善行和虔诚。在他死后,它们消失了,这正反映出他引入和保持的美德。在他的时代,人们不再在公共场合赌博,甚至在家里也不敢。昔日用于放纵宴请和挤满邪恶青年的酒馆被关闭了;同性恋受到禁止和责难。海量妇女放弃了她们的羞耻而淫荡的衣着。几乎所有的男孩都放弃了可耻的游戏,被带回到神圣而得体的生活方式中。”[②]萨沃纳罗拉把基督徒简朴生活、反对虚荣的道德教育和节日庆典紧密地结合在一起,通过改造节日教育佛罗伦萨人的做法,给市民留下深刻的记忆。他对于节庆意识的改变,营造了一幅美好的未来图景,借助信仰和美德的力量,激发出市民内心深处的宗教热忱。

总体来说,从呈现方式上看,萨沃纳罗拉在佛罗伦萨改革期间创造的图像可以分为语言文字描绘的图像(布道口述、著作笔述)和通过节日仪式呈现的图像两类;从图像的复杂程度上看,可以分为单幅画面图像、连续的故事性图像和直观可见的公共仪

---

① 1495 年 2 月 16 日兰杜奇日记,参见 Luca Landucci, *Diario fiorentino*, pp.124-125。

② Francesco Guicciardini, *The History of Florence*, trans. Mario Domandi, New York: Harper & Row, 1970, p.146.

式性图像。再从图像特征上看,萨沃纳罗拉的图像还有许多共同的特征:首先,画面感强,图像生动浅显。萨沃纳罗拉的口述绘声绘色,这是因为针对的受众群体是大众。其次,它们具有象征性和寓意。有的蕴含着对战祸的原因、结果和出路的诠释,有的象征着佛罗伦萨改革后将拥有的美好前景。再次,具有逻辑性。图像间是相互关联的,是按照佛罗伦萨改革发展的需要和进程而逻辑展开的,它们都关乎佛罗伦萨的政治改革事务,以政治改革为内在的逻辑线索。最后,带有宗教元素。图像的呈现都以圣经主题和基督教故事为题材,这点与这位“画家”的身份——修士和布道者有关。

对于萨沃纳罗拉图像的分类和特征的研究属于潘诺夫斯基理论中所说的“图像志”层面的研究。在这些基础分析之上,我们还需要上升到“图像学”层面(阐释图像)的讨论,以揭示众多图像背后的秘密。每个萨沃纳罗拉图像都传达着特定的象征和寓意,但它们背后还有着一个总体性的大象征和大寓意,这就是萨沃纳罗拉希望通过改革带给佛罗伦萨的新变化:把“佛罗伦萨建成新耶路撒冷”。因此,所有图像都指向了改革完成后的美好愿景“新耶路撒冷”。

二　图像的隐蔽象征

我们可以借助图像学阐释方法揭示出独立图像所蕴含的一个整体性的大象征含义。在图像学“矫正机制”的启示下,以图像所在时间的历史存在为基础,跳出图像对自我阐释的论证,而用另一个历史现象去证明图像阐释的合理性。本文将选用“萨沃纳罗拉被称为先知”这一历史现象,检验图像整体性象征含义阐释(“新耶路撒冷”)的正确性。

“新耶路撒冷”是在1494—1498年佛罗伦萨改革过程中逐渐

被提出的。萨沃纳罗拉最先在1494年12月28日的布道辞中公开提出"新耶路撒冷"的设想。[①]他也将其称为"新锡安"(Zion)[②]。萨沃纳罗拉将整个历史的转变过程分为五个阶段。[③]其中,前四个是在《圣经》的《启示录》中已经提到的时代:

> 在圣约翰的《启示录》中有四匹马——白色、红色、黑色和苍白色的(uno pallido)。这些象征着基督教会的四个阶段。首先是白马,象征使徒阶段,白色是所有颜色中最纯洁和简朴的。红马是殉道者阶段,红色是血的颜色;黑马是异端阶段,象征遮蔽了所有的真理之光。最后是苍白色马,它既非白色,也不是黑色,是一种不冷不热的冷漠状态(lo stato de'tepidi),这是我们现在的阶段。[④]

萨沃纳罗拉认为当时的佛罗伦萨处于第四个阶段已经非常久了,它即将结束,第五个阶段"敌基督和皈依"阶段即将到来。在第五个阶段首先会出现"敌基督"(Anticristo),不过通过革新教会(chiesa renovata)最终能够战胜它。佛罗伦萨已经看到了新时代的光芒,其应该做好革新教会的准备。上帝已经降临并改革佛罗伦萨,为的是其能够担当起改革其他人的事业。最终,基督教的羽翼会向东方扩展,土耳其人和异教徒将会皈依基督教,佛罗伦萨也将会成为新的锡安,人民将会栖息在一个新的教会之

---

① 1494年12月28日的布道辞,参见Girolamo Savonarola,"Predica sopra Aggeo, XXIII", in *Prediche sopra Aggeo*, ed. Luigi Firpo, Roma: Angelo Belardetti Editore, 1965, pp.409-428。

② 锡安是耶路撒冷的别称,参见Girolamo Savonarola,"Predica sopra Aggeo, XIV", in *Prediche sopra Aggeo*, pp.235-240。

③ Donald Weinstein, *Savonarola and Florence*, p.29.

④ Girolamo Savonarola,"Predica sopra Aggeo, XIV", p.234.

下,将世俗的事物转变为精神的事物。[①]

萨沃纳罗拉在公开布道中反复宣讲他的改革论点:把佛罗伦萨建成"新耶路撒冷",以使佛罗伦萨获得前所未有的荣耀、强盛和富足。他还在改革初期的纲领性文件《天启概要》中用宗教图像完整地表述了"新耶路撒冷"的改革目标、神学合法性依据、阶层等级等等。

在第一个方面,我们可以发现萨沃纳罗拉在不同布道和仪式中呈现的各个独立图像都是围绕佛罗伦萨改革的总目标——"新耶路撒冷"进行逻辑展开的。各种图像,它们都有着一个更大的指向:"把佛罗伦萨建成新耶路撒冷"理想国的目标。其一,萨沃纳罗拉借助"上帝之剑"重新说明了招致 1494 年战祸的元凶,暗示美第奇家族的暴君统治是罪恶的,也是惹祸的根源,同时他还模糊地指出了通过"仁慈获救"的出路。这预示着将要来临的佛罗伦萨改革。其二,将法王说成"新居鲁士",转化为执行"上帝之剑"惩罚任务的使者,把佛罗伦萨善良的人从美第奇家族的"巴比伦之囚"下解放出来。这是为了调整佛罗伦萨和法国两者的相互态度和关系,以便在和平的环境中顺利展开改革。其三,在"两个十字架"图像中正式提出"新耶路撒冷"。罗马上空悬的是象征腐化堕落的"黑色十字架",与之相对的是高悬"金色十字架"的"耶路撒冷",而佛罗伦萨正是要建成这个基督教世界的新圣城,成为一个基督徒的人间天国。其四,在"出使天国"图像中,萨沃纳罗拉驳斥了"魔鬼"对改革的反对,获得了圣母对于改革成功的许诺和福佑。这给佛罗伦萨改革附加了"神圣"的合法性。其五,通过改革习俗和节日的"焚烧虚荣之火"庆典,萨沃纳罗拉使用公共仪式的方式,让所有佛罗伦萨的人民亲眼目睹、亲身参与了佛

---

① Girolamo Savonarola, "Predica sopra Aggeo, XIV", pp.235 – 240.

罗伦萨美好前景的图像象征,从激情、道德感等人性的层面打动市民,在人民的心中传布和播种共和改革思想,努力获得公众的认可。

在第二个方面,图像与萨沃纳罗拉的先知身份构成印证。萨沃纳罗拉通过宣讲这些图像,在佛罗伦萨市民心中确立了先知的身份,进而成为证明佛罗伦萨改革合法性的重要依据。这种先知认同感不仅普罗大众"盲从",上层精英也半信半疑。这是一种普遍性的社会共识。

马基雅维利把萨沃纳罗拉称为"没有武装的先知"。他在《君主论》第6章"论依靠自己的武力和能力获得的新君主国"中把萨沃纳罗拉列入依靠自己能力治国的伟人之列,他把摩西称为"武装的先知",而萨沃纳罗拉被称为"没有武装的先知",马基雅维利指出,萨沃纳罗拉的缺点不在于治国的能力不足,而在于缺少武装,"假使摩西、居鲁士、提修斯和罗慕洛不曾拿起武器,他们就不能够使人们长时期地遵守他们的戒律,正如我们这个时代的吉罗拉莫·萨沃纳罗拉修道士的遭遇一样"①。

与马基雅维利类似,同时代的历史学家圭恰迪尼也用崇敬而怀疑的态度评价这位先知。"我确实相信:如果他是好的,那么我们见证了一个自己时代的伟大先知;如果他是坏的,我们见证了一个伟大的人。"②

更重要的是,先知认同感与政治改革合法性产生了关联。通过萨沃纳罗拉的先知身份的塑造,救世英雄、伟人敬仰和领袖崇拜等元素整合创造,产生了一系列后果:共和制度提升为共和信仰不仅使得佛罗伦萨的共和思想实现了从一种制度传统向政治信仰的转变,更重要的是它拥有"半宗教半政治"的特征。"半宗

---

① 马基雅维里:《君主论》,潘汉典译,商务印书馆,2005年,第27—28页。

② Francesco Guicciardini, *The History of Florence*, p.148.

教”的特征指萨沃纳罗拉宣传的共和改革是来自上帝的意愿,上帝通过“启示”方式把这种意愿传达给了“先知”(萨沃纳罗拉),萨沃纳罗拉成为上帝的代表;新政府改革的目标是把佛罗伦萨变成“新耶路撒冷”,也就是人间天国。之后萨沃纳罗拉提出新国家要用上帝统治天国的模式统治人间。“启示”“先知”“新耶路撒冷”这些共和思想中常见的概念都源自基督教。此外,萨沃纳罗拉创造图像的目的是推进政治改革法案的通过;《天启概要》一书实质上是一种宗教形式下的政治纲领,为的是获得民众的支持,用“神”器在话语上打压反对的声音,减小改革的阻力;改革的最终目标是使得佛罗伦萨变得“富裕、强盛和荣耀”,这些都是世俗政治的内容,又是政治性的表现。

在第三个方面,各种图像象征指向“新耶路撒冷”,而它的本质是一个基督教人民共和国[1]。在国家制度设计层面,“新耶路撒冷”有三个要素:基督教色彩、人民立场与共和国。萨沃纳罗拉通过“新耶路撒冷”改革,要建一个基督徒的人间天国;与市民人文主义者推行的市民共和国不同,它具有浓厚的基督教特色,将基督教伦理作为统治秩序和社会秩序的基石。它也与早期人文主义者但丁的人间天国(“世界帝国”)不同。萨沃纳罗拉的“新耶路撒冷”是一个全体人民掌权的公民政府。[2] 但丁的“世界帝国”是一个由

---

① 关于新耶路撒冷与基督教人民共和国的详细论述,参见杜佳峰:《萨沃纳罗拉的“新耶路撒冷”研究:文艺复兴时期基督教人民共和国的理论与实践》,北京大学历史系博士论文,2017年。

② 萨沃纳罗拉提出了“全体人民掌权的公民政府”概念:“另一些想要政府为全体人民所掌握,……这种政府被称为公民政府,因为它属于全体公民。”(Altri volseno ch'el governo rimanesse nelle mani di tutto el popolo, ... e questo fu chiamato governo civile, per chè appartiene a tutti li cittadini.)参见 Girolamo Savonarola, “il Trattato circa il reggimento e governo della città di Firenze”, in *Prediche sopra Aggeo con il Trattato circa il reggimento e governo della città di Firenze*, ed. Luigi Firpo, Edizione Nazionale delle Opere di Girolamo Savonarola, Rome: Angelo Belardetti Editore, 1965, p.441。

好国王统治的君主国。[1]由此可见，“新耶路撒冷”其实是“基督教人民共和国”。

“新耶路撒冷”是一个被忽视的改革目标，它的实质是宗教形式下的政治纲领。虽然它在萨沃纳罗拉的布道中被反复强调，还伴着佛罗伦萨改革的整个过程，但因为被学界认为是萨沃纳罗拉宣传的口号，一直没有得到重视和分析。把它视作政治纲领的依据有许多：从佛罗伦萨市民接受的情况来看，在平民兰杜奇的日记中，我们能找到它；它也出现在显贵阶层圭恰迪尼、马基雅维利等人的著作中。因此，它在当时的佛罗伦萨影响深远。更重要的是，它背后有着具体的政治意图。在最初的大议会改革中萨沃纳罗拉就将它作为佛罗伦萨将要实现的最高目标，在之后的解散二十人寡头内阁和其他政治措施中，它的身影也一直出现。因此，有理由认为“新耶路撒冷”实质上是一个有广泛影响的宗教形式下的政治纲领。

综合起来看，无论是萨沃纳罗拉在布道中口述描绘的图景，还是他通过节日仪式向市民展示的图景，都服务于佛罗伦萨改革的总目标“新耶路撒冷”，围绕这个总目标，它们存在逻辑的演进和彼此的关联。同时，萨沃纳罗拉的先知身份是另一个联通宗教图像和政治改革的切入点。萨沃纳罗拉的先知身份是在描绘这些图像过程中产生的。这位先知不仅描绘上述宗教图像，还代上帝之口宣布佛罗伦萨改革事务的合法性，这在图像阐释和现实政治之间又建起了一座桥梁，也是对诸多独立图像背后是否蕴含“新耶路撒冷”象征的矫正。

虽然，图像学方法的分析帮助我们加深了对萨沃纳罗拉图像

---

① 但丁的“世界帝国”的核心是人间和天国相通的人间天国，但在政体上选择君主制，参见但丁：《论世界帝国》，朱虹译，商务印书馆，1985 年，第 9、11、78—79 页。

的认识,看到了它们背后的佛罗伦萨改革目标"新耶路撒冷",以及它是怎样一个国家,但如果要全面认识"新耶路撒冷"理想国,我们还是需要历史批判,回归历史学对萨沃纳罗拉用宗教图像促进大众理解政治改革做法所存在的弊端的论述,从历史辩证视角反过来去推进图像学对这段历史的认识。

三　预言图像与现世政治的冲突

萨沃纳罗拉的图像宣传在1494—1495年帮助佛罗伦萨摆脱危机的过程中起到了奇效,但它在之后的佛罗伦萨历史进程中却成为了共和国实现现实利益的障碍,在1498年,佛罗伦萨的城市显贵抛弃了和处决了"碍事的"萨沃纳罗拉。萨沃纳罗拉宗教图像与现实政治存在许多矛盾之处:第一,不变的基督教共和思想与变化的局势的矛盾,使萨沃纳罗拉的政策与佛罗伦萨现实利益不符;第二,宗教图像的过度使用,使得人们对萨沃纳罗拉的动机和先知的真实性产生了怀疑,城市显贵敌视萨沃纳罗拉对政府的干涉;第三,萨沃纳罗拉的社会习俗的改革用宗教道德绑架了现实生活,压抑了市民的人性,普通市民不满萨沃纳罗拉对市民日常生活的干涉。

第一个弊端是萨沃纳罗拉的图像与佛罗伦萨多变的局势之间的矛盾。1494年,萨沃纳罗拉用前文提到"新居鲁士"说使得法国与佛罗伦萨结成了同盟,但是随着反法同盟的形成,1495年6月法军不得不退出意大利,这使得仍然坚持与法国结盟的佛罗伦萨成为反法同盟的公敌,1496年,佛罗伦萨受到了神圣罗马帝国皇帝率军进犯的威胁。与此同时,法王查理八世的身体每况愈下,法国不可能再次进入意大利,协助佛罗伦萨的希望也越来越渺茫。1495年初,由于比萨战争的困境,萨沃纳罗拉开始受到"炮轰"。一些反对派的议员开始公开把比萨战争的困境和法王的两面三刀归咎于萨沃纳罗拉。许多苦涩的讽刺文开始针对修士。

萨沃纳罗拉固守与法国结盟导致佛罗伦萨外交形势的恶化和城市显贵的不满。1495 年 3 月,米兰公爵卢多维克组成了一个反法同盟,包括了威尼斯、教皇国、西班牙和神圣罗马帝国。当时佛罗伦萨在究竟是站在法国还是同盟一边的问题上产生了分歧。阿尔比齐派主张加入明显处于强势的同盟一边。查理担心自己的后路被断,他需要佛罗伦萨这个盟友,于是他给萨沃纳罗拉许诺支持佛罗伦萨收复比萨。萨沃纳罗拉相信了查理,全力支持法国。这个决定使得萨沃纳罗拉和佛罗伦萨深陷困境。他为此后悔不已,因为这使得佛罗伦萨在整个意大利被孤立了。至于查理的许诺则始终没有兑现。更令佛罗伦萨市民气愤的是查理退兵途经比萨时,一些比萨的妇女化装成奴隶前来见他,哭诉受到佛罗伦萨奴役的遭遇,这打动了查理八世的心,他竟然又当众给比萨许下了保障其自由独立的诺言。这个消息传到佛罗伦萨,市民们大为震惊,他们开始怀疑萨沃纳罗拉所说的这位上帝派来的"居鲁士",对萨沃纳罗拉也十分失望,甚至有人要以性命威胁修士。"在他去大教堂的路上,萨沃纳罗拉开始受到包围,所以这是当他离开圣马可修道院外出时,不得不由武装的警卫人员护送。"①

同时,萨沃纳罗拉满怀改革教会的愿望,以恢复旧日的纯洁,并想把教会从那些不可靠的教士手中夺回来。萨沃纳罗拉的激烈言语直指教皇亚历山大六世本人。教皇亚历山大六世数次发布圣谕禁止萨沃纳罗拉布道,要他去罗马教廷澄清,但是萨沃纳罗拉却选择与教皇亚历山大六世决裂。当亚历山大六世意识到

---

① J. A. Symonds, *Renaissance in Italy*, vol.1, New York: Modern Library, 1935. p.415.

萨沃纳罗拉使佛罗伦萨与法国保持结盟威胁到教皇国的安全时,他开始发难。因此,萨沃纳罗拉使佛罗伦萨和他一起又卷入了一场与教皇的战争,这更使得新生的共和国岌岌可危。

第二个弊端是宗教图像意识形态化的政治分歧,将政见差异绝对化为政治斗争。图像化意识形态宣传的过度使用,使得人们对萨沃纳罗拉的动机和基督教共和思想产生了怀疑,城市显贵敌视萨沃纳罗拉对政治事务的干涉。这种怀疑和不信任于 1495 年法国势力在意大利消弱时就已经出现,只是随着局势的变化更加明显了。

萨沃纳罗拉的反对派主要有几个:“比奇派”(Bigi),或称为“灰党”,他们是前美第奇家族统治的支持者,他们用“比奇”这个名称来掩护自己,暗中联系流亡在外的美第奇家族,企图东山再起,但是他们人数不多。第二个,同时也是佛罗伦萨最活跃的反对派,是“阿拉比提派”(Arrabiati),或称为“疯狗”,鄙称他们的反对声像疯狗狂吠。他们主要是寡头政治的支持者,在重组政府中失败了,既反对支持全民政治的萨沃纳罗拉的“群氓政治”,也反对美第奇家族的专制统治。而萨沃纳罗拉的追随者则被称为“修士党”(Frateschi),或称为“哭鬼派”(Piagnoni),鄙称他们听萨沃纳罗拉布道感动流泪。

还有一件小事很能反映出滥用宗教为政治服务后,萨沃纳罗拉受到的质疑。萨沃纳罗拉的敌人首先指责他妄称上帝,把自己的话说成是上帝的指示,并且过多地干涉世俗政治。1495 年末,萨沃纳罗拉在大议事会回应说:“我自己扪心自问,这都是上帝的话。令我伤心的是我的大多数对手是圣多明我修会的成员。他们应该知道我们教会的创建者也干预了世俗的事情。许多圣徒和教父们都把他们和政治联系。佛罗伦萨共和国应该记得卡莱迪那·拉蒂诺(Cardinal Latino)、殉道者圣彼得(St. Peter Martyr)、锡耶纳的圣卡特琳(St. Catherine of Siena)和圣安东尼(St. Antony)。所有这些人都是遵循圣多明我修会教规的,只要有一个高尚的目标和基督教的善,教士干涉世俗事务就不应该被非难。"当时台下一片寂静。而当修道士转身准备下来时,一个声音(阿拉比提派)说:"得了,明白地告诉我们,你刚才的话是来自你自己还是上帝?"这让修道士很难堪,萨沃纳罗拉回应说:"我已经把该说的都说了,没有必要再补充了。"①同时,他们给萨沃纳罗拉的追随者起了各种绰号如"哭鬼""脖子打结的人"和"长颈鹿"等。这些虽然都是一些小事,但是很能反映出当时反对派对萨沃纳罗拉的态度:不敢正面抨击,只能通过挖苦、冷嘲热讽等手段丑化萨沃纳罗拉及其支持者。

同时代的政治家马基雅维利则直截了当地批评萨沃纳罗拉滥用信仰干涉政治。他在给友人贝基(Becchi)的信中表达了对萨沃纳罗拉滥用"神"器的不满:"他描绘了两类人:一类是为上帝服务的,这是他自己和他的追随者;另一类是为魔鬼服务的,也就是他的仇敌们。"②

第三个弊端是萨沃纳罗拉对市民们日常生活的干涉也让市民们心生厌恶。

萨沃纳罗拉的道德和社会改革过于激烈,市民们无法忍受长期的高压,对萨沃纳罗拉的狂热追随者的行为日益反感。萨沃纳罗拉不满足于他的政治改革,不久又开始了他的道德和社会改革。萨沃纳罗拉要禁止浮夸、虚无和邪恶,回归简朴,许多妇女和青年纷纷响应,换下他们华丽的衣服。"焚烧虚荣之火"庆典的圣歌和游行代替了节日的狂欢和街头游戏。宗教复兴的精神一

---

① R. Ralph, *Savonarola: A Study of Conscience*, New York: Brentano's, 1930, p.141.

② 《马基雅维利致恰尔多·贝基的信》(1498 年 3 月 9 日),引自马基雅维利:《马基雅维利全集·书信集》上卷,段宝良译,吉林出版集团,2013 年,第 12 页。

时间盛行于佛罗伦萨这座文艺复兴的摇篮。市民们对文艺创作的激情被宗教虔诚的热情取代。伴随着“焚烧虚荣之火”的熊熊烈焰,他的改革到达了顶点。但当人们的宗教热情渐渐消退之后,萨沃纳罗拉社会改革的问题渐渐浮现,人们无法忍受长期禁欲的高压,对萨沃纳罗拉的狂热追随者的行为日益感到反感。R.奥贝纳斯在《新编剑桥世界近代史》中认为,可以把这种道德改革运动和宗教裁判所相媲美。[①]

至此,萨沃纳罗拉的图像的弊端随着危机的消退变得越来越严重。1498 年,外部的局势、城市显贵对萨沃纳罗拉干涉政治的敌视、市民们对萨沃纳罗拉干涉日常生活的不满,导致他深陷佛罗伦萨内部的党派斗争之中。

1498 年,萨沃纳罗拉的最后时刻到来了。城内的反对派和教皇亚历山大六世勾结在一起,4 月,一个方济各修会的修士阿普利阿(Apulia)向萨沃纳罗拉提出挑战,要通过火刑的考验来验证萨沃纳罗拉是否为上帝的代言人。现在看起来这是愚蠢的行为,但是萨沃纳罗拉却接受了挑战。而当挑战的日期到来之时,两名应战者却因故争论不休,最终使得火刑考验不了了之。这使得人们看到萨沃纳罗拉不过是一介凡夫俗子,他们对萨沃纳罗拉的信仰也瓦解了。于是,就在同一天晚上,反对派开始围攻圣马可修道院,在一阵抵抗之后,萨沃纳罗拉修士投降,被投入监狱,严刑逼供使他承认自己伪造了神意。5 月 23 日,在佛罗伦萨的执政团广场上,萨沃那罗拉和另外两名修士先被吊死,之后尸体立刻被焚烧成灰烬投入阿尔诺河。

由此可见,当佛罗伦萨的危机缓和之后,萨沃纳罗拉的图像

---

① G. R.波特:《新编剑桥世界近代史 · 文艺复兴》,中国社会科学院世界历史研究所组译,中国社会科学出版社,1988 年,第 110 页。

由摆脱危机的“灵丹妙药”转变为了一种全面的阻碍。这种阻碍表现在三个层面:第一层面是外交层面,萨沃纳罗拉对先知身份的固执坚持,加剧了佛罗伦萨外部政治形势的紧张;第二层面是内政层面,萨沃纳罗拉作为出世的修士,却凭借宗教性意识形态频频对政治干涉,这激化了佛罗伦萨内部的党争;第三层面是社会层面的,他坚持的“新耶路撒冷”梦想,使净化社会风气的运动达到高潮,这其实是美好理想对现实的一种“绑架”,妨碍了市民的世俗生活,招致了普通市民对萨沃纳罗拉的反感,萨沃纳罗拉渐渐失去了市民的支持,其失势不可避免。

四 结 语

萨沃纳罗拉的图像能够丰富图像学研究的素材。萨沃纳罗拉在布道中口述的图像是一种独特的原始材料,不同于绘画和雕塑长久保存的、直观的图像,它们既有通过语言在听众精神中呈现的图像,也有市民参与其中的庆典仪式图景,它们作用于在受众心灵中构建出来的画面,当然有些也被制成木刻插画、徽章等。

萨沃纳罗拉的图像不再是简单的宗教图像,而已经成为一种传播政治观念的作品。它通过语言、文字的描述让大众想象,通过节日仪式让大众直观感受。这是一种面向全体人民的思想文化表达方式,它的受众不只是受过教育的精英分子,还主要包括未接受或只接受了少量教育的平民百姓。萨沃纳罗拉的图像直接作用于人民大众的精神世界,它是一种语言和仪式的艺术形式,通过宗教的画面,反映了共和政府的政治观,一定程度上,共和政治经过萨沃纳罗拉的“神化”而成为一种政治信仰。

萨沃纳罗拉的图像具有平民化的特点。他选用大众熟悉的基督教题材,用简朴易懂的词语,在布道中描绘生动、具有画面感的图像,都是为了便于大众理解。与之相对的是接受人文学科教育的城市显贵,他们往往追求雄辩的、修辞的、哲思的政治用语,多援引古典哲学和政治人物的经典。

更值得我们强调的是,文艺复兴时期的大众与精英阶层对政治的观感是存在差异的。精英阶层讲求实力和理性,而大众更为激情和感性。15 世纪佛罗伦萨的城市显贵垄断政府权力,而大众由于身份与财产限制,忙于谋生糊口等,很难参与到国家政治事务中,也无力改变统治格局,他们对国家政治的理解更多是出于对自身生命和财产安全的焦虑。因此,大众多以旁观者的姿态介入到政治事务中。但是,在进行政治变革时,精英阶层又需要大众这一人数庞大的社会群体的支持。如果政治事务没有鼓舞性,就不能调动大众的激情,难以给他们留下印象。大众很难被精英阶层推崇的理性政治打动,他们更倾向于接受感性政治。不幸的是,在有关文艺复兴的研究中,对精英阶层的政治与理性的关系的研究已较为充分,而对大众的政治与感性、政治与激情的研究尚未被深入发掘。所以,在一定程度上,萨沃纳罗拉的图像能够反应出近代早期意大利平民大众心灵世界里中的政治观念、他们对政治的认知和理解,为研究民众的政治文化提供了一扇观察的窗户。

意大利文艺复兴时期的剧院建筑与舞台设计初探

孙 洁

（四川大学 历史系）

一 绪 论

文艺复兴时期是意大利戏剧艺术发展的一个关键时期，受复兴古典文化运动的影响，戏剧的形式发生了重大的变化和革新，中世纪的宗教因素逐渐减少，而古典的和世俗的因素日益凸显。这一时期意大利在戏剧艺术上取得了举世公认的成就，深刻地影响了后来意大利自身和欧洲其他国家的戏剧发展。正因如此，这一时期的戏剧一直是学者们关注的焦点，相关的研究著作不断涌现。不过，从整体来看，现有的研究成就主要偏重于戏剧艺术本身，而不太重视戏剧艺术的表演空间，很显然，这是一种"内史导向"的研究路径。在本文里，笔者打算采取一种"外史的路径"，着重考察戏剧的表演空间——剧院建筑及其舞台设计。

其实，对剧院建筑本身的关注可以追溯到文艺复兴时期，这与古罗马建筑理论家维特鲁威（Vitruvius）的《建筑十书》（*De Architectura*）在1414年被重新发现密切相关。维特鲁威的著作被文艺复兴时期的建筑理论家奉为"圣经"，他们竭力从中汲取灵感，努力建造符合"古代风格"的建筑。1535年，一群建筑师在罗马成立了"美德学会"（The Accademia della Vitru），该学会旨在深入研究维特鲁威的《建筑十书》和幸存下来的古罗马建筑。塞尔利奥(Sebastiano Serlio)是这个学会当中的翘楚,他在1537—1575年间发表了六部关于建筑的书,“第二本书出版于1545年,该书主要是关于透视法,也包含对舞台、横截面和剧院设计的讨论,并进一步发展了维特鲁威的舞台布景方法”①。与塞尔利奥同时代的莱昂内·德·索米(Leone de' Sommi)是那个时代唯一一个专门研究剧院的人,他的著作《关于戏剧表演的四个对话》(*Four Dialogue Concerning Theatre Performance*)是剧院史上第一部关于场景制作和指导的著作,该书成书于1556年,手稿现保存在帕塔提纳图书馆(the Biblioteca Patatina)。之后出现了尼古拉·萨巴蒂尼(Nicola Sabbattini)和老约瑟夫·佛坦巴赫(Joseph Furttenbach the Elder)两位剧院艺术家,两人都撰写过论剧院建筑和舞台设计的著作。萨巴蒂尼的《戏剧布景与机械的制造手册》(*Pratica di Fabricar Scene e Machine ne'teatri*)分为两卷:第一卷讨论了剧院建造、观众席安排、场景制作、绘画和灯光,第二卷讨论了幕间剧中的场景布置和特效。佛坦巴赫是一位德国艺术家,著有《民用建筑》(*Architecture Civilis*)、《建筑之乐》(*Architectura Recreationis*)以及《高贵的艺术之镜》(*Mannhaffer Kunstspiegel*),“在提供17世纪早期后台操作的方法方面,他的著作仅次于萨巴蒂尼的著作,并且他不仅告诉我们意大利的做法是怎样的,他还描述了这些方法是怎样传播到意大利之外的地区的”②。

然而,长期以来,意大利剧院建筑和舞台设计的价值一直被低估。意大利剧院奢华的舞台布景一直受到批评和谴责。布克哈特(Jacob Burckhardt)认为,“这种当时很普遍的舞台上富丽堂

① Ronald Vince, *Renaissance Theatre: A Historiographical Handbook*, Westport: Greenwood Press, 1984, p.12.

② Ronald Vince, *Renaissance Theatre: A Historiographical Handbook*, p.14.

皇的布景对意大利悲剧产生了一种有害的影响……换句话说,舞台上的布景炫耀促成了悲剧的消失"[①]。英国学者西蒙兹(John Addington Symonds)也认为布景阻碍了戏剧本身的发展,他在其书中写道:"整个表演持续了六个小时,但戏剧表演只是其中的一个部分,对于大部分的观众来说,舞台和露天表演最有吸引力,因此作为诗歌艺术一部分的戏剧的发展受到其附属品的阻碍并不奇怪。"[②]正因为如此,在一些剧院史著作中,对于剧院建筑和舞台设计的描述往往是一笔带过。

直到20世纪末,意大利文艺复兴时期的剧院建筑和舞台设计的价值才被肯定:"在创造现代剧院技术方面,意大利很独特,从15到16世纪,它发明了一个新的包含场景设计方面创新的系统。"[③]一些专门研究意大利文艺复兴时期剧院建筑和舞台设计的著作陆续问世,如《意大利文艺复兴的布景和舞台设计——剧院实践研究》(*Scenery, Set and Staging in the Italian Renaissance-Studies in the Practice of Theatre*)、《文艺复兴时期的舞台——关于塞尔利奥、萨巴蒂尼和佛坦巴赫》(*The Renaissance Stage: Documents of Serlio, Sabbattini and Furttenbach*)等。这些新研究著作的问世意味着对意大利文艺复兴时期戏剧的再度审视和评价,笔者也打算沿着这一思路,对这一课题做一个初步的探究。

二 剧院建筑

古希腊时期,剧院一般在户外,主要是在山坡上:在山坡底部

---

① 雅各布·布克哈特:《意大利文艺复兴时期的文化》,何新译,商务印书馆,1979年,第349页。

② John Addington Symonds, *The Renaissance in Italy: Italian Literature*, 2 vols., New York, 1964, p.5.

③ *The Oxford Illustrated History of Theatre*, ed. John Russell Brown, New York: Oxford University Press, 1995, p.107.

围一个圆圈作为表演场地;场地的中心是一个祭坛,以彰显对神灵的敬重;斜坡则是天然的观众席。戏剧最初在庙宇或者宫殿的前面进行表演,到罗马时期才有了室内的剧院,但这些剧院的结构大多很简单。文艺复兴时期的意大利崇尚古典,这一时期的艺术家在维特鲁威《建筑十书》的指导下对古典剧院进行了探索,同时也对剧院建筑进行了革新,发展出了拱面舞台与"包厢、正厅后座、顶层楼座"(box, pit, gallery)的观众席相结合的剧院。

(一)建筑风格中体现的崇尚古典的理念

到15世纪70年代左右,人文主义的传播推动了对罗马戏剧传统的复兴。通过表演普劳图斯(Plautus)和泰伦斯(Terence)的戏剧作品,人文主义者使剧院从宗教的束缚中解放出来,"并且,他们促使剧院成为人文主义者传播市民价值和道德价值的一个机构"①。人文主义者希望剧院成为对每个公民都开放的公共场所。1486年乔瓦尼·斯古比佐(Giovanni Sculpizio)赞扬红衣主教拉菲尔·瑞阿里奥(Cardinal Raffaele Riario)首次为罗马公民表演古典戏剧,并且表达了他想要修建一座古典剧院的愿望。1560年,阿尔维塞·卡尔那诺(Alvise Carnaro)向威尼斯议会(The Council of Venice)提出在城市中心建造一个半圆形剧院,使每一位威尼斯公民在此获得一个与他们身份相当的座位。在此情况下,人文主义者和贵族修建剧院的热情高涨。

最初戏剧表演是在宫廷的大厅或走廊上进行的,但是宫廷剧院从来不是专门为了戏剧表演而存在的,戏剧表演结束之后,它

---

① Marzia Pieri, *La Nascita del Teatro Moderno in Italia tra XV e XVI secolo*, Turin, 1989, p.59. 转引自 Hermans Lex, "The Performing Venue: The Visual Play of Italian Courtly Theatres in the Sixteenth Century", in *Art History*, (April, 2010), pp.292-303。

们可用于举办酒会或进行室内竞技赛。1489 年在费拉拉公爵埃尔克莱(Ercole)的女儿伊莎贝拉·德·伊斯特(Isabella d'Este)和曼多瓦侯爵弗朗切斯科·贡加扎(Francesco Gonzaga)的婚礼上,戏剧表演就是在宫殿的走廊上进行的:"舞台在走廊的尽头,走廊的另外三面围坐着观众,观众席和舞台之前留置了很大一片空地,用于表演前或者表演结束后的舞会。"[①]宫廷剧院的观众主要是王室成员、廷臣、地方精英和学者,有时也会有一些外国使节。宫廷剧院的装饰品主要是雕塑、历史画;当时认为在剧院中摆放雕塑和历史画可以使人们时刻记住自己的祖先;根据瓦萨里的说法,"在公共场合塑造伟人们的形象,是为了使后辈们记住先辈们的光辉历史"[②]。

到 16 世纪早期,戏剧表演成为各种宫廷活动中不可缺少的一项娱乐活动,对于一个永久性剧院的渴望也就越来越迫切。"1414 年维特鲁威的《建筑十书》重新被发现,1486 年首次出版发行,到 1500 年他的《建筑十书》已成为建筑方面的权威著作。"[③]这一时期的戏剧制作者们希望制作出真实的罗马戏剧,因此他们开始研究维特鲁威的作品。安德雷亚·帕拉迪奥(Andrea Palladio)也通过研究《建筑十书》了解古典剧院,并且多次去罗马对罗马废墟进行测量。此时,意大利出现了很多研究古典文化的学会,奥林匹克学会(The Academia Olimpico)就是其中之一,这个学会由一群热爱古典文学的贵族组成。安德雷亚·帕拉迪奥虽然不是贵族,但因为其在古典剧院方面的丰富知识,奥林匹克

---

① David Kimbell, *Italian Opera*, New York: Cambridge University press, 1991, p.31.

② Giorgio Vasari, *Le Opere*, ed. Gaetano Milanesi, vol.3, Florence, 1906, p.169.转引自 Hermans Lex, "The Performing Venue: The Visual Play of Italian Courtly Theatres in the Sixteenth Century", pp.292 - 303。

③ Oscar G. Brockett, *History of the Theater*, Boston: Pearson, 2008, p.132.

学会邀请他加入。为了能够更好地研究古典戏剧,该学会决定在维琴察修建一座永久性剧院,并请帕拉迪奥设计。但是剧院开工不到一年,帕拉迪奥就逝世了,最后由斯卡莫齐(Vincenzo Scamozzi)按照帕拉迪奥的设计建成了奥林匹克剧院。该剧院大体上遵循了古典方法:在舞台前和最低一排的观众席之间有一个乐队演奏处,舞台如罗马剧院一样是长方形的,且"后台前有一个宽70英尺、深18英尺的上升舞台"①,舞台后面是一个背景墙,背景墙的下面有四个三角墙,三角墙上面是古典人物的雕像群,雕像群共分为两层,第一层有四个雕像,第二层有六个雕像。舞台上正对着观众的是一个巨大的明拱,舞台两侧各有一个侧门。"观众坐在一排排弯曲的台阶上,为了适应剧院的大小,这个剧院的观众席是半椭圆形的,而不是一般的半圆形。在开幕表演时,学会成员的妻子们被安排坐在乐队演奏处欣赏表演。"②而在罗马时期,乐队演奏处的位置一般是留给元老院成员的。约翰·依夫林(John Evelyn)在其日记中写道:"这个剧院仍以其最完美的状态存在,能容纳5 000名观众,并用柯林斯柱式和雕塑装饰,展现了一个帝国时期的城市原貌,确实是罗马剧院的复制品。"③

奥林匹克剧院是目前已知的人文主义者在古典剧院建造方面成就的唯一记载,虽然它的半椭圆形观众席不同于罗马剧院的半圆形观众席,但是整个剧院建筑可以说是一个精美的罗马剧院的复制品。这个剧院的设计主要是根据帕拉迪奥关于维特鲁威《建筑十书》和罗马废墟的研究完成的,"并且帕拉迪奥对于维特

① Edwin Wilson and Alvin Goldfarb, *Living Theater: A History*, 3rd edition, *McGraw-Hill Higher Education*, 2000, p.159.

② Eugene J. Johnson, "The Architecture of Italian Theaters Around the Time of William Shakespeare", in *Shakespeare Studies*. vol. 33, 2005, p.41.

③ *Memoirs of John Evelyn*, ed. William Bray, London: Frederick Warne and Co., 1819, p.176.

鲁威关于剧院设计的理解与古典时期贝尔加废墟的数据最为接近”[①]。此后没有意大利剧院以这个剧院为模式进行建造,因此奥林匹克剧院标志着意大利建筑家探索古典剧院时代的结束,“奥林匹克剧院既是模仿古典剧院的不朽作品,也是作为城市需要的永久性剧院的先驱”[②]。

(二) 剧院设计的功用意识及时代特征

此后,文艺复兴时期的建筑师开始了对剧院建筑的革新。首先是对舞台进行革新,出现了带有拱面舞台的法尔尼斯剧院(The Teatro Farnese),可以说它是现代舞台的原型。

1618 年,托斯卡纳的大公爵要取道帕尔马去米兰,帕尔马的公爵为了给托斯卡纳的大公爵留下深刻的印象,下令在公爵宫建造一个巨大的剧院。剧院由来自费拉拉的建筑师和水利工程师乔瓦尼·巴蒂斯塔·阿莱奥蒂(Giovanni Battista Aleotti)建造。剧院建在宫殿的军械库中。这个军械库不在底层而在一楼的主厅中。在舞台两侧的墙上有骑着马的费拉拉公爵们的雕像,这些雕像也预示着可以在这个剧场进行马上锦标赛。“该剧院有着典型的宫廷和学会剧院的观众席,观众席呈‘U’字形,可容纳 3 500 人,在舞台的前面有一个半圆形的乐队演奏处。”[③]乐队演奏处也可用作观众席,同时也可用作模拟海上战争的战场。舞台前面的两侧各有一根支柱,支柱之上有一条横梁,由此形成了一道拱门,这样就将布景与四周完全隔开了,看起来像一个镜框,而布景是镜框里的画面,因此称为“镜框式舞台”。

---

① J. Thomas Oosting, “The Teatro Olimpico Design Source: A Ritionale for the Elliptical Auditorium”, in *Educational Theatre Journal*, vol.22, no.3(Oct., 1970), pp.256-267.

② *The Oxford Illustrated History of Theatre*, ed. John Russell Brown, p.123.

③ Edwin Wilson, Alvin Goldfarb, *Living Theater: A History*, p.160.

镜框式舞台是从布景中引申出来的[1],“透视布景”中最前面的两块侧翼构成了舞台的镜框。透视布景出现之后,观众需要有一个固定的视点来观赏演出,此时舞台空间必须被限定在一定的范围内,因此就需要有一个镜框来限定观众的视域。最初,是将第一对侧翼的布景模糊化,不属于任何一个布景,这样,换景时它就可以一直留在舞台上,形成一个镜框。后来,阿莱奥蒂将这种临时性镜框变成了一种固定的、永久的建筑形式。“舞台镜框不仅有助于生产透视布景的空间幻觉,而且它也遮蔽了那些不应为观众所看见的舞台机械,起了‘净化’舞台的效果。”[2]法尔尼斯剧院是目前已知最早出现镜框式舞台的剧院,但是它的观众席依然是罗马式的。

文艺复兴时期意大利剧院建筑的第二次革新是针对观众席进行的,出现了“包厢、正厅后座、顶层楼座”这样的观众席模式。目前已知最早有包厢的剧院是建于圣卡夏诺(San Cassiano)教区的两个公共剧院——米克勒剧院(Teatro Michiel)和特龙剧院(Teatro Tron)。“这两个剧院在弗朗切斯科·桑索维诺(Francesco Sansovino)于1581年发表的《高贵和独一无二的威尼斯》(*Venetia Citta Nobilissima et Singolare*)中首次被提及,由此可推测,这两个剧院可能建于1580年……1879年乔瓦尼·斯福尔扎(Giovanni Sforza)发表了一些重要材料,其中提到了16世纪威尼斯剧院的包厢问题。到1974年,曼吉尼(Mangini)在他的《威尼斯剧院》

---

① 关于镜框式舞台产生的原因目前有三种说法。第一种观点认为,拱面舞台来源于罗马剧院中的门廊,将门廊逐渐扩宽以致能够在门廊中布置场景,最后形成一个单独的拱面。第二种观点认为它起源于街道游行中的凯旋门的造型。第三种观点认为它借鉴了透视画法,并从舞台布景中引申出来。此处,笔者认同第三种观点。可参见俞键:《镜框式舞台的历史与现状》,载《艺术技术》2012年第3期。

② 吴光耀:《西方演剧史论稿》,中国戏剧出版社,1989年,第118页。

(*Teatri di Venezia*)一书中确认了斯福尔扎所提到的信息。"[①]这两个剧院是意大利最早的有包厢的剧院,因为在观赏表演时包厢的门紧闭,出现了一些绯闻事件,因此"十人会议"(The Council of Ten)于1583年下令拆除了。

从16世纪中期开始,威尼斯物价上涨,饥荒、瘟疫时有发生。加之1637到1645年第五次威尼斯—土耳其战争(又称克里特战争)爆发,导致威尼斯经济紧张。"娱乐活动对于恢复居民的精神很重要,因此16世纪晚期十人会议同意在狂欢节期间进行戏剧表演。"[②]在此情况下,"威尼斯贵族和商人转而投资更易有收益的剧院,而不是建筑和壁画"[③]。建造一个歌剧院的花费很高,而歌剧院的收入主要来源于入场券的销售以及座位的租用。"虽然表面上看起来威尼斯歌剧院是一个高收入投资行业,但事实上它很少盈利或者说根本不奢望盈利。"[④]因此为了保证经营歌剧院所得的利润,剧院首先引入了赌场。但是这并没有扭转局面,于是歌剧院开始引进包厢制度。

"在歌剧院中,有正厅后座,你可以把租用的椅子放在正厅的后面;也有一个顶层楼座,这个区域一般是留给仆人的;观众席中更大的一部分被用作包厢,一般小的剧院如圣阿波利纳雷剧院(The Sant'Apollinare)只有三层包厢,更大一点的剧院有五层包厢。这些包厢不仅是用于一次单独的表演,它们还是用于出售

---

① Eugene Johnson, "The Short, Lascivious lives of Two Venetian Theaters, 1580 - 1585", in *Renaissance Quarterly*, vol.55, no.3(Autumn, 2002), p.937.

② Eugene J. Johnson, "The Architecture of Italian Theaters Around the Time of William Shakespeare", p.41.

③ Oliver Logan, *Culture and Society in Venice 1470—1790: the Renaissance and its Heritage*, Charles Scribner's sons, p.149.

④ Lorenzo Bianconi and Thomas Walker, "Production, Consumption and Political Function of Seventeenth-Century Opera", in *Early Music History*, vol.4(1984), pp.209 - 296.

的,事实上在剧院修建之前就已出售。"[①]当一个人决定经营一个剧院时,他就开始游说各种有钱的家庭购买包厢,这些钱将会成为启动资金的一部分,而这些购买者则会成为剧院的顾客。剧院一旦修建好,包厢主人需要额外支付每季的租金,并且还需要购买入场券才能进去观看表演。只要他们一直交租金,他们就可以拥有这些包厢,甚至可将其作为遗产传给自己的继承人。此时包厢成为显示一个家庭的财富和权力的工具,通常只有贵族和商人才能买得起。包厢也极大地增强了剧院作为一个聚会场地的吸引力,通常各类名流以一个合适的价格就可以买到一个与他们身份相符的私密空间;并且,在公共场所对隐私格外好奇的情况下,包厢将剧院变成了一个交换政治、商业信息的理想场所。由此剧院变成了社会生活的中心,"这里是聚会、谈话以及从朋友处获得鼓励的最方便的场所,它可以提供纸牌、国际象棋以及赌博的工具;即使你已经老了,如查理·爱德华·斯图亚特(Charles Edward Stuart),小王位觊觎者那样没有激情了,只喜欢喝酒,这个地方也值得你来"[②]。

事实上,包厢也是一种外交福利,它是外交人员工作津贴的一部分,国家的检察官对剧院进行政治监督。在公共剧院,最高等级可以享受在剧院中的特殊权力,并且无人知晓他们在此;而在宫廷剧院中,由于统治者希望成为表演的中心,宫廷剧院也有包厢。这种新型的有包厢的剧院获益于威尼斯的社会结构。威尼斯不是由一个执政亲王掌控,而是由一个来自贵族家庭的寡头控制,这些家庭愿意在剧院中租用一个舒适的私密包厢。这个包厢包含着一个小的舞台,所以这些贵族可以给其他观众表演。后

---

① David Kimbell, *Italian Opera*, p.119.

② Ibid., p.209.

来这种包厢制度传到意大利其他地区，伯尼(Burney)曾描述过他在米兰见到的一个歌剧院："这个剧院非常大，并且很奢华，剧院共有五层包厢层，每层有 100 个包厢。包厢与顶层楼座平行，每个包厢可以容纳六个人。穿过顶层楼座有一个大房间连接每一个包厢，房间里面有一个壁炉，并且可以提供各类点心和纸牌。"①这种剧院在当时的意大利很流行。

"包厢、正厅后座、顶层楼座"这种观众席模式出现后，意大利的剧院将拱面舞台与之相结合，成为文艺复兴时期的主流剧院类型。

三 舞台布景

直到 16 世纪，亚里士多德的"三一律"(three unites)和贺拉斯(Quintus Horatius Flaccus)的"合式原则"仍然被戏剧创作者们奉为金科玉律。它们要求戏剧情节必须连贯，时间必须控制在 24 小时之内，而且地点不得更改；并规定每部戏剧最好是五幕，并且只有三个演员。但按这种要求创作的戏剧一般不为观众所接受，"只有喜剧还比较流行，主要是因为喜剧表演中穿插了幕间剧，而幕间剧为了突破情节、时间和地点的局限，在舞台布景方面要求很高"②。此外，当时的公共剧院大多以盈利为目的，吸引尽可能多的观众是它们的主要目的。"对于意大利艺术家而言，经济和资助决定了能做什么不能做什么，但是观众的好恶也很重要。"③在此情况下，戏剧制作者在舞台布景上投入了大量的人力和物力，促进了其发展。

---

① David Kimbell, *Italian Opera*, p.209.

② Oscar G. Brockett, *History of the Theater*, p.131.

③ Joseph Farrell and Paolo Puppa, *A History of Italian Theatre*, New York: Cambridge University Press, 2002, p.104.

(一)布景方式的变化

整个15世纪都有许多人致力于研究透视法的艺术性和科学性,从布鲁内莱斯基(Filippo Brunelleschi)到达·芬奇(Leonardo da Vinci)都在尽力研究怎样将肉眼看到的自然形式真实地表现出来。因此,将透视法运用到剧院建筑中并不奇怪。虽然早在1480年就有透视剧场设计,"但是已知最早的一次是1508年佩雷戈里诺·德·圣达尼埃莱(Pellegrino de San Daniele)在费拉拉为阿里奥斯托(Ariosto)的《卡萨里亚》(*La Cassaria*)设计的场景"[①],在这个场景中,他将单独的房子排放在一个绘好的幕布上。此外,"1513年红衣主教贝尔纳多(Cardinal Bernardo Dovizi da Bibbiena)的《卡兰德利亚》(*La Calandria*)在乌尔比诺宫廷中上演,吉罗拉默·真加(Girolamo Genga)为其设计了透视场景,卡斯蒂廖内(Castiglilone)在给洛多维科·卡诺莎(Lodovico Canossa)的信中提到了这个场景"[②]。其舞台展现了一个有街道、宫殿、教堂和钟塔的非常美丽的城市。有一个八角形庙宇的浅浮雕。该庙宇用灰泥制成,用历史画进行装饰,所有的过梁和飞檐都给人一种金光闪闪的感觉。庙宇周围雕刻着柱子和雕像。庙宇居于舞台正中,舞台的一边有一个拱门。拱门的柱子上放着两个壁龛,里面供奉着两个拿着战利品的胜利之神。在拱门的顶部,有一个骑着马的雕塑:一名男子,身穿铠甲,手中的矛正刺向一个裸体的敌人;马的两边各有一个祭坛和一个器皿,器皿中有燃烧的火焰。

吉罗拉默·真加受到了维特鲁威关于透视布景的影响,维特鲁威在其《建筑十书》中提到,"舞台布景有三种类型:一是舞剧,二是喜剧,三是森林之神滑稽短剧(Satyric)。他们的装饰不一

---

① Oscar G. Brockett, *History of the Theater*, p.134.

② A. M. Nagler, *A Source Book in Theatrical History*, New York: Dover publications, Inc. 1959, p.71.

样，要根据不同的原理进行构思。悲剧布景用圆柱、山墙、雕像和其他庄重的装饰物来表现。喜剧布景看上去像是带有阳台的私家建筑，模仿了透过窗户看到的景象，是根据私家建筑原理设计的。森林之神滑稽短剧的背景装饰着树木、洞窟、群山，以及乡村景象，一派田园风光"①。将透视法运用到剧院艺术中做得最好的是塞尔利奥。1545 年，塞尔利奥发表了他的作品《建筑论》，这本书主要涉及透视绘画，也包含对于舞台和观众席建造的详细指导。在这本书中塞尔利奥延续了维特鲁威的观点，将舞台布景分为悲剧、喜剧和撒特剧（Satyr Play）三类，"喜剧布景是普通的房子加上最前面的妓院；悲剧布景是宏伟的宫殿；撒特剧布景则是乡村景色：树、小树林以及乡村小屋"②。

民房、妓院和教堂是塞尔利奥喜剧布景中的必需品。在布景时，必须把最小的房子放在最前面，这样观众才能看到后面的房子；如果把最大的放置在最前面，观众就看不到后面的房子，而且整个画面就不能给观众一种被布满的感觉。各种建筑中的小圆窗都是用玻璃制作的，窗户后面放有灯，为了增强舞台效果，灯的前面一般有各种盛有不同颜色液体的玻璃瓶。但在这种布景中，大部分的灯都被放在中间，悬挂在绞刑台上。而"悲剧中的房子必须是名人的房子，如你在现代悲剧中读到的，悲剧中的爱情、奇异冒险以及残忍的谋杀事件都发生在勋爵、公爵、王子或是国王的宫殿中"③，所以在这种场景中必须有宏伟的房子。并且，悲剧布景中一般要布置一些人物肖像画。撒特剧布景代表的是乡村

---

① 维特鲁威：《建筑十书》，I. D. 罗兰英译，陈平中译，北京大学出版社，2010 年，第 114 页。

② Allardyce Nicoll, *The Development of the Theater*, 3rd edition, New York: Harcourt Brace & World, 1946, p.87.

③ A. M. Nagler, *A Source Book in Theatrical History*, p.75.

景色,因此要布置的有田园气息。但是在冬天很少见到绿色植物,所以只能用绿色的丝绸代替。在冬天,这种布景中大部分的树、果实和各种各样的草药及花都是由质量上乘的丝绸代替的。水中还有青蛙、蛇、乌龟等小动物,石间也有各种各样的甲壳类动物,而且还有用金箔或者丝绸做成的牧羊人。塞尔利奥将"舞台分为两部分,接近观众的是表演区,离地高度与观众视线相平;表演区后面有一个后台,地板由前向后增高,并且有一对双面的侧翼,侧翼上面的布景利用透视法绘画"①。

透视法被运用到舞台布景中之后,"舞台的发展一直受到两个因素的影响:其一是维特鲁威的建筑学方面的著作,其二是当代人对于透视法的兴趣"②。

(二)剧目换景的改革

为了使戏剧表演的舞台效果更加完美,戏剧艺术家们一直在试验更好的换景方式。

最初的换景方式——"凹槽系统"(groove system)是从维特鲁威《建筑十书》关于三棱柱侧景(Periakoi)的讨论中提炼出来的。萨巴蒂尼在其《戏剧布景与机械的制造手册》中提到了这种换景方式:"侧翼必须按顺序摆放,第二块侧翼应该放置在第一块侧翼后面三英尺,第三块侧翼应该放置在第二块侧翼后面三英尺,以此类推。"③侧翼放置好后,制作一块同第二块侧翼等长、宽、高的框架,框架上面盖有幕布,幕布上画着接下来需要的场

---

① Edwin Wilson and Alvin Goldfarb, *Living Theater: A History*, p.164.

② 布罗凯特:《世纪戏剧艺术欣赏——世纪戏剧史》,胡耀恒译,中国戏剧出版社,1987年,第68页。

③ Nicola Sabbattini, *Pratica di Fabricar Scene e Machine Ne'Teatri*, Revenna: Stampatori Camerali, 1638, p.77.

景。“在第一块侧翼的后面需要有一条凹槽,凹槽约有两英寸宽,长度应该是第一块侧翼和第二块侧翼长度的和,深度应该有三英寸。”[①]其他的侧翼后面也要有类似的凹槽。在所有的框架准备好之后,第一块框架放置在第一块侧翼后面的凹槽中,并调整好位置,使其可以轻松地滑到第二块侧翼前面的凹槽中,覆盖住第二块侧翼。而第一块侧翼上面的幕布只能采用这种方式:将所有的幕布按照出现的顺序排列好,准备两根坚硬的木杆,将第一根木杆的一端与幕布上方的一角固定,另一根木杆的一端与幕布上方的另一端固定,然后再将两根木杆都固定在地面上,在换景时,安排两个人各拿一根木杆,木杆上面涂上肥皂,用木杆将幕布翻上来,使下一场要出现的幕布显示出来。但是这种换景方式耗时长,并且容易被观众发现,因此又在此基础上进行了改进(图 1)。

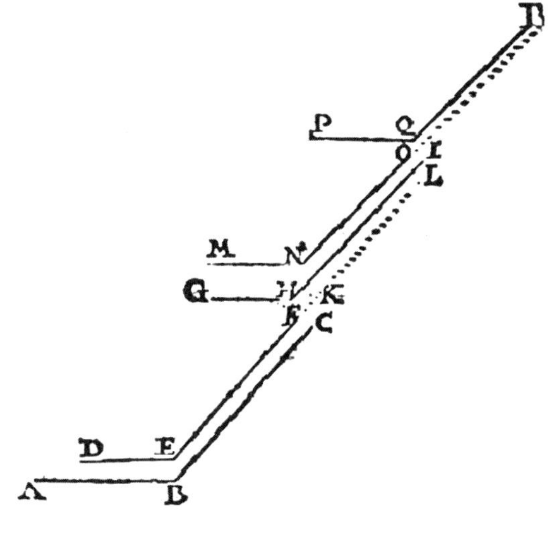

图 1　凹槽系统换景图示

① Nicola Sabbattini, *Pratica di Fabricar Scene e Machine Ne'Teatri*, p.77.

第二次改进主要是将平面侧翼换成折角侧翼。首先,要用木板条制作框架,这些框架的底座和上部都必须是等边三角形,而且这些框架必须与即将出现在舞台上的房屋等长、宽、高,其数量也必须与房屋的数量一致。框架需要按照透视法则排列。这些框架必须用画好的幕布盖住,并且放在合适的位置。然后,用一根枢轴从顶部三角形的中心穿到底部三角形的中心,再穿过舞台上的孔。最后,将枢轴固定在舞台下面的一个托座上,但是要保证枢轴能够在托座上随意地转动。其他的框架也要用这种方法固定。在舞台的前方和后方各放置一个绞车,绞车的绞盘必须很大,能够使连接枢轴和绞车的绳子在绞盘上绕半圈。在需要改变舞台上房子的形状时,只需把绳子从前方的绞车上散开,然后绕到枢轴上,此时另一边的绳子就会从枢轴上绕到绞车上。当需要恢复房子的形状时,再将前方的绞车转半圈,这样绳子就会从枢轴上散开,然后缠到绞车上,而另一边的绳子则会从绞车上缠到枢轴上。一开始这些绳子都是分开的,所以每次换景时需要很多人同时转动绞车,但是每个人的节奏不一样,就会造成换景速度不一样。为了能够更好地换景,后来的艺术家将所有三角形的绳子固定在一起,这样只需要转动一个绞车,整个舞台布景就会变。

换景方法改革中最重要的一笔是由托雷利(Giacomo Torelli)书写的。他于1641—1645年间在威尼斯的新剧院(Teatro Novissimo)发明了一种堪称完美的布景方式——“轮车与长杆系统”(Chariot-and-Pole System)。“因为托雷利所享受的经济资助和其他方面的特权是无人能及的,因此它的布景方式很难被超过。”[①]托雷利本

① Ellen Rosand, *Opera in Seventeenth-Century Venice: The Creation of a Genre*, Berkeley: University of California Press, 2007, p.158.

来是在法尔尼斯剧院跟从名师学艺，后来由于歌剧在威尼斯繁荣起来，因此他到威尼斯做布景设计。他以谲诈变幻的机关布景闻名，因此有“布景魔术师”之称。从 1641 年开始，他任职于威尼斯的新剧院，并在那里发明了“轮车与长杆系统”。1645 年后，他受邀到法国宫廷为歌剧和芭蕾舞做机关布景设计，由此彻底地改变了法国舞台演出的面貌，今天以“景观”为诉求的演出都受其影响。

托雷利发明的这套布景系统是“将一块块侧翼固定在一个支杆上，支杆通过舞台上挖空的狭槽通向地下，再将支杆固定在轮车上，这个轮车与舞台上的侧翼以及中屏都是平行的”①。当轮车在下面移动时，舞台上面的侧翼也会随之移动。当轮车移动到中间时，舞台上的侧翼就会出现在观众的眼前；当轮车移动到两侧时，舞台上的侧翼就会消失在观众的视线中。之后，这种方法被进一步改进，他将舞台下面的轮车用绳索连到一个绞盘上，只需转动绞盘就可以改变舞台上的布景。宏伟的宫殿、幽静的森林、宽阔的海洋，都可以在观众的注视下瞬息转变。这样的布景方式简便轻巧，令人叹为观止，因此很快就传遍意大利，成为一种固定的、标准化的布景方式。约翰·依夫林目睹了托雷利的换景方式，并在其日记中写道：“我们去看了一场歌剧表演，歌剧表演用不断重复的音乐与喜剧和其他戏剧融合，并伴有非常出色的音乐和乐器演奏。在用透视法绘画的布景中，机器在空中随意升降……整个表演过程中，场景变幻了 13 次。”②

由此，通过塞尔利奥的《建筑论》以及透视法在剧院建筑中的广泛使用，再加上一代代意大利艺术家的实践，折角侧翼和透

---

① Edwin Wilson and Alvin Goldfarb, *Living Theater: A History*, p.166.

② *Memoirs of John Evelyn*, ed. William Bray, p.191.

视法相结合的布景方式终于在意大利确立了。17 世纪,由于宫廷贵族对于宏大场景的喜好,舞台上开始出现圆柱等其他的建筑形式,既产生了统一效果,又使剧院建筑的规模有了进一步扩大。

(三) 舞台特效的应用

16 世纪大多数批评作品都大量借鉴了两部古典作品——贺拉斯的《诗艺》(*Art of Poetry*)和亚里士多德的《诗学》(*Poetics*)。"1550 年后,批评主义盛行,贺拉斯和亚里士多德的观点与文艺复兴时期的一些观点融合,形成了一套新的原则,即新古典主义学说,这个学说中最基本的原则就是逼真。"[①]为了使戏剧表演更加逼真,戏剧制作者开始研究各种特效,以增强戏剧表演的真实性和吸引力。

塞尔利奥在其《建筑论》中提到了模拟行星、雷声和闪电这些特效的制作方法。在模拟行星时,需要用纸板组成或者切割成一颗星星的样子,在布景的最后面拉一根黑绳子并绕成一个圈,用一根黑线将行星连到线圈上,再安排一个人将行星从一边拉到另一边即可。一般而言布景都是在大厅的后面,且有一个屋子在它的上面。在模拟雷声时,只需要在这个屋子中敲击鼓或者其他的东西,使其发出声音即可。而模拟闪电时,只需要让一个人手拿着盒子站在布景的后面,盒子里装满亮光漆粉,幕布上有许多小洞,在幕布的中间放上一根点燃的蜡烛,需要出现闪电时,就将盒子向上抛,使其中的漆粉撒出来,漆粉遇到蜡烛就会形成像闪电一样的小火花。约翰·依夫林在其日记中也提到了这类特效,"暴雨、狂风、闪电,任何人们能想象到的极端天气情况都可以在

---

① Oscar G. Brockett, *History of the Theater*, p.128.

剧院中看到,并且这些特效都是很自然地出现的"[1]。

萨巴蒂尼在他的《戏剧布景与机械的制造手册》一书中提到了许多种特效。制作海豚特效时,只需要从纸板上剪下一个海豚模型,"然后在它的肚子上用钉子钉一个两英尺长的木棍手柄"[2],若一个人手握着手柄在舞台下面徘徊并将海豚上下移动,就可以出现海豚在海中游动的场景。需要海豚喷水时,另一个人在舞台下面来回走动,手握着一个硬纸板箱;这个硬纸板箱应该放在海豚的头下面,超过半英尺长,并且从上到下逐渐减小,到底部变成一根管子,箱子里装满银箔和滑石。当海豚准备喷水时,就将纸箱放在海豚的头下面,但是要放低一些,以免被观众发现,通过挤压管道口,使空气压缩将银箔吹到顶部,加上灯光的照射,整个场景看起来就像是海豚在喷水。

书中还谈到了怎样使天空中的云越变越大,并且颜色也不断地变化。"首先要用木棍做八个或者十个圆筒,每个圆筒(AB、CD,图2)的直径至少要有一英尺"[3],其长度必须与天空中出现云的地方的空隙相等。而要制作这个空隙,首先要将天空分成几个部分。一开始需要用一块幕布代表第一部分的天空,以合适的高度倾斜地放置在接近舞台前面的地方;这个幕布必须足够大,使它能够覆盖住舞台前面和机械出现的地方之间的天空部分。然后用另一块幕布代表第二部分的天空,应该与第一部分的平行,但是位置要比第一部分稍低的一边高,这样即使是坐在前面的观众也不会发现第一部分和第二部分天空之间的空隙。两个幕布之间的空隙必须足够宽,使机械可以毫无阻碍地

---

① *Memoirs of John Evelyn*, ed. William Bray, p.140.

② Nicola Sabbattini, *Pratica di Fabricar Scene e Machine Ne'Teatri*, p.123.

③ Ibid., p.154.

提升和降落。

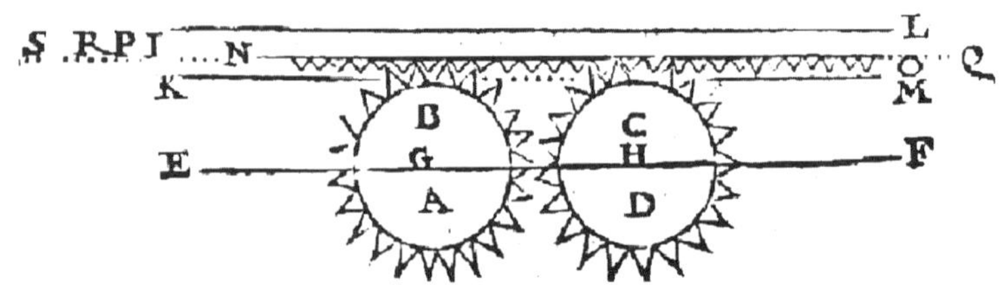

图 2　舞台云朵变化换景图示

其次,要制作两个与圆筒等直径的锯齿状轮子(AB、CD)并放在每个圆筒的末端。圆筒应用帆布覆盖住,并且按照它们将在天空上出现的顺序一个挨着另一个地放在地面上,以便艺术家绘制场景图。在圆筒的一面(A、D)要画上天空的背景,另一面(B、C)则画上云。第一个圆筒上画上较小的云朵,放置在天空的后面;另一具圆筒上所画的云体积要越来越大,颜色也要有所变化。画好之后,将圆筒放置在天空的空隙处,用一根横梁(E、F)将它们固定,但不能妨碍它们绕着中心点(G、H)随意转动。在锯齿状轮子的上面放置一个木制的凹槽(IKLM),凹槽要比锯齿状轮子的厚度深,至少要有 4 英寸深,然后将这个凹槽打磨光滑,在凹槽中放置一根木制的绳子(NO),绳子上的锯齿应该与锯齿状轮子的锯齿相吻合,绳子要比凹槽更长,比锯齿状轮子更宽。这样拉动绳子就可以使这个锯齿状轮子转动起来,从而带动圆筒转起来。这样就能出现乌云密布或者万里无云的场景;在天空上(PQ)上安排四个人抓住那根木绳子,其中两个面朝天空部分,另外两个面朝观众,当需要出现云时,面朝观众的两个人就慢慢地将木绳子往他们那个方向拉,这样圆筒上的云就会出现在天空中;如果想要使云消失,就让另外两个人将木绳子往他们那边拉。

戏剧中往往会有天神腾云出现的场景，制作这种场景就需要用两根比较厚的门柱做成一个有凹槽的横梁（ABCD，图 3），“横梁至少要有 4 英寸厚，最好是 9 英寸厚”①。横梁必须从天空穿到舞台（RS）下。“凹槽由一个鸾尾形的通道组成，这个通道最好是半尺宽，半尺深，而且要足够光滑。”②横梁需要放置在隔墙之后，并且水平的固定在墙上。第二根横梁（EF）放在门柱之中，这样它可以轻易地在通道中滑动，这条横梁必须要有 6 或者 7 英尺长。将一根大梁（EG）用挂钩固定在滑动梁（EF）的上方（E）处，这根大梁应该与横梁一样厚，长度则要视云出现的位置而定。一个代表云的框架需要被固定在 I 处，用支撑梁（HF）顶住。这根斜的支撑梁必须足够的长，使其能够出现在滑动梁的（EF）下方 F 处，然后在 F 处用挂钩将其固定住。这三根梁形成了一个正三

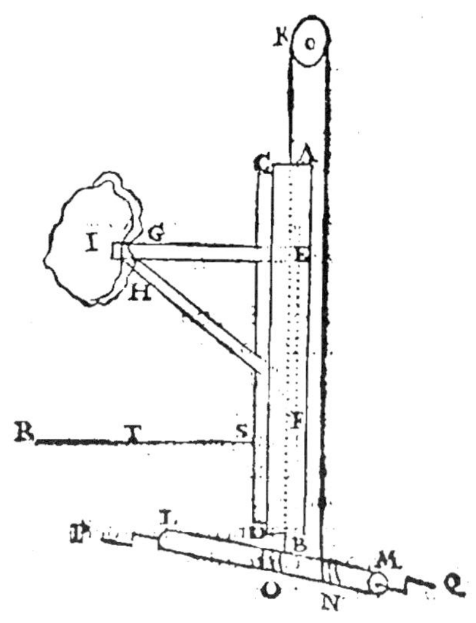

图 3　天神腾云换景图示

①② Nicola Sabbattini, *Pratica di Fabricar Scene e Machine Ne'Teatri*, p.137.

角形(EFG)。在滑动梁的两端(EF),各固定一个铁环。这些铁环必须要很厚,因为在云下降时,他们必须承担起云和人的重量,且每个铁环上都要系一根绳子。在凹槽门柱的正上方放置一个滑轮并将其固定在天空上,最上面(E)的一根绳子的长度必须超过滑轮,然后从滑轮上绕下来,绕到舞台下方正对滑轮的绞盘(LM)上。其他的绳子则系在降低的那个铁环(F)上,然后将这些绳子以相反的方向绕到绞盘上。这样当一条绳子从绞盘上绕开时,另一根绳子则会绕到绞盘上。云朵中应该固定一根横木,这样可使保证在云中的人的安全。代表云的框架必须用幕布盖住,然后将云钉在大梁的端点(I)上。天空中要有一个空隙,使云朵能够通过。这个空隙必须一直延伸到舞台(RS)上。这样大的一个空隙很容易被观众发现,因此需要在横梁上挂一块幕布并使其悬挂着,幕布的大小与空隙一样,然后幕布上必须画上天空。当云降到T时,横梁上的那块幕布也会降下来,并且正好遮住空隙,这样观众就不会发现。

(四)灯光效果的探索

不同于古典时期的剧院,这一时期的剧院都是室内剧院,并且表演都是在晚上进行的,因此需要灯光照明。“当时使用的照明工具主要是蜡烛和煤油灯。为增强真实感,并避免过分刺眼,照明器材必须全部隐藏在观众看不到的地方。”[①]煤油灯一般放置在天空上面的垂花雕饰和盾徽之后,要按照拱形排列。这些灯虽然不会出现在观众的视线内,但是能点亮整个天空,营造出很好的效果。其他一些煤油灯放置在侧翼之后,但必须距离观众足

① *Scenery, Set and Staging in the Italian Renaissance-Studies in the Practice of Theatre*, ed. Christopher Cairns, New York: The Edwin Mellen Press, 1996, p.13.

够远,而且也不能影响整个舞台的布景变化。舞台上还有其他的照明工具——油灯和蜡烛。在放置这些灯时,必须精确地选择光的厚度,但也要保证这些光束能够照射到大厅地面和侧翼较低的边缘处的地面。观众席上也必须有灯光。

在表演开始前,需要将灯点亮。但必须先点亮观众席上的灯,然后再点亮舞台上的灯。点亮舞台上的灯并不难,因为舞台上面有很多工作人员。但是,点亮观众席上的灯却不容易,因为,如果安排过多的工作人员点灯,会打扰观众欣赏表演,但另一方面,又要保证观众席上的灯不熄灭,否则会导致观赏效果不佳。点亮观众席上的灯在当时主要有两种方法。第一种方法,需要"准备一根由金属和灯芯线组成的线,将这根线放到石油中浸泡一段时间,再滴上烈酒或者其他易燃物质"①。这根线必须在有枝形吊灯的地方点亮,而且最好在有三个枝形吊灯的地方系上一根粗钢丝。否则这根线一放到蜡烛上面,受到蜡烛热量的影响,就会熔化,从而将上面的石油滴到蜡烛上,然后石油就会跟蜡油一起滴到下面的观众席上使观众受伤。第二种方法,则需要将蜡烛固定在枝形吊灯上,然后将它的灯芯浸泡在石油中。每一个吊灯都由一个细心的工作人员负责,其手中拿一根可以拨到蜡烛顶端的长杆,长杆的一端系一根灯芯,另一端则系一个浸过水的海绵。需要点燃蜡烛的时候,就把长杆上的灯芯点亮,然后再用它将其他的蜡烛点亮;需要熄灭那些开始滴油的蜡烛时,就用那个浸过水的海绵将其熄灭。"为了避免发生火灾,每个剧院的舞台和观众席上都会有许多装满水的容器,以便随时灭火。"②有时,"萨巴蒂尼也会通过安排几个声音洪亮的男士在下面喊'着火了'来转移观众的注意力"③。

---

①② A. M. Nagler, *A Source Book in Theatrical History*, p.89.

③ Hyatt Mayor, "Carpentry and Candlelight in the Theatre", in *The Metropolitan Museum of Art Bulletin*, New Series, vol. 1, no.6(Feb., 1943), pp.198 - 203.

有些舞台效果需要不同颜色的灯光配合。为了制作出不同颜色的灯光,首先必须制作出不同颜色的液体。“取一块‘salamoniacke’放入盆中,注入水,再轻轻地刷或者揉搓‘salamoniacke’,直至其溶解。”[①]如果需要浅色就注入更多的水,然后把这盆水过滤一下。过滤后的水再放入另一个容器中,然后用这盆水制作任何想要的颜色。如果想要祖母绿色,就在这盆水中加入一些藏红花。如果想要红色,可以直接找一个有红酒的地方,用红酒染色;若找不到,可以将汾木磨成粉,然后放入一壶水中,加入明矾,就可以制作出红色的液体。制作好后,再将这些有色的水装入玻璃瓶中,将这些玻璃瓶放在灯的前面,灯光透过玻璃瓶就会形成有不同颜色的灯光。为了使整个场景更美,最好在蜡烛前面也放上玻璃瓶,这样可以增强光线,而且这个液体本身有一股香味,一遇热香味会更加地浓郁。

四　剧院建筑与城市社会

文艺复兴时期是剧院建筑和舞台设计长足发展之时,这一发展也与当时的城市社会密切相关。

(一)社会特征

此时能进入剧院观看戏剧表演的至少是中产阶级,洛伦佐·比安科尼(Lorenzo Bianconi)和托马斯·沃克(Thomas Walker)指出:“入场券比一个工资待遇较好的工人一天的工资还高。”[②]大卫·金贝儿(David Kimbell)也说:“入场券并不便宜,从1637年到1674年,入场券的价格一直维持4里拉不变,4里拉是剧院工

① A. M. Nagler, *A Source Book in Theatrical History*, p.78.

② Lorenzo Bianconi and Thomas Walker, “Production, Consumption and Political Function of Seventeenth-Century Opera”, pp.209 - 296.

人两晚的工资。也就是说除了那些跟随主人来看戏的仆人外，能进入剧院看戏的人都有一定的社会地位。”[1]

“尽管贵族和骑士们的个人抱负与虚荣心很大，可是意大利贵族在社交生活的中心占有一席之地位，但不是非常高的地位，仍是一个事实。”[2]在古罗马时期，最好的座位——表演区和观众席之间的位置，是预留给元老院成员的，“公元前194年，罗马民政官下令在戏剧表演时给元老院成员们预留座位”[3]。并且“从罗马、庞培和其他地方找到的入场券可以看出：当时的入场券是根据入口、区域、等级等因素精心设计的，这确保了公共秩序——既没有来自座位的竞争，也没有对座位的迷恋”[4]。文艺复兴时期，虽然在座位安排上没有阶级要求，但是要想获得最好的座位——包厢，需要出资购买，“购买一个包厢需要200达卡特，每季还需要支付租金，即使是较小的圣阿波利纳雷剧院包厢租金较低，租金也是一年60达卡特”。如此高昂的价格就决定了除外交人员，能购买包厢的只有贵族和商人。

由于开办剧院的花费远高于租用包厢的花费，因此能够开办经营剧院的也只能是贵族和商人，并且是以家族为单位。家族在文艺复兴时期依然有重要作用，“在整个文艺复兴时期，家族始终是佛罗伦萨社会生活的基本核心，存在于家族成员之间的联系，是这个城市社会结构中最强有力的纽带”[5]。在威尼斯，贵族对于家族谱系格外看重，“为了强化家族的历史记忆，他们不但纷纷撰写家史（libri di famiglia）、日记（diario）和回忆录（riordanze/

---

① David Kimbell, *Italian Opera*, p.114.

② 雅各布·布克哈特：《意大利文艺复兴时期的文化》，第400页。

③ Richard C. Beacham, *The Roman Theatre and Its Audience*, Cambridge: Haward University Press, 1991, p.62.

④ Richard C. Beacham, *The Roman Theatre and Its Audience*, p.161.

⑤ 坚尼·布鲁克尔：《文艺复兴时期的佛罗伦萨》，朱龙华译，生活·读书·新知三联书店，1985年，第117页。

commentari),还积极制作祖先画像、塑像、墓室或其他纪念物"[①]。在这种情况下,一个人的立身处世都必须仰仗他的家族,因此任何重要决定都必须通过家族来实现。笔者简单统计了16—17世纪有记载的威尼斯剧院的情况(表1):

剧院名称	所有者
(木制)圣卡夏诺剧院(Teatro San Cassiano,即米克勒剧院)	米基耶利家族(The Michiel Family)
(石制)圣卡夏诺剧院(Teatro San Cassiano,即特龙剧院)	特龙家族(The Tron Family)
圣乔瓦尼·保罗剧院(Teatro SS. Giovanni e Paolo)	格里马尼家族(The Grimani Family)
圣莫伊塞剧院(Teatro San Moise)	圣巴尔纳巴家族(Giustinian di San Barnaba Family)后转给扎内家族(The Zane Family)
新剧院(Teatro Novissimo)	由几个学会合办
圣阿波斯托利剧院(Teatro SS. Apostoli)	雷佐尼科家族(The Rezzonico Family)
圣阿波利纳雷剧院(Teatro Sant Apollinare)	由两个贵族合营
圣萨尔瓦托雷剧院(Teatro San Salvatore)	文德拉明家族(The Vendramin Family)
圣乔瓦尼·克里索斯托莫剧院(Teatro San Giovanni Crisostomo)	波洛家族(The Polo Family)

表1　16—17世纪威尼斯剧院所有权情况一览

由表1可以看出,16—17世纪威尼斯有记载的剧院有九个,

① 李洁:《文艺复兴时期的威尼斯贵族研究》,四川大学历史系硕士学位论文,2007年,第38页。

其中七个是由家族经营,一个是由学会合办,另一个是由两个贵族合营。

由此可表明这一时期整个社会阶层的主要特征是,"财富在决定身份地位上的绝对重要性,以及从中世纪遗留下来的全族合作的体制与习性"①。

由这一时期意大利剧院的经营情况和包厢的租用情况可以看出,这一时期意大利社会的两大主要阶级是贵族和商人,并且家族的作用不可忽视。

(二)财富观的变化

中世纪时期人们对财富抱有轻视态度,认为人不应该有私产。而且,基督教将守贫视为美德,把贪婪视为罪恶,"阿奎那认为贪婪是罪恶,由于贪婪,人们追求超过自己需要的东西"②。当商业发展起来之后,由于商业以盈利为目的,基督教"对富人不赞一词,这种传统的斥富观点在教士的说教,以及在敬神祈祷文和神学家的著作中都是时常反复出现的"③。受这种观念的影响,商人一直被轻视,并且社会地位很低。许多贵族成员都喜欢强调自己家族没有商业背景,如"卢卡·达·潘扎诺(Luca da Panzano)是个出身古老贵族世家的人,他的家族在12世纪时曾从神圣罗马帝国皇帝那取得男爵封号,他曾在他被选任商业法庭理事时提道:'由于我家是古老的贵族世家,我家从无一人担任过这一职务,他们从未做过商人。'另一个贵族后代,贝尔纳多·达·卡斯蒂尼翁奇奥(Bernardo da Castigliochio),曾对经商谋利

① 坚尼·布鲁克尔:《文艺复兴时期的佛罗伦萨》,第116页。
② 张椿年:《意大利文艺复兴时期财富观念的变化》,载《历史研究》1987年第3期。
③ 坚尼·布鲁克尔:《文艺复兴时期的佛罗伦萨》,第141页。

的各种行业仔细划出高低贵贱的界限”①。到文艺复兴时期,人文主义者抨击宗教的财富观,宣扬个人利益,在佛罗伦萨最受人尊重的两大职业是从事法律和国际贸易工作;在威尼斯,贵族并不以商人为耻,他们热衷于投资商业。

剧院建筑和舞台布景也表现出了人们财富观念的变化。首先,文艺复兴时期的意大利人热衷于财富的积累,剧院的修建就是为了盈利。原本“歌剧是为贵族和中产阶级创造的娱乐方式,需要在奢华的场景中表演”②,但是为了盈利,出现了一些专门为下层人民提供歌剧表演的剧院。其次,剧院所有者引进“包厢、正厅后座、顶层楼座”这种观众席模式,也是为了增加收益。因为剧院的入场券价格只能被中产及以上的阶级接受,为了进一步增加观众,有的剧院“还发起了低价入场券,以吸引更多的观众,借以降低成本,很快这种低价入场券的做法就被其他剧院模仿”③。另一方面,为了迎合观众的好恶,剧院投入了大量的人力和财力进行舞台布景方面的创新。除此之外,为增加收入,剧院中还有其他的副业,如销售饼干、蛋糕、其他点心和纸牌,并且,“每个包厢后面有一个单独的小房间用于聊天或者吃东西,如果包厢主们需要的话,可以支付额外的资金租用”④。到1650年,为了保证剧院始终盈利,减轻风险,剧院所有者开始雇佣专门的经理人(impresario)管理剧院事务。

---

① 坚尼·布鲁克尔:《文艺复兴时期的佛罗伦萨》,第134页。

② Joseph Farrell, *A History of Italian Theatre*, p.129.

③ David Kimbell, *Italian Opera*, p.115.

④ Simon Towneley Worthorne, “Venetian Theatres: 1637 - 1700”, in *Music & Letters*, vol.29, no.3(Jul., 1948), pp.263 - 275.

五　结　语

在文艺复兴时期之前,意大利戏剧的表演空间常常是临时性的,舞台设计也很简陋。在文艺复兴时期,意大利的剧院建筑和布景设计有了长足的发展,并第一次出现了“戏剧空间”的概念。伴随着复兴古典文化的运动,在研究维特鲁威《建筑十书》的基础上,意大利的建筑师帕拉迪奥在奥林匹克学会的支持下,设计并建成了当时唯一一座古典化风格的剧院。随着社会和经济的发展,剧院的功用更受重视,发展出了拱面舞台与“包厢、正厅后座、顶层楼座”的观众席相结合的剧院,此后这种剧院成为公共剧院的标准模式。另一方面,舞台设计最初是戏剧表演的一个部分,布景只是为了让观众更好地理解戏剧表演,但由于贵族生活越来越奢侈,他们对奢华场景的渴望越来越强烈,为了吸引更多的观众,获取更大的利益,剧院经营者投入了大量人力和财力发展舞台设计,将透视法运用到舞台布景中;并且塞尔利奥发展了三种标准的布景方式;在布景方式增多并越来越精美时,艺术家希望将换景方式设计得越来越自然。最初采用的换景方式是从古典著作中发展出来的,但是这种方式耗时长,影响观剧效果。艺术家们进行了多种尝试,最终发展出了一种堪称完美的换景方式。为了使戏剧表演更加有吸引力,艺术家们还创造了多种特效,并通过巧妙的使用蜡烛和煤油灯增强戏剧表演的灯光效果。

当然,文艺复兴时期剧院建筑和舞台设计的革命性发展不能单纯视为建筑师崇尚古典文化的产物,而是与当时的社会发展密切相关。“正如国内外学者指出,文艺复兴运动从总体上是一个精英文化的运动,作为这个文化运动的一部分,文艺复兴剧院建筑和舞台设计也与意大利城市的精英阶层联系在一起。"[①]剧院在很大程度上反映了当时的社会情况。高昂的费用导致能进入剧院观看表演的肯定是有一定社会地位的人;包厢的租用情况和剧院的经营情况也反映出了贵族和商人是当时社会的主要两个阶级,并且家族在当时有着举足轻重的地位,剧院经营者采用多种方法增加收益也可看出:该时期的意大利人已经打破了中世纪对于商业的轻视态度,开始积极地追求个人利益。

从历史的"长时段"来看,文艺复兴时期的意大利在西方戏剧史上占据至关重要的地位。文艺复兴时期意大利的戏剧艺术,以及剧院建筑和舞台设计,都对整个欧洲近代戏剧产生了极重要的影响。欧洲各国纷纷仿效意大利,修建新式的剧院和发展舞台布景艺术。正如一位戏剧史家指出的,"文艺复兴的(意大利)艺术家们使舞台布景理论化、标准化,此后这些方法逐渐被西欧国家采用"[②]。另一方面,欧洲其他国家在接受意大利剧院建筑和舞台布景的同时,也都努力将意大利的做法与本国传统相结合。"英国建筑家伊尼戈·琼斯(Inigo Jones)两度到意大利学习剧院建筑和舞台布景方法,回国后一直负责斯图亚特宫廷戏剧表演的舞台设计,他将舞台布景引入英国并运用到假面舞剧(masque)中,由此改变了英国剧院舞台设计的面貌。"[③]1645 年,托雷利开始为法国宫廷的戏剧表演做场景设计,他将布景引入芭蕾表演

---

① 刘耀春:《文艺复兴时期意大利城市社会研究》,四川大学历史系博士学位论文,2006 年,第 6 页。

② Lily B. Campbell, *Scenes and Machines on the English Stage During the Renaissance: A Classical Revival*, p.290.

③ "直到伊尼戈·琼斯开始在詹姆斯一世的宫廷工作,可移动的布景方式才被引入英国舞台设计中,很明显,伊尼戈·琼斯的布景设计受塞尔利奥的影响很大。"参见 Lily B. Campbell, *Scenes and Machines on the English Stage during the Renaissance: A Classical Revival*, p.164。

中，由此改变了法国戏剧表演的舞台设计。而“德国建筑家佛坦巴赫到意大利学习布景，回国后写了三本论剧院建筑和舞台设计的书，积极地向他的同胞介绍意大利人的新成就”[1]。

总之，意大利文艺复兴时期的剧院建筑和舞台设计对欧洲近代剧的影响是显而易见的，若缺乏对这一事实的基本了解，就不能很好地把握这一时期欧洲戏剧艺术的发展。

---

① Oscar G.Brockett, *History of the Theater*, p.140.

文艺复兴宫廷芭蕾之文化史研究

——人文主义语境下的宫廷舞蹈

张延杰

（北京舞蹈学院　人文学院）

芭蕾（Ballet）起源于15世纪文艺复兴时期的意大利宫廷。[①]经过时代的不断变迁，芭蕾已逐步发展为一种成熟、具有严格规范，并且流派众多、风格多元的剧场艺术。今天当我们欣赏舞台上或奢华纯美，或简约震撼的古典芭蕾和现代芭蕾时，都可能无法想象500多年前芭蕾诞生之初的情景。若想更进一步了解芭蕾艺术，我们必须沿着历史长河逆流而上，追溯它原初的面貌和特质，梳理它发展流变的复杂过程。只有这样我们才能洞悉芭蕾艺术的精髓，理解它如何成长为今天的模样。在开始这场穿越时

① 国内芭蕾史研究中关于芭蕾的起源的研究可参见朱立人：《西方芭蕾史纲》，上海音乐出版社，2001年，第1—5页。关于宫廷芭蕾的研究，目前国内学者主要是根据苏联出版的相关著作和舞蹈教材以翻译的形式介绍进来的，具体可参见M.瓦西利耶娃-罗日杰斯特温斯卡娅：《历史生活舞蹈》，肖苏华译，北京舞蹈学院，1983年；H.伊凡诺夫斯基：《16—19世纪舞会舞蹈》，朱立人、杨越译，上海音乐出版社，2012年。近年来随着国内学者不断深入研究，欧洲宫廷芭蕾的具体舞蹈形式逐渐为人所知，并被引入舞蹈专业高校芭蕾舞的教学课程建设之中，具体可参见杨越：《"历史生活舞蹈"的文化内涵及课程建立意义》，载《北京舞蹈学院学报》2008年第2期。国内学者关于法国宫廷舞蹈研究，可参见王红川：《试论法国芭蕾的诞生及其文化背景》，载《北京舞蹈学院学报》2003年第4期；王红川：《西方近代文明的发端与芭蕾舞雏形的生成》，载《北京舞蹈学院学报》2006年第2期。

空旅程之前,我们不禁要问:芭蕾为何偏偏诞生于文艺复兴时代?那个时代究竟具有怎样的气质,使其孕育出芭蕾艺术?那个时代的芭蕾呈现出什么样的面目,又被赋予了怎样的意义和价值?为了解答这些疑问,我们的旅程起点就设定在15、16世纪的意大利和法国的宫廷。本文的任务即以15、16世纪意大利和法国的宫廷舞蹈为考察对象,揭示文艺复兴时期芭蕾艺术得以孕育成长的精神土壤和文化环境,阐明文艺复兴时期宫廷舞蹈与人文主义理念之间的关系以及在人文主义语境下宫廷舞蹈被赋予的社会角色和政治功能。

一 完整的人——人文主义身心和谐的理念

今天我们之所以能够窥见15、16世纪意大利和法国的宫廷舞蹈面貌,是因为那时有一批效力于意大利各地贵族与法国王室的宫廷舞蹈教师(maestri di ballo)撰写并发表了一些舞蹈论文和手册。其中由多梅尼科·达皮亚琴扎(Domenico da Piacenza)以及他的两个学生安东尼奥·科尔纳扎诺(Antonio Cornazano)、古列尔莫·埃博里奥·达佩萨罗(Guglielmo Ebreo da Pesaro)撰写的论文被认为是留存至今最早也最著名的舞蹈著作。[①]16世纪宫廷舞蹈教师的著述也保留至今,其中著名的有图瓦诺·阿尔博(Thoinot Arbeau)、法布里西奥·卡罗索(Fabritio Caroso)以及塞

① 多梅尼科的著作发表时间大约在1440—1450年间,科尔纳扎诺的著作发表于1465年,古列尔莫的著作发表于1463年。目前这三部舞蹈著作的英译本已出版,分别为Domenico da Piacenza, *Fifteenth-Century Dance and Music: Twelve Transcribed Italian Treatise and Collections in the Tradition of Domencio da Piacenza*, trans. William A. Smith, Stuyvesant, N. Y.: Pendragon Press, 1995; Antonio Cornazano, *The Book on the Art of Dancing*, trans. Madeleine Inglehearn and Peggy Forsyth, London, 1981; *On the Practice or Art of Dancing*, ed. Guglielmo Ebreo of Pesaro, trans. Barbara Sparti, Oxford: Clarendon Press, 1993。

萨尔·内格里(Cesare Negri)。[①] 在这些舞蹈著述中既有关于舞步编排的具体指导,也有关于舞蹈艺术的意义和价值的理论阐述,因此它们无论在实践上还是在理论上都为后世了解和探讨15、16世纪的宫廷舞蹈提供了珍贵的原始依据。

那么,15、16世纪意大利的宫廷舞蹈教师是在怎样的社会和文化环境中选择著书立说,阐述宫廷舞蹈艺术的地位和价值的呢?我们可以看到,这些舞蹈教师的生活和著作发表年代正是意大利人文主义风行之时,因而在他们的舞蹈著述中无处不闪现着人文主义的光芒。正如舞蹈史学家詹妮弗·内维尔(Jennifer Nevile)所言,"这些舞蹈教师分享人文主义者的理念和态度,因为这些理念和态度就是那个时代共有的潮流和精神气候"[②]。内维尔在其专著《雄辩的身体:15世纪意大利的舞蹈和人文主义文化》中通过原始文本分析比较的方法,细致入微地考察了15世纪人文主义思潮对宫廷舞蹈的具体影响,其中包括艺术理想、审美趣味、哲学理念、修辞方式及建筑园林设计。该书向读者展示了宫廷舞蹈教师如何回应并运用人文主义者的理念在理论上阐释舞蹈的艺术价值,同时在实践上将人文主义应用到舞蹈编创当中。但是,作者在探寻宫廷舞蹈教师的人文主义印记过程中,对于奠定其舞蹈理论基础的人文主义理念,即从古典时代继承下来的身心和谐之完整的人的观念,没有给予充分的梳理

---

① 这三位16世纪宫廷舞蹈教师的论著目前已有英译本,分别为:Thoinot Arbeau, *Orchesography*, trans. Mary Stewart Evans, intro. and note. Julia Sutton, New York: Dover Publications, Inc. 1967; Fabritio Caroso, *Courtly Dance of the Renaissance—a new translation and edition of Nobilta di Dame(1600)*, ed. Julia Sutton, New York: Dover Publications Inc. 1995; Cesare Negri, *The Graces of Love(1602)*, trans. and comm. Gustavia Yvonne Kendall, DMA diss., Stanford University, 1985。

② Jennifer Nevile, *The Eloquent Body: Dance and Humanist Culture in Fifteenth-Century Italy*, Bloomington and Indianapolis: Indiana University Press, 2004, p.4.

和阐释。本文所要关注的重点首先就是人文主义者关于身心合一的"完整的人"的理念如何为宫廷舞蹈奠定了价值基础,并使之在观念上成为意大利及法国宫廷贵族和上层社会能接受的高贵艺术。

关于身心和谐的理念还要追溯至古希腊的柏拉图时代。在柏拉图的美学思想中,最美的境界是心灵的优美与身体的优美和谐一致,融成一个整体。①柏拉图相信,直接诉诸感官的音乐等艺术可以与灵魂沟通,达成和谐。正如他在《蒂迈欧篇》中所说:"音乐能够进入人的听觉并被我们接受,乃是因为我们有和谐的本性。和谐是一种和我们的灵魂运行相似的运动。……和谐的用处是纠正人的灵魂运行,即当它偏离时使它回到和谐正轨上。节律也是这样给予我们的,它可以帮助无序无理的人类灵魂回归秩序。"②音乐和舞蹈教育一直占据着柏拉图公民美感教育思想的显著位置。在《理想国》和《法律篇》中柏拉图反复强调音乐和舞蹈对于培养人的理智和善恶美丑辨别能力具有重要作用。"音乐教育比起其他教育都重要得多,……节奏和乐调有最强烈的力量浸入心灵的最深处,如果教育的方式适合,它们就会拿美来浸润心灵,使它也就因而美化;如果没有这种适合的教育,心灵也就因而丑化。"③因为音乐与舞蹈的亲密关系,柏拉图将舞蹈教育也提升至与音乐同样重要的地位。在《法律篇》中,柏拉图笔下的雅典客人这样说道:"神们被分派给我们做舞蹈的伴侣,他们就给我们和谐与节奏的快感。这样,神们就激起我们的生气,我们跟着他们,手牵着手,在一起舞蹈和歌唱。"④在柏拉图看来,

---

① 柏拉图:《柏拉图文艺对话集》,朱光潜译,人民文学出版社,2008年,第51页。

② 柏拉图:《蒂迈欧篇》,谢文郁译,上海人民出版社,2005年,第32页。

③ 柏拉图:《柏拉图文艺对话集》,第50页。

④ 同上书,第238页。

受过教育的人就是受过很好的舞蹈和歌唱的训练的人,因而也就能够喜善恨恶。“让我们来像猎犬一样随着气味追寻下去,来找出形象、曲调、歌唱和舞蹈中的美;如果找不到,谈起教育(无论是希腊的还是蛮夷的)就没有用处。”[①]在《法律篇》第七卷中,柏拉图为人们区分了何为正派和体面的舞蹈,哪一种舞蹈适合哪一种祭献,并认为正当的舞蹈和歌唱意味着人们追求有节制的欢乐,“同一个国家和同一些公民,应该用同样的方式享受同样的欢乐。这是幸福和神圣的生活的秘密”[②]。可见,在柏拉图的思想体系中,身体与心灵息息相关,人们通过身体美的训练和舞蹈的展示可以获得美感的培养以及提升道德。

柏拉图主张身心和谐统一的理念在罗马帝国时期得到继承,卢西安[③]便是这方面的代表。卢西安在自己的作品中讥讽当时的宗教迷信,反对教会的唯灵主义和禁欲主义,主张精神美和肉体美、内在美和外在美的统一。关于音乐与舞蹈的教益和价值,卢西安在《论舞蹈》一文中认为舞蹈艺术可以寓教于乐,给予观众以德育、智育和美育,“以优美的景象培养他们的视觉,以高尚的音乐熏陶他们的听觉,给他们显示一种有益于身心的美”[④]。在卢西安看来,舞蹈与其他艺术表演不同,“唯独舞蹈是包罗万象的艺术,它需要种种配备:箫和笛,拍板和铙钹,悦耳的朗诵和歌队的合唱。其他艺术要求人付出仅仅一半能力而已:不是肉体的能力就是心灵的能力;可是舞蹈要两者兼备。舞蹈家的表演既是智力的活动,又是体力的活动;他的动作富有意义,他的姿势富

---

① 柏拉图:《柏拉图文艺对话集》,第 239 页。

② 柏拉图:《法律篇》,张智仁、何勤华译,上海人民出版社,2001 年,第 238—240 页。

③ 卢西安(Lucian, 125—180 年),也译琉善,生于叙利亚的萨莫萨塔,是罗马帝国时代以希腊语写作的讽刺散文作家、唯物主义哲学家和无神论者。

④ 缪灵珠:《缪灵珠美学译文集》(第一卷),章安祺编订,中国人民大学出版社,1998 年,第 165 页。

有暗示,而他的主要优点就在于此”[1]。卢西安《论舞蹈》中的观点为后来文艺复兴时代的诗人如约翰·戴维斯爵士[2]赞美舞蹈艺术提供了灵感源泉和理论依据。

由于早期拉丁教父及其他学者致力于将古典时代的哲学思想融入基督教神学体系中,所以柏拉图的思想在中世纪得以保留。但是中世纪时期由于基督教的经院哲学一直占据主导地位,柏拉图的思想无法以原始文本形式得到研究和传承,而只能通过基督教的神学方式得到诠释和解读。直到 14 世纪,被誉为“人文主义之父”的弗朗切斯科·彼得拉克[3]才使得柏拉图的思想得以真正复兴。彼得拉克了解柏拉图著作的拉丁译本,还将其引用到自己的著作中,使之获得广泛传播。虽然彼得拉克无法阅读柏拉图的希腊语原文并在其基础上做深入研究,但是“对彼得拉克来说,学习西塞罗和柏拉图就意味着要改革伦理道德,革新人的精神与城市生活,从而建立一种新的生活方式”[4]。彼得拉克之后的 15 世纪上半叶,一批希腊学者来到意大利翻译出版了柏拉图的著作,并对其进行注疏和解读。在此基础上意大利的人文主义者融合基督教神学传统,形成新柏拉图主义思想体系(Neoplatonic thought),进而奠定了意大利人文主义的哲学

---

① 缪灵珠:《缪灵珠美学译文集》(第一卷),第 175 页。

② 约翰·戴维斯爵士(Sir John Davies, 1569—1626 年),英国诗人、律师和政治家,1597 至 1621 年为议会下院议员。代表诗作包括《了解你自己》(*Nosce Teipsum*)、《舞台前的贵宾席,或一首舞蹈诗歌》(*Orchestra, or a Poem of Dancing*)。关于戴维斯的舞蹈诗歌与卢西安《论舞蹈》之间的关系,可参见 Sarah Thesiger, “The Orchestra of Sir John Davies and the Image of the Dance”, in *Journal of Warburg and Courtauld Institutes*, vol.36(1973), pp.289 - 290。

③ 弗朗切斯科·彼得拉克(Francesco Petrarch, 1304—1374 年),意大利学者、诗人、早期人文主义者,也被称为人文主义之父。代表作品《阿非利加》(*Africa*)。

④ 加林:《意大利人文主义》,李玉成译,生活·读书·新知三联书店,1998 年,第 24 页。

基础。

人文主义者将之前被僵化在神学框架内的柏拉图的思想重新拉回到属于世俗的人的世界中,因而铸就了文艺复兴的主要思想成就,即以人为中心,肯定人的价值和重新发现真实的人性。掀起古典人文学科研究热潮的先行者彼得拉克反对禁欲主义的自我摒弃,主张围绕人的精神和心灵进行研究,认为"人只有以他自己的本来面目出现,同时时刻不忘自己的局限性,才可能在真诚的富于人性的社会中生活"①。市民人文主义者的杰出代表莱奥纳尔多·布鲁尼②在彼得拉克思想的基础上,提出以人文主义文学和人文学科为手段造就完整的人。布鲁尼认为:"人文主义要造就完整的人,首先要求实现完整的,符合人性的教育。"③为此,布鲁尼提倡文明生活并将兴趣全部集中在世俗事务上。

在布鲁尼的"完整的人"的理念推动下,人文主义者纷纷倡导精神与身体的密不可分以及世俗生活的幸福和价值。著名的拉丁文学家科西莫·拉伊蒙迪·达克雷莫纳(Cosimo Raimondi da Cremona)提出:"禁欲主义的根本错误在于不承认人的道德是整体的人的道德,即是灵魂和肉体之间实现永恒和谐的道德。"④洛伦佐·瓦拉⑤被学者称为,"一个真正在各个领域里为充分和全面恢复世俗生活的价值,反对任何禁欲主义而斗争的人"⑥。

---

① 加林:《意大利人文主义》,第22页。

② 莱奥纳尔多·布鲁尼(Leonardo Bruni, 1370—1444年),意大利人文主义者,历史学家,曾任佛罗伦萨执政官、教皇秘书。

③ 加林:《意大利人文主义》,第40页。

④ 同上书,第47页。

⑤ 洛伦佐·瓦拉(Lorenzo Valla, 1407—1457年),意大利人文学者,雄辩家和教育家,神职人员,曾任职教宗秘书。

⑥ 加林:《意大利人文主义》,第49页。

瓦拉认为,“人的目的不是割裂自己,而是在从事活动的同时也享受心灵的激动和身体的欢乐,幸福也存在于身体的欢乐中”[①]。在这里,瓦拉不仅承认世俗生活的幸福价值,而且阐明身体的欢乐同心灵一样值得人们享受。在瓦拉看来,“欢乐是同符合人的有血有肉的道德观念紧密结合在一起的。肉体和精神不可能截然分开,更不可能处于对立的状态”[②]。瓦拉指出禁欲主义的错误就在极端的二元论,即理智和感情、身体和灵魂的对立。由此他呼吁回到自然,恢复人的统一性和整体性。[③]被称为“文艺复兴全才”的莱昂·巴蒂斯塔·阿尔贝蒂[④]的艺术理念或许与舞蹈的关系最为密切直接。阿尔贝蒂在其代表作品《论绘画》的第二卷中明确提出,心灵的运动是由身体的运动体现出来的,身体就是一个人心灵的外在展示。[⑤]

在重新发掘的古代哲学思想的启示下,15 世纪意大利的人文主义者积极倡导全新的世俗生活,颂扬尘世幸福的价值,反对禁欲主义的极端二元论,认为肉体与精神具有同等的价值,强调心灵与身体的和谐统一,并致力于培养身心一致的完整的人。处于这样一种人文主义语境之中的宫廷舞蹈教师们不可避免地运用人文主义思想作为阐释宫廷舞蹈价值的理论基础。那么,在宫廷舞蹈的理论阐释中究竟怎样体现了人文主义思想,宫廷舞蹈又是在哪些方面受到人文主义的影响呢?我们将在下文的分析中寻求答案。

---

① 加林:《意大利人文主义》,第 49 页。

② 同上书,第 50 页。

③ 同上书,第 51 页。

④ 莱昂·巴蒂斯塔·阿尔贝蒂(Leon Battista Alberti, 1404—1472 年),意大利人文主义者、画家、诗人、建筑师、语言学家、哲学家,是当时著名的通才。

⑤ Leon Battista Alberti, *On Painting*, trans. John R. Spencer, New Haven: Yale University Press, 1966, p.77.

二　宫廷舞蹈的道德价值与审美标准

首先,人文主义倡导的身心合一理念为宫廷舞蹈奠定了道德价值基础。中世纪以来舞蹈的道德地位一直备受争议。在中世纪的忏悔手册和神学论著中,舞蹈通常被归为"七宗罪"之一的色欲罪。跳舞被认为是引发危险的性吸引的社交活动。当"十诫"作为评判标准时,舞蹈同样因属色欲罪触犯了第六条(不可奸淫)和第九条(不可贪恋别人的妻子)诫律而被禁止。[①]神职人员在其布道中经常会重点强调与人的身体感官相联系的道德危险。一位圣方济各修会的修道士就曾在布道中将舞蹈中运用到的视觉、听觉和触觉描述为魔鬼的武器。[②]除此之外,中世纪的宗教论著还认为舞蹈的本质是异教的崇拜仪式,圆圈舞的中心就是魔鬼。[③]可见,在基督教文化占据主流的中世纪,舞蹈总是因处于欲望及淫邪等不道德的层面而饱受诟病。当人文主义思想风行之时,享受世俗生活及提倡身体与心灵和谐一致等理念,自然成为以舞蹈为职业的宫廷舞蹈教师手中有力的自我辩护武器。

因为音乐与舞蹈的密切关系,宫廷舞蹈教师古列尔莫·埃博里奥·达佩萨罗首先以音乐为切入点,证明音乐真正体现了和谐统一的新柏拉图主义宇宙观,理应位列"自由七艺"[④]之首

---

① Alessandro Arcangeli, "Dance under Trial: The Moral Debate 1200—1600", in *Dance Research: The Journal of the Society for Dance Research*, vol. 12, no. 2 (Autumn, 1994), pp.129 - 130.

② Ibid., p.131.

③ Ibid., pp.144 - 145.

④ "自由七艺"(seven liberal arts)又称"人文七艺",原指古典时代自由公民所应学习的基本学科,包括文法、修辞与逻辑,合称为"三艺"(Trivium)。到中世纪,范围又被扩大至包括数学、地理学、音乐和天文学(其中包括占星学),合称为"四艺"(Quadrivium)。"三艺"与"四艺"合称"自由七艺",是中世纪大学主要科目。

位。[1]古列尔莫举例论证了音乐具有影响人类情感的力量。因为舞蹈源自音乐,那么舞蹈与音乐就具备同样的特质,同样体现宇宙和谐统一的原则;舞蹈就是音乐和谐的外在身体展示,因而也应与音乐一样属于自由七艺之一,并由此跻身高贵艺术之列。[2]在古列尔莫看来,舞蹈是精神运动的外在行为,必须与有节奏的、完美和谐的音乐相一致;和谐的音乐能调动人的情感,这些情感需要外在形式的表达,而舞动的身体正是情感的外在表现。[3]这里我们看到古列尔莫对舞蹈本质的论证,其依据正是人文主义者倡导的身心和谐的理念。在前面提到的三位舞蹈教师的著述中,古列尔莫的舞蹈理念被认为是最明显地受到同时代人文主义者的影响。他的舞蹈手册的理论部分鲜明体现了新柏拉图主义的美学原则,由此可以推断他一定阅读过这些资料。[4]可见,宫廷舞蹈教师提升舞蹈艺术地位的主要理论武器正是当时激烈涌动的人文主义思潮。

根据身心合一的理论,舞蹈是内在心灵的外在表现,身体的运动反映了心灵的活动,同时也会对内心产生各种影响。如前文所提到的柏拉图的美学理念,良好的音乐与舞蹈教育可以帮助人们辨别美丑善恶,进而提升道德层次和幸福感。那么什么样的舞蹈可以称为是美的,且能够美化人的心灵呢?宫廷舞蹈教师们在各自的舞蹈论述中,以身心和谐理论为出发点,向读者阐释了舞

---

① Guglielmo Ebreo of Pesaro, *On the Practice or Art of Dancing*, trans. and ed. Barbara Sparti, Oxford: Clarendon Press, 1993, p.87.

② Jennifer Nevile, *The Eloquent Body: Dance and Humanist Culture in Fifteen-Century Italy*, p.109.

③ Guglielmo Ebreo of Pesaro, *On the Practice or Art of Dancing*, p.89.

④ Günter Berghaus, "Neoplatonic and Pythagorean Notions of World Harmony and Unity and Their Influence on Renaissance Dance Theory", in *Dance Research: The Journal of the Society for Dance Research*, vol.10, no.2 (Autumn, 1992), pp.54 – 56.

蹈的审美标准。

首先,节制和适度是宫廷舞蹈的中心原则和基本要素。从宫廷舞蹈教师的论述中可以看出,这一原则也是与人文主义理念最为相通的。节制和适度的原则最初源自亚里士多德的伦理学思想。在《尼各马可伦理学》第二卷中,亚里士多德重点阐释了德性的品质就是适度。“如果德性也同自然一样,比任何技艺都更准确、更好,那么德性就必定是以求取适度为目的的。我所说的是道德德性。因为首先,道德德性同感情与实践相关,而感情与实践中存在着过度、不及与适度。……在感情和实践中过度与不及都是错误,适度则是成功并受人称赞。成功和受人称赞是德性的特征。所以,德性是一种适度,因为它以选取中间为目的。”① 亚里士多德随后在文中举例说明了在人类情感和具体行为中哪些属于过度和不及,哪些属于适度和节制,并给出建议教导人们如何获得适度和节制。②宫廷舞蹈教师多梅尼科·达皮亚琴扎在其论著中引用这位先哲的理念为舞蹈艺术奠定权威的理论基础,由此赋予宫廷舞蹈以道德价值。“他认为所有事物如果实行极端过度的方式就会使其自己走向腐败和毁灭,适度则可以让事物留存下来。这一德性就在于避免极端和坏的事物,要牢记亚里士多德在第二卷中所赞扬的机智,也就是保持中间的品质,远离呆板的乡下农人和滑稽的杂耍艺人这两个极端。”③从中世纪到文艺复兴,亚里士多德的伦理学思想一直被知识分子和人文主义者奉为经典、权威。多梅尼科在其舞蹈著作中明确引用亚里士多德

① 亚里士多德:《尼各马可伦理学》,廖申白译注,商务印书馆,2003 年,第 46—47 页。

② 同上书,第 49—57 页。

③ Jennifer Nevile, *The Eloquent Body: Dance and Humanist Culture in Fifteenth-Century Italy*, p.89.

的论述，甚至使用与这位先哲相同的希腊用语（即“机智”一词的希腊语“eutrapelia”）[①]，足以说明宫廷舞蹈教师深受人文主义者影响，懂得在古典哲学世界中寻求适合的论据，让自己的论证更具有权威性，进而提升舞蹈艺术的人文地位，使之为上层精英阶层所认可和接受。

节制和适度的理念体现在具体的舞蹈动作要求中就是多梅尼科所说的“Maniera”，即风度。多梅尼科以威尼斯的贡多拉船做比喻，形容有风度的动作就仿佛是在平静海面上由双桨推动航行的贡多拉船，慢慢地升起，又迅速落下。多梅尼科强调这种风度就是要求禁止采用极端方式，舞者在动作中必须一直练习，既不能动得太少使人看上去像块木头，又不能动得太多。[②]在多梅尼科的学生古列尔莫看来，适度的原则体现为“aiere”，即在舞蹈中身体的提升动作。“这是一种轻盈的和上升的动作展示，要求一个人在舞蹈中灵活表现出优雅温柔的提升动作。……因为如果（舞步）一直保持贴近地面，没有提升，没有‘aiere’，那么舞蹈就不会完美，无法体现其本质。对于旁观者来说，这样的舞蹈也就称不上优雅而值得由衷的赞美。”[③]

从古列尔莫的论述中我们看到宫廷舞蹈的另一个基本而重要的原则——优雅（gratia）。在这几位宫廷舞蹈教师的论著中，“优雅”一词最常见于描述身体动作，其具体要求就是不应以极端方式进行表演，既不能动作过大、过于夸张而显得笨拙，也不能动作太小而显得毫无生气犹如木头。优雅的动作要求舞者的身体具有流畅性和灵活性，这样在舞步进行中，身体的提升和下落

① Jennifer Nevile, *The Eloquent Body: Dance and Humanist Culture in Fifteenth-Century Italy*, p.90.

② Ibid., p.84.

③ Guglielmo Ebreo of Pesaro, *On the Practice or Art of Dancing*, p.97.

能够一直处于控制之中。舞者必须能够控制他们的身体以便在舞步开始时缓慢而逐渐地提升,在舞步结束时迅速地落下。如果身体一直挺直僵硬就不会把舞者的风度(Maniera)表现出来。[①]除此之外,宫廷舞蹈教师们还强调头部的位置。具体要求就是,既不能让头低得贴到胸部,也不能把头高高扬起,下巴朝天。头的位置应一直保持水平,而年轻的姑娘们要特别注意适当谦恭地放低自己的目光。[②]在这里我们看到,古列尔莫在优雅原则的基础上,对女性舞者的要求又增添了一个层面,即端庄、符合体统。在其论著的第一卷,古列尔莫专门对女性舞者的身体动作提出具体要求:"年轻而贤良的妇女理应乐于理解和掌握这一规则和技巧,让自己的行为举止表现得比男人更加谨慎和谦恭……她的举止应该适度并带有优雅的谦恭,她的行为应该柔美、素雅和令人愉快。她身体的动作应该恭顺而温柔,她的姿态应该高贵而庄严;她的步伐应该轻盈,手势应该优美。"[③]古列尔莫为女性舞者制定的动作规则体现了当时社会对妇女参与舞蹈的态度,其影响持续了两个多世纪,并不断出现在之后的社交规则手册和舞蹈论著中。[④]

16 世纪的法国王室和贵族将古列尔莫对女性舞者端庄高贵的礼仪要求扩展至整个宫廷舞蹈的社交场合中。庄重、体统以及严格的等级制成为 16 世纪法国宫廷舞蹈的中心标准。这一标准决定了谁可以跟谁跳舞、舞蹈的顺序、哪些舞蹈可以在公开场合表演、哪些舞蹈只能作为私人娱乐活动。当时一位常驻法国的英

---

① Jennifer Nevile, *The Eloquent Body: Dance and Humanist Culture in Fifteenth-Century Italy*, p.85.

② Ibid., p.88.

③ Guglielmo Ebreo of Pesaro, *On the Practice or Art of Dancing*, p.109.

④ Margaret M. McGowan, *Dance in the Renaissance: European Fashion, French Obsession*, New Heaven and London: Yale University Press, 2008, p.23.

国外交人员理查德·库克在其外交备忘录中记载了法国王室的宫廷舞蹈细节。据库克的记述,国王与王后首先出场跳舞,随后是级别最高的贵族和他们的妻子;在盛大的婚礼上,国王可以选择和新娘跳舞,或者他喜欢的任何一位女士。除了国王和她的兄弟,王后不能和任何男人跳舞,或者她可以和国王表示同意的某位王储跳舞。[①]除此之外,宫廷舞蹈的表演顺序也必须遵循传统而严格的规范。据库克的回忆,首先表演的是缓慢而庄严的孔雀舞[②],然后是依旧庄重的阿列曼德[③]。随后出场的是布朗里[④],这个舞蹈是圆圈舞形式,王后必须在两个王储之间,除此之外没有其他特别的顺序要求。接着是库朗特[⑤],最后是沃尔塔[⑥]。整个舞会通常以加利亚德[⑦]结束。[⑧]

那么,在这样等级严格和庄重高贵原则至上的宫廷舞蹈中,舞者该如何表现自己娴熟的舞蹈技巧呢?在这里,16世纪的人文主义者给出了答案,优雅和适度的原则再次成为衡量标准。意

---

① Margaret M. McGowan, *Dance in the Renaissance*, p.21.

② 孔雀舞(pavane)又称"帕凡舞",是一种非常缓慢的(音乐节拍为2/4)宫廷舞会舞蹈,是男女两人一组的行进式表演。孔雀舞最初被认为源自西班牙,西班牙语的"pavón"意为孔雀。但近代认为,孔雀舞源自意大利,是意大利帕多瓦的舞蹈。

③ 阿列曼德(allemandes),起源于德国,是一种不带跳跃动作的慢速的集体舞蹈,音乐节拍为2/4。

④ 布朗里(branles),起源于中世纪的民间舞蹈,是男女两人一组的圆圈舞,为后来所有宫廷舞会舞蹈的基础舞蹈。布朗里的种类很多,分为简单式和复式等。在宫廷表演时,布朗里的特点是缓慢而充满礼仪性。

⑤ 库朗特(courantes),起源于意大利,男女两人一组沿椭圆形行进,缓慢庄严,音乐节拍为3/4。

⑥ 沃尔塔(volta),起源于意大利,出自意大利文"voltare",意为转身。舞蹈的基本动作是男伴灵巧而有力地把女伴抛到空中转一圈,这个动作被认为是剧场舞蹈表演中双人舞托举技术的前身。

⑦ 加利亚德(galliards),源自意大利民间舞蹈,节奏中速,风格快乐活泼,动作较为复杂,包括步法、跳跃、倒脚以及各种舞姿。

⑧ Margaret M. McGowan, *Dance in the Renaissance*, p.22.

大利著名作家巴尔达萨雷·卡斯蒂廖内[①]在其代表著作《廷臣论》中,对优雅与技巧之间的关系做了诠释:“要不惜一切代价远离迷恋之情,它仿佛是危险嶙峋的悬崖,……一切事务都应采取一种超然的态度,即隐藏一切技巧,使人看上去感觉是天然而不费力气的。……真正的技艺就是使其看上去不是技艺;而且最重要的就是把它藏起来,因为如果把它显露出来,就会完全败坏一个人的名声,让他名誉扫地。”[②]卡斯蒂廖内以舞蹈为例,以便让读者更加明了这种优雅原则的本质:“我们的皮耶尔保罗跳舞,小幅地跳跃着,并且从大腿到脚趾一直紧绷着,头一动不动,就好像他是木头做的,而且整个人看上去特别费劲,好像他在数着每一个舞步。皮耶尔保罗这么跳舞的时候,你们当中怎会有人不发笑呢?”[③]在卡斯蒂廖内看来,优雅本身就是舞蹈技巧的最鲜明展示:“在舞蹈当中,一个舞步,身体的一个自然而优雅的动作,立刻就能显示出舞者的技巧。”[④]也就是说,舞者被要求呈现美妙绝伦、浑然天成的表演,但观众又无法察觉到他们的高超技术和为此付出的长时间的辛苦训练。也就是说,舞者要表现出一种淡然轻松的态度,每一个舞步都应该自然优雅而看不出任何刻意努力的痕迹。这一标准被学者认为是 16 世纪宫廷舞蹈全部美学的基础。[⑤]

宫廷舞蹈的审美标准除上述的节制、优雅和庄严之外,在具

---

① 巴尔达萨雷·卡斯蒂廖内(Baldassare Castiglione, 1478—1529 年),意大利文艺复兴时期的外交官、诗人、作家。他致力于诗歌创作,但其最著名的作品还是对话体著作《廷臣论》。

② Baldesar Castiglione, *The Book of the Courtier*, trans. George Bull, Penguin Books, 1981, p.67.

③ Ibid., pp.67 - 68.

④ Ibid., p.70.

⑤ Margaret M. McGowan, *Dance in the Renaissance*, p.23.

体要求上还包括空间的分配、舞步的变化以及与音乐节奏的配合等方面。[①]本文的论述重点在于宫廷舞蹈的审美与人文主义理念之间的关系，因此关于宫廷舞蹈的其他具体审美要求并不属于本文的关注范围。从上述具体的舞蹈审美要求中我们可以看出，无论是风度还是优雅，灵活还是控制，庄严还是秩序，都源自前文所阐述的节制和适度原则。正如舞蹈史学家内维尔所言："在舞蹈教师的理念中，适度是构成富于表现力的身体动作的中心成分。"[②]而这种适度原则正是来自被人文主义者奉为圭臬的古典哲学理念。可见，在人文主义的语境之下，15、16世纪的宫廷舞蹈从基本的审美标准到具体的动作要求，甚至是舞蹈表演的顺序和等级，都印刻着人文主义的思想痕迹。

那么，宫廷舞蹈的审美标准如何体现人文主义理念呢？首先，宫廷舞蹈教师依据柏拉图身心合一的理念，将旨在指导情感和心灵的亚里士多德的伦理学思想应用于舞蹈领域。他们相信，身体的美丑可以折射出心灵的善恶，优雅庄严的身体动作和行为举止能够反映出一个人的心灵是否同样优雅高贵。在他们看来，一个人如果能够控制自己的身体，同样也可以控制自己的灵魂。节制适度的身体动作折射出一个人在情感和心灵方面可以做到同样的节制和适度。这种身体的美与心灵的善和谐统一的思想与人文主义美学观念不谋而合。在人文主义者看来，"美就是统一性和多样性的和谐的可见形式，心灵就是宇宙的枢纽。如同人的本质存在于他的行为之中一样，爱总是向往某个目的的永恒力量。人和爱是紧密地联结在一起的，他们的外在表现形

---

① Barbara Sparti, "Artistic Theory of Dance in Fifteenth-Century Italy", in *Year Book for Traditional Music*, vol.35 (2003), pp.183 – 185.

② Jennifer Nevile, *The Eloquent Body: Dance and Humanist Culture in Fifteenth-Century Italy*, p.89.

式就是美”①。这里可以看到,人文主义者一直倡导的柏拉图的美学理念,即“美是显露,美是开花,美是善良之花。美是善行的初始,也是全部,它既遮盖也揭示善的奥秘”②。展露身体美的宫廷舞蹈,犹如善良的心灵之花,在它绚丽绽放的同时,也必然引领舞者与观者的内心走向善的境界。由此,宫廷舞蹈因它的美丽优雅而具备了道德指引的特质,因而也提升了它自身的道德价值。那些中世纪以来针对舞蹈的种种诟病在人文主义的美学理念面前逐渐颓然消散,化作历史的点点尘埃。

另一方面,我们还注意到宫廷舞蹈审美标准中的优雅适度与人文主义美学观念中的文雅秀丽相互契合,如同孪生。人文主义者在关于美的讨论中赋予文雅以运动感,在运动的美感中寻找文雅,“文雅主要通过身体的温柔和秀丽运动表现出来,因此,如果身体不动,它是不会表现出来的。……文雅不是别的,只不过是身体听从心灵的吩咐所表现出来的某种自然和敏捷的举动而已”③。在人文主义者看来,文雅是在精神活动所引起的身体运动中表现出来并被人感知的,“当一个人的思想活跃,情绪稳定,品德无瑕,体态端庄,语言谦逊,举止温良……以及懂得科学和明察事理的时候,文雅就放射出闪耀的光芒”④。可见,在人文主义者眼中,文雅是属于世俗的真实的美,更是心灵与身体结合的完整的美。这样的美学观念无疑为宫廷舞蹈的审美标准提供了最为坚实的依据和基础。除此之外,宫廷舞蹈审美中的适度和谐原则在人文主义的文雅理念中也有所体现:“文雅是从相称、合适与和谐的事物中产生的,……正如四肢各成比例的身体是美的一

① 加林:《意大利人文主义》,第112页。
② 同上书,第113页。
③ 同上书,第114页。
④ 同上书,第114—115页。

样,各种德行互相协调的心灵也是美的。身体和心灵愈美,它们所表现出来的文雅,即我所说的各个部分的恰如其分的状态也就愈益完善。”[①]这里,我们再次感受到宫廷舞蹈和人文主义所共同依据的柏拉图的身心和谐理念以及亚里士多德的适度原则的深远影响。

在人文主义的语境之下,宫廷舞蹈被赋予了具有道德价值的审美标准,由此也具备了不同于以往的社会和政治意义。舞蹈不再只是王室、贵族在宫廷里的娱乐消遣活动。在人文主义思潮的影响下,优雅庄重的宫廷舞蹈拥有了更加复杂的社会身份和政治功能。那么,究竟是什么样的社会角色让宫廷舞蹈成为文艺复兴时期不可忽略的艺术活动呢?我们将在下一部分探寻答案。

三　宫廷舞蹈的社会角色

早在中世纪晚期的 14 世纪,宫廷舞蹈就已成为贵族和上层社会日常生活的主要娱乐活动。在薄伽丘的《十日谈》中描述了七个年轻女郎和三个男青年逃离瘟疫肆虐的佛罗伦萨,在风景宜人的乡间别墅过着世外桃源般快乐无忧的日子。每日午后祈祷的钟声敲过,这十个青年男女便聚在清风徐徐的阴凉处,每人讲一个故事,以此为消遣,度过夏日里的酷热时光。每天傍晚在十个人的故事全部讲完之后,大家便聚在一起唱歌跳舞。例如在第一日的故事会活动结束之后,“女王吩咐取来乐器,由劳蕾塔跳舞,艾米莉娅唱歌,狄奥内奥用诗琴伴奏。劳蕾塔奉命带领大家翩翩起舞,……艾米莉娅唱歌时,大家快活地随声附和,……接着又一边唱歌一边跳起圆圈舞”[②]。有学者详细考证了《十日谈》中

① 加林:《意大利人文主义》,第 115 页。
② 薄伽丘:《十日谈》,王永年译,人民文学出版社,2001 年,第 68—69 页。

提到的舞蹈,区分了薄伽丘在小说中提到的不同舞蹈种类,认为在中世纪晚期的14世纪和文艺复兴早期,受过教育的上层人士对于歌唱、跳舞和乐器演奏都已熟练掌握,因而可以说,被认为是第一位宫廷舞蹈教师的多梅尼科·达皮亚琴扎并非宫廷舞蹈的编创者,他只是对之前已经存在的舞蹈进行了记录和整理。[①]

在被称为西方文艺复兴研究领域最重要著作的《意大利文艺复兴时期的文化》一书中,作者布克哈特描述了意大利各地宫廷举行庆典时表演的幕间舞蹈:"在幕间插曲中还可以看到罗马武士的决斗,他们随着音乐的节奏挥舞着他们的兵器,还有摩尔人所表演的火炬舞,这是一种野蛮人的舞蹈,他们拿着许多号角,号角里边冒出流动的火光——所有这些都是一个哑剧的舞蹈,……其次还有一种扮成潘趣的小丑的跳舞,……在费拉拉的宫廷里边,从来没有一个喜剧的上演不伴以它的舞蹈(化装舞)的。"[②]此处我们可以看到,当时的宫廷舞蹈除常见的舞会舞蹈以外,还有在节日庆典上表演的有角色、有情节的哑剧舞蹈。

至16世纪,宫廷舞蹈在欧洲更加流行和普及。特别是在法国各地,舞蹈已经成为贵族及上流阶层为之倾倒和痴迷的重要活动。舞蹈史学家玛格丽特·M.麦高文根据16世纪留存下来的出版记录,王室财政记录,以及驻法国宫廷的外国使节和外国学生的书信、日志、回忆录,向读者描述了宫廷舞蹈在法国流行和风靡的盛景。[③]从王室宫廷到城市商人和资本家,舞蹈不仅是日常主要的娱乐活动,更是炫耀财富和奢华,彰显社会地位的主要手段。特别是法国国王亨利三世对于宫廷舞蹈的痴迷程度,从其舞会举

---

① W. Thomas Marrocco, "Music and Dance in Boccaccio's time. Part I: Fact and Speculation", in *Dance Research Journal*, vol.10, no.2(Spring-Summer, 1978), pp.19–22.

② 雅各布·布克哈特:《意大利文艺复兴时期的文化》,第313页。

③ Margaret M. McGowan, *Dance in the Renaissance*, pp.1–9.

办的频繁次数中可见一斑。从 1572 年 1 月到 1587 年 1 月，驻法国的英国大使在其任内的 15 年间，每年写给英国女王的报告中都会提到法王亨利三世举办的舞会和上演的舞剧。不仅在一月和二月几乎每天都进行这些舞蹈表演，而且在其他时间也频繁举办舞会活动。[①]除此之外，在法国其他地区舞蹈也同样风靡并具有深厚的传统。一位留学法国学习医学的学生在其日记中记述了 1552 年在法国南部城市蒙彼利埃，富有的商人为年轻的姑娘举办舞会。在火把的照耀下，他们彻夜跳着“布朗里”“加利亚德”和“沃尔塔”。[②]

另外，宫廷舞蹈教师不断提高的社会地位也可以证明宫廷舞蹈受欢迎的程度。在之前的 15 世纪，尽管宫廷舞蹈教师受雇于各地贵族宫廷，并撰写舞蹈手册以提升舞蹈的人文和道德价值，但他们的实际社会地位并不高，并未获得上层社会成员的充分尊重。例如前文提到的宫廷舞蹈教师古列尔莫，尽管拥有骑士身份，但他在所服务的乌尔比诺公爵宫廷里的排名却在男仆、厨房管家和织工的后面，可见其社会地位之低下。[③]当时的权贵阶层认为没有必要，或者也没有意愿长期固定地雇佣某个舞蹈教师，因而尽管比较著名，像古列尔莫这样的宫廷舞蹈教师，却依然辗转奔波于意大利各地，直到晚年去世。[④]然而到了 16 世纪，宫廷舞蹈教师的境况已经大为改观。意大利北部各城市竞相雇佣最

---

① Margaret M. McGowan, *Dance in the Renaissance*, p.7.

② Ibid., p.8.

③ Barbara Sparti, “The Function and Status of Dance in the Fifteenth-Century Italian Courts”, in *Dance Research: The Journal of the Society for Dance Research*, vol.14, no.1 (Summer, 1996), pp.49 – 50.

④ Barbara Sparti, “The Function and Status of Dance in the Fifteenth-Century Italian Courts”, pp.50 – 51.

好的舞蹈教师为其宫廷庆典编排舞蹈。[①]在法国宫廷,舞蹈教师的专业知识和精湛的舞蹈技术得到前所未有的赏识,其地位和影响因而日益提升。这一点在巴尔塔扎尔·博若耶(Balthazar de Beaujoyeulx)所受到的优厚待遇上可以得到明证。1555年应王后卡特琳娜·美第奇的要求,博若耶跟随老师布里萨克从意大利来到法国为王室宫廷编排和教授宫廷舞蹈。在查理九世和亨利三世统治期间,博若耶编创的舞蹈在王室成员中大受欢迎。1572年,博若耶已经享受固定津贴,并很快获得一块地产——毗邻卢浮宫的一套带花园的房子。到1586年,一份巴黎资本家集会记录上出现了博若耶的名字,说明那时他已经跻身巴黎城市上流社会。[②]16世纪宫廷舞蹈教师的生活境况和社会地位的不断提升,足以证明宫廷舞蹈在欧洲各地已经成为重要而不可或缺的娱乐及庆典活动。

然而文艺复兴时期的宫廷舞蹈并没有停留在仅供王室、贵族娱乐消遣之用的层面。在人文主义的背景下,宫廷舞蹈拥有了更为高贵、更有内涵的社会身份。首先,宫廷舞蹈具有重要的教育功能。如前文所述,根据柏拉图身心合一的理论,优雅适度的身体动作可以反映出一个人心灵的高尚与善良。以节制和适度为基本审美原则的宫廷舞蹈,在指导人们控制自己身体的同时,也在告诉人们如何控制自己的内心,使其与优美的舞蹈动作一样趋向美和善。因此,宫廷舞蹈在人文主义的语境之下拥有了鲜明的道德教益。"跳舞使人高贵"也因而成为宫廷舞蹈教师提升宫廷舞蹈道德价值的重要依据。古列尔莫在其舞蹈论述中这样说道:"当高贵、有美德以及诚实的人练习舞蹈时,这门技艺就是好的、

---

① Margaret M. McGowan, *Dance in the Renaissance*, p.2.

② Ibid., p.21.

有道德的，并值得赞美称颂的。并且，它不仅可以将道德而正直的人变得高贵优雅，也能够让那些举止粗野土气、出身下层的人变得足够高贵。每个人的价值都会通过舞蹈体现出来。”[①]高贵优雅的身体动作的审美基点来自节制和适度，那么节制和适度的身体训练也就能够帮助人们在心灵方面做到同样的节制和适度，如此就可以引导人们控制自己内心的欲望，抵挡邪恶的诱惑。因此，古列尔莫提出的“跳舞使人高贵”的理念的核心目的，正是通过优雅而充满节制的舞蹈动作训练以达到心灵的美善和高尚。可以说，宫廷舞蹈教师在提升舞蹈艺术的道德价值的同时，也赋予了舞蹈以重要的道德教化功能。

舞蹈史家内维尔认为，在多梅尼科之前，舞蹈还只是贵族和上层社会人士的娱乐活动，而到了15世纪，舞蹈的技能已经与人文主义者的教育计划联系起来。也就是说，舞蹈的知识和技巧已经成为教育和智识能力的一个标志。[②]但也有学者认为，15世纪的人文主义教育科目主要集中在语法、诗歌、修辞、历史和伦理学，旨在培养有节制的、道德的、有公民意识的政治家，而舞蹈并没有成为官方教育的一部分；在15世纪关于教育的著述中，舞蹈虽没有明确受到谴责，但也是被人忽略的。[③]到16世纪，在人文主义者的著述中，舞蹈明确成为贵族和上流阶层的主要教育手段。如前文提到的卡斯蒂廖内在其著作《廷臣论》中认为，廷臣应该将优雅的风度融入日常每个行为活动中，包括舞蹈；优雅的舞蹈应该是自然的，不能显露出任何技巧的痕迹。深受《廷臣

---

① Guglielmo Ebreo of Pesaro, *On the Practice or Art of Dancing*, p.115.

② Jennifer Nevile, *The Eloquent Body: Dance and Humanist Culture in Fifteenth-Century Italy*, p.45.

③ Barbara Sparti, “The Function and Status of Dance in the Fifteenth-Century Italian Courts”, p.47.

论》影响的英国人文主义学者托马斯·埃利奥特[①]于1531年出版了代表作《统治者》。该书意在阐释如何将人文主义教育用于国家的统治和管理,教导年轻人如何追求在国家权力部门的事业。与那个时代其他人文主义者一样,埃利奥特相信人的身体、心智和精神需要正确的训练才能达到三者的和谐统一,在日常每个言辞和行为中都能透露出内在与外在的优雅;为了获得行为举止的优雅风度,舞蹈被认为是有效的身体训练方式。[②]埃利奥特在书中明确提出,舞蹈是一种高尚而道德的消遣活动,可以帮助人们学习和理解生活必需的高尚的道德品质,特别是谨慎的基本美德。通过练习"巴斯当斯"[③],孩子们能够学到重要的道德品质,这对于那些想要投身公共事务和国家政府的人们来说是最基本的素质。对于埃利奥特来说,巴斯当斯就是一种美德的修炼,每个舞步都代表"谨慎"这一美德的不同方面。例如巴斯当斯开头的敬礼象征着归于上帝的荣耀,这是谨慎的基础,同时也应该成为人类所有行为的起点。布朗里的舞步则意为成熟,在埃利奥特看来就是节制,即两个极端中间的适度。[④]可见,在16世纪人文主义者的眼中,宫廷舞蹈已经成为重要的教育手段,但也仅限于道德教益功能。当时大部分人文主义者更关注政治秩序和道

---

① 托马斯·埃利奥特(Thomas Elyot, 1490—1546年),文艺复兴时期的英国学者,代表作《统治者》。埃利奥特还翻译过一些关于治国之术的论著,并曾作为外交官效力于英国国王。

② John M. Major, "The Moralization of the Dance in Elyot's Governour", in *Studies in the Renaissance*, vol.5 (1958), pp.27-28.

③ 巴斯当斯(basse danse)也被称为"低舞",起源于14世纪的意大利,在15世纪至16世纪早期成为欧洲最受欢迎的宫廷舞蹈。巴斯当斯是以民间舞蹈元素为基础、不带跳跃的宫廷舞蹈的总称。其特点是庄重高贵,舞者通常姿态高傲,舞步为缓慢滑行,队形为圆圈、链形或者行进的队列。

④ 转引自 Jennifer Nevile, *The Eloquent Body: Dance and Humanist Culture in Fifteenth-Century Italy*, p.97。

德重建的议题，因而未能从美学的角度欣赏舞蹈艺术，这也是由那个时代所特有的社会需求决定的。

其次，在人文主义的语境之下，宫廷舞蹈成为旨在提升内在道德修养的重要教育手段，优雅而不着痕迹的舞蹈技巧进而成为上层人士的身份标识，由此，宫廷舞蹈也成为当时人们得以跻身上流社会和权贵阶层的必备条件。16 世纪人文主义者的社交手册都在着力强调舞蹈的能力对于谋求宫廷职位的人来说有多么必要。舞蹈可以帮助廷臣拉近与诸侯、贵族的关系，为他们谄媚权贵并与之保持密切关系提供了正当的手段。[①]意大利人文主义者弗朗切斯科·圭恰迪尼尽管鄙视舞蹈和音乐这类所谓轻浮的技艺，但也不得不承认："拥有这类技艺就可获得诸侯、贵族的欢心，对于那些富于此类技艺的人，这也许就意味着巨大利益和仕途晋升的开始。"[②]在宫廷舞蹈教师的著作中，舞蹈技巧也与社会地位的提升联系起来。例如在其著述的致读者部分，卡罗索强调："（舞蹈）是构成良好教养的基本要素之一，如果不会跳舞，人们就会认为这是一种需要谴责的缺点。……总之，在旁观者看来舞蹈是与优雅、优美和礼仪相关联的。……在我们这个时代人人都知道贵族和绅士对舞蹈十分尊敬。"[③]在当时的日记和史书中也都有关于舞蹈帮助人们进入权贵阶层事件的记载。例如，据当时驻英国宫廷的法国使节回忆，1564 年伊丽莎白一世为苏格兰女王玛丽选择了一位合适的伴侣，名为达恩利，选择原因就包括此人从小就学会了如何弹奏琉特琴以及跳舞；伊丽莎白女王本人十分崇拜具有编舞技巧的人，曾提拔克里斯托弗·哈顿爵士进入

---

①② Margaret M. McGowan, *Dance in the Renaissance*, p.17.

③ Fabritio Caroso, *Courtly Dance of the Renaissance: A New Translation and Edition of the Nobilta di Dame(1600)*, p.87.

宫廷,原因就在于这位爵士会跳加利亚德。[①]这种因舞蹈而得到职位晋升的事情不仅出现在宫廷,在教会中也时有发生。例如一位年轻的波尔多教会书记官,同时也是一位卓越的加利亚德的表演者。因其超凡的舞蹈技巧,这位书记官被任命为普罗旺斯地区里耶镇的主教。[②]

文艺复兴时期的宫廷舞蹈,从贵族和上层社会的娱乐消遣活动逐渐转变为具有道德教益的教育手段和宫廷仕途晋升的必备技能,这种社会角色的转换折射出整个时代精神的变迁与文化的革新。在人文主义思潮的影响下,人的世俗价值重新获得认可,对于人的世俗伦理教育进而成为关注重心。在人文主义者的教育理念中,核心目标就是培养身心和谐的"完整的人"。在身体反映心灵的理念引导下,作为以身体为表现媒介的宫廷舞蹈自然成为提高道德修养、塑造美善心灵的最有效方法之一,曾被诟病为轻浮浅薄的娱乐活动的宫廷舞蹈也因而具备了高贵的道德教育功能;并且,宫廷舞蹈因其所具备的道德教育的用途,成为人们进入宫廷政治生涯的重要条件。至此,宫廷舞蹈早已超越了最初的娱乐功能,被志在道德重建的人文主义者纳入人文主义的教育体系中,以舞蹈为职业的宫廷舞蹈教师也在这一体系中寻求舞蹈审美上的道德意义,以此提高宫廷舞蹈整体的社会地位。在人文主义的语境之下,当宫廷舞蹈与心灵塑造和修养提升联系在一起时,它就不可避免地被赋予了更加复杂的社会和政治意义。

四　宫廷舞蹈的政治功能

文艺复兴时期的宫廷舞蹈在超越娱乐功能、完成社会角色转

---

① Margaret M. McGowan, *Dance in the Renaissance*, pp.17 - 18.

② Ibid., p.13.

换的同时,还具备了深刻的政治含义。从15世纪的意大利城邦国家到16世纪的法国王室、贵族,宫廷舞蹈都是权贵阶层和国王、贵族手中频繁使用的政治工具。那么这个时期的宫廷舞蹈如何体现了当时统治者的政治意图?又是怎样成为君主和贵族手中重要的政治工具?我们将在下文给予分析和阐释。

首先,15世纪意大利各地贵族宫廷和城邦共和国都以盛大的庆典活动彰显其政治地位和影响力。宫廷舞蹈作为庆典活动的重要部分自然也为这种政治炫耀提供了更多展示空间。这一点我们可以在关于15世纪意大利各类庆典活动的描述和记载中找到依据。布克哈特在《意大利文艺复兴时期的文化》中描写了15世纪意大利各地节日庆典的表演场面,认为意大利的节日表演优于欧洲其他国家。这些表演包括奇迹剧、哑剧以及凯旋式的化装游行等,在这些表演形式中当然也包括穿插其中的幕间舞蹈表演。在这些场面描述中,“富丽堂皇”“辉煌壮丽”“豪华”“华美”是最常见的形容词,令人印象深刻。①在当时人留下的宫廷庆典活动记录里,“奢华”(magnificence)一词同样反复出现在描述之中。例如1459年米兰公国的继承人和教皇庇护二世(Pope Pius Ⅱ)访问佛罗伦萨,科西莫·德·美第奇②为此举行了盛大的欢迎庆典。这一事件在当时的意大利激起巨大反响,一首匿名的三行体诗歌(terza rima)描述并赞美了这次庆典活动。诗歌中有一部分生动详细地描写了舞会(ballo)的布置和准备情况、参与的人们以及他们奢华的服饰:

在舞蹈区域有60个年轻人聚在一起,其中40个人穿着

① 布克哈特:《意大利文艺复兴时期的文化》,第397—420页。

② 科西莫·德·美第奇(Cosimo de'Medici, 1389—1464年),文艺复兴时期佛罗伦萨第一个僭主,美第奇家族政治时代的创建者,大商人,被称为“老科西莫”。

> 锦缎裙子和短上衣。他们都穿的是丝绸,在着装方面从未如此奢华,你得相信我的诗歌所告诉你的。那些年轻人脸上洋溢着喜庆和欢乐,他们的盛装与他们的高贵身份相配。他们都是富有公民以及高贵的、具有贵族血统的子弟,他们漂亮如同圣灵。他们当中有50人穿着带有银丝刺绣的衣服,这与他们的作用及高贵地位相符合。他们仿佛充满阳光,这是一件所见到的惊人事情,甚至直到现在我都记得。"[①]除了着装,作者还不厌其烦地反复描写了贵妇人和年轻姑娘所佩戴的各种珠宝首饰:"她们的脖子、头上与胸前都戴着垂饰、项链、胸针和装饰纽扣,都是由昂贵纯金做成的贵重珠宝。当然任何人无论何时看到她们都会眩晕,因为她们身上满是珠宝和金银丝饰品。有红宝石、绿松石、祖母绿、尖晶石、黄宝石、蓝宝石和钻石,都珍稀精美,昂贵而没有赝品。[②]

这里值得注意的是,作者用大量篇幅描述参加舞会者的衣着和首饰,但对舞会进行中舞蹈本身的描写却简略而一笔带过,如"随后每个贵族和聪敏的随从都带着一位已婚女士或年轻姑娘开始跳舞",以及"这位好战的首领笔直地站起,向他们鞠躬还礼,然后走到大厅中央跳舞,并且在舞蹈中没有犯错"。[③]这样匆匆带过的写法与之前对衣饰的详细描写形成鲜明对比。事实上,这种描述方法在当时庆典活动的记录中很常见。人们往往愿意在各种奢华富贵的场面上不惜笔墨,但对舞蹈本身的描述却着墨

---

① Giovanni Carsaniga, "Transcription and Translation of MS from Florence, Biblioteca Nazionale Magl. VII 1121, f. 63r - 69v", Appendix I, in Jennifer Nevile, *The Eloquent Body: Dance and Humanist Culture in Fifteenth-Century Italy*, p.145.

② Giovanni Carsaniga, "Transcription and Translation of MS from Florence, Biblioteca Nazionale Magl. VII 1121, f. 63r - 69v", p.148.

③ Ibid., pp.150 - 151.

不多。甚至连以舞蹈为职业的宫廷舞蹈教师，如古列尔莫，在回忆自己参加过的庆典活动时，也连篇累牍地描写参加的人数、宴会的每道菜品以及巨额庆典花销和珠宝礼品等。[①]那么，是什么原因促使人们如此不厌其烦地对各类奢华场面和装饰投入大量篇幅，却对舞蹈和表演本身关注不多呢？一个解释是，当时这些舞蹈众所周知，显而易见，无需太多评论。更重要的是，这些舞蹈本身既不辉煌奢华，也非价值连城，与宫廷的其他东西一样，它的主要作用就是让统治者展示他们的财富和权力，因此，很可能就被认为是不重要的。[②]

对于15世纪的意大利人来说，追求无限的奢华是正当而且必要的，并被看作一种高贵的美德。亚里士多德的《尼各马可伦理学》为这种奢华与铺张提供了合理依据。在该书中，用于追求奢华的花费与铺张被称为“大方”。在亚里士多德看来，大方是与财富有关的德性之一。他认为，“大方意味着大数量的适度的花费。……只有把大笔钱花在重要事物上的人才是大方的。……在大方上不及是小气，其过度是虚荣、粗俗等等。……大方的人是花钱上的艺术家，他能看出什么是适合的对象并且有品位地花大笔的钱”[③]。那么，把钱花在什么样的适合对象和重要事物上才算是大方呢？亚里士多德认为，在公共事务上花钱铺张是荣耀的。这些花费包括与敬神有关的祭物和牺牲，与公共荣誉相关的捐助，如为合唱队提供设备和举办体面的公共宴会。[④]15世纪前半叶，意大利人的确为荣耀自己的城邦花费

---

① Guglielmo Ebreo of Pesaro, *On the Practice or Art of Dancing*, pp.248－254.

② Barbara Sparti, “The Function and Status of Dance in the Fifteenth-Century Italian Courts”, p.44.

③ 亚里士多德:《尼各马可伦理学》,第103—104页。

④ 同上书,第104—105页。

大量金钱修建公共建筑。但是到了15世纪后半叶,奢华与铺张的风格逐渐延伸至各种宴会、婚礼庆典、欢迎庆典上。这种“合理应用的奢华”不仅展示了统治者管理城邦的道德合理性,更为他个人权力的彰显提供了空间。①统治者在与城邦内外的贵族进行的永无休止的斗争中,利用财富和奢华给同盟者和对手留下深刻印象,这对于确保民众的支持是十分必要的。②因此,庆典舞会上的那些锦衣华服和珠宝首饰开销不仅仅是出于虚荣与炫耀,它们更象征了一个城邦统治者或贵族的政治影响力与权力等级。

虽然在当时人的记录中关于舞蹈的描述着墨不多,甚至一笔带过,但是舞蹈作为这些庆典仪式的重要组成部分,还是向人们明确展示了城邦国家之间的各种微妙关系。在一首记载1459年欢迎庆典的三行体诗歌中,虽然没有对具体舞步的描写,但对舞会进行之中所展现的礼仪、顺序、等级以及舞者的表情和动作都做了细致描述:

> 当伯爵与这两位女士共舞时,每次他走过任何一位男士或女士面前,他们每个人都会站起来向他鞠躬。……伯爵没有等多久就站起身邀请两位女士共舞,这两位女士的脸颊顿时变得如火焰般通红。但即便如此,两位女士还是非常尊敬他,将他置于她们之间并与他共舞。……那欢乐的舞蹈就像天堂中按等级排列的天使们的舞蹈,每个人都充满着快乐和欢笑。……整个舞会仿佛是布满美丽玫瑰的天堂,其中伯爵

---

① *Dance, Spectacle, and the Body Politick, 1250-1750*, ed. Jennifer Nevile, Bloomington and Indianapolis: Indiana University Press, 2008, p.91, Notes 13.

② Barbara Sparti, “The Function and Status of Dance in the Fifteenth-Century Italian Courts”, p.43.

代表太阳，那些年轻的小伙儿和姑娘则象征着闪亮的群星。[①]

这里我们不难看出，当伯爵邀请年轻女士共舞时，给舞者本人和旁观者都传达了一个重要信息：地位更高、财富更多的来访者与东道主之间短暂的平等关系。[②]同时，贯穿舞会始终的除了众人对伯爵致以的最大敬意，还有随处可见的等级意识。无论舞会多么欢快愉悦，伯爵一直如太阳般处于中心位置。就连舞会开始之前椅子的位置都是严格按照等级排列的："靠近围栏的第一排是留给重要的和受尊敬的公民的，后面的则略低一些，是留给那些因为年纪、怀孕或者守寡而不能跳舞的女士的。只有前排的椅子被装饰起来，留给那些能够传播欢乐气氛的女士和姑娘们。"[③]可见，礼仪感和等级观念体现在庆典舞会的每个细节上面。对于当时的人来说，这些仪式和庆典是一个整体，无论是表演者还是观众，都是其中不可或缺的部分。舞者的一举一动对旁观者来说不但具有深意，而且还起到示范与引导的作用："舞会上的舞蹈明确展示了正确的私人关系，这种关系既确认了身体、手势的现有含义，又教导公民如何能够像桌边的贵族那样共处。"[④]

对于15世纪的意大利人来说，各类庆典活动、仪式宴会和舞

---

① Giovanni Carsaniga, "Transcription and Translation of MS from Florence, Biblioteca Nazionale Magl. VII 1121, f. 63r－69v", pp.151－152.

② Jennifer Nevile, *The Eloquent Body: Dance and Humanist Culture in Fifteenth-Century Italy*, p.51.

③ Giovanni Carsaniga, "Transcription and Translation of MS from Florence, Biblioteca Nazionale Magl. VII 1121, f. 63r－69v", p.144.

④ Richard C. Trexler, *Public Life in Renaissance Florence*, Ithaca and London: Cornell University Press, 1980, p.239.

蹈表演是意义非凡、内涵丰富的。无论是奢华的衣饰,还是充满仪式感和等级制氛围的舞会礼仪,都体现了一个城邦的政治身份与国际地位。对于奢华的追求以及对财富的炫耀,实质上是向盟友和敌人展示自己权力的强大,以此在保证同盟关系的同时又能震慑对手。直到15世纪末,意大利人的庆典活动的规模和严格的礼仪制度都领先于欧洲其他国家,相比之下,法国宫廷的则显得逊色许多。[①]但是到了16世纪,法国宫廷庆典的庄严与奢华已经达到与意大利比肩的程度。促使这种发展与转变的原因之一在于,16世纪正是法国君主专制制度逐步确立的时期,法国王室的财富与权力的不断集中为奢华的庆典提供了客观条件,同时这些庆典又为彰显国王至高无上的权力提供了前所未有的华丽平台。作为庆典活动不可缺少的宫廷舞蹈,在16世纪的法国拥有了比15世纪的意大利更加鲜明而深刻的政治含义。

当然,场面宏大、富丽炫目的法国宫廷庆典的奢华风尚的源头还是意大利。意大利宫廷的礼仪与风格被传播至法国,要归功于法国历史上一位重要的女性——来自佛罗伦萨最显赫家族的凯瑟琳·德·美第奇[②]。1533年,年仅14岁的凯瑟琳在其叔父教皇克莱门特七世的精心安排下嫁给了奥尔良公爵,即当时法国国王弗朗索瓦一世的次子,后来继承王位的亨利二世。这位"皮肤白皙、弱不禁风、相貌平平而又意志坚强"[③]的法国王后虽然婚姻生活不尽如人意,但她将追求艺术品位与热衷奢华的时尚带入

① Jennifer Nevile, *The Eloquent Body: Dance and Humanist Culture in Fifteenth-Century Italy*, p.49.

② 凯瑟琳·德·美第奇(Catherine de' Medici, 1519—1589年),法国王后,出生于意大利的佛罗伦萨,是洛伦佐二世·德·美第奇的女儿。她是法国瓦卢瓦王朝亨利二世的妻子,也是随后三个国王的母亲。

③ 克利斯托夫·赫伯特:《美第奇家族兴亡史》,吴科平译,上海三联书店,2010年,第230页。

法国,进而提高了法国宫廷的艺术生活质量。1555 年,在国王和王后意欲提升宫廷艺术表演水平的要求下,一批技艺精湛、天赋过人的意大利乐师和宫廷舞蹈教师来到法国宫廷,进行表演、编创和教学。这一批意大利艺术家中就包括后来被称为"第一部芭蕾舞剧"的《王后喜剧芭蕾》(*Le Balet Comique de la Reine*)的编导巴尔塔扎尔·博若耶[1]。在卡特琳娜王后的引领下,宫廷舞蹈在法国呈现出不同于意大利的特点。随着庆典规模的扩大,宫廷舞蹈更加剧场化,庆典所需的舞台资源在技术上比以往更加先进,各个领域艺术家共同合作的经验也更加丰富。[2]

事实上,卡特琳娜王后从美第奇家族带来的不仅是奢华的宫廷生活方式,还有对权力的渴望和迷恋。1560 年卡特琳娜成为她十岁儿子查理九世的摄政王后,此后二十多年法国政治都在这位王后的实际掌控之中。然而卡特琳娜的政治野心和政治才能并没有允许她拥有一段平静的政治生涯。卡特琳娜的掌权时期正值法国深陷宗教战争和内战泥潭之中。在错综复杂的政治斗争中,卡特琳娜充分利用宫廷庆典及各种舞会和舞剧表演,使其成为王室政治策略的一部分,因而也就不可避免地流露出浓重的政治色彩。

那么这一时期的法国宫廷舞蹈如何体现统治者的政治意图和法国君主专制的政治趋势?这里我们可以通过博若耶编导的两部舞剧来说明法国宫廷舞蹈浓烈的政治意味。1573 年波兰使节为护送他们的新国王安茹公爵返回王国而来到法国宫廷,博若耶为此编创了由 16 位少女表演的《波兰芭蕾》(*Ballet des polonais*)。据当时的历史学家记载,该舞剧跳了两遍,第一遍戴着面

---

① Margaret M. McGowan, *Dance in the Renaissance*, p.12.

② Ibid., p.151.

具,第二遍则去除了面具。每个少女代表当时法国的16省之一。但是这里强调的重点并不在于这些少女的个人表演,而是她们在舞蹈中表现出的集体队形。这16名舞者在不断变换的舞步和队形中表现出完美与和谐效果。这种效果对于当时在场的法国人和波兰观众来说是令人难以置信的,因为他们刚刚目睹了由宗教战争引起的遍及法国的动荡与骚乱、谋杀与背叛。[①]就在这部舞剧上演的前一年,1572年8月爆发了法国历史上著名的"圣巴托罗缪之夜"屠杀事件。当时信奉新教的胡格诺派贵族与天主教贵族的紧张关系不断升级,法国王室的权威也不断受到胡格诺派的挑战。太后卡特琳娜与国王查理九世是否真正下令屠杀巴黎的胡格诺派教徒,这一问题在史学界一直争论不断[②],但是8月24日"圣巴托罗缪之夜"大批胡格诺派教徒被屠杀这一史实始终与卡特琳娜的名字紧密相连。此后胡格诺派与天主教派的暴力冲突波及整个法国,宗教战争的火焰一直燃烧到1598年南特敕令颁布才逐渐熄灭。长期的冲突与动乱使得法国王室比任何时候都渴望恢复秩序与和平。这种渴望促使宫廷的主人们不惜耗费国库举办大型庆典舞会,并通过舞蹈表演向旁观者传达重建政治秩序的强烈意图。《波兰芭蕾》这部舞剧在"圣巴托罗缪之夜"事件的第二年上演,无论对法国宫廷还是对来访的波兰使节来说都是意味深长的。《波兰芭蕾》中代表法国16个省的16名少女舞者,通过完美而和谐的队形向人们传递出这样一个信息,即饱受内战之乱的全国16省终将在君主专制的权威下恢复和平与秩序。

如果说《波兰芭蕾》是通过舞蹈的具体形式来体现法国王室

---

① Margaret M. McGowan, *Dance in the Renaissance*, pp.111 - 112.

② 关于"圣巴托罗缪之夜"的学界争论,可参见 Mack P. Holt, *The French Wars of Religion, 1562 - 1629*, Cambridge University Press, 2005, pp.83 - 84。

的政治意图,那么1581年的《王后喜剧芭蕾》则通过主题和情节来彰显国王至高无上的权力地位。尽管这部舞剧是否可以真正称为第一部芭蕾舞剧在学界尚存争议[①],但无论怎样定义,《王后喜剧芭蕾》所透露出的强烈的政治意味是毋庸置疑的。该剧上演于1581年10月,是路易丝王后(卡特琳娜太后的儿媳,国王亨利三世的妻子)的妹妹玛格丽特与茹瓦约公爵婚礼庆典的系列活动之一。舞剧以荷马史诗《奥德赛》中女巫喀耳刻的故事为基础,讲述了女巫喀耳刻对奥德赛的船员施加魔法,将其变成各种动物关在自己的花园里,其中一个船员逃出来请求诸神的帮助的故事。众神信使墨丘利(即希腊神话中的赫尔墨斯)、山林之神潘以及智慧女神密涅瓦(即雅典娜)、万神之神朱庇特(即宙斯)先后被召唤出来试图击败喀耳刻,强迫她释放船员,但都未成功。最后国王出面帮助船员得以释放,由此重新恢复了和平与秩序。这样的情节设置毫无疑问向世人展露了王权的万能与至高无上——连诸神都无法解决的争端和冲突,国王却可以化解和平定,国王的力量甚至可以超越诸神而无所不能。

在博若耶撰写的舞剧台本中,有一段逃出来的船员向国王求救的独白,从中我们可以看出这部舞剧的政治用意:“伟大的国王,您难道不会帮助这么多神吗?您会的,亨利,您比赫拉克勒斯还要英勇,或者比那个杀死残忍的喀迈拉的人还要勇敢,现在这么多凡人和诸神都被女妖抓住,您必将是神圣的,为您修建庙宇的后代将为您的庙宇添加青翠的桂冠。”[②]这里我们看到的不仅

① Barbara Sparti, “Breaking down Barriers in the Study of Renaissance and Baroque Dance”, in *Dance Chronicle*, vol.19, no.3 (1996), p.266.

② Balthasar de Beaujoyeulx, “Ballet Comique de la Reine”, in *Dance as a Theatre Art: Source Readings in Dance History From 1581 to the Present*, ed. Selma Jeanne Cohen, Harper & Row, Publishers, 1974, pp.23 - 24.

仅是对君主的赞美与歌颂,更有对和平与秩序的渴望。摆脱战争泥潭、恢复国内和平,一直以来都是卡特琳娜太后与她的儿子梦寐以求的政治目标。在以恢复古典文化传统为宗旨的人文主义语境下,舞剧中的每个角色都具有道德层面的含义。女巫喀耳刻代表的是淫乱、残酷、贪婪、野心以及所有因缺乏理性指导而导致的邪恶。与女巫的斗争就是美德对抗邪恶,理智战胜情欲。[①]在这里国王就是理性的化身,国王最终击败女巫也就代表着理性最终战胜邪恶的情欲和贪婪。在内战频仍的背景下,女巫象征着摧毁国内和平的内战之魔,而国王通过理性的指导和美德的践行最终击败女巫也就预示着亨利三世将结束内战,恢复和平。[②]虽然后来的历史证明法国内战和宗教战争并未止于亨利三世时代,但《王后喜剧芭蕾》所传达的政治意图却昭示天下,国王与王室至高无上的权威也彰显于世。

事实上,《王后喜剧芭蕾》不仅在主题和情节上体现统治者对秩序与和谐的渴望,舞剧的整体形式也反映出和谐统一的原则。博若耶在舞剧台本开篇的"致读者"部分表达了自己对舞剧形式的理解和主张:"因此,我自己想要将两者以完美方式结合起来:用诗歌使音乐多样化;让音乐与诗歌相互交织;大多数情况下这两者都是相互混合在一起的,甚至连古人都从未在没有音乐的伴奏下朗诵诗歌,而俄耳甫斯也只在有诗句的情形下演奏。……但我还是已经将首个标题和头衔给予了舞蹈,其次给予了故事,……如此我使得这部舞剧充满活力,使它能够讲话,并使这部喜剧能够歌唱和演奏。……我可以说我已经用一部比例

---

① Roy Strong, *Art and Power: Renaissance Festivals, 1450 - 1650*, Woodbridge, UK: Boydell Press, 1984. p.120.

② Ibid., p.122.

恰当的作品满足了人们视觉、听觉和心智上的需要。”[1]博若耶在这里倡导的诗歌、音乐与舞蹈的和谐而完美的融合，在当时的法国宫廷不仅意味着向古典文化传统致敬，更象征着无处不在的对和谐与秩序的期许。可见，在文艺复兴时期和谐与秩序的理念不仅限于道德与美学领域，政治上的和谐统一原则与当时的政治局势更加契合，也更能贴近王室与权贵阶层的心境。

文艺复兴时期的宫廷舞蹈同其他艺术形式一样，时刻都与政治发生着紧密关系。它们并不像我们今天理解的那样是两个毫不相干、各自独立的领域。正如研究美第奇家族艺术赞助的学者所提出的，“洛伦佐与他同时代的人不会以这种方式区分，的确也不能区分艺术与政治的世界；一个有天分的人或许同时具备两方面的精深知识，……这在他们看来是毫不奇怪的”[2]。上述两部舞剧的分析，或许能够让我们窥见那个时代舞蹈与政治之间是怎样的相互融合而无法分割。16 世纪的法国宫廷在继承 15 世纪意大利宫廷奢华风格的同时，将艺术与王权的关系联结得更加紧密。到 17 世纪前期的路易十三时代，宰相红衣主教黎塞留将宫廷舞蹈视作一种对国家有利的权力和政策工具、一种能够让贵族服从的艺术形式，并认为君主的命令可以在舞剧中得以体现。[3]这种理念也为后来路易十四君主专制顶峰时期宫廷舞蹈的全面繁盛奠定了基础，因此我们也就能够理解“太阳王”这一经典舞蹈形象的诞生与塑造，离不开文艺复兴时代积累与流变的漫

---

① Balthasar de Beaujoyeulx, “Ballet Comique de la Reine”, pp.19 – 20.

② F. W. Kent, *Lorenzo de' Medici and the Art of Magnificence*, Baltimore: Johns Hopkins University Press, 2004, p.16. 转引自 *Dance*, *Spectacle*, *and the Body Politick*, *1250 – 1750*, ed. Jennifer Nevile, p.1。

③ Margaret M. McGowan, “Dance in Sixteenth and Early Seventeenth-Century France”, in *Dance*, *Spectacle*, *and the Body Politick*, *1250 – 1750*, ed. Jennifer Nevile, p.110.

长过程。

在古典文化的启示下,人文主义者重新肯定了人的世俗价值,并确定人的心灵与身体是合二为一的。在人文主义的语境之下,以身体为展示媒介的宫廷舞蹈将“身心和谐”的理念作为其哲学和美学的立足依据,提升了自身道德价值和审美品位。在身心合一理论基础上,宫廷舞蹈以“节制”和“适度”为中心原则,进一步具体规范了其审美标准如“风度”和“优雅”。由此,具备了道德指引作用的宫廷舞蹈以人文主义者“完整的人”的教育理念为基础,成功转换角色,从之前只具有消遣功能的宫廷娱乐活动转变为能够塑造心灵、提升道德与心智水平的人文主义教育科目。不仅如此,宫廷舞蹈由于其自身表现力的不断增强,日益成为王室和贵族手中重要的政治工具。无论是参加舞会人员的衣着服饰,还是舞蹈的具体形式以及舞剧的主题与情节,都能够帮助塑造统治者的政治形象,传达其政治意图和政治信息。这里我们需要注意的是,文艺复兴时代的宫廷舞蹈与那个时代的其他艺术形式一样,不可能摆脱道德与政治甚至宗教所赋予的意义和价值。那个时代的舞蹈还不能像我们今天所看到的那样成为独立的艺术形式。然而,从中世纪走过来的宫廷舞蹈在人文主义世俗精神的推动下,具备了更丰富的道德与审美价值,开始踏入高贵艺术的行列,并为最终成为现代意义上的独立艺术奠定了最初的人文基础。

文艺复兴哲学

文艺复兴哲学的重要性*

詹姆斯·韩金森① 文

梁中和 译

自从20世纪30年代以来,也即从思想史(intellectual history)作为一个独立的研究领域出现时算起,它都一直钟情于文艺复兴研究。思想史家们都热衷于挖掘其深刻的,常常是半清晰的思想模式,这种思想模式掌控着个人对自然与社会的理解与行为的方式。他们检点思想传统是如何落实到变化中的语言和文化环境中的。随后他们又开始关注学术分科、智识惯例和实践的历史。总之,他们关心的问题是:为什么大批人随着时间的推移而改变了他们的信念。我们就此可以看到,为什么文艺复兴会吸引思想史学者。这一时期西方社会的宗教、科学、政治、历史和人类学的信念发生了根本性的改变。基督教世界瓦解,主权国家出现。天主教会丧失了其大部分的权威性,而新教教会和宗派开始出现。宗教的分化和战争导致了人们需要宽容与自由的第一次试探性

---

* 本文为国家社科基金青年项目“早期柏拉图主义哲学文献编译研究”(16CZX044)阶段性成果。

① 詹姆斯·韩金森(James Hankins),国际著名文艺复兴思想史专家,哈佛大学历史学教授,主编有哈佛大学出版社出版的大型文艺复兴文献丛书“I Tatti Renaissance Library”和剑桥哲学指南《文艺复兴哲学》卷(本文即选自该书最后一章),著有《文艺复兴时期的柏拉图》《文艺复兴时期的人文主义与柏拉图主义》等重要研究性著作。他还校订了斐奇诺《柏拉图神学》(六册拉英对照本)的拉丁文全文。

的表达。教育理想和实践都发生了改变。人文主义者崛起,挑战经院文化的霸权。基督教文化在对待古代希腊罗马异教文化的态度方面,进行了一次重大调整。共和主义与专制主义具体化为不同的政治思想传统。主要的变化发生在欧洲人如何看待和分析人性、宇宙和自然进程。科学不再对沉思自然感兴趣,而是更倾向于挑战它。一个新的世界被发现了,其中充满了社团、群落和西方学术传统完全不知道的异类。印刷术的发明——15 世纪的信息技术革命——根本上改变了知识工作者的工作条件,以一种迄今为止都难以想象的方式,使得对信息的收集、校勘和分析得以可能。数量庞大的新信息和各种各样的观点得以发布流传,还有当时的宗教论争,更别说像西塞罗、恩披里柯等古代思想家那迷人的力量,都不可避免地导致了怀疑主义和信仰主义的复兴;与此并行的还有一种对方法和知识可靠性的新的关注。因此毫不奇怪,思想史家会将文艺复兴看作一个实践其手艺的储备异常丰厚的领域。

对于哲学家或者哲学史家情况就不一样了。对于哲学家而言,文艺复兴时期常常看似两座山峰之间的峡谷。一座山上坐着伟大的经院哲学家们——阿奎那、司各脱、奥卡姆——这些伟大体系的建立者和杰出的语言、逻辑及形而上学的分析家。另一座山上坐着 17 世纪伟大体系的建立者们——笛卡尔、霍布斯、莱布尼茨和斯宾诺莎,他们可以很合理地被描述为属于现代思想世界的人物。在这两者之间的沼泽地里栖居的似乎只是些伟大经院哲学家的跟随者、好说教的道德家和文人(littérateurs)、语文学家和编纂家、过激的魔法师和自然哲学家(Naturphilosophen);这里的肥沃孕育着新的思想,但他们却无法为其辩护。库萨努斯、马基雅维利,或许还有瓦拉,都被认为是主要的思想家,尽管以非常不同的方式,但是他们对于文艺复兴作为哲学的荒地的名声难有补益。库萨努斯的作品与神学,而非哲学,更相关;马基雅维利更多地是一个政治科学家而非政治哲人;瓦拉的主要哲学著作只以拉丁文形式流传,无论如何都处于一个古典语文学并不熟悉的领域。难怪那些关心他们学科历史的哲学家们会被吸引着横空跳跃,从一个山头到了另外一个,而不从山谷的沼泽艰难渡过。而哲学系里关于文艺复兴哲学的课程寥寥无几也就不足为怪了。

思想史家和哲学家之所以在对待文艺复兴思想的价值问题上会有如此大的差异,部分原因在于,两个学术群体在如何利用过去的思想家的问题上有差异。思想史家要在过去发现的主要是不熟悉和生疏的东西,因为这些东西是他们理解陌生思想方式的最佳线索。而哲学家似乎想从过去获得(用理查德·罗蒂的话说)"对话的伙伴"。当大家公共地规定的立场确定时,他们便探究过去那些著名的人物,以便发现他们能散发出什么样的光芒来照亮自己研究领域的问题。他们可能希望详细订正他们可行立场的类型或者完善现存的立场,但是最基本的问题在于他们要找到一些思想方式(forma mentis)与他们自己相似的思想家。对身心问题感兴趣的哲学家可以与笛卡尔和霍布斯进行交谈(他们以为可以那样)。但是他们从像斐奇诺或帕特里奇那样的哲学家那里很少获益,因为那些人认为身心相互作用是由有着良好质料的精神(spiritus)调解的,这种"精神"是盖仑信心十足地描述的一种"三重物"(tertium quid),但是却无法用现代科学仪器察明。

作为一名思想史家,应该发现像笛卡尔这类哲学家的理性只是表面上的,更多对笛卡尔的历史研究揭露了其为人所不知的对传统资源——包括奥古斯丁——的依赖,还有一整个神学的预设网使其哲学推理处于合宜的位置。人们可以评论说那些"过去的著名人物"总是因为某个原因而出名,而这原因中的一大部分都与社会机构的等级、国家、社会阶层、信奉和传播的模式有关。然而,这也并不影响主要的因素,现代哲学家不会与过去的哲学家对话,除非他们共享哲学讨论时特定的前见。现代学院哲学家信奉的最基本的东西就是方法论,即一种论证的模式,该模式将那些正当性要依赖宗教教义、不容置疑的权威、未经检验的形而上学预设或者过时的科学而给出的论证排除在外。依此标准,笛卡尔和霍布斯仍然算作现代哲学家,而斐奇诺和帕特里奇就不算了。

人们当然可以让那种现代的哲学论证模式本身成为历史批评的对象,并且表明今天所谓的“理性”本身是某种历史条件下的产物。一些著名哲学家如福柯、罗蒂、麦奎利和托尔明都以这种方式考证了现代理性。这让我们近乎可以为哲学家研究文艺复兴哲学提供理由。很少有哲学家会否认现代哲学受惠于对构成其事业基础的预设的自觉。当然,特定形式的理性出现在特定的历史时刻,这一事实本身并不表明这种理性是错的,正如一种信念的普遍性并不表明它是对的一样。但是很明显,一种使现代理性模式有意义的有益方式就是,在其发展过程中研究它(正如亚里士多德可能会说的那样)。这就意味着要(如恩斯特·卡西尔和理查德·波普金已经看到的那样)研究文艺复兴,特别是其理性的观念和方法。

更重要的是,如果要让文艺复兴哲学研究有益于现代哲学家,后者——我们——就必须接近它,正像人们总是以一种谦逊和尊重接触过去一样。只是寻找伙伴的人们会参与到现代的讨论中,但若一来便不考虑那些说着另一种哲学语言的人们的话,就会不可避免地限制了讨论。这会让哲学变成一种落伍于时代的独白:我们就只是在和我们自己对话。这样也篡改了过去:在瓦拉那里发现维特根斯坦是在改变“一无改变”(non mutanda)。

但是以恰当的精神、耐心，具有历史感地接近的话，文艺复兴会提供一些教益。当我们专注于文艺复兴哲学的历史背景以及文艺复兴哲学家本身希望完成什么时，我们甚至会准备承认在那个时代和我们之间的确有一定的相似性。我们甚至会看到文艺复兴哲学家作为一个人已经走过了我们自己今天在走的路，他们在一定程度上可以成为我们去往陌生国度的向导。

但是文艺复兴哲学家究竟要做什么呢？他们的目标和成就如何与现代哲学相关呢？

关于文艺复兴哲学家最明显的事实是，最杰出的那些人——人文主义者、经院哲学家和"新哲学家"——坚决打破亚里士多德主义教科书的狭隘范围，虽然那些东西哺育了13世纪和14世纪早期的经院哲学。由于人文主义者的刺激，大学的哲学家也试着提高其教学质量，他们学习希腊语，提高翻译质量，寻求更全面的古代知识，包括伊斯兰教、犹太教和中世纪基督教的解经传统。尽管有些嘈杂的争辩，但是大多数的学者在阅读其他信仰传统对亚里士多德的解释作品时都能做到毫无偏见，这在中世纪已经实现，到文艺复兴更是如此。在大学之外，人文主义者忙着投身于恢复古代异教哲学和神学遗产，重构和发扬作为哲学替代物的古代柏拉图主义、怀疑主义、伊壁鸠鲁主义和斯多葛主义。新哲学家，如斐奇诺、皮科和帕特里奇都试图恢复古代埃及、波斯、希腊和以色列的神智学智慧。在新大陆和远东，在欧洲哲学课堂上经受训练的天主教传教士，在拉丁美洲、日本、中国和南亚学习当地人的宗教和哲学。很多人了解到让要其他人改变自己的信仰，即便是用刀剑相逼，也需要他自己的皈依。无论何地，人们都感觉到了对现存欧洲智性生活资源的深刻不满，以及侵吞其他文化和宗教的智慧与知识的决心。

令人困惑的大量论争、新文献和新观点由于印刷术而大大增加了其影响,迫使人们重新思考基督教和作为一个基督徒的意义。基督教作为鲜活的生活传统和文献传统,当然已经适应了从其开端以来的一再阐释,但是大量新的非基督教文献的重现,伴随着天主教教廷权威的衰落,给维护基督徒自我认同的教条结构带来异常的压力。哲学家领头帮助基督教社会重新进行自我理解。一些人采用了保守的或者折中的立场,但是还有些人寻求用古代哲学神学或者新科学去给传统教条和权威带来彻底的改变,甚至是一种反叛。其他人像库萨努斯、斐奇诺和皮科则试图通过向其他信仰传统的智慧开放,来培植一种最高级的基督教;还有人像卡斯蒂隆和蒙田,为宗教和文化的多样性开创了新的容忍概念。伊拉斯谟挑战原则性的理想,而其他人文主义者则支持调和以及相对的态度,甚至对土耳其人也是如此,他们可是文艺复兴时期西方社会最大的外在威胁。西方社会这一时期没有走伊斯兰社会的道路要归功于文艺复兴哲学家的献身,他们尽其可能地寻觅和维护真理,有时不惜以生命和荣誉为代价。

这就是文艺复兴哲学家的另一个显著的特点:他们与世界达成承诺的程度,和他们改革的热忱。人文主义运动首先获得了道德的权威,那时彼得拉克将其作为谆谆教诲的道德和雄辩的目的。人文主义者原则上同意培育爱国心、审慎和社会精英的公民道德,手段是向他们展示古代英雄和智者理想化了的形象。他们通过这样做又一次改变了基督教世界对其他文化的排他主义态度,比如对待古希腊罗马文化的态度。这就是为什么他们更看重清晰和说服,而鄙视技术化和专门化的辩论。另一位人文主义者,托马斯·莫尔初步了解了乌托邦文学传统,使其成为强大的社会批评和变革的工具。但是经院哲学家们也会被周遭的世界吸引。整个文艺复兴时期和之后,人文主义者和经院里的教授们都表明了一个确定或是错位了的信念,即对大众进行像西塞罗的

《论责任》和亚里士多德的《伦理学》之类的文本的演说会给欧洲乡镇及城市带来积极的变化。在西班牙语传统中的经院哲学家们运用他们很高的威望来详述道德框架,目的在于遏制西班牙军国主义和殖民扩张。他们迅速扩展了中世纪将道德哲学应用于经济生活的传统。新哲学家,如库萨努斯和贝瑟农都以极大的热忱投身于弥合东西方基督教教会的事业中,并且组织保卫基督教世界免遭土耳其的威胁。斐奇诺成为数代佛罗伦萨贵族的精神指引。康帕内拉在南意大利试图建立一个乌托邦社会,在狱中还写了为伽利略的勇敢的辩护和《哲学研究的自由》(*libertas philosophandi*)。教育改革则是几乎所有文艺复兴哲学家们的持久兴趣。要假装文艺复兴时期思想家们在政治、教育和文化方面的行为直到今天都很值得钦佩的确是荒唐的,但是他们入世的事实和他们想要将其哲学学问和洞见运用到对他们世界中诸多问题的解决上则是毋庸置疑的。

同样重要而新颖的是文艺复兴哲学对历史和自身学科的关怀。在一个有如此众多哲学体系和观念被引介出来的时期,哲学家们对收集和分类哲学史上的文献感兴趣是最自然不过的事。16 世纪下半叶会看到这种研究的重要进展。古代哲学史重新复活,新的哲学史又得以编纂;已经佚失的哲学文本残篇得以收集和编排整理。诸多文献的编辑达到了最高的水平,使得新的和更加精准的翻译得以可能。在文艺复兴晚期的“新哲学”中必然编排进了从古代新恢复的那些哲学,哲学的体系性结构直到那时才开始得到理解。如果说我们问这样一个问题(人们常常也这么问):谁是文艺复兴时期产出的最伟大的哲学家呢?一个完备的答案应该包括亚里士多德、柏拉图、普罗提诺、恩披里柯和马克·奥勒留等人。

除了恢复古代的哲学遗产外,文艺复兴哲人们也尝试在人类历史中实现一种更广阔的哲学事业的视野。经院哲学的反对者们讲述着关于哲学史的新鲜故事,以对抗希腊哲学发展的亚里士多德主义模式;对经院哲人而言早期哲学终结于亚里士多德体系,同时也被其所取代。与这种自适的描述相反,斐奇诺讲述了新的故事,关于一种深奥的古代神学智慧如何由于一种更缺乏精神性的哲学,即亚里士多德哲学的兴起而走向终结,这种哲学不可避免地导致了诗学和哲学的分裂。但是一个新的时代到来了,他预言说当柏拉图主义复兴时会重新将哲学与宗教统一起来。皮科对亚里士多德主义则给出了另一个回答:他更倾向于普罗提诺主义的观点是对所有时代和地域而言的,存在着一个单一的神圣智慧,它以其自身的神圣性而在所有时空中对人类理智意识都发挥效用。最终,布鲁诺、康帕内拉、培根和笛卡尔等哲人——以迥然相异的方式——在哲学的发展和超越古代方面展示出了新的、做梦都没想到的光明前景。

哲学家们还投身于对哲学为了什么及其与宗教的关系问题的诸多思考中。如果奥古斯丁在《论真宗教》中已经将基督教理解为一种新的哲学生活,而这种生活迅速取代了对异教哲学的精神性训练的需求,如果托马斯·阿奎那和中世纪神学家们渐渐将哲学降低为服务于神学的婢女,那么哲学家们从13世纪下半叶开始便开启了哲学恢复其古代自治权并赢得其自身自治权的可能性,开启了这种世俗的幸福。有些人会希望哲学家的理性宗教或许最终能取代独断论者。正是这一哲学的观点最终将布鲁诺送上了1600年的火刑柱。人文主义对经院哲学的挑战还引来了另一个哲学概念,一种西塞罗式或昆体良式的概念,其中哲学被视为几种民用科学,适用于实际生活和统治共和国(respublica)的任务。另一方面,新教徒则攻击哲学神学的传统,并暗中破坏哲学作为一种自我控制的、自治的、通往幸福的理想。其他哲学家们由于受到迫害被迫转入地下,秘密培养哲学作为秘传智慧、能进入玄妙的自然和人类灵魂力量的博学魔法的观念。最后欧洲分裂为斗争中的忏悔阵营使得哲学加速转化,成为一种简单的教条或立场,哲学在古代作为一种生活方式的作用变得晦暗不明。

总之,文艺复兴哲学与我们时代的哲学有诸多相似之处。在我们的时代里也已经可以看到权威传统的衰落和断裂,一种新的哲学视角的多元论,以及一场尚未完成的信息革命和将哲学话语与非西方传统的智慧文献相结合的热切愿望。我们也有哲学家们反对体系和严格的证明,他们质疑无可辩驳的论点存在的可能性;哲学家们更愿意看到哲学成为一种心灵治疗的方式,一种公民对话,抑或一种说服和教诲的方式。我们也有怀疑论者和信仰主义者;也有在哲学的过往中寻找关于哲学生活的其他设想的人。我们也有哲学家很残酷,他们在信仰和理性之间的适宜关系的立场上保持了相当遥远的距离。我们也有哲学家立志影响公众的思考并塑造公共生活。即便文艺复兴哲学不能让思想史上其他时期有望获得最直接的利益,即便它并不总是能够提供现成的论证和对当下学术争论有用的洞见,它也会提供最有启示性的洞见——一种来自凝视镜中的洞见。

“人”的发现与超越

——斐奇诺的“人”的哲学

梁中和

（四川大学　哲学系）

马奇里奥·斐奇诺(Marsilio Ficino，1433—1499年)，生活于意大利文艺复兴黄金时期，是首位以严格的形而上学形式表述人文主义新思想的哲学家和神学家，他在这个意义上被称为“意大利文艺复兴第一哲学家”。他也因创办和领导佛罗伦萨“柏拉图学园”、首倡基督教人文主义、力证灵魂不朽、提升艺术品的历史地位、首次提出“柏拉图式的爱”的观念等而彪炳千秋。斐奇诺还是当时著名的医师、音乐家、占星家、预言家、魔法家、翻译家、教育家，一生著述、译著宏富，著有18卷的《柏拉图神学》、12卷的《书信集》等，翻译了《柏拉图全集》《普罗提诺全集》等大量柏拉图和新柏拉图主义者的著作，并且加以注疏，有些注疏对后世影响甚大，比如他对《会饮篇》的注疏《论爱》就是“柏拉图式的爱”的观念的产生来源。他交友遍布欧洲，影响甚大，是文艺复兴时期又一位“通才、全人”(πολυμαθής，Homo Universalis)。

国内熟知的意大利文艺复兴专家加林说，斐奇诺在15—16世纪的欧洲思想界具有象征性意义。[①]在成就自身之外，他还培

---

① 加林:《文艺复兴时期的人》，李玉成译，生活·读书·新知三联书店，2003年，第179页。

育了著名人文主义者乔瓦尼·皮科(Giovanni Pico della Mirandola)和弗朗切斯科·蒂亚开多(Francesco da Diacceto)等大量人才,对意大利文艺复兴时期文化的全面繁荣做出了突出贡献。但就是这样一个生命丰富而影响巨大的人,却用四个字总结他眼中的普罗大众,即“愚蠢”和“悲惨”。

一 愚蠢而悲惨的人类

斐奇诺在一封书信中说“德谟克利特常常笑,而赫拉克利特常常哭”,这是古代经常被引用到的名言,斐奇诺认为前者笑的是人的愚蠢,后者哭的是人的悲惨。愚蠢表现得荒谬,所以让人发笑,悲惨显得令人惋惜,因此引人哭泣。他认为愚蠢就是谬误的判断,悲惨只不过是谬误的判断引发的欲望对人造成的折磨。因此“悲惨”是“愚蠢”的果实,或者说愚蠢导致了悲惨;进一步讲,愚蠢是理智上的错失,悲惨是现实生活的境况,人类在现实中的悲惨被斐奇诺理解为理智上的错失,理智又一次占据了生命哲学中的主导权。这是典型的柏拉图主义观点。

那么,具体而言,人类有哪些“愚蠢”的表现呢?我们根据斐奇诺的看法可以总结为以下两点:

第一,注重未来,却不注重当下;害怕死亡的结果,却不担心一直在死。

第二,注重肉体而轻视灵魂;重感官而轻理性。

从第一点来看,斐奇诺说,人们很尊重不存在的和新的东西,而贬低现有的和熟识的;由于对未来事物持久的渴望,人们就不享受现在;大多数人总是一再开启新的不同的行动,以期有一天能达成;人们聚集财富好像他们不会死似的,他们滥用享乐好像他们每天没有在死一样;人们总是在真正知道各种事物之前就渴欲或者害怕它们,不管那些事物是否值得,人们总是将暂时的和琐碎的东西放在永恒的和宏大的事物之前。斐奇诺常常不解为什么人们总是害怕死亡的结果,而一点都不担心每天都在“死着”这个事实,这是强调生命的时间性或者说即时性——死亡作为结果随时都在进行中,死亡与生活从未分别开来。但是常人却故意或无意地将生死对立,将时间切割成过去和未来,完全忘记现在。这也就意味着斐奇诺反对生死对立,将生命作过程解,或者当即时的瞬间解:为了不切实际的未来而牺牲当下的怡然自得,当然是一种愚蠢,也是一种悲惨的生活。

关于第二点斐奇诺则认为,最愚蠢的行为就是很多人在竭尽全力喂养一头野兽,即他们自己的身体。那是野蛮、残酷、危险的动物,这时灵魂会饿死。他继承了毕达哥拉斯、柏拉图以来灵肉相分的观点,沿用苏格拉底将欲望比喻成野兽的做法,认为人们想获得财富是用来服侍自己的欲望,但是他们不担心那欲望是否服侍了理性;人们总是勤苦地寻求给身体的药物,却忽略灵魂的疾病,因为人们愚蠢地喂养身体而否定灵魂,身体变得肥胖而强壮,灵魂变得瘦削而脆弱;人们总在身体和灵魂、理性和感觉之间做持续的争斗;人们愿意精心布置建筑的各个微小部分,愿意调试琴弦哪怕是一丝头发的距离,但是从不试图协调灵魂的各部分和运作;人们把石头弄成活人的模样,却把活人弄成了石头;人们不关注人,也不瞩目智慧者,而乐意放纵自己去服侍兽性和邪恶。

但是斐奇诺忽略了他在第二点中强调的“灵肉相分”与第一点中的“生死相依”是矛盾的。人们恰恰是因为灵肉相分的看法才会选择相信死亡是灵魂脱离肉体的结果,而不是一种即生即死的瞬间。灵魂与肉体一旦分开或者对立起来,死亡就只能是结果。这是他自身理论的严重漏洞。当然,这也是柏拉图主义需要面对的问题。

然而,以上两点会造成什么悲惨的结果呢?本文也总结为两点：

第一,向往智慧却深陷愚昧,自相矛盾,南辕北辙,颠倒梦想。

第二,不注重人的培养而逐于外物,浪费光阴,不关心自己。

这第一个悲惨的结果就是:有死的人每天都向上帝索要美好的事物,但是他们从不祈祷自己能很好地运用它们;他们认为可以和其他人和平相处,然而却不断地和自己作战;人们以为他们会在其他人那里发现自己是个可靠的朋友,但是他们对自己都不能守信;人们自己鄙视智慧的人,但却尊重智者的塑像和名讳;人们尽管不知道自己的事,却宣称知道其他人的事;行政长官禁止谋杀,却允许到处制造杀人的工具;人们渴望有好收成,但他们不会很关心幼苗,也即孩子们;人们总是在今天过着糟糕的生活,却想着明天会活得好。斐奇诺反问道:为什么人们生活在偶然中却夸耀自己的理性?为什么人们在不是自己的主人时还努力想成为别人的主人?为什么我们渴慕掌控却日陷囹圄?为什么我们努力攫取荣誉而非努力变得配享荣耀?既然相反的性质才可以相互抵消,为什么人们还是以恶制恶?为什么我们常常希望通过恶名昭彰来赢得声誉?斐奇诺说,我们在其他人那里尊崇德性,但我们自己却努力看似配享尊崇而不是变得配享尊崇;我们对真理充耳不闻,却谎称耳听八方。因此,我们是在至少处寻至多,在低处求高,在恶里找善,在动中求静,在纠纷中找平静,在贫乏中寻富足,且还在死里求生。在斐奇诺看来这是个认识论的问题,理智不足就会发生这样浑然不觉的自相矛盾:我们不清楚自己已经或者说一直在违反逻辑地思考、说话和做事。理智上的欠缺是我们悲惨处境的原因,因此我们可以清晰地看到苏格拉底站在斐奇诺背后。苏格拉底的理智主义一直在支持类似的观点,他们认为我们的悲惨罪恶都来自无知,而出路在于,首先自知无知,然后试图探索何为知识、何为智慧。

讲到第二种悲惨的结果时斐奇诺反问道:有多少人能把人看得和钱一样重呢?有谁能像培育他们的领域和事务那样培育自己?谁会像关心马、狗和鸟那样培植自己的家庭?谁会认为如何安葬自己是浪费时间?在花钱上我们很吝啬,但在浪费时间上则放肆得过了头。谁能找出几个认识到自己灵魂之贫乏的人?每个人都以为他富于智慧而缺少钱。我们因别人的错误心烦意乱,但难得考虑别因为自己的错误而让我们自己和别人心烦。对于那些因为自己对某些人或对象的热爱而鄙视和放弃自我去追求它们的人又能说些什么呢?人们没法没有自我而通过其他工具获得任何东西,人们如果失去了内在还怎么指望获得外在的所有物呢?当珍宝就在近旁,就在我们自己之中时,人,这些旅者,为什么还要去很远的地方找寻(参见 *Letters*, 1.57、58、59[①],下同)?

认识自己从认识自己的愚蠢开始,从认识自己的愚蠢来自无知开始,因此认识自己就是认识自己的无知及其后果。这是最简洁的苏格拉底理智主义信条,我们很难依据这样的信条解释故意为恶。斐奇诺讲的都是无意识中做的错事,但有意为恶怎么办?有意为恶是否是人类理智的觉醒?斐奇诺认为"人"应该认识的不光是自己个人的那些事,应该认识的还有人"类"的总体特征;要认识人类自身的无知就要从认识人类普遍的悲惨现状开始,这是一个经验的发问的开端,同时也是每个人追问自己的开端。

二 生命本身和人类的地位

在论述斐奇诺眼中的人类之前,我们首先要总体了解他眼中的生命观。首先,斐奇诺将生命本身看作在人类生命之上的东

① Marsilio Ficino, *The Letters of Marsilio Ficino*, Shepheard-Walwyn, 1975, 简写为 *Letters*,编号表示卷和书信编号,下同。

西。生命存在于一种不可分的力量中,死亡就是分解和消散。独一无二的生命统治着世界形体,它在权能、智慧和善方面从开初就指引着世界,从不怠歇地引向至善。这生命既是最高的上帝——如果它是上帝,那么很明显上帝是有远见的;也是上帝的助手——如果生命是上帝的助手,那么祂也是有远见的,因为这第一原理作用于并且推动了一切祂意欲为之的。因此一切最终都是由上帝的至善指引的(*PTH*, 2.13.8[①])。

具体到人的生命时,斐奇诺按照人的生命中运用理性、气性和欲念的多少,将人的生命分为六种:第一种人的生命更多地运用理性,较少气性(或"愠怒"[ira],相当于柏拉图那里的"激情"),最少欲念;第二种人的生命更多地运用理性,较少欲念,最少气性;第三种人的生命更多气性,较少理性,最少欲念;第四种人的生命更多气性,较少欲念,最少理性;第五种人的生命最多欲念,很少理性,几乎没有气性;第六种人的生命最多欲念,有点气性,最少理性(*PTH*, 4.1.15)。这是一种排列组合,也是结合了柏拉图主义和盖伦医学理论的学说;是一种人格分类学,也是明显的理智主义人格论。

从这种人格分类的标准中我们可以看到,决定人之等级的最重要的因素是"理性",其次是"气性",最后是"欲念"。斐奇诺认为灵魂是真实的、自然的生命。真实的生命本身会给予身体形式并管理身体,因此比身体高级得多。身体会分解成无数部分,但总是身体;理性灵魂作为身体的真正生命则无论如何变化,都总是生命(*PTH*, 5.15)。而在形体如身体的各个部分之间有一种和谐,这种和谐是生命的和谐,它来自给予生命的精神(*PTH*, 7.11.1)。

---

① Marsilio Ficino, *Platonic Theology*, vols.1 – 6, Harvard University Press, 2001,简写为 *PTH*,编号表示卷、章、节,下同。

由于这种赐予理智的精神决定了生命的最高形式,因此谈到生命与知识的关系时,斐奇诺认为在这种生命引导下人过的生活(vita)比知识(scientia)更自然,因为这种生活更原初、更内在、更持续、更实在(substantialis)。因此对真正的生活和生命的渴念就比对真知识的渴念更本真(自然)。由于对真正的生活的也即永恒的生活的渴念远比对真知识的渴念强,那么永恒生活的达成就比真知识的达成更自然、更有可能。确切地说,由于符合永恒生活的生活比理智和意志伟大得多,因此如果我们在理智和意志中都获得了永恒的生活,那么就更不用说我们在生活中也能这样了。如果这种永恒的生命自己能和灵魂随后的作用联络,也即和理智和意志联络,那么它当然可以预先和其生命联络,那是原初的作用(*PTH*, 14.5.7)。可见,上帝被斐奇诺定位为最高的生命形态,也是人的生命形态的归宿和意义来源,有趣的是,这个上帝是理智的上帝,是极端或纯粹的理智。

由于人较动物而言更接近神或更具备理智,因此在区别人与神和动物时,斐奇诺发现人类生活不过是神圣和兽性之间的"中途",当理性灵魂过着这种中间性的生活时,也过着其他极端的生活;但是,当它倾向于其中的神圣生活,也就是这一生开始到死后得到完整时,就不会堕入中途的或兽性的生活(*PTH*, 16.5.5)。可以说人的生命来自真正的生命和生活,后者又来自至高的上帝,因此人应该过一种真正的朝向和回归上帝的、理性占主导地位的生活。可见,人类的生命有其特殊性,它与理性、生命之源紧密相关,处于兽性与神性之间。

三　理解人、人的欲求与本性

如何避免上面提到的人类现状,如何摆脱无知、愚蠢,避免悲惨呢?斐奇诺的生命理论告诉我们,理性就是攀登生命的阶梯,应该以此居间性定义人类,也因此而看清人类的局限。人有其欲求,这可以解释为什么他们如此愚蠢;但也要认清他们的本性,因而不妄自菲薄,自怨自艾,辜负了自己的本性。

(一) 人的定义及人与动物的区别:作为神的人

从种类上讲,斐奇诺认为一个个体的人是由两部分组成:一是人的本性,即人的种类的本性;一是不一定属于哪个种类的偶性。比如无论苏格拉底是白的还是怎么样的外形都是偶性,使其成为人的还在于其分享了人的本性,但是苏格拉底这个个体作为整体包括了两者,缺一不可(*PTH*, 11.3.4)。人并非属(动物性的)加种差(理性的),人之为人是单一的,如果将人分成属和种差(differentia),那么两者都不是人,正如把身体分成头、胸、体等,都不是人。看起来包含在种中的属和种差并不包含在对象中,因为在种中并不包含两个形式;对柏拉图而言人的本性是理性,这是一种单一的形式,通过这种形式个体才是单一的,这展示了种的单一性(*PTH*, 8.4.17)。所有哲学家都同意人是个特殊的种,其标志性的种差是其"理性"(*PTH*, 15.6—8)。

像以往的哲人一样,斐奇诺也比较了人与动物的区别,主要有以下三点:

1. 人本身是理性灵魂:人和动物共有一种本性,即营养和感觉的能力,这种能力以及身体的能力和外观在人和动物那里都一样存在、一样易朽。但人还和神圣者分享着不朽的东西,灵魂不光分享着神圣者的理性,而且还有意志,它可以自由地命令身体。因此人的理性灵魂本质上接近神圣的存在(*PTH*, 9.6.4)。

2. 人有神圣沉思:人之所以比动物优越不是因为他们有言语,动物也有吼叫等替代性的表达;也不仅是因为有理性,因为动物也有一定的推理、技艺和管理活动的迹象,甚至是纯理论的理性,因为似乎在动物中也有相应的对万物的思考;因为它们会通过选择食物和药物来治疗自己的疾病,而且它们会给我们未来事物的征兆,比如风暴等。那么留给人的是什么呢?唯有对神圣者的沉思(*PTH*, 14.9.1)。

3. 人在地上只是客居:因此不朽的灵魂就通过不朽的天界的形体而和有朽的肉身结合了。它本来是永远住在永久的家中的,因此只是短暂地住在有朽的肉身中。理性灵魂应该被称作某种意义上的神,或者环绕着云气的星,或魔灵(deamon):并非地上的住户而是客人(*PTH*, 10.2.13)。斐奇诺呼吁客人们认识自己,认识自己是天界的居民,是为着沉思天界的事物而诞生的。让他们记得如果他们的目的是沉思,那么生活就会由于沉思而丰富和完善。但是由于身体的生命在这种沉思中会失去所拥有的,因此在这种物质生活的削弱和死亡中,人们真正的生命变得更强而不是更弱了(*PTH*, 10.2.14)。

人会沉思表现了人回归神的努力和途径,及其自身的神性。因此人也是一种神,一方面作为来自神圣者客居大地,另一方面管理世界,对于其管理者他就是神,这点从人的欲求和能力中可以看出来。

(二)人的欲求、能力与作为

按照不同存在,斐奇诺认为植物的生活是通过长肥来放纵其形体,动物是通过满足感官来生活,人则是通过理性来掌控人类事务,英雄则是钻研事物的本性,魔灵则是精密地计算数学,天使的生活是寻求进入神圣的奥秘,上帝的生活则是为了上帝的需要而施为一切(*PTH*, 14.3.2)。人的特别之处在于:

1. 人有技艺:动物生活不靠技艺或者只靠某种技艺,但是它们不自由,要受到命运的支配。它们不会随着时间而改进它们从事的事务。人则不同,他们发明了无数的技艺,能做自己的选择。人们会练习很多技艺并且越来越熟练,人们的技艺不是自然作品的奴隶而是对手。人类效仿所有神圣本性的作品,完善低等自然的所有作品并且改正它们、修订它们(*PTH*, 13.3.1)。

2. 人能自治:人的能力很像神圣本性的权能,因为人通过自己治理自身,也即通过自己的意见和作为治理自身;他们没有受到周围物质本性的限制,而去模仿更高本性的作品。他们比禽兽更少依赖于低等的自然,因为他们自己种食物、自己织衣物,他们自己修筑居处武装自己,他们是靠自身的能力生活的(*PTH*, 13.3.2)。

3. 人类扮演神的角色:人在地上的文化是何其伟大,其建筑和城郭是何其超绝凡尘,其灌溉技术是何其娴熟!人类还利用动植物作为自己的占有物、工具和乐趣,同时人类除了利用和统治它们,还要管理、培养和教导它们。普遍的施予来自上帝,祂是宇宙的因由,而人向生物和非生物施予因此也是一种神的行为。他是动物的神,很明显也是他们生活于其中的元素的神,同时也是各种材料的神,他会操纵和改变它们的形式。人类扮演着神的角色,因此也是不朽的(*PTH*, 13.3.3)。

4. 人渴望成为和回归神:人类的欲望中有种胜利和征服的渴望,整个世界也不足以满足这种欲望,人们征服了一个世界还有另一个未被征服,人要的是征服所有、拥有所有,那其实是上帝才做得到的,因此人是在努力成为神,历史上的哲学家们也想要被当作神来崇拜。因此所有人其实都渴欲着同一件事,那就是未来能成为神圣者(*PTH*, 14.4.2)。人总是渴望像上帝一样。人的理性总是自然而然地向往不朽的生活。理性灵魂渴望永恒正如其渴望存在一样,像狼渴望羊般自然(*PTH*, 14.5)。人总是不会甘于安于习惯的生活样态:他不满于现在所处的居所。他们渴望回归天上的家园(*PTH*, 14.7.3)。

因此,人的故乡在天堂,人的本性自然应该由其源泉来决定。斐奇诺据此提出了一个非常特别的观点,即人的本性是其宗教性。

(三)人的本性:宗教性

从人的自然欲望出发,斐奇诺自然而然地引出了这样的观点:宗教性是人的本性,动物没有表现出任何宗教的迹象。动物与人最大的不同在于人会沉思。动物没有表现出任何宗教倾向。人对神圣者的崇拜就像马嘶犬吠一样自然。因此人不同于动物的在于他们有宗教。如果人的宗教没有根据,那么他们就是最不完美的,也是最可怜的。因为其他方面他们都比不过动物(*PTH*, 14.9.1)。

证据一:人依靠神来引导一切。斐奇诺说柏拉图在《普罗泰戈拉篇》和阿维森纳在《形而上学》中都说人天然是社会性的动物,因为个体缺乏很多群体有的东西。当人们需要成为一个群体时就需要法律引导,而最高的法律是来自律法的给予者——上帝的,因此正如柏拉图所说,没有人,动物不可能被很好地引导;没有神,人也不可能很好地被引导(*PTH*, 14.9.3)。

证据二:人会像崇拜诸神一样崇拜自身。人会像崇拜诸神一样崇拜自身,人们会把其他人当作神圣者崇拜,也会崇拜本心的良知,按照毕达哥拉斯的说法,那是上帝的脸。同时,唯有人会用爱、姿态、话语、圣所、牺牲来敬拜神,人的神圣性就藏于其中。人知道将上帝作为我们的创造者来渴慕,作为父亲来爱和恳求,作为我们的王来崇敬,作为我们的主来敬畏(*PTH*, 14.8)。

斐奇诺在强调人的神圣性时,并非着重人对万物的利用和管理,而是强调其和神圣者的连接,以及人的来源和归宿。但是客观上将人看作一种神,的确在很大程度上影响了人们对自身的看法。思想家的观点对历史的影响往往不在于思想家本人的意愿，而在于时代和受众的特别需求，因此我们这里要着重强调的是，斐奇诺没有夸大人的重要性，反而是强调宗教性作为人的本性的重要性。文艺复兴时期人们看到的是人的重要性，而我们认为，现今人们要努力看到的是人之本质中的宗教性。而且所谓宗教性只是变相的理性，因为斐奇诺的上帝是理智的最高代表，是理性本身的化身。因此，推崇宗教性就是推崇理性，推崇所有人类共同拥有的生命根据和意义，推崇人类作为类的普遍性。这也是文艺复兴时期的重要理论成果。

四　对人的发现与超越

综上所述，在斐奇诺看来，死亡不再是生活的终结，而是从不完美到完美的存在和知识这样一个连续的篇章中的状态。灵魂连接了现世和“将来”的生活，如果在此生的生活中灵魂都可能脱离形体，战胜形体的影响，上升到更高的觉知，那么通过死亡，灵魂与形体完全的分离就需要灵魂将来的存在与不朽性作为必要的条件。斐奇诺针对阿维罗伊的观点，重点强调个体的灵魂的不朽，强调每个上帝分配到个体中的灵魂都是具足理性的，都有回归上帝也即其源头的“自然渴念”和能力，只要通过最大限度地发挥智性的作用，人就能使灵魂和物质性形体尽可能地分离，死后不朽的灵魂经过审判就可能回归上帝。那么现世的人要做的就是避免太多地沾染世间的物质性的拖累，尽量使自己精神化。越精神化便越接近上帝。

因此，文艺复兴时期斐奇诺发现的人不仅仅是一个地上的统治者，更是一个客居者，其家园和目的地是天上，其真正的存在是理性的、精神性的存在；是灵魂不朽保证了其生命的意义，而不是靠地上的享乐和作为。宗教性是人的本性，这是斐奇诺所发现的人。而他所谓的宗教性,也不是强调基督宗教,而是指人对其生命的来源——超越者的高级“智性”的虔敬,他提倡虔敬哲学和博学宗教也与此相关。因此,斐奇诺在发现人的同时提出了超越人的目标,从这点上看他继承了以往柏拉图主义的观点。但就其发现理性是人发现和超越自身的根据与目标而言,他又开启了现代哲学的“自然之光”传统:人可以正大光明地运用自身的理智,在运用理智的同时,既是发现自身也是超越自身,最终还成就了自身。

皮科论自然哲学与自然魔法

吴功青

（中国人民大学　哲学院）

一　引　论

斐奇诺和皮科有关“自然魔法”（Magia naturalis）的研究，在西方学界特别是科学思想史学界备受重视。著名的英国文艺复兴学者耶茨（Frances A. Yates）在她的名著《布鲁诺和赫尔墨斯传统》中，专门辟出两章讨论斐奇诺的自然魔法和皮科的卡巴拉魔法（含自然魔法），并在第8章中系统探讨了文艺复兴的“魔法”和近代自然科学的关联。耶茨认为，斐奇诺和皮科等人发明的“文艺复兴魔法是推动人类前景发生根本变化的重要因素”[1]，在相当程度上为近代自然科学的兴起奠定了重要基础。因此，透析文艺复兴的“魔法”概念，特别是作为基础理论的自然魔法，构成了近代思想史研究的关键环节。

我们知道，在自然魔法问题上，皮科虽深受斐奇诺的影响，但“对它的引介却远比斐奇诺有力和开放”[2]。事实上，皮科不仅在

---

① Frances A. Yates, *Giordano Bruno And the Hermetic Tradition*, London: Routledge and Kegan Paul, 1964, p.155.

② Ibid., p.84.

《论人的尊严》[①](*Oratio de hominis dignitate*)的第16小节讨论了自然魔法问题,而且在他之前写作的《九百题》(*Conclusiones*)和之后写作的《申辩》(*Apologia*)中都系统表明过对自然魔法的看法。[②]特别是在《九百题》的第二大部分,即根据自己的调和主义(Syncretism)立场来统摄不同观点和流派的部分(Secundum Propriam Opinionem),皮科足足列出了26条有关"魔法"的个人主张,其中就有多条涉及自然魔法。因此,不管是耶茨,还是加林[③],都会在研究中特别注重这一部分,将它作为《论人的尊严》和《申辩》中有关自然魔法讨论的重要参照。

不过,由于《九百题》强烈的调和主义特征,致使每部分的主题都各自分离,不能有机地构成一个整体。皮科把对自然魔法的讨论和基督论、数学、卡巴拉等诸多主题并置一处,作为他调和对象的一部分;但是根本上来说,他却无意于发现自然魔法和这些主题的相关性。恰恰在这个意义上,《论人的尊严》弥补了这一缺陷。这个被冠名为"论人的尊严"的演说,虽然同样涵盖了不同的主题,但是其思想主线却始终围绕人的自由及信仰来展开。作为《九百题》"魔法"部分引言的"自然魔法",虽然在《论人的

---

① 《论人的尊严》的拉丁文参照弗朗切斯科·包西(Francesco Bausi)编订的拉-意对照本:Giovanni Pico Della Mirandola, *Discorso Sulla Dignità Dell' Uomo*, A cura di Francesco Bausi, Fondazione Pietro Bembo/Ugo Guanda Editore, 2014。此处的章节根据英文本划分。中文本参考皮科·米兰多拉:《论人的尊严》,顾超一、樊虹谷译,北京大学出版社,2010年。在近一年的研究和授课过程中,笔者发现中文本有不少错误,故在引文时有所改动。凡是出现改动的地方,都会附上拉丁原文。

② 《九百题》的拉丁文和英译参考S.A. Farmer, *Syncretism in the West: Pico's 900 Theses(1486) with text, translation and commentary*, Temp, Arizona, 1998。《申辩》、《存在与一》(*De ente et uno*)、《创世六日》(*Heptaplus*)的拉丁文参考E. Garin and G. Pico Della Mirandola, *De hominis dignitate*, *Heptaplus*, *De ente et uno*, *e scritti vari*, Florence, 1942。

③ 加林对皮科"魔法"问题的研究可参考Eugenio Garin, *Giovanni Pico Della Mirandola, Vita E Dottrina*, Roma-Firenze, 2011, pp.155-168。

尊严》中直到第16小节才被提出来,但其思想内容与前面部分的线索,特别是皮科在哲学和神学的立场密不可分。

这种关联,首先体现在自然魔法的定义上。在《论人的尊严》中,皮科区分了两种形式的魔法,"一种完全基于鬼怪(demonum)的行为和权威——我深信,这事既可恶又荒谬;而另一种,如果切实地加以考察,会发现它是对自然哲学的绝对完善(naturalis philosophiae absoluta consumatio)"①。皮科在这里所说的第二种魔法——希腊人口中的"μαγείαν",无疑就是皮科在《九百题》中谈到的自然魔法。②这种"自然魔法",而非鬼怪魔法,才是"对自然哲学的绝对完善",因而其本质是一种"至高至圣的哲学"(altior sanctiorque philosophia)。那么,首先要问的是,究竟什么是皮科所理解的自然哲学,它和自然魔法又有何关联呢?

二 自然哲学

皮科在《论人的尊严》中对自然哲学的讨论,是在他整体的哲学和神学图景下展开的。在第3节,皮科以"诗学神学"(Poetica theologia)的写作方式,借上帝之口赋予亚当以自我抉择

---

① 皮科·米兰多拉:《论人的尊严》,第101页。

② 沃克(D.P. Walker)认为,好的魔法就是自然的或者说"精神性的"(spiritual)。参见D. P. Walker, *Spiritual and Demonic Magic: From Ficino to Campanella*, London: Warburg Institue, 1958。在《九百题》当中,皮科讲到"自然魔法"时,主张"自然魔法是合法的而不被禁止"(Magia naturalis licita est et non prohibita),而且谈到了这门科学的理论基础;其说法和《论人的尊严》中对这种魔法的界定高度一致。这就说明,皮科在《论人的尊严》中讲到的第二种魔法,即作为"自然哲学的绝对完善"的魔法,就是自然魔法。在这节的倒数第二句,皮科也说"一旦我们借助此刻谈论的这种自然魔法恰当考察这些神迹",暗示这节谈论的第二种魔法就是自然魔法。同样的理解也可见于 Frances A. Yates, *Giordano Bruno And The Hermetic Tradition*, p.89;以及 Sheila J. Rabin, "Pico on Magic and Astrology", in *Pico della Mirandola: New Essays*, Cambridge University Press, 2008, pp.155-157。

的自由。但是,人虽然享有这种天赋自由,归根结底,如何利用才是关键。[①]因此,从第4节到第7节,皮科反复呼吁,人应该效仿天使,不断将自己提升至上帝的高度,以致最终“栖息于阶梯顶端的天父怀中,我们将得到完善的神圣幸福”[②]。

然而,正如“雅各之梯”不能一步登上,人朝向和返回上帝的过程也非一蹴而就。在第6节,皮科在谈到人的灵魂净化时,就借助伪狄奥尼修斯(Pseudo Dionysius)在《天阶体系》(*De Coelesti Hierarchia*)中的回答(“他们先被洗净,接着被照亮,然后被完善”)指出,人若想仿效普智天使的生活,就应当“以对道德的知识抑制情感的冲动,以辩证法(Per dialecticam)驱散理性的阴霾”[③],从而完成灵魂的“洗净”和“照亮”。但是,道德哲学和辩证法的工作仍然处在第一和第二阶段,要想得到最终的“完善”,人的灵魂还需要学习第三种知识——“自然哲学”。也就是皮科所说的,“接下来,我们要用自然哲学之光(naturalis philosophiae lumine)充满我们宁静且准备充分的灵魂,以便随后我们可以用神圣之事(divinarum rerum)的知识使它完善”[④]。可见,皮科所理解的自然哲学,是人的灵魂经由道德哲学、辩证法达到最高的神学研究之间的必经阶段。这样一种自然哲学,它的研究内容又是什么呢?

在第7节“雅各之梯”的末尾,皮科再次以“诗学神学”的手法描述了灵魂的进阶之路。首先,在道德哲学中洗净手脚;其次,为了避免人从上帝之梯上滑落,人“要借由‘推论’即‘推理’的技艺做到这一点”[⑤],即要学习好辩证法的技艺。随后,“沿着梯子

---

① 正如皮科在第4节所说:“培育其植物性的种子,他就变成植物;培育其感觉的种子,他就变成野兽;培育其理性的种子,他就变成天上的生灵;培育其智性的种子,他就成为天使和神子。”皮科·米兰多拉:《论人的尊严》,第29页。

② 同上书,第46页。

③④ 同上书,第42页。

⑤ 拉丁原文为“Quod cum per artem sermocinalem sive rationariam erimus consequuti”。

（即自然）的等级进行哲学思考（per scalarum idest naturae gradus philosophantes），从一个中心到另一个中心穿透整体，我们就会下降，以提坦分解奥西里斯之力撞一为多；继而我们会上升，用太阳神复合奥里西斯之能聚多为一”[①]；并最终回到上帝的怀抱。这里，“沿着梯子（即自然）的等级进行哲学思考”，先下降到自然的多然后回复到一的过程便是皮科心中的自然哲学。从这里，我们隐隐约约看到，在皮科新柏拉图主义的神学图景当中[②]，自然哲学再次充当了一个重要的角色。但是，我们仍然不清楚，这种下降到自然又回复到一的自然哲学究竟是如何展开的。这种模糊性，在第8和第9节仍然存在。

直到第10节“希腊秘仪”中，皮科才将自然哲学的秘密微微揭示开来。皮科表示，我们在苏格拉底式的迷狂（furoribus）激发下，首先通过道德哲学将感情引向适宜的目的，通过辩证法让理性和着适宜的节律运动，“接着，缪斯女神们的队长巴库斯，将通过他的奥秘（mysteriis），即通过自然的可见象征（visibilibus naturae signis），向我们中那些追求哲学的人展示上帝的不可见之事（invisibilia）”[③]。这就暗示，自然哲学之所以研究自然，是因为自然的可见象征展示了上帝的不可见之事，或者说上帝的奥秘。这一点，在第11节“迦勒底人”中得到了进一步的证实。在那里，皮科讲到，当拉斐尔用道德哲学和辩证法解放我们之后，加百利天使就会在我们中间住下，“引领我们在自然的奇迹（per naturae

---

① 皮科·米兰多拉：《论人的尊严》，第46页，译文有改动。

② 有关皮科在《论人的尊严》中的新柏拉图主义神学模式，可参见 Pico della Mirandola, *On the Dignity of Man*, trans. Charles Clenn Wallis and Paul J. W. Miller, intro. Paul Miller, Hackett Publishing Company, Indianapolis and Cambridge, 1965, p.16。

③ 皮科·米兰多拉：《论人的尊严》，第61页，拉丁原文为“Tum Musarum dux Bacchus, in suis mysteriis（idest visibilibus naturae signis） invisibilia Dei philosophantibus nobis ostendens”。

miracula)中穿梭,并在各处向我们显示上帝的大德和权能(virtutem potestatemque indicans)"①。可见,皮科之所以重视自然哲学,并非是为了改造自然,而是为了通过它来发现自然中的奇迹,从而彰显上帝的大德和权能。从这个意义上说,自然哲学是理解上帝、思考上帝的一种独特方式。理解了这一点,我们就会明白,皮科为什么把自然哲学放在比道德哲学和辩证法更高的阶段,并将它视为神学的必要准备。

这样一种自然哲学,虽然本质上是对自然的研究,但它的实行却以人的自然为基础。在皮科眼中,人的自然和作为对象的自然之间并非对立,而是具有不可分割的联系。按照他的理解,希腊谚语中的"认识你自己"(γνῶθι σεαυτόν)其实在教导人们认识作为对象的自然。之所以如此,是因为"人的自然是它们的中介,是万物的混合体"(interstitium et quasi cynnus natura est hominis)②。作为对象的自然具有不同的等级和部分,它们分散在宇宙当中;只有人的自然可以将它们聚合起来,统一于自身之内,从而"认识自己,就是在自己之中认识了万物"(Qui enim se cognoscit, in se omnia cognoscit)③。既如此,要想更好地实行自然哲学,就要充分认识自己,把握并运用人的自然。

综合上述论断,我们看到,皮科所理解的自然哲学,是人的灵魂从道德哲学和辩证法向上进阶的第二个阶段。这种自然哲学虽以自然为研究对象,但首先有赖于人的自然来发挥作用。人只有认识自己的自然,知道如何发挥它在联系自然上的中介作用,

---

① 皮科·米兰多拉:《论人的尊严》,第69—72页,译文有改动。

② 同上书,第64页。

③ 同上书,第64页;皮科对人的自然的这种理解,显然受到了斐奇诺的影响。后者同样认为,人的自然是将不同自然连接起来的纽带。可对比斐奇诺在《柏拉图神学》中的类似说法,"intelligens oraculum illud 'nosce te ipsum' id potissimum admonere, ut quicumque Deum optat agnoscere, se ipsum ante cognoscat"。

才能有效地认识这些对象。由于人的这种独特位置，人可以在自然的奇迹中穿梭，并在其中寻觅上帝的大德和权能，从而为最终的神学研究提供准备。对自然哲学而言，人的自然和上帝是最核心的两个部分。前者是自然哲学成立的前提，后者是自然哲学的神学目的，二者缺一不可。

三 自然魔法

如上所言，皮科理解的自然魔法，其本质是"对自然哲学的绝对完善"。因此，自然魔法的性质和功能如何，需要结合自然哲学来理解。在上一部分，我们已经粗略地勾勒了皮科的自然哲学。现在，我们进一步透视自然魔法和自然哲学的关联。

（一）神学前提：上帝、奇迹与自然

自然魔法和自然哲学一样，都是对自然的研究。不过，皮科一再声称，魔法师"不是自然的制造者，而是自然的管家"（ubi naturae ministrum esse et non artificem magnum demonstrat）[1]，自然魔法的任务，是帮助自然经营和管理。而自然之所以具有这样的吸引力，让人甘愿担任它的管家，是因为它包含了至高的奥秘。通过思索自然，人能够体会这些神秘之事。

更进一步，自然魔法不仅能体会到这些奥秘，而且能够将它们敞开和表明出来。这就是"后者（即自然魔法）呼唤因上帝的仁慈（Dei beneficio）而撒播于世界各处的德能（virtutes），以将它们从藏身之处带至光明中"[2]。在这里，皮科延续并明晰了自然

① 皮科·米兰多拉：《论人的尊严》，第 104 页，译文有改动。
② 同上书，第 104 页。

哲学对上帝和自然关系的理解:上帝将自身的德能潜藏于自然之中,需要人去发现。自然魔法的作用恰好在于,通过自身的努力,将这些德能从潜藏的状态带到光明之中。

但是,皮科特别强调,自然魔法的这种作为与其说是“创造奇迹”(non tam facit miranda),“不如说是在孜孜不倦地充当自然的仆从(naturae sedula),因为奇迹乃为自然所造”①。自然魔法将自然中的德能揭示出来,这个过程看起来很像超自然的(supernatural)奇迹,但这个奇迹不是自然魔法创造的,而是自然本身就有的。归根结底,奇迹与否,最终在于自然背后上帝的安排。在奇迹问题上,皮科沿袭的是中世纪哲学的基本主张,“在上帝所创造的宇宙里,虽然奇迹是超自然的,但在哲学还是可能的”,“它们之作为奇迹,仅是对我们而言;对上帝而言,则实无奇迹而言”,因为“对他而言,他所造的就是自然的”。②所谓的“奇迹”,不过是上帝意志的体现。自然魔法的工作不过是把后者揭示出来,本身并无奇迹可言。

自然魔法既然不创造奇迹,而只是通过充当自然仆从的方式来发现奇迹(即上帝的德能),那么它的作用就和自然哲学一样,最终是为了朝向上帝。因为,越是使用自然魔法,就越能发现自然之潜藏的奇迹,因而越是感叹于上帝的伟大。正如皮科说,“后者(自然魔法)则敦促人敬拜上帝的工,而这种心智状态恰恰最能使人萌发出诚挚的信、望、爱。因为没有什么比专心沉思上帝的奇迹更能将我们引向宗教及对上帝的敬拜了”③。在《九百题》之中,皮科也表达了相同的观点,“没有什么科学比魔法与卡

① 皮科·米兰多拉:《论人的尊严》,第104页。

② 吉尔松:《中世纪哲学精神》,沈清松译,上海人民出版社,2008年,第300页。因行文需要,译文中的“天主”统一改成“上帝”。

③ 皮科·米兰多拉:《论人的尊严》,第106页。

巴拉使我们更加确信基督的神性"[1]。自然魔法和自然哲学一样,最高的目的仍旧是神学。

既然上帝将奥秘放置于自然中,自然魔法是认识这一奥秘的途径,那么自然便与《圣经》平行,成为人类把握上帝意志的第二条路径。根据基督教的基本教义,上帝的话语记录在《圣经》中,因而《圣经》是上帝意志的完整体现。对基督徒而言,如何解经、如何理解《圣经》中晦涩的比喻成为他们信仰生活的主要内容。而从皮科这里,我们看到,上帝的意志不仅体现在《圣经》中,还同时体现在自然之中。借助自然魔法,人同样可以从自然之中了解和把握上帝的意志。这样,"皮科在《圣经》和自然之间获得了完美的对称"[2]。在自然魔法所依托的神学图景中,自然不再是上帝治理下单纯被动的造物,而成了捕捉上帝意志的能动工具。在此意义上,我们的确可以说,自然被重新发现了。[3]

自然魔法对自然的这种发现,以及它致力于借助自然来探究上帝奥秘和意志的努力,从理论上为近代自然科学奠定了基础。[4]但必须注意的是,在皮科所处的文艺复兴时期,自然魔法对自然的这种研究和自然哲学一样,从根本上隶属于最高的神学目

---

① 参见 *Conclusiones*, 9>9:"Nulla est scientia quae nos magis certificet de divinitate Christi quam magia et cabala."

② Eugenio Garin, *History of Italian Philosophy*, vol. I, trans. Giorgio Pinton, Values in Italian Philosophy, Amsterdam-New York, N.Y., 2008, p.319.

③ 有关自然的发现,布克哈特在《意大利文艺复兴时期的文化》第4篇"世界的发现和人的发现"中曾有过系统的描述。布克哈特的研究提醒我们,文艺复兴时期对自然的发现以及广义的自然科学研究深受中世纪的影响。但是,由于布克哈特这一研究主要从历史层面着手,因而并未从根本上向我们揭示这一变化的思想根源。本文试图从皮科的哲学入手,初步勾勒这种变化。

④ 对此,皮科在《九百题》中有言"魔法是自然科学的实践部分"(Magia est pars pratica scientiae naturalis, 9>3),"魔法是自然科学最高贵的部分"(magia sit nobilissima pars scientiae naturalis, 9>4)。

的。换言之,人的确可以把自然当作对象来研究,但这种研究的最终目的是为了把握上帝的意志,从而更好地信奉它。这一点,也构成了文艺复兴时期自然魔法的总体特征。

(二) 宇宙论前提:自然的和谐与亲和力

上帝将奇迹置于自然之中,但其方式却充满了奥秘。因此,自然魔法的根本任务是将这些奥秘呈现出来。上帝无言,他的意志不为人所知。自然魔法所能依靠的,只能是眼前的自然。而人要想从自然中探究上帝的意志,不仅要研究自然,还必须把它视作一个具有内在关联的整体。因为,奇迹是自然所造的,它所反映的,不过是自然中不同存在者之间的整体关联。

根据中世纪晚期以来的"存在巨链"(scala naturae)观念,世界由高到低分成上帝—诸神灵—至尊天使—天使长—天使—英雄—人—动物—植物—金属—蒸汽—土—水—气—火 15 个层级。皮科整体上沿袭了这一宇宙论观念(人的位置除外),但是在对这些层级的关系的理解上,和斐奇诺一样,加入了更多新柏拉图主义的理解。根据后者尤其是普罗提诺的学说[①],从最高的一到最低的质料都并非孤立,而是一个互相和谐、彼此相连的统一整体(Unitas)[②]。

在《创世六日》中,皮科更为细致地勾画了上述新柏拉图主义宇宙论。首先,皮科认同中世纪的传统见解,把世界划分成三个基本部分:元素界(Elemental world)、天界(Celestial world)和天

---

① 有关斐奇诺对"存在等级"的理解,参见梁中和:《灵魂·爱·上帝》,华东师范大学出版社,2012 年,第 181—203 页。

② 有关新柏拉图主义的宇宙观及其对文艺复兴的影响,可参见 Sheila J. Rabin, "Pico on Magic and Astrology", in Pico della Mirandola, *New Essays*, ed. M. V. Doughery, Cambridge University Press, 2008, p.153。

使界(Angelic world)。但是,和中世纪传统不同的是,皮科主张这三个世界并非高低截然、彼此无关,而是相互关联在一起。对皮科来说,三个世界互相包含,本质乃是同一个世界。这种关联不仅因为"它们拥有相同的开端和结局,或者因为某种适当的数字调控,彼此由于自然的某种和谐关系或等级的规则系列而连接,而且还因为任何一个世界的东西同时存在于每一个世界当中"①。譬如热,在元素界是热的属性,在天界是热的权能,在天使界是热的理念。三个世界的这种特性,使得自然最终成为一个内在和谐、互相关联的整体。

自然魔法的工作,正是在这种和谐的自然中,把存在之间的关联发现出来。诚如皮科所说:"后者(自然魔法)深入到被希腊人形象地称作'συμπάθειαν'的宇宙之和谐中,还认识到各种自然共享的亲缘关系(mutuam naturarum)。"②普林尼用"συμπάθειαν"(亲和力[sympathia])一词,指示不同存在者之间共同产生的感觉(或称"共鸣")。自然魔法的工作,就是要发现宇宙中不同存在者之间的这种"亲和力",将它呈现出来。

皮科深知,只有将自然中潜藏的这种"亲和力"找到,我们才能发现自然中的奇迹,相应地,自然也才能被说成和谐的整体自然。换言之,如果没有自然魔法的力量,自然呈现给我们的只能是一个分裂的或者说处在种子状态的模样。在《九百题》中,皮科就说:"只有将那些以种子的方式存在的或者分裂在自然中的东西连接和运行起来,才有魔法技艺的奇迹。"③自然魔法的作用是要发现看似分裂的不同存在者之间隐秘的"亲和力",将它们

① Pico della Mirandola, *On the Dignity of Man*, p.77.

② 皮科·米兰多拉:《论人的尊严》,第104页,有改动。

③ 参见 *Conclusiones*, 9>12: "Mirabilia artis magicae non sunt nisi per unionem et actuationem eroum quae seminaliter et separate sunt in natura."

联系起来,让自然作为一个和谐的整体重见天日。在此意义上,自然的和谐与亲和力虽然是一个宇宙论的假设,但却构成了自然魔法实行的重要前提和理论动力。

(三)人性论前提:一个自由的操作者

一个和谐的自然充满奇迹,但对它的认识毕竟还依赖于人的自然。在《论人的尊严》《九百题》《申辩》《创世六日》和《驳星相学》之中,皮科对人的自然以及它与对象自然的关系有相关的表述。我们把这些文本结合起来,整体地加以考察。

在《论人的尊严》的第16节,皮科反复强调,自然魔法并非统治自然,而是"充当自然的仆从",从自然之中寻觅奇迹。不过,我们特别需要注意的是:人作为自然魔法的践行者,固然没有以自然的君王自居,但却不再是一个任由自然摆布的被造物、一个仅仅仰视奇迹的观望者。人要呼唤上帝撒播于自然中的德能,要将它们从藏身之处带至光明之中,首先必须成为一个自由的、不受自然控制的行动者。而这一点,正是《论人的尊严》前半部分、《创世六日》以及《驳星相学》中要处理的问题。

在《论人的尊严》第3节,皮科重新宣告了人独特的自然。根据皮科的描述,其他造物一旦被创造,就具有了某种固有的自然,从而受到这种自然的约束;而人没有任何固定的自然,他是他自由而尊贵的形塑者,自己按照自己的自由抉择决定自己的命运。"人,不再是某物,而是原因和一个自由行动者(Free act)"①,加林的总结简单而准确地概括了皮科的这一发现。

① 参见 Eugenio Garin, *Italian Humanism*, trans. Peter Munz, Harper And Row Publishers, New York, p.105。有关皮科第3节这一重要段落的解读可参见拙作《革命与危机——皮科论个体自由与人的尊严》,载《北京大学学报(哲学社会科学版)》2013年第5期,北京大学出版社,2013年,第49—58页。

人作为一个存在者是自由的，但同时，他作为上帝的一个造物，也必然在自然中有他相应的位置。在《论人的尊严》中，皮科明确表示，天使的自然位置比人的要高；在《创世六日》中，皮科在元素界、天界和天使界之外安排了人的世界，但从自然等级上来说，天界和天使界都比人的世界要高。这样，人就必须面临一个问题，他是否会受到更高的自然比如天体的影响？

皮科同时代的哲学家如斐奇诺等人提倡星相学(Astrologia)，正是基于对人在自然中位置的观察。在斐奇诺看来，天上的天体具有更高的精神力量(Spiritus)，因而能够对人的气质、性格乃至命运产生深刻的影响。对于这种看法，皮科从一开始就不接受。不管是在《创世六日》还是在《驳星相学》中，皮科都竭力主张，天体在自然界的位置虽然比人的要高，但这些天体所具有的不过是一些光和热，而无任何精神性的力量。既无任何精神性的力量，天体就不可能影响，更不可能决定人的命运。人就其自然而言，始终是自由的。[1]在皮科眼中，自然本身所占据的，不过是空间而已。从空间的视角看，天体的位置当然要高于人的。但是，空间上的高不等于精神等级的高。对人来说，他虽然在空间的位置上要低于天体的，但他凭借着自己的自由意志，可以一步步上升，最终超过天体的位置，甚至达到和天使一样高的位置。这样，皮科完全清除了天体对人的影响，将人彻底解放成一个真正独立的自由行动者。

要想践行自然魔法，除了人必须是一个自由行动者之外，还要求人同时是一个不仅仅沉思，而且能够实践的操作者(Operator)。自然魔法作为“自然科学的实践部分”，首先需要人

① 有关皮科对星相学的反驳，可参见 Ernst Cassirer, *The Individual and the Cosmos in Renaissance Philosophy*, trans. and intro. Mario Domandi, Dover Publications, Inc, Mineola and New York, 1963, pp.115 - 122。

去操作。因为,我们虽然知道自然之中潜藏着奇迹,即上帝的德能,但是,我们终归需要一种实践的力量将它们挖掘出来。要想"呼唤因上帝的仁慈而撒播于世界各处的德能,以将它们从藏身之处带至光明中",就需要人认真发现自然界的内部关系,用自然魔法的力量呈现它们。人要去操作,而非被动地等待,自然才能向人显示它的奥秘。在耶茨看来,文艺复兴的"操作"逻辑,决定性地标示了近代与希腊、中世纪的显著差异:在希腊时代,人们把理性和哲学的思辨当作人最高的价值,因而不想操作,把操作视为低俗和机械的表现;中世纪,人真正的目的是对上帝的沉思,操作只可能为魔鬼来鼓动,同样不被鼓励;而到了皮科的文艺复兴时期,操作不再是一种堕落或者恶,而是"宗教性的,不悖于上帝的意志"①。因为,是上帝自己将他的意志潜藏在自然当中;人通过自然魔法的操作将它呈现出来,这本身非但不是堕落,反而合乎信仰,是对上帝的一种荣耀。可以说,正是皮科对上帝、自然和人的崭新理解,才使人操作的能动性得以释放。

至此,我们清理了皮科论述自然魔法的神学前提、宇宙论前提以及人性论前提,将自然魔法最核心的两个部分——一个自由的、主动操作的行动者和一个能动的、潜藏上帝意志的和谐自然,都勾画了出来。现在,我们需要思考的是这两者之间如何发生关系,即人如何来操作魔法?

(四)自然魔法的操作:嫁娶世界

有了一个操作的主体和一个能动的和谐自然,单独一方仍不足以完成自然魔法的任务。要想最终揭示上帝置于自然中的奇

① 以上有关希腊、中世纪和文艺复兴关于"操作"论述的对比,参见 Frances A. Yates, *Giordano Bruno And The Hermetic Tradition*, p.156。

迹,二者必须结合起来。对此,皮科说,"它(自然魔法)运用每个事物本有的和魔法师的魔力(所谓的ἴυγγες),将隐匿于世界深处、自然的子宫、上帝之隐秘仓房的奇迹公之于众,仿佛它自身即是它们的原因"①。自然魔法的工作是运用魔法师的魔力来揭示自然本有的魔力(即奇迹),因而是人的自然作用于对象自然的产物。自然中的魔力已然清楚,人的魔力又是如何运行的呢?

如前所述,自然的奇迹表现为不同存在者之间的亲和力,自然魔法的首要工作就是从层层奥秘中将它发现出来。在此意义上,魔法师的魔力首先体现为对这种亲和关系的发现。然而,这种亲和力的发现不是自然魔法的最终目的。换言之,自然魔法不仅要发现自然,还要借助它的发现来进一步影响自然。②

这一工作,被皮科形象地称为"嫁娶世界"(Maritare mundum)。在《九百题》中皮科就明确指出,"操作魔法不过就是嫁娶世界"③。世界既然是一个充满奇迹的和谐自然,魔法师发现存在者之间的亲和力之后,就要有意识地将它们关联起来,把一个东西"嫁"给另外一个东西,从而让自然受到影响。在皮科眼中,这一过程和农业中的"嫁接"工序颇为相似。他说:"(自然魔法)就像农夫将榆树嫁接到葡萄藤上,魔法师也将地嫁给天,即把低等的事物嫁接到更高者的禀赋和权能上。"④皮科看到,农业生产中的嫁接正是某种程度的自然魔法:作为魔法师的农民发现了榆树

---

① 拉丁原文为"nativas adhibens unicuique rei et suas illecebras, quae magorum ἴυγγες nominantur, in mundi recessibus, in naturae gremio, in prompturaiis archanisque Dei latitantia miracula, quasi ipse sit artifex'"。译文相较皮科·米兰多拉:《论人的尊严》有较大改动。对比意大利文翻译为"impiegando sia le seduzioni intrinseche a ciascuna cosa, sia le proprie(le cosidette 'iungi' dei maghi), porta alla luce I prodigy nascosti nei penetrali del mondo, nel senso della natura, nei misteri forzieri di Dio"。

② 见皮科·米兰多拉:《论人的尊严》,博里教授的导言,第11页。

③ 参见 *Conclusiones*, 9>13:"Magicam operari non est aliud quam maritare mundum."

④ 皮科·米兰多拉:《论人的尊严》,第106页。

和葡萄藤的亲和力,知道二者的结合将长出更好的农作物,因而将榆树嫁接到葡萄藤上,从而影响了自然本来的面貌。同样,一般来说,自然魔法在发现自然内在的亲和力之后,通过人的操作将世界的低级部分嫁给高级部分,从而影响自然。

整体而言,皮科把人操作自然即“嫁娶世界”的方式说得非常抽象。而且,对于自然魔法的实际效力,他也谈得不多。相反,在《九百题》中,皮科反复强调,自然魔法要想发挥效力,需要借助于卡巴拉的力量。“除非和卡巴拉的工作公开或隐蔽地结合在一起,魔法不可能有什么效力。”①具体而言,这种卡巴拉的智慧主要指的是从希伯来传统得来的对《圣经》的隐秘解释。它表现在运用希伯来字母、姓名以及各种数字、声音的力量来影响自然。②这样一种魔法,又称卡巴拉魔法,既可以看作是自然魔法的进阶阶段,又可以看作是自然魔法的升级版;这与自然魔法坚持的仅仅凭借人对自然的理解来“嫁娶世界”的方式有了很大的区别。③

四　结　语

通过对《论人的尊严》和《九百题》等文本的分析,我们系统梳理了皮科对自然哲学和自然魔法的理解。皮科的自然魔法,作为一种对“自然哲学的绝对完善”,首先要在《论人的尊严》前半

---

① 参见 *Conclusiones*, 9>15:“Nulla potest esse operatio magica alicuius efficacia nisi annexum habeat opus cabalae, explicitum vel implicitum.”

② 参见 *Conclusiones*, 9>20:“Quaelibet vox virtutem habet in magia, inquantum dei voce formatur.” 9>23:“quilibet numerus praeter ternarium et denarium sunt materiales/in magia.”

③ 学界对皮科的“卡巴拉魔法”非常重视,但是囿于本文的主题,不能做进一步的讨论。相关的研究参见 Frances A. Yates, *Giordano Bruno And The Hermetic Tradition*, pp. 84 – 116; Sheila J.Rabin, “Pico on Magic and Astrology”, in Pico della Mirandola, *New Essays*, pp.152 – 158。

部分对自然哲学的讨论中加以解读。自然魔法作为更高层次的自然哲学,从整体上属于皮科从道德哲学-辩证法到神学的过渡阶段,因而神学是自然魔法的终极目的。这一点,构成了讨论自然魔法的总体视野。

在第三部分的正面讨论中,我们从四个方面剖析了皮科的自然魔法学说。通过对文本详细的解读,我们表明,自然魔法学说从根本上依赖于皮科发明的神学观、宇宙观和现代人性论。只有当自然被理解为上帝德能的居所、一个内部充满亲和力的和谐整体,只有当人被理解为一个自由的操作主体,自然魔法在理论上才有可能。作为操作者,人的根本任务在于深入自然,发现自然中的亲和力,并通过“嫁娶世界”的方式来影响自然。即便对皮科自己来说,离开卡巴拉的自然魔法是没有效力的,因而必须上升到卡巴拉魔法;但他对自然魔法的相关描述已经相当完整地勾画了近代自然科学的基本图景,从而构成了我们思考文艺复兴时期自然魔法和近代自然科学关系的重要参考。

但丁与文艺复兴文学

彼得拉克《歌集》中的讽刺

钟碧莉

（同济大学　哲学系）

或许我们一开始就应该相信彼得拉克自己的说法，他的《歌集》（*Canzoniere*，以下简称 *Can.*）本身就是一堆零散、思绪杂乱的诗行（rime sparse）。然而，不少彼得拉克的研究者，或者纯粹的读者，依然苦苦试图从《歌集》300 多首诗歌留下的印迹——某个词，某个句子——中觅得蛛丝马迹，以找到一个可以统合这些零散诗歌的、我们所谓的“结构”。在其中，我们读到了西塞罗、奥维德、维吉尔、奥古斯丁、但丁……彼得拉克似乎游刃有余地运用着前人的作品，营造了《歌集》不止一个的文本层次，但这些影射却又是如此暧昧和面目模糊，我们似乎看到了奥古斯丁的忏悔，读到了但丁的朝圣，或者欣赏到了奥维德的变形……但所有被影射的文本都变了样，甚至变得充满了讽刺（irony）。

试图从浩瀚的《歌集》中用某处词句来观看整部诗歌的做法非常冒险，很容易就陷入了自编自撰或者阐释过度的危险当中。首先需要认同的一点是，彼得拉克的思想来源中很重要的一部分，包括但丁和奥古斯丁——诗人自己对于“嫉妒”但丁的回应、他的《秘书》（*Secretum*）——都十分确凿地显示了彼得拉克熟知而且利用这两位作者的思想来构建自己的诗学文本。与此同时，约翰・弗里切罗（John Freccero）对于但丁《神曲》中所蕴含的奥古斯丁式结构的解读和分析[①],给我们提供了非常有益的思考。他的主要观点是"回顾"(retrospection)——经历了死亡后的重返人间。经历者可以站在"死亡"这一节点上回顾自己的一生,无论这种死亡是虚构性的,还是寓言性的。用他自己的话来说就是,"在回顾性的文学结构中理解历史中的自我"。在这篇文章中,笔者提出的论证是,虽然彼得拉克也有"回顾"——他在《歌集》中的众多地方都透出了浓厚的但丁式的灵魂之旅——但他对但丁的影射并不是简单地套用,或者利用某个标示性的词语进行潜文本的暗示。相反,他进行的是一种巧妙的否定、一种使得文本看起来似是而非的讽刺。而正是通过这种讽刺,彼得拉克在文学、历史中的自我得以确立——其中折射的不仅仅是分裂的自我间的关系,更是人与上帝间的关系。本文将着重分析《歌集》第1—3首,以及第214首,并通过比较它们和《神曲》中的《地狱篇》的异同来反思彼得拉克诗歌中的讽刺。

一 《歌集》中对《神曲》的影射

实际上,用"回顾"性的眼光来阅读《歌集》是一件最自然不过的事情了,彼得拉克在第1首诗歌开篇(*Can*.1.1—4)就指出,读者所要聆听到的吟唱,是来源于他青春时的错误(giovenile errore),"你们啊,将要听到的零落诗句中/淫浸我心的那些叹

---

① 在弗里切罗之前,学界一直认为《神曲》的诗歌是受托马斯·阿奎那和亚里士多德的影响,而奥古斯丁和柏拉图是否对《神曲》创作有影响则一直没有确凿的论证。弗里切罗在《但丁:皈依的诗学》(*Dante, The Poetics of Conversion*)一书当中,创见性地提出了用奥古斯丁《忏悔录》中的结构来解读《神曲》,并提出了"忏悔现象学"(Phenomenology of Confession)这一观点。简而言之就是,经过死亡的洗礼(但丁的下地狱、去天堂),再返回人间,由死向生地、回顾性地(retrospective)来观看自己的人生历程,从而得到智性和信仰上的升华(自然,这种升华是基督教性质的,亦即沾染原罪的人类的灵魂向上帝靠近)。

息/是我青春时最初的错误/那时的我和如今并不完全相同”①。诗人从一开始就以回忆的口吻来进行书写，而且诗歌的后半部分（劳拉死后）也反复地出现了诗人对衰老的哀叹，或者由于临近死亡而引起的悲伤。我们可以看到一位苍老的诗人，由于无法摆脱爱神的俘虏和对劳拉的爱恋，即便衰老爬满皮肤和头发，接近生命末尾之时，依然哀声连连，泪流不止。并且，诗人用了两个截然不同时态的“be”动词“era”和“sono”来表现自我的变迁。这两个动词恰好就置于诗行的开头和末尾，中央是“altr'uom”（another man），诗人顿时就成功地营造了一个“回顾性”的空间——如今的我（sono）已不是那时的我（era）了。我们将跟随着诗人聆听他过去（era）的故事：劳拉的诞生，他们的相遇、他的无限追逐、劳拉的死亡、诗人的哀悼和衰老。弗里切罗分析朝圣者但丁诗学形象时所说的话“I am I, but I was not always so”，和彼得拉克的“era/sono”有着异曲同工之妙。

除了这个地方，彼得拉克在别处也刻意地插入了时间的维度。《歌集》第3首：“正是那天太阳变得暗淡无光/因为哀叹它的造物主受到折磨。”（*Can*.3.1—2）根据拉丁本的福音书，耶稣受难时太阳好几个小时变得暗淡无光。②而也正是在这一天，彼得拉克遇到了他一生的歌颂对象——劳拉，并深深地为爱神之箭所射伤；第211首中这个时间重新出现了：“1327年，准确而言/是4月6日伊始/我走进了迷宫，如今仍看不到出路（nel laberinto intrai, né veggio ond'esca）。”两处相同的时间，前者是回忆诗人坠

---

① 文中所引用的彼得拉克《歌集》中的诗句均为笔者自译，主要参考了马克·穆萨（Mark Musa）的英意对照译本，具体请参见 Petrarch, *The Canzoniere or Rerum Vulgrarium Fragmenta, with Notes and Comentary*, trans. Mark Musa, Indiana University Press, 1996。

② 根据马克·穆萨的注释，耶稣受难日的时间正是下文所说的1327年的4月6日。

入情网的**时间点**,后者则是诗人这种被困状态的**时间段**。因此我们可以从第3首的时间节点将后面的各首统统作为记忆的延伸,一直延伸到诗人叙述的第211首的时间节点,亦即当下。在这里诗人同样用了过去时和现在时两个时态来表现时间在不断流逝,“我走进了迷宫”是过去,但我**现在**仍困在里面(“veggio”用的是现在时,表面延伸到现在的状态)。同样地,第30、62首也清晰地指明了周年时间:“假如我没有弄错的话,今天为止是**第七个年头**/我叹息着从此岸走到彼岸/从黑夜到白日,从酷暑到严寒。”(*Can*.30.28—30)“**第十一年头**啊,我的主,渐渐靠近了/它使得我的顺从堕落为无情的重轭。”(*Can*.62.9—10)由此,彼得拉克不仅为自己的爱情哀歌设定了开端和末尾,而且还不断地提醒读者,在这个特定的时间—空间内诗人作为爱恋者这个角色(Persona)的变迁和经过的时间长度,这使得《歌集》成为一个特殊的密封空间——时间在这里流淌,但只能在某个空间(certain dimension)中流淌,这个范围就是彼得拉克对劳拉从出生到死亡、再到死后的源源不断的爱恋。也是在这个空间,彼得拉克得以构建他的回忆。然而,诗人利用宗教意蕴的耶稣受难日来构建诗歌的时间框架,最后却被证明为是对此的否定,这点笔者将在文章后半部分进行详细论述。

紧接着在第2首中就出现了“登山”的意象:“或者将我带到陡峭高耸的山上(al poggio faticoso et alto)/让我免于爱情的杀戮/它现在想要这样,但已经做不到。”这座陡峭的山脉、诗人所寻求的庇护所,便是“理智”(reason)。此时的诗人并非没有意识到沉溺爱情的致命危险,他想要逃脱,却无法成功,就像在地狱入口时的但丁,想要登山,却因为沉重的身体和跛脚无法成功。这个理智和行动的分离,或者意志本身的分裂,有着令人熟悉而悠长的哲学传统。最早的是柏拉图《斐德若篇》中驾驭灵魂的两匹马:

> 我把每个灵魂划分为三部分,两部分像两匹马,第三部分像一个御车人。……头一匹马占较尊的位置,样子顶美,身材挺直,颈项高举,鼻子像鹰钩,白毛黑眼。它爱好荣誉,谦逊和节制,因为懂事,要驾驭它并不要鞭策,只消劝导一声就行。至于顽劣的马恰相反,庞大,拳曲而丑陋,颈项短而粗,面庞平板,皮毛黝黑,眼睛灰土色里带血红色,不规矩而又骄横,耳朵长满了乱毛,又聋,鞭打脚踢都难得使它听调度。[①]

一匹马带着灵魂上升,但另一匹马却拽着灵魂下坠。同样,在奥古斯丁的《忏悔录》第8卷第8、9节中,也描述了意志的分裂。在米兰的花园中,他明白:"因为走往那里,甚至到达那里,只需愿意去,抱有坚强而完整的意志,而不是只有半身不遂,左右摇摆,半起半仆,半推半就,挣扎争抗的意志。""愿意即是行动。但我并不行动。我的肉体很容易听从灵魂的驱使。""灵魂不是以它的全心全意发出命令,才会令出不行……虽则有真理扶持它,然它被积习重重压着,不能昂然起立。"柏拉图主义普遍认为灵魂中低劣的元素(顽劣的马)来自人的身体(flesh),因此新柏拉图主义者曾宣扬:人生的目的是"要赶快脱离这个世界上的事事物物",挣脱"把我们绑在这些事物上的锁链"。[②]但奥古斯丁却一针见血地指出,关键不在于纯粹的物理的身体(flesh),而是肉体(body)[③]。原罪表现在两方面:在灵魂上是残缺的意志(crippled

---

① 柏拉图:《柏拉图文艺对话集》,朱光潜译,人民文学出版社,1963年,第131页。

② 普罗提诺:《九章集》,石敏敏译,中国社会科学出版社,2009年,第218页。

③ 关于肉体和身体的区别,请参见德林(Robert Durling)的文章《炼狱中的肉体和身体》:Durling, "The Body and The Flesh in the Purgatorio", in *Dante For the New Millennium*, ed. T. Barolini and Harry W. Storey, Forham University Press, 2003, pp.183-191。

will),在身体上是堕落的肉体。因此,使得灵魂堕落、意志分裂的正是原罪(sin)。而但丁在《神曲》中关于奥古斯丁"残缺的意志"的表现,则是跛脚和登山的失败。弗里切罗利用亚里士多德、大阿尔伯图斯(Albertus Magnus)和托马斯·阿奎那的分析[①],指出但丁是在阿奎那的语境下用"fermo"(坚实的)这个词的:"在运动中,右脚比左脚强壮,而在站立不动时,则左脚更强壮。"[②]根据中世纪的经院哲学,尤其是亚里士多德的运动论,人的运动应该始于右脚,所以左脚在后支撑,因此证明了但丁所描述的"那坚实的脚"应该是左脚,亦即但丁在左脚受了伤。弗里切罗接着分析脚和灵魂间的关系:根据经院哲学的说法,身体上脚的运动常常被类比为灵魂的行动。圣托马斯的一个著名说法就是,人走向上帝的两只脚,右脚是智性(intellectum),左脚则是爱(affectum)。由于原罪的缘故,人的两只脚不能健康地交替行走。圣托马斯就认为智性往往比爱在认知上帝方面更为"强壮",奥古斯丁则认为智性先行,爱在其后,但往往比智性脚步要慢,甚至不曾迈步。[③]《地狱篇》第1歌中,朝圣者已经看到了象征"知识"的光辉:"我向上一望,瞥见山肩已经披上了指导世人走各条正路的行星的

---

① 关于但丁的"脚"和登山的分析,弗里切罗有着非常详细而精辟的分析,本文也会多次用到他的分析成果。可以参考《开篇场景》("The Prologue Scene")和《没有向导的旅途上,那坚实的脚》("The Firm foot on a Journey Without a Guide"),两篇文章均出自约翰·弗里切罗:《但丁:皈依的诗学》,朱振宇译,华夏出版社,2014年。

② 引自《但丁:皈依的诗学》中的文章《没有向导的旅途上,那坚实的脚》,原文出自《论天与宇宙》(*De caelo et mundo*, II, ii, Arist. 285a15-15)。

③ 圣托马斯的原话是"the intellect is stronger in understanding(*cognoscendo*) than the affections in loving"(*diligendo*)。圣托马斯和奥古斯丁的观点均转引自弗里切罗的文章《没有向导的旅途上,那坚实的脚》,原出处是 *IV Sent.* d. xvii. q.I, a.3, sol.3,引自 Charles S. Singleton, *Journey to Beatrice: Dante Studies*, no.2, the John Hopkins University Press, 1977, pp.13-14。

光辉。”(1:16—18)因此,他灵魂中“知识”上的缺陷已经被治愈,但在爱方面却由于缺乏上帝的引导,仍未得到治愈。

自然,彼得拉克对于“脚”意象的运用并没有但丁这么复杂;将中世纪的神学理念简化使用,这似乎是文艺复兴时期的一个现象,至少梯利亚(E. M. W. Tillyard)是这么认为的。[①]在他的论述中可以看到伊丽莎白时代的人们将中世纪人严谨、充满精确数学感的思想变为纯粹的好古。在这个越发失序的时代,人们似乎无法像中世纪的人那般思想——在他们看来中世纪太过繁琐和复杂了。最为鲜明的例子就是伊丽莎白时代的人们将占星术变成了单纯的占卜手段。这种趋向其实在文艺复兴初期的人亦即彼得拉克身上早有端倪,诗人显然是单纯地继承了“脚”在灵魂方面的象征意义,他在诗中也用此来表现自己身陷爱欲之苦:“我开始诉说:‘我的夫人,年少时我将**左脚**放入了他的领土/这带给了我愤怒和怨恨。’”(*Can.* 360.9—11)彼得拉克利用“左脚”来表现不当的、偏离上帝的爱欲——当“affectum”受到罪的沾染,它就堕落为肉欲。奥古斯丁也说过:“灵魂的脚应恰当地被理解为爱(amor),当其卑屈或扭曲时便是贪婪或贪欲;当其正直时便是幸福和仁爱。”[②]

二　第214首诗歌中彼得拉克的爱欲、主题、时间和讽刺

下面本文将要分析第214首诗歌,这可以让我们更加深入地看到彼得拉克在修辞上如何处理自己所影射的《神曲》的文本。首先,像但丁在《地狱篇》开头做的那样,彼得拉克依然使用“脚”和

---

① 该观点请参见 E. M. W. Tillyard, *The Elizabethan World Picture*, Transaction Publishers, 2011。

② 引自《但丁:皈依的诗学》中的文章《没有向导的旅途上,那坚实的脚》,原文出自《诗篇阐释》(*Ennaratio in Psalm*, IX, 15; *PL*36, 124)。

“森林”等意象来表现情欲,但他的修辞却堂皇地将情欲和理智相提并论;其次,本文将分析第 214 首的诗体,它解释了彼得拉克对反复主题的运用,也体现了他的循环时间观;最后,本文将讨论彼得拉克的循环时间观是如何对基督教的时间造成讽刺的。

让我们先仔细阅读第 214 首诗歌的部分诗节:

> 这份馈赠如此可爱、甜美、遥不可及又叫人疲惫/叫我马上投入了这片绿色的树林/常常叫我们偏离了正道。/后来,我觅遍世界的每一处/以求妙方,奇石,或新奇的药草汁/这样某天可以治愈我的心,让它重获自由。但如今我看到我的身体将得到解脱/缠住它的正是这份美妙的馈赠/在古今妙方治愈我的伤口前/我已经走入了那布满荆棘的丛林/这个地方我踏着大道进去,却跛着出来。这充满陷阱和荆棘的艰难道路/正是我必须走完的,这需要一双轻捷的脚——它可以踏遍任何一个地方。/但您,我的上帝,你有着慈祥的心肠/在这个树林中伸给我援手/让你的光辉扫去我的阴影,叫我焕然一新吧。(*Can*. 240.13—30)

里面的风景是如此似曾相识,散落的词语处处让我们回忆起但丁《地狱篇》第 1 歌的开篇景象。无论是“verde bosco”(绿色的树林),还是“mezzo corso”(中途)、“zoppo n'esco”(跛着脚出来),都让我们想起朝圣者但丁初次走进森林、后来又遭遇了登山失败的经历。同样,彼得拉克在爱情的引诱之下,也走入了这座迷宫般的森林,偏离了人生的轨道,也从此失去了自由。在这首诗歌中,我们可以看到彼得拉克反复强调礼物(pregio)——劳拉的美丽和诱惑与他无法逃离而丧失的自由(sciolta)间的矛盾:两者在韵尾处不断穿插,形成了一种不断在追逐、纠缠的视觉形象,仿佛劳拉的美丽在追捕、引诱他；而他的自由不断地想要逃离（parte a parte），却被困在重重的树林中无法成功。假如说在但丁那里“脚”的意象是灵魂的运动，那么彼得拉克的脚则是他的诗歌想象，是他心中爱欲的涌动——他在伊始就不顾一切地寻觅着劳拉的爱，“我那发狂的欲望深陷迷途/不断地追逐这位小姐，她身轻如燕/步伐轻盈，不受爱情的陷害/远远地奔跑在我迟缓的脚步之前。”（*Can.* 6.1—4），或者在寻觅迷宫的出口。因此，诗人将自己呈现为一个总在寻觅或者逃离的爱人的形象，他左脚牢牢地被情欲缠住，跛足踏遍了每一个地方，走遍了每一处河岸。然而，在基督教思想中，“脚”意象背后有着极其深厚的神学、哲学历史。例如圣·安布罗斯（St. Ambrose）就认为，原罪是蛇的噬咬，由于亚当踩了蛇，所以必须洗去脚上毒液；而新约中也将“脚”和原罪、“洁净脚”和“清洁灵魂”等同起来。《约翰福音》里面，彼得说：“你永不可洗我的脚。”耶稣说：“我若不洗你，你就与我无份了。”西门彼得说：“主啊，不但我的脚，连手和头也要洗。”耶稣说：“凡洗过澡的人，只要把脚一洗，全身就干净了；你们原是干净的，然而不都是干净的。”（13: 8—10）奥古斯丁则认为洗脚是必须的，因为即使走向上帝的人，脚上也沾染了此世的尘土。因此，“脚”意味着灵魂的探寻，从堕落的地上走向上帝。但丁的“脚”实际上是灵魂的信仰探求，而彼得拉克仅仅是情欲的象征，其诗歌中“脚”的意象和哲学的本体论并无关系，他本人也并不觉得一定需要在其中植入如此庞大的经院哲学体系（朝圣、蛇、女人、原罪、救赎、灵魂的行动）。弗里切罗在其文章[①]中就提及，彼得拉克的“月桂树”实际上只是他的诗学技巧——文学“自我”的构

① John Freccero, “The Fig Tree and the Laurel, Petrarch’s Poetics”, in *Diacritics*, vol. 5, no.1（Spring, 1975）, pp.34 – 40.

建;他对奥古斯丁思想的运用不过是想为自己构建出一个绝对的自我形象:“然而彼得拉克并未诉诸现实或者道德上的证明。相反,他引用奥古斯丁的学说以创造出一个完全自主的艺术家形象,并驱逐一切关于本体论的诉求。”[①]弗里切罗这段话同样也适用于彼得拉克对待但丁的做法。彼得拉克想要表现的不过是将自己的形象描绘为一个“踏入爱情王国从而被俘虏的哀歌诗人”,这就已经足够了。他对但丁的确有所借用,但代价却是抽空了但丁背后的所有哲学底蕴和神学体系,最后,灵魂的探求蜕变成单纯对爱情的探求;再加上我们想到但丁被流放的生平,他在别人屋顶之下尝到的面包的咸味。对于流放之人而言,一双疲惫的“脚”更能引起共鸣。但丁将自己的流放谱成了《神曲》,变成了灵魂的旅程;但在桂冠加身的彼得拉克这里,却变成了对爱人的追寻。马克·慕萨在《歌集》注释中是这样说的:“彼得拉克利用经典的哲学探寻自己的‘偏离正道’,本质上就是一种讽刺。”[②]

在彼得拉克看来,穿越这个森林是艰难(duro)的,因为里面布满了陷阱和荆棘(stecchi)。这里的荆棘同时也让我们想起了耶稣的受难(passion of Jesus),亦即诗人在开头第3首诗歌中所提到的1327年的4月6日。彼得拉克将劳拉比作危险森林中盛开的一朵嫩花、一份馈赠的礼物,然而,这份礼物却是潘多拉,虽有着美丽的外貌,但是远在天边,且令追求者倍感艰辛。彼得拉克此时用的形容词是“alto”和“faticoso”,假如我们没有忘记的话,这组形容词在开头的时候曾用来形容象征理智的高山“poggio faticoso et alto”。理智的高山可以帮助诗人免去爱情的射杀,但森林诱人的礼物却驱使诗人自投罗网,丧失自由。理智和爱欲,

---

① John Freccero, “The Fig Tree and the Laurel, Petrarch's Poetics”, p.35.

② Mark Musa, *Petrarch: the Canzoniere or Rerum Vulgarium Fragmenta*, Indiana University Press, 1994, p.719.

在彼得拉克诗歌世界中是截然不同的两股力量，一股让彼得拉克走出迷宫、走向上帝，另一股让他身陷情欲的泥沼，如今却被他用相同的形容词放在了一起。假如说在彼得拉克看来理智和爱欲其实都是一样的，那么《秘书》中奥古斯丁语重心长地劝说他放弃对劳拉的爱欲，用理智和上帝之爱修复残缺的意志的说辞，在如此语境下就显得无比地讽刺，甚至令人不知所措。哲学家们一直崇拜的理智被彼得拉克在如此细微之处轻轻挪开了。

尤其特别的是，第214首诗歌是一首六节诗[①]，这是彼得拉克尤为喜爱的一种诗歌形式，他曾赞誉六节诗在吟唱爱情方面为“众中之首，爱之至主”。六节诗格式极其严谨，由六节六句和一节三句组成，要求在第二到五个诗节中重复第一诗节的六个尾词，并以三句构成的尾节收束全篇。因此，如果将每节诗的韵尾编上数字，我们可以通过以下编排看到韵脚的重复和变化（带圈的数字表示韵尾）：

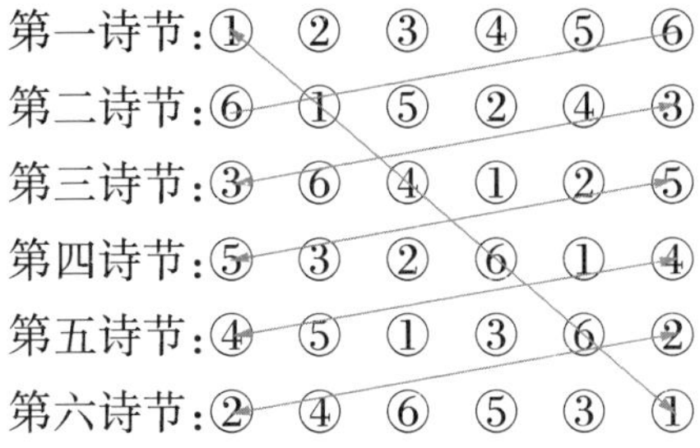

第一诗节：① ② ③ ④ ⑤ ⑥
第二诗节：⑥ ① ⑤ ② ④ ③
第三诗节：③ ⑥ ④ ① ② ⑤
第四诗节：⑤ ③ ② ⑥ ① ④
第五诗节：④ ⑤ ① ③ ⑥ ②
第六诗节：② ④ ⑥ ⑤ ③ ①
第七诗节：⑤③①或①③⑤

我们可以看到，各行的韵尾重复有序地出现，而每节结束的韵尾将成为下一节开端的韵尾。用图像来表示，前六行诗将非常有趣地呈现以下图像：

---

① 六节诗（sestina）是一种通过将首节诗句尾词在其余诗节中加以错综重复从而营造美妙效果的诗体。这种39行的写作形式要追溯到12世纪普罗旺斯的一位行吟诗人阿诺特·丹尼尔（Arnaut Daniel）。

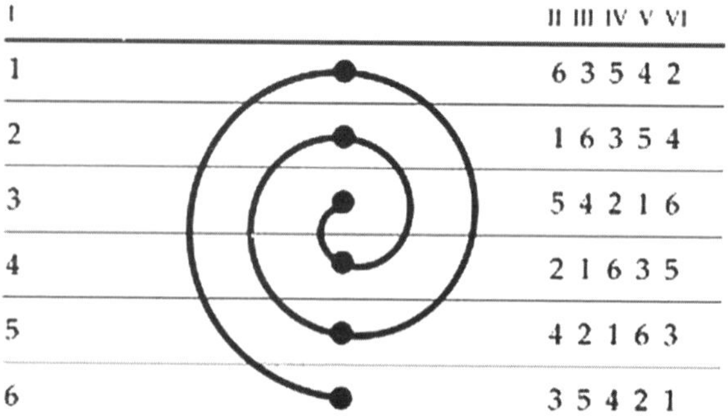

I	II	III	IV	V	VI
1	6	3	5	4	2
2	1	6	3	5	4
3	5	4	2	1	6
4	2	1	6	3	5
5	4	2	1	6	3
6	3	5	4	2	1

不断地循环往复,无休无止,诗人以此在视觉和韵律上都突出一种萦绕不散、纠缠不清的复杂感情。加埃塔诺·奇波拉(Gaetano Cipolla)在分析《歌集》中“迷宫”意象时的评论,更是精辟地概括出了彼得拉克的诗学风格:“终点和起点相遇了,这赋予了这些作品‘无限’的框架结构:开端和结尾的互换之中有着自给自足的整体。”[①]奇波拉用了“乌洛波洛斯蛇”(ouroboros)来形容彼得拉克的诗歌,在这个首尾相连的封闭空间中,有着完全属于彼得拉克的诗歌王国。在这片领土之上,时间仿佛是静止的,但由于开端和结尾的不断相互变换,时间同时又在不停地流动。开端和结尾的互变性体现在诗歌中则是主客体的互换性,亦即客体最终变换为主体,返回了主体本身。这种互换在《歌集》中并不罕见。诗人常常将自己比喻为阿波罗,追逐着飘忽的劳拉——“达芙妮”——后来的月桂树:“我那发狂的欲望深陷迷途/不断地追逐这位小姐,她身轻如燕/步伐轻盈,不受爱情的陷害/远远地奔跑在我迟缓的脚步之前。”但他又将劳拉比喻为太阳:“如此,她,众小姐中唯一的太阳/将她迷人的目光投射在我身上。”(*Can.* 9.10—11)虽然“Laura”(劳拉)在《歌集》中常常和

① Gartano Cipolla, “Labyrinthine Imagery in Petrarch”, in *Italica*, vol.54, no.2(Summer, 1977), pp.263 - 289.

“laurel”(月桂树)在构词上被联系起来,但自喻为阿波罗的诗人在诗歌中也会变成月桂树:“我意识到我身体的变化方式/我看到我的头发变成了这些叶子/那是我曾经期盼的桂冠/我站立的双脚,正走着跑着/变成了矗立在河水上的两股树根一般。”(*Can.* 23.41—46)最终,追逐者成为被追逐者,而彼得拉克在成为梦寐以求的月桂树之后,也完成了“自足的”(self-contained)的、“绝对的”(autonomous)诗人形象,弗里切罗认为,这种摒弃本体论、摒弃道德化的确立自我,正是上帝的对立面(antithesis)。同样,彼得拉克会将劳拉的魅力比喻为美杜莎之眼,让他石化,丧失言语:“她立刻恢复怒气,迅速地将我弄成一块(我苦命啊)死气沉沉,行动迟缓的石头。”(*Can.* 23.78—80)另一方面,在诗人的笔下,劳拉的形象也充满了“石感”——珍珠、宝石、黄金,连说到月桂树也是“爱引导着我的脚步到那棵坚硬的月桂树/钻石造的树枝,黄金铸的树冠。”(*Can.* 30.23—24)被石化(petrified)的不仅仅是彼得拉克,还有劳拉;通过石化,爱者和被爱者都被固定下来,放置在免去时间和历史腐蚀的空间中,这也就是诗人有着完全统治权的诗学创作;但它又不同于最后诉诸哲学、道德和神学这些绝对的、本体论性质的事物,而是回到了文字——文学本身,弗里切罗认为,这就是彼得拉克的独特之处。[①]

T.B.穆考雷(T.B. Mucaulay)曾经惊讶于彼得拉克的循环主题:彼得拉克如此绚丽的诗歌语言为何总是反反复复地描写这么寥寥可数的几个主题,为何总是月桂树、阿波罗、宝石、凤凰、太阳?难道说彼得拉克想不出别的表达爱情的主题?穆考雷说:“如此一个想象力丰富的思维,却在意象上如此贫瘠,每次看到

① 自然,弗里切罗可能过于关注彼得拉克所谓的“诗学创作”,从而在某种程度上抹去了诗人的宗教影响,彼得拉克所创造的劳拉形象并非一点宗教感情都没有,但此处由于和论题无关就不进行阐述了。

这个我都不能不感到诧异。他的爱情诗歌只由少数几个主题构成,这些主题只是被安排在不同的顺序、不同的角度中。这种做法让我们想起了令不少毫无了解的人惊讶不已的排列组合算法。”①这种想法显然是荒谬的。笔者这里提出的观点是,彼得拉克的主题设置,不仅仅是出于某种执拗的偏爱,而且是彼得拉克作为诗人,或者作为一个站立在历史、世界中的人所展现的时间观——循环时间观。六节诗简直就是文学对历史的一个镜面表达。我们知道,传统上有两种时间观:循环时间观(cyclical time)和线性时间观(linear time)。笼统而言,古希腊哲学传统的核心是循环观;而从希伯来传统而来,直至基督宗教,遵循的却是一种线性观。柏拉图在《蒂迈欧篇》中就认为,时间是“理念”——“永恒”的临摹;和时间相关,世界连同个人灵魂共有三类形式的运动:圆周运动(circular motion),那是完美的创造者所造出来的天体运动;直线运动(rectilinear motion),这类运动是物质的天性运动,缺乏理性指导,横冲直撞,毫无秩序;螺旋式运动,这类运动结合了前面两种运动,是肉身化的灵魂所拥有的运动。《神曲》之中,朝圣者但丁在地狱、炼狱中进行的运动,就是跟随着天空中的星体做圆周运动的同时,自身不断上升,两相结合而形成螺旋式上升运动。②柏拉图在《蒂迈欧篇》里面还谈到了历史和时间的关系,他认为某些民族的历史就是在时间的循环中不断地建立——被毁——重建。他说:“在你们以及其他民族那里,时间给你们带来的是,每次天灾洪水都像瘟疫似的,留给你们的只是文化的丧失,回归野蛮状态。因而你们只好一次又一次地发展文字,重

---

① *Italian Poets and English Critics, 1755-1859: A Collection of Critical Essays*, ed. Beatrice Corrigan, Chicago: University of Chicago Press, 1969, p.139.

② 对《神曲》中但丁的运动方式的分析,请参见弗里切罗的《旋转中的朝圣者》,选自《但丁:皈依的诗学》。

建文化。”[1]而在亚里士多德看来，时间则是运动的度量，他在《物理学》中是这样论证的：“时间里的前后和运动中的前后，两者的存在基础是运动，但是在定义上前后有别于运动，也就是说，不是运动。当我们用确定‘前’‘后’两个限来确定运动时，我们才知道了时间。也就是说，只有当我们已经感觉到了运动中的前和后时，我们才说有时间过去了。”[2]正是“前”“后”两个端点和其中的间隔，使得我们想到了时间。显然，亚里士多德在时间中植入了空间，他将物体在空间运动而显现出来的现象表现为时间。另一方面，柏拉图在循环观中同样也和亚里士多德一样植入了空间观，《蒂迈欧篇》是这样描写灵魂轮回的：

> 在命运中已定的时间里生活得体的灵魂，要回到所指定的星星去，过幸福和谐的生活。要是没做到这一点，就得在第二次投生时变为妇人。如果其罪恶仍未改变，则根据其堕落的品格投生到与之品格相应的那类动物。这样**不断轮回**，直到那些混乱的火、水、气、土受到其内身所具有的同和整一运动的制约，通过理性的控制而回到其原始的完善状态。[3]

我们可以看到，柏拉图笔下的灵魂，若得到救赎，就回到“星星”上去；若堕落，则下落到“妇人的身体”中去；若更加陷入败坏，则降至“畜生”的身躯中。个人的德性体现在灵魂所处的不同“场所”——空间中。后来新柏拉图主义单纯地将人的肉身

---

① 柏拉图：《蒂迈欧篇》，谢文郁译，上海人民出版社，2005年，第16页。

② 亚里士多德：《物理学》，张竹明译，商务印书馆，1982年，第126页（219a 20--25）。

③ 柏拉图：《蒂迈欧篇》，第29页。

(flesh)当作罪恶的根源,而忽视了人本身所犯下的原罪,这个思想的源头就在于此。此时,问题出现了:既然人的灵魂是不断地轮回,循环,必须进入肉体,那么灵魂仿佛总是不得自由,无法得到真正的解放的。基督教神学需要打破这个解不开的死结。首先,基督教中灵魂的救赎是**线性**的——上升而非空间的变换,我们可以从《神曲》中的地理拓扑学清晰地看到这点。弗里切罗在《旋转中的朝圣者》一文中分析道,但丁的地狱之旅实际上是以“倒栽葱”——头朝下、朝南,脚朝上、朝北——的姿势穿越整个地心,并最终从北极,亦即炼狱山走出来。因此,虽然但丁不断往“下”走向地狱深处,但站在北极处看,他实际是在上升。而且,弗里切罗还阐明了朝圣者无论是向地狱的左转,还是向炼狱的右转,始终跟随着太阳环绕地球的方向。但丁的旅行姿势也解释了为何在地狱要向左转,这是由于他倒置,太阳运行的方向在他看来就是逆时针旋转了。总而言之,但丁的整个旅程是在不断地上升,并最终到达净火天的。

其次,自《创世记》伊始,基督教就开始着手构建其线性时间观——时间是和上帝创世同时诞生的:第一天“要有光”;第二天“要有空气,将水分为上下”;第三天海洋和陆地诞生了,有了各色蔬菜、果子;第四天上帝造了太阳、月亮和众星;第五天上帝造了会飞的鸟、会水的鱼;第六天有了各种畜生、昆虫,最后还造了人。每一天,这个原本空虚的时间就被更多的新的事物填充,这个世界从死寂一片慢慢变得生机勃勃、活色生香。这仿佛就在看一幅进化论的画轴,“神看着一切所造的都甚好”。但亚当和夏娃的犯罪,却又使得时间回到了循环中。当夏娃说“那蛇引诱我,我就吃了”之后,上帝开始了对人的惩罚——将他们从越发美满的日子投入到受苦、劳碌的轮回之中。祂说:“你本是尘土,仍要归于尘土。”原本人是无死、无病的,但如今,他要出生,要劳累,要经历病死,最后再回到原点。更为可怕的是,由于始祖所犯下的原罪,人类世世代代的子孙一堕入这个世界,身上就被套上了原罪的衣裳;亦即,只要生为人,便是有罪的,这个罪孽从血中来,从灵魂中来,任何人都无法逃脱。因此,人类出生后就带着原罪的枷锁,一辈子受苦,一直到化为尘土。这便是人类堕落之后的图景,由于无法逃脱原罪,人似乎永远看不到得救的希望,活在了绝望的死循环之中。在基督教的时间观中,线性是创世之美,循环则是人类开始有了死亡、化归尘土的罪。

人类无法脱离有罪的肉身,自然在地上之国也无法得救,打破这个死循环的唯有以肉身去赎罪。正是为了这个原因,圣子耶稣才主动向上帝提出要道成肉身,通过自己肉身的受难去洗净整个人类种族的罪孽。一旦圣子肉身的罪被洗净,那么人的罪也可被洗净;在最后的审判中,真正跟随上帝的人将得救,并在天上王国得到永生——亦即回到了人类被造当初无死无老的有福状态。整个人类的历史时间观以圣子受难为新的起点,开始向前延伸,直至审判到来,得救的福祉重新降临到人类身上。现在,让我们重新观察彼得拉克诗歌中的时间——他将自己爱上劳拉(起点)和劳拉去世(结点)的时间都定在了圣子受难日,这就显得异常诡异。因为根据上文,受难日正是耶稣“重设”人类时间的时刻——他将人类从绝望的循环时间困境中拯救出来,重新领到通向最后救赎的线性时间道路之上;但就《歌集》而言,彼得拉克的时间显然不是线性的,相反,他的时间是循环性的。在诗歌中,彼得拉克在自己设定的时间段中不断地、反复地诉说着关于劳拉的爱恋,例如在第 23 首诗歌中,他不断地变形,恢复人性,又再次被变形:“满怀着恐惧,我告诉她爱的真相/她立刻恢复怒气,迅速地将我弄成一块(我苦命啊)死气沉沉,行动迟缓的石头。""(我记得)我成为一个哀声连连,飘荡无依的幽灵/走过陌生荒凉的洞穴/由于我毫无节制的情欲,我已哭泣多年/如今我从这疾病中重新找到自由/于是我又变回人身/我想这是叫我去承受更大的苦难。"(*Can*. 23. 141—146)而且,彼得拉克也喜爱用"凤凰"这一意象来表现循环往复:他迷恋着劳拉如火焰般的目光;如同一只盲目的飞蛾,他扑向火焰,被燃烧成灰,又像一只凤凰般重生;重生后的诗人再次毫不犹豫地堕入了爱欲之中……"她黄金铸造的头发叫太阳也嫉妒/她甜美柔和的目光中/透出炙热燃烧的爱情/将我焚烧,叫我过早离开人世。"(*Can*. 37. 181—185)"如此的**独一无二**/正是我的欲望,它在自己思想的顶峰直面了太阳/因此被消融/然后又再生回到自己初始的状态(cosi torna al suo stato di prima)/它的神经燃烧、死亡、又再生/(arde e more et riprende i nervi suoi)活得就像一只凤凰(Fenice)。"(*Can*. 137. 9—15)如此,我们可以看到彼得拉克利用《圣经》的叙事时间的做法和但丁截然不同,甚至可以说是完全相反的。他在"圣经式"的表面之下(利用耶稣受难的时间来确定《歌集》的时间框架),却是最终将其否定,将时间重新带回"看不到出路"的无限循环中,这也就是笔者所说的彼得拉克修辞所展现的讽刺。

三　彼得拉克式"回顾"和奥古斯丁、但丁的差别

耶稣受难事件发生后,不仅时间观被彻底改变了,历史观也是:历史不再仅仅是人的历史,而且被纳入到整个基督教的救赎史当中。每一个单独的个体、每一个单独的灵魂,在尘世中的轨迹都不是偶发性的、无预计性的,一切都被设定好了,就是得到拯救,以爱和理智"两足"走向上帝。这也是奥古斯丁书写《忏悔录》、但丁书写《神曲》的缘故,他们想要以自己个体的皈依得救

经历作为榜样，折射出全人类的救赎史。弗里切罗认为，正是奥古斯丁的这种“榜样性”使得《忏悔录》如此独特：

> 我们在不经意间就可看到，正是《忏悔录》的示范品质使其区别于其现代的后继者。奥古斯丁的目的并非确立自己的**独一无二**（因而也不是用评判普通人的标准为自己的无辜辩白），而是为了证明，从永恒的角度看，显然独特的经历如何显现了神意对所有人的安排。……关键在于，在“彼时”的经验中，恩典以强烈的个人形式到来，而在“此刻”的见证中，**个体事件被反思性地解读为在个人历史中对整个救赎历史的重演**。无论对但丁还是奥古斯丁而言，这种解释性的语言都对[个人的]经历进行着塑造、将它等同于救赎进程的一部分，而不可还原的个人因素则为典范赋予了个人见证的力量。典范与经历、寓意与自传合在一起，为他人造就了一种信仰的忏悔。①

紧跟着奥古斯丁的脚步，但丁在《飨宴篇》（*Convivio*）中也说明了在《神曲》中谈论自己的原因。这同时也是他阅读奥古斯丁的感受：

> 必须谈论自己的话，是需要得到允许的：（除此之外）必须谈论自己还有其他两个最为明显的原因。一个就是假如不谈论自己的话，大的恶行和危险就不会消停……另一个原因就是通过谈论自己，其他人通过跟随教导之路而得到最大的好处；这些就是促使奥古斯丁谈论自己忏悔的原因：通过

① 约翰·弗里切罗：《开篇场景》，《但丁：皈依的诗学》，第19页。

> 展示自己的人生历程,亦即是从不好到好,从好到更好,从更好到最好,这就是典范和教导。如此一来而收获的真理是其他方法所无法做到的。[①]

那么,彼得拉克又是出于何种缘故谈论自己(的爱情)呢?他在回顾性地观看自己一生的爱情经历时,也曾试图模仿但丁"圣经式"的想象——他将自己和劳拉的爱情嵌入基督教的历史时间之中,将自己首次遇到劳拉和劳拉去世的时间都定在了耶稣受难日(但根据历史的考察,劳拉去世的时间并不在4月6日)。霍金斯(Hopkins)在《但丁的圣约书——圣经式想象论集》中认为,但丁的"圣经式"自我的建构是为了寻求《圣经》的权威,以此来增强《神曲》的教导意义——他可是冒着"不可言说"的危险来诉说的,从此朝圣者但丁成为所有在人间行走的朝圣者的榜样。那么彼得拉克的"圣经式"想象也是为了借助《圣经》的权威吗?答案显然是否定的。他表面上是想将自己的世俗之爱和基督历史联系起来,实际上却是别有用心——彼得拉克似乎并没有真心地想要让个人的爱情得到一种宗教式或者柏拉图式的升华。这里面最重要的原因是,彼得拉克看待自我、看待自我与世界的目光已经改变了。笔者这里指的改变,是与像奥古斯丁或者但丁等的中世纪目光不同的。首先,从自我的角度来看,自我(self)不再代表着同一和统一。如马佐塔所言,彼得拉克拥有着许多不同的、碎片化(fragmental)的自我:文学的自我、历史的自我、道德的自我。马佐塔说,参观罗马废墟给了彼得拉克很大的震撼:所有的历史、真实不过是碎片的组合。因此,他认为,彼得拉克给我们

---

① 约翰·弗里切罗:《开篇场景》,《但丁:皈依的诗学》,第2页。原出处为《飨宴篇》I, ii, 12,引文为笔者自译。

提供了一个不同于中世纪“教规”(canon)的整体观:

> 传统意义上,我们倾向于认为部分其实就是已经遗失的整体的遗留或者残骸……然而,彼得拉克想象出一种新的可能来整理部分和整体间的关系。实际上,彼得拉克使得我们将整体看作碎片化的整体,一个由相邻部分构成的整体①。

这个观念就决定了彼得拉克和但丁必定拥有不同的历史观。上文说到,《神曲》中但丁的轨迹是“螺旋式上升”,亦即一种向前的线性运动,而彼得拉克的则是循环运动。造成这种差别最重要的原因是,但丁的“自我”始终是同一的,而且只有一个自我。这个单一的自我虽然会变化,但也只有一个,因此但丁才能够从“不好变好,从好到更好,从更好到最好”。这本身就是单一的自我线性地向前发展。但对于彼得拉克而言,这种单纯的向前—进步—超越显然有点困难,他的自我并不是简单的一个统一体,而是分裂为不同的组成部分。他的不同的自我(文学、历史、道德)互相分离,却又相互重叠,以至于无法在它们当中做任何的线性时间排列。像马佐塔说的那样,彼得拉克的世界是复杂的:“内心幻想如同客观世界一样真实,而客观世界却诡异地成为自我想象的组成部分。”②这些分散的自我只能在各自的空间里面成长,因此,在彼得拉克的文学中,我们可以窥见他的历史自我;在他的道德观中,我们又可以看到他爱情的、文学中哀歌诗人的一面。这就是彼得拉克的主题总是不断反复的缘由——这完全就是不同“自我”体验的重叠。由此,在彼得拉克设定的固定的诗学空

---

① Guiseppe Mazzotta, *The Worlds of Petrarch*, Duke University Press, 1993, p.4;中文引文为笔者自译。

② Guiseppe Mazzotta, *The Worlds of Petrarch*, p.6.

间内,时间在不断地流淌,一切东西都在改变,但又没有改变,自我在获得绝对的权力之时,最终变得自足(self-contained)。

其次,在看待自我与世界、自我与他人的观点上,彼得拉克也大大不同于他的中世纪前辈们。上文已经讨论过,无论是奥古斯丁还是但丁的书写,都是想要通过塑造个体的自我,令整个人类的救赎过程得以展现——个人的经历在回顾的余光中被反思性地看作所有人的体验。这就是为何但丁《神曲》的第一句话为"在**我们**人生的中途"(nel mezzo del cammin di **nostra vita**)。德林(Robert Durling)认为,但丁特意使用"我们"这个复数形式,是想要证明他是整个人类的代表,是一个典范。[1]弗里切罗也说过,奥古斯丁书写《忏悔录》"目的并非确立自己的**独一无二**(因而也不是用评判普通人的标准为自己的无辜辩白),而是为了证明,从永恒的角度看,显然独特的经历如何显现了神意对**所有人**的安排"。简而言之,奥古斯丁和但丁都愿意,也相信自己是基督救赎史的一部分:他们作为个体,和世界的救赎是一致的;他们作为个人,与其他的个人也会有着共同的情感、经验——那就是从尘世走向上帝的经历,他们的自传就是众人的自传。这种想法似乎对于彼得拉克而言太难以忍受了,因为他梦想的正是"独一无二"——这位诗人并不认为自己的爱情故事是可以复制的,也没想过后来的人会成为另一个"他";他不需要被效仿,他只需要观众静静观看他的戏剧,只需要读者为他的爱情而哀伤,一切都应该是他的,也仅仅是他的。这种自恋性的情感和但丁有所不同,巴罗里尼(Teodolina Barolini)在《不神圣的〈喜剧〉》(*Unidivine Comedy*)中写到,但丁利用诗歌语言对上帝创作艺术品的"再现

① Robert M. Durling, *The Divine Comedy of Dante Alighieri*, *vol.1*, *Inferno*, Oxford University Press, 1996, p.34(Canto1, Note.1).

过程”,同时也是但丁意图模糊自己的诗艺创作和上帝创作之间界限的过程。[1]霍金斯也承认但丁的“自傲”——“约翰与我所见略同”,认为他试图以《圣经》四层寓意式[2]的写作方式来书写自己的作品。但无论如何,但丁并没有迈出基督教的框架,假如真如巴罗里尼所说的那样,但丁将上帝也看作是竞争的对手。然而,彼得拉克似乎并无这样的关心,弗里切罗是这样说的:

> 另一方面,彼得拉克的月桂树并无道德层面的含义。它仅仅代表诗歌:它自身的行为就是它的真正标的,它的创造也仅属于它的作者。[3]

彼得拉克自传性的书写也不同于《忏悔录》,前者是自我的折射(autoflective),而后者是神学寓言。通过回顾自己的生平,奥古斯丁可以看到,自己早年的堕落、沉溺情欲和信仰摩尼教都是上帝对他救赎计划的一部分,这些“偏离”最终都被证明是必需的。通过这些磨难和考验,奥古斯丁最终皈依了上帝,走上了正道:

> 那个福斯图斯,本为许多人是“死亡的罗网”却不知不觉地解脱了束缚我的罗网。我的天主啊,这是因为在你隐我的计划中,你的双手并没有放弃我;我的母亲从她血淋淋的

① 巴罗里尼的原话是:“In God's representation art and truth, seeming and being, have merged, have become one, so that there is ultimately no difference between being a sign in God's reality and being a sign in his art.”

② 根据托马斯·阿奎那的说法,《圣经》的文字有四层寓意:字面/历史的、道德的、寓言的和神意的,可以参见 Robert Hollander, *Allegories in Allegory in Dante's Commedia*, Princeton: Princeton University Press, 1969。

③ John Freccero, “The Fig Tree and the Laurel, Petrarch's Poetics”, p.34.

心中,用日夜留下的眼泪为我祭献你。你用奇妙的方式对待我。我的天主,这是你的措施。因为“主引导人的脚步,规定你的道路”。[①]

当奥古斯丁在遵循着上帝定下的计划时,彼得拉克却已经暧昧地将自己的历史脱出了基督教整个救赎历史。诚然,在《秘书》中他反复强调对劳拉的爱恋可以指引他走向上帝之爱,但并没有证据证明他是这样做的;即便青春已逝,年老身衰,我们在《歌集》中看到的彼得拉克还在不断地哭泣,仿佛太阳下融化的雪水。他并没有像奥古斯丁后来反思自己看《埃涅阿斯纪》为狄多流泪的错误,依然义无反顾地投入爱情的罗网之中,丝毫不想做出改变的行动。弗里切罗说得很好,彼得拉克的目的是为了个人的凸显,去塑造一个“eternally weeping poet”的形象。救赎这种命定论属于过去的“黑暗时代”,如今再也没有什么是注定和统一的,一切都像罗马的废墟般支离破碎,寻找轴心不过是自欺欺人的行为。和上帝分离,初看是彼得拉克为了宣扬诗人独立所做的文学举动,但这一端倪却在往后带来了更大的波澜,那就是每个个人与其他个人间关系的破裂。单纯就诗人(或任何文学作者)来说,绝对的自我设立给予了诗人自足的权力,而不需要从外部(如《圣经》之类的权威作品)寻求力量,这对于艺术、文学的地位而言跨越了一大步(这也埋下了往后浪漫主义,尤其是唯美主义的种子);但对于整个人类而言却不是这样的,自从个人开始从基督教救赎图景中脱离以后,个人与个人之间的联系就被粗暴地扯断了——人必须独自面对世界:以自己的个性去理解这个世界。他再也无法从他的同类身上看到自己的救赎,他的经历就

① 奥古斯丁:《忏悔录》,周士良译,商务印书馆,2010 年,第 79 页。

仅仅是他的，与他人无关；反过来，他人也与他无关。对彼得拉克而言奥古斯丁、但丁的范例作用似乎渐渐失去了他们在中世纪的权威。个性抬头的同时，也意味着个人与个人的疏离、冷漠，似乎奥古斯丁的忏悔已经无法激起人们得救的信心了。这是否就是霍布斯所说的残酷的自然世界呢？由于人和人不再相同，他们再也不是走在同一条救赎路上的"兄弟姐妹"，他们之间的关系必须依靠法律甚至暴力来维持，当然也包括现代社会的人道主义、神话化的道德，这些都是宗教退场之后用来说服人们——我们是同一道路上的人的修辞谋术罢了。

自然，这些极度膨胀的个人主义和互不信任，并不能归咎于彼得拉克或者文艺复兴，至少彼得拉克并没有预言这些。但在这里，似乎没有比他无意中的一句诗歌更适合用来结尾了：

> 噢，上帝啊，你离我们越发遥远。①

---

① 《歌集》第 10 首，原文是"tu che da noi, Signor mio, ti scompagne"。

灵魂的形体

——《神曲》中“像身体一样的灵魂”现象解

朱振宇

（浙江大学　外国语言文化与国际交流学院）

一　生死之“交”

“为什么踩我？该不是来为蒙塔培尔蒂的事儿加倍报复的吧，干吗害我？”……

“你是谁呀，这么骂人？”

“你是谁呀，打过安特诺尔，还踢人家的脸”……

乍看起来，这短短的对话酷似市井争执中的常情。但率先发话的那个角色接下来的话语却让这争吵的语境陡然诡异起来：“**如果我活着的话**（se fossi vivo），这也太重了。”

被踩到的那位既非活人，也不是死尸，而是一个没有身体的灵魂。这一幕发生在《地狱篇》第32歌（32.79—89）[①]，尚是生者的但丁在维吉尔的引领下下到了地狱最深处，在冰结的科奇土斯（Cocytus）湖上行走时，他的脚重重地踩在了这个被冻结在湖中

① 这一段引文为笔者自译，用“……”省略了对话之间的衔接。就这一段落而言，现有的《神曲》译本译笔都过于文雅，没有体现出《地狱篇》俗语诗歌的活力。本段之后的所有《神曲》译文都遵从田德望先生译本，参见但丁：《神曲》，田德望译，人民文学出版社，2004年。

的恶灵脸上。

这诡异的一幕揭示出的，是贯穿《地狱篇》戏剧情节始终的一个现象，那就是，在但丁笔下，灵魂与身体的接触是可能的。不仅活人能够实实在在地接触到灵魂，灵魂也可以左右人身的行动，试看地狱第八层中的一个时刻：

> 他用双臂抱住我；当他完全把我抱在怀里以后，就顺着他下来时所走的路重新上去。他紧紧地抱着我也不嫌累，一直这样把我带到从第四道堤岸通到第五道堤岸的拱顶的桥上。[①]

搂抱但丁的是维吉尔的灵魂，当作为活人的但丁在深层地狱艰险的路途上无法前进的时候，作为幽魂的维吉尔居然担当起了搬运工的角色，用自己的虚无缥缈之躯承担起了但丁肉身的重负。

无论是活人左右灵魂，还是灵魂搂抱人身，这样的场景在《地狱篇》中都屡见不鲜。如果进一步把活人的身体看作“物质”的一种，则立刻就可以发现，《地狱篇》中的灵魂所受的几乎都是“物质”性的折磨，即但丁在《地狱篇》中展现的灵魂状态，乃是灵魂像身体一样受苦：那些在第二层的风谷中随狂飙飘荡的淫欲者，那些在火雨纷飞的沙地忍受烈焰焚身的渎神者，那些被鬼卒锋利的大刀砍得肢体残缺的叛国者，还有那些浸泡在地狱的斯提克斯泥沼、弗列格通火河和沸腾的沥青湖中的恶灵……概言之，在但丁的地狱中，不仅虚无的灵魂可以与肉身接触，缥缈的鬼影也能受制于实实在在的刀山火海。

---

① 《地狱篇》，19.124—129。

"像身体一样的灵魂"作为再现冥府情形的写作手法在古典文学中并不鲜见,《奥德赛》第11卷的奥德修斯的冥府之旅,《理想国》第10卷的厄尔神话,还有《埃涅阿斯纪》第6卷的埃涅阿斯的地府之行,都记述着死后灵魂的状态。这些文本描写的灵魂不仅具有生前的容貌,带着生前的创伤,作为一种更为轻盈的物质的它们还能承受地狱实体性的刑罚。①基督教哲学将古典世界的冥府转变成地狱,托马斯·阿奎那就在《神学大全》关于复活的论述部分中讨论过恶灵在地狱中受到的惩罚。②当时的一些看法认为,既然灵魂没有实体,就不可能与地狱中物质的火进行接触,也不可能因为这些物质的移动而感到快乐或痛苦,那么从这种理念可以推出,古代文学中记述的死后的报应都是谎言。作为天主教正统捍卫者的托马斯·阿奎那敏锐地觉察到这种思想背后可怕的推论:既然死后的报应都是谎言,那么生前作恶还是行善都是无所谓的了,因此人生在世可以及时行乐,任意而为。托马斯·阿奎那深知,如果没有关于地狱严厉的惩罚和天国极乐的报偿的信念,作为亚当有罪子孙的芸芸众生就没有力量管束住自己的行为——仅仅拥有善的知识并不能保证人们不作恶。他立

---

① 这里仅举来自《埃涅阿斯纪》的两个例子:"在这里他看到了普利阿姆斯的儿子,遍体鳞伤的代佛布斯,他面部伤痕累累,惨不忍睹,不仅面部,一双手也是如此,还有他的额头也遭到摧残,一双耳朵也被砍掉,两个鼻孔被割开,留下可耻的伤口"(6.494—497);"这里还住着生前与弟兄们不和的人,忤逆父母的人……有人的处分是推大石头,有的人四肢张开绑在车轮上……"(6.608—627)。本文正文及注释中出现的《埃涅阿斯纪》引文均采用杨周翰译本,参见维吉尔:《埃涅阿斯纪》,杨周翰译,译林出版社,1999年。

② 《神学大全》,Supplement Q 69—70。下文出自《神学大全》的引文均根据英国道明会诸神父(Fathers of the English Dominican Province)的英译本译出(参见 Fathers of the English Dominican Province, *The Summa Theologica of St. Thomas Aquinas*, second and revised edition, London: Burns Oates & Washbourne LTD., 1920),网上版本请参见:http://www.newadvent.org/summa/5.htm。

刻对上面那种观点进行了回应说，物质和精神的结合有不同的形式，其中一种以精神作为原动力，为物质的质料赋予形式。这种结合的典型就是身体和灵魂的结合：上帝创世时，人的灵魂只与人的身体结合并为之赋予各种功能，而每一种动物的灵魂与这种动物身体的关系也是这般；灵魂是身体的慈爱的主人，身体则是灵魂驯顺的奴仆，这样的结合自然而富有亲和力。而第二种形式则是驱动者与被动者的关系，即物质以某种违反精神意志的方式拘禁精神：

> 物质的火能够成为神圣正义复仇的工具拘禁一个灵，并因此对其施加惩罚的效果，它阻止灵实现自己的意志，即不让灵按自己的意愿行事。[1]

托马斯·阿奎那的解释在推理上并非无可商榷，但古典史诗中那些冥府中的描写却似乎能从中得到借口，勉强逃脱“异端”的罪名：恐怖的死后世界乃是出生于基督教之前的古代诗人们凭着对神圣世界的一知半解，用一些诗意的、修辞的手法来表现恶灵死后不得自由的耻辱。而作为晚辈诗人的但丁是在模仿古代诗人的写作，并且，诗人富有创造力的想象碰巧没有撞破托马斯·阿奎那神学的禁忌。

令人振奋的是，《炼狱篇》的一个段落告诉我们，但丁在描写灵魂的处境时，似乎认真地运用了正统中世纪神学家的思想。

那是在朝圣者走过炼狱山的半山腰后，在贪食罪者们赎罪的平台上，赎罪的灵魂们正受到来自青葱果树上甜美果实的诱惑，这正是上帝对这些灵魂的考验：树木向不肯听从恳求的人高举着

---

① 《神学大全》，Supplement Q 70.A.3。

果实,让灵魂们忍受饥渴之苦,以此来为他们生前犯下的贪食之罪补赎。朝圣者看到,这些饥饿的灵魂被饥饿折磨得形销骨立:“每个幽魂的眼睛都是黑乎乎的,眍瞜进去,面孔是惨白的,身体瘦得皮都露出骨骼的形状。”①在确认了他们消瘦的原因后不久,朝圣者提出了问题:“感觉不到营养的需者,何以会消瘦呢?”②

但丁所好奇的是,已经没有肉身可以消化食物的灵魂,为何还会由于饥饿而消瘦。这样的问题实际上已经点到了贯穿《神曲》的“灵魂像身体”的现象,一旦这个问题得到合理解释,那似乎整个《神曲》中的此类现象都能得到解释。面对但丁的提问,诗人斯塔提乌斯(Statius)的灵魂给出了一番经院哲学式的灵魂学说:神将灵气吹入胎儿的身体,灵气吸收胎儿来自父母精血结合的生命力,形成单一的灵魂,集神性与人性于一身的灵魂并不因人的死亡而丢失其完整,而是带着生前所有的记忆、理智和意志来到地狱或炼狱的渡口(25.37—87)。③在新的国度里,灵魂周围的空气受到灵魂的影响,在它们周围形成形态不同的新的“身体”:

> 那里的空气一包围它,形成力就以对活的肢体所使用的方式和分量向周围辐射。宛如空气饱含水分时,由于另一物体的光射入其中而变得绚烂多彩,同样,在这里,附近的空气

---

① 《炼狱篇》,23.22—24。

② 《炼狱篇》,25.20—21。

③ 布鲁诺(Bruno Nardi)指出,但丁的胚胎学及灵魂理论来自大阿尔贝托(Albertus Magnus),见其“Sull'origine dell'anima umana”, in *Dante e la cultura medievale*, Bari and Laterza, 1949, pp.260－283;以及“La formazione dell'anima unama secondo Dante”, in *Studi di filosofia medievale*, Rome, 1960, pp.9－68。马蒂内(Ronald Martinez)则指出了其托马斯主义来源,见其“Statius's Marvelous Connection of Things”, in *Purgatorio, a Canto-by-Canto Commentary*, Lectura Dantis, eds. Allen Mandelbaum & Anthony Oldcorn, Charles Ross, the University of California Press, 2008, pp.277－287。

> 呈现出留在那里的灵魂通过自身的潜力印在其中的形象;如同火焰随处跟着火移动一样,这新的形体随处跟着灵魂移动。因为灵魂后来由此而有形,所以被称为幽灵;然后由它给每种感觉,甚至视觉,形成器官。我们由它说话,由它发笑;由它流泪、叹息……根据各种欲望和其他情感对我们的刺激,幽灵呈现出不同的外貌。①

按照斯塔提乌斯的解释,死后的灵魂将内心的气质投射给了周围了空气,受到感应的空气作为新的身体成为连接外部世界和灵魂的介质,因此,作为活人的但丁可以和维吉尔的幽魂拥抱,而有罪的灵魂也借着这新的身体领受神的责罚。具体到但丁提出的问题,则答案似乎是:肉眼可见的形销骨立的形体再现了灵魂内心的饥渴;灵魂运用自己的能量,驱动周围的空气,把自己内在的感受投射在上边,于是就在朝圣者眼中构建起一个个饥饿的形象。

斯塔提乌斯的解释与托马斯·阿奎那的《神学大全》表达过的精神与物质的第一种结合形式(即灵魂起统摄作用,为物质赋予形式)并不违背,所不同者仅是把生人的肉身换成了死后的空气,这样的延伸看似合理。

二　灵魂的“形体”

然而,问题并不这么简单,同样来自《炼狱篇》的另一段落立刻给这个解释打上了大大的问号。那是在炼狱的海滩上,但丁遇到生前故友、诗人卡塞拉的亡灵,激动的双方立刻上来拥抱旧日的朋友:

---

① 《炼狱篇》,25.88—107。

> 啊,仅有外表的虚空的幽魂哪!我三次把两手绕到他背后去搂抱他,每次两手都落空回到我胸前。[①]

在这里,我们显然看到了《地狱篇》中未能看到的阴阳隔绝。而显然习惯于和地狱灵魂授受相亲的朝圣者但丁,也感觉到自己“脸上露出了惊奇的神色”(2.82)。熟悉古典文学的人可能立刻会指出,这个段落是但丁对维吉尔的模仿,在《埃涅阿斯纪》中至少能找到这个段落的两处文学原型。一是埃涅阿斯的前妻克列乌莎的亡魂向埃涅阿斯显现时的情景。得知噩耗的埃涅阿斯泪如雨下:

> 我三次想用双臂去搂她的头颈,她的影子三次闪过我的拥抱,不让我捉到,就像一阵轻风,又像一场梦似的飞走了。[②]

第二个片段是埃涅阿斯在乐土看到亡父安奇赛斯的灵魂时发生的一幕。父亲高兴地向他伸出了双手,儿子也恳求父亲不要挣脱他的拥抱,可是:

> 他三次想用双臂去搂抱他父亲的头颈,他的父亲的鬼影三次闪过他的手,不让他抱住,就像一阵清风,又像一场梦似的飞去了。[③]

诚然,从诗人对文字的处理上看,这两个段落都足以作为但

---

① 《炼狱篇》,2.79—81。
② 《埃涅阿斯纪》,2.792—795。
③ 同上书,6.700—702。

丁此处写作的原型。[①]但问题在于,阴阳隔绝是《埃涅阿斯纪》一贯的法则,在维吉尔的史诗里我们从未看到过生者与死者的身体接触,就连他们之间的话语交流都经常是困难的。

但《神曲》中却不同,《炼狱篇》开篇不久的这个"《埃涅阿斯纪》式的"时刻不仅推翻了《地狱篇》的写作原则,也和《炼狱篇》第 25 歌中斯塔提乌斯的解释存在着明显的冲突:既然灵魂周围的空气形成了新的身体,活人但丁为何无法像踩了冰湖中灵魂的脸一样拥抱这位故友?看来,应该暂时抛开斯塔提乌斯"空气身体"的解释,对《神曲》全篇中的灵魂现象重新进行分析。

纽曼(F. X. Newman)曾用奥古斯丁在《〈创世记〉字解》中提到的三种异象(身体性的、属灵的和属理智的)来分析《神曲》三部曲的表现手法。[②]按照他的分析,《地狱篇》中的异象是身体性的,因此地狱中的灵魂具有物化特征,相对地,炼狱中的异象属于想象,而天国中的异象纯属理智的。纽曼的理论成功地指出《神曲》中灵魂的实在感整体上呈递减状态,但它却未曾具体看到,在《地狱篇》和《炼狱篇》中,亡魂与外界接触的实在感都经历了渐变的过程。朝圣者与灵魂的第一次接触是在《地狱篇》第 6 歌中。朝圣者在第三层地狱中看到了犯饕餮罪者的灵魂,这些灵魂所受的惩罚是被迫吞食从天而降的冰雹雨雪:"我们从那些被沉重的大雨浇倒的阴魂上面走过,脚掌踩在他们那似乎是人体一般的虚幻的影子上。"(6.34—36)此时此刻,朝圣者所感触到的幽魂是若有若无的。在接下来的片段中,这种接触变得越来越真实。在进入深层地狱不久的自杀者丛林中,但丁就用手折断了变成树

① 德林(Robert M. Durling)指出了这两个作为但丁创作原型的段落,见 Robert M. Durling ed., *Purgatorio*, Oxford University Press, 2003, pp.44 - 45。

② 参见 F. X. Newman, "St. Augustine's Three Visions and the Structure of the *Comedy*", in *Modern Language Notes*, 1967, pp.64 - 65。

的灵魂的树枝:

> 于是,我把手稍微向前一伸,从一棵大树荆棘上折下了一根小枝子,它的茎就喊道:“你为什么折断我?”……那根折断的树枝的伤口也像这样说出话来,同时又流出血来……①

诚然,在这奇妙的片段背后也有一个来自《埃涅阿斯纪》第3卷的原型,“在色雷斯的一个山丘上,埃涅阿斯在拔下一棵小树来用于祭祀的时候,把树根折断了,从树上渗出的黑血污染了土地”。当他拔到第三棵树的时候,土丘深处发出悲惨的呻吟,说自己是普利阿姆斯的幼子波利多鲁斯,贪财的色雷斯国王害死了他,“我被一阵乱枪刺死在这里,在这里生了根,长出了尖矛般的树干”。②

在原始文本中,维吉尔并没有说树就是死者的灵魂,从上下文看,这个段落反而应该理解为:死者的身体变成了树,而灵魂依旧寄居其中。《地狱篇》第13歌则与此不同,被折断枝条的树人维涅清楚地向但丁解释了灵魂变树的过程③:

> 当凶狠的灵魂离开自己用暴力挣脱的肉体时,米诺斯就把它打发到第七谷里,它落在树林里,并没有给它选定的地方;而是命运把它甩到那儿,就在哪像斯佩尔塔小麦似的发芽;它长成幼苗,然后长成野生植物:哈尔皮们随后就吃它的

---

① 《地狱篇》,13.31—44。

② 《埃涅阿斯纪》,3.45—46。

③ 列奥·斯皮策(Leo Spitzer)仔细分析了此处提到的区别,见 Leo Spitzer, “Speech and Language in *Inferno* XIII”, in *Italica*, 19: 77 - 104。

叶子,给它造成痛苦,并且给痛苦造成窗口。[①]

这一段解释与炼狱山上斯塔提乌斯的解释几乎完全相悖。它明明白白地告诉但丁,他的肉身所接触到的"物"不是空气,而就是灵魂本身。

维涅给出的解释普遍适用于但丁接下来的地狱旅程,在此之后,我们多次看到朝圣者与幽魂的身体纠缠,也多次看到恶灵之间的互相折磨。在火雨纷飞的沙地上,朝圣者被辨认出昔日弟子的老师拉蒂尼拉住了衣裾。[②]在通过第八环诸恶囊的旅程中,恶灵和魔鬼们以不同的方式彼此撕打着。还有最后,即本文最开始提到的冰湖中的那一幕。从上述片段不难看到,在地狱中,随着朝圣者旅程的深入,"灵魂的身体性"也变得越来越强烈。[③]

转变的时刻就发生在之后。但丁在维吉尔的引领下爬过撒旦巨大的身躯,在撒旦的臀部掉转身形,走出地狱。不久后就发生了但丁和卡塞拉相遇的一幕。这一系列情节清晰地告诉读者,在但丁转身之前,肉身与鬼魂的接触是可能的;而在此之后,这种可能便宣告终结。

对比但丁在冰湖踩鬼和在炼狱海岸与卡塞拉失之交臂的两个时刻发生的语境,不难理解这种从生死之"交"到阴阳隔绝的转变:冰湖中冻结的都是犯有叛卖罪的恶灵,而但丁在这里遇到的一切也都洋溢着叛卖的意味:在但丁踩鬼之后,他向被踩的鬼魂提出自己可以把其名字带回人间让其扬名,遭到了对方的拒绝

① 《地狱篇》,13.94—102。

② 参见《地狱篇》,15.22—24。

③ 撒旦是最具有"身体性"的形象,见 Remo Ceserani,"Lucifer", in *Inferno, a Canto-by-Canto Commentary*, Lectura Dantis, eds. Allen Mandelbaum & Anthony Oldcorn, Charles Ross, the University of California Press, 1998, pp.432 - 440。

与顽抗;但同样冻结在冰湖中的其他鬼魂立刻出卖了其身份,由该恶灵的名字而记起其丑行的但丁立刻转变了自己的态度:“我要把有关你的真实消息带回去,使你遗臭万年。”①对于但丁的“出卖”②,被踩的恶灵无可奈何,只能迁怒于揭露自己的那一位,他让但丁回到人世之后也一同揭露那个出卖者:“你要是能从这里走出去,可别不提这个方才这样饶舌的人。他因为受法国人的银子贿赂在这里受惩罚。”③在这个闹剧般的情景中,但丁的行为从结果来看固然是正义的,但他也正是分参了“叛卖”的恶性才实现了以恶制恶。这种受所在场所感染而以相应的恶做出回报的情节在但丁的地狱之行中屡屡发生着,正是在分参罪过的意义上,人鬼之间才有真实的接触。④

与卡塞拉相会的场景则与此不同。在卡塞拉到来之前,但丁刚刚聆听过炼狱守门人加图的教诲,理解了尘世之爱和圣爱之间的差距。而刚刚从人间抵达这里的卡塞拉显然充满了对往日的依恋,带着故友重逢的喜悦,他唱起了一首叫“爱神在我心中和我谈论”(Amor che ne la mente mi ragiona)的歌。谙熟但丁作品的评注者立刻识别出了这歌的来历,它来自但丁早年的哲学作品《飨宴篇》(*il Convivio*)第3卷,而在但丁写作《神曲》之时,那部书中对异教哲学的崇拜已经被作为往日的错误抛弃。⑤在这重逢

---

① 《地狱篇》,32.110—111。

② 埃多阿多·桑圭涅特(Edoardo Sanguinet)注意到了但丁的话在此处的“叛变”意味,见Edoardo Sanguinet, “Count Ugolino and Others”, in *Inferno*, *a Canto-by-Canto Commentary*, pp.424-431。

③ 《地狱篇》,32.113—115。

④ 这是《地狱篇》的“报复刑”(contrapasso)原则。

⑤ 参见John Freccero, “Casella's Song: *Purgatorio* II, 12”, in *Dante*, *the Poetics of Conversion*, Harvard University Press, 1986, pp.186-194; Robert Hollander, “*Purgatorio* II: Cato's Rebuke and Dante's ‘scoglio’”, in *Dante Studies*, Ravenna: Longo, 1980, pp.91-105。

的时刻,卡塞拉试图用但丁往日书写的能引人进入异教误途的“西壬之歌”唤起已经皈依的但丁的情感,正是这理解上的差别让二人在相互拥抱中彼此失之交臂。

诚然,在《炼狱篇》中,“像身体一样的灵魂”这一现象并未完全消失,炼狱山的灵魂仍然像拥有身体一般承受着痛苦,傲慢者们顶着石头艰难行进,嫉妒者们的眼睛被缝在了一起,怠惰者仍忍受着奔跑的疲惫,即使是在深处炼狱山最高层的贪色者们也要在灼热的火墙中炙烤他们爱情的罪孽……但在炼狱山上,从鬼魂与鬼魂直接的接触方式上,仍能觉察到一种身体性随着灵魂皈依的进程而递减的过程。

在进入正式炼狱山(即炼狱大门之内的 7 层平台)之前的炼狱外围,人与鬼魂的接触就像朝圣者与卡塞拉失败的拥抱那样,变得虚无缥缈,但此时此刻,鬼魂与鬼魂的“身体性”接触存在,鬼魂们以这种方式表达着彼此的情谊。在《炼狱篇》第 6 歌中,但丁与维吉尔看到了曼图阿的政治诗人索尔戴罗的灵魂,这个灵魂和一千年前的诗人维吉尔拥有共同的故乡,也因此对这位罗马的前辈怀有深厚的感情:

> 和蔼的向导开始说:“曼图阿……”那个完全沉浸在孤寂中的灵魂从他原来所在的地方站起来向着他说:“啊,曼图阿人哪,我是你那个城市的人索尔戴罗!”于是,他们就互相拥抱起来。①

---

① 《炼狱篇》,6.71—75。Maria Picchio Simonelli 对两位曼图阿诗人的相会过程进行了有趣的分析,参见 Maria Picchio Simonelli,“Abject Italy”, in *Purgatorio*, *a Canto-by-Canto Commentary*, Lectura Dantis, eds. Allen Mandelbaum & Anthony Oldcom, Charles Ross, the University of California Press, 2008, pp.56 - 64。

但当师徒二人走进象征基督教洗礼的炼狱大门之后,这种用拥抱来表达爱意的欲望本身得到了反省。在贪财者们赎罪平台上一个相似的时刻,斯塔提乌斯在维吉尔的说服下反省了想要拥抱自己敬爱的先人的欲望:

> 他(斯塔提乌斯)已经俯身去抱我老师的脚,但他对他说:"兄弟(Frate),不可如此,因为你是幽魂,你见到的也是幽魂。"他站起来,说:"现在你可以明白我心中对你燃起的爱是多么强烈,我忘了我们的形体是空虚的,把幽魂当作固体的东西看待了。"①

在此,维吉尔经过了炼狱之门的洗礼,已经不再将自己看作晚辈的导师,而是像教徒一般称呼彼此,虔诚地称了一声"兄弟",此时的他比在炼狱外围时更能意识到拥抱的虚无。此时此刻,灵魂的身体性已经随着朝圣者的皈依而渐渐变轻了。

然而,只有在《天国篇》中,朝圣者才彻底意识到了灵魂表象的虚幻:在那里,贝雅特丽齐告诉他,那些在各个行星天中向朝圣者显现的灵魂并不在那些行星天中,他们只是上帝为了迁就人类理解力的欠缺而投射的影像:

> 你所见的这些灵魂出现在这里,并非由于这个天体被分配给他们,而是为了形象化地向你说明,他们在净火天中所享的幸福程度最低。对你们人的智力必须以这样的方式讲解,因为它的知识只能从感性开始,然后提高到理性认识。

---

① 《炼狱篇》,21.130—136。雅内特·勒瓦利埃·斯马尔(Janet Levarie Smarr)分析了维吉尔此处拒绝拥抱的数种可能的寓意,见 Janet Levarie Smarr, "Greeting Statius", in *Purgatorio, a Canto-by-Canto Commentary*, pp.222-235。

因此《圣经》迁就你们的能力，把上帝写成有手和脚，而别有所指……①

三 关于形体的思索：从地狱到天国

至此，不难看出，作为贯穿地狱与炼狱的“像身体一样的灵魂”现象，是一种朝圣者心灵之旅的诗学再现。对于这种现象，无论是地狱居民维涅，还是炼狱的赎罪者斯塔提乌斯，都只能揭示一部分真相。相对于贝雅特丽齐的智慧之光，他们的见识都是不完满的；相应的，他们的回答反而都分别带有着地狱和炼狱的特点：地狱中的灵魂的自我认识是指向身体的，在他们的理解中，灵魂与罪恶的身躯一般无二，肮脏、罪恶、没有自由；炼狱中的灵魂虽然不能完全看破表象的虚幻，却开始认识到灵魂的真谛。

从这个角度也可以解释，为什么朝圣者在《炼狱篇》中才提出关于灵魂实体性的问题。显然，这迟来的一问只有在朝圣者从地狱的洞穴中抽身而出，转身向外之后才会发生。对于朝圣者反应的迟缓，熟悉新柏拉图主义传统的读者不会感到费解：就像《理想国》第7卷中记述的那个洞穴譬喻所叙述的，走出影像世界、看到阳光下事物本体的人最初的感觉是茫然与迷惑，只有在心灵之眼适应了新的景象后才会产生进一步的追问——先有转向，才会有疑问。②然而问题仍然在于：为什么但丁是在炼狱山的第6层——贪食者赎罪的地方提出了对于整部《神曲》而言如此关键的问题？

对此，评注者们一般倾向于认为在自然的生育过程与诗歌的

---

① 《天国篇》，4.37—45。

② 关于但丁与新柏拉图主义的关系，参见 John Freccero, “the Prologue Scene”, in *Dante, the Poetics of Conversion*, pp.1－28。

生产过程中存在着类似之处,而炼狱中现身的贪食罪者们是一些诗人,但丁是在借与其他诗人的问答,以胚胎学理论来暗示自己对诗歌创作的看法。[①]这些解释固然有道理,却不够直接。笔者认为,从炼狱山第6层的情节就可以找到关联。在此,不妨首先追溯一下炼狱山第6层赎罪者们的情景:青葱的果树上结满了诱人的果实,形销骨立的灵魂们在树下奔走,承受着食欲的诱惑——此情此景之下,一个从树丛中传出来的无名的声音道出了我们已经猜出的那个伊甸园故事:

> 你们走过去吧,不要靠近:夏娃吃过果子的那棵树在更高处,这棵树就是它生出来的。[②]

这声音告诉我们,贪食罪的本相就是原罪,始祖由于禁果的诱惑而放纵了自己罪恶的意志,从此丢失了伊甸园,产生了死亡和一切的苦难。在神发现初人犯罪的那个时刻,亚当和夏娃由于羞愧,“就藏在园里的树木中,躲避耶和华上帝的面”[③]。在炼狱山上的这个时刻,发自林木中的声音就像同样曾躲在林木中的始祖的告诫。

正如这声音所说的,此处的这棵果树并非伊甸园中的那棵结着禁果的树,它的存在不是为着诱惑,而是为着启示,走过炼狱山第6层的灵魂们没有一个能吃到这树上的果实,在这棵“拒绝那

---

① 有代表性的解释见 Giuseppe Mazzotta, “Literary History”, in *Dante, Poet of the Desert*, Princeton University Press, 1980, pp. 193 - 226; John Freccero, “Manfred's Wounds and the Poetics of the *Purgatorio*”, in *Dante, the Poetics of Conversion*, pp. 195 - 208。

② 《炼狱篇》,24.115—117。

③ 《创世记》,3: 8。

么多的恳求和眼泪的大树”下,他们“似乎已经醒悟,就离开了”[①]。赎罪的灵魂们在这勾起他们伊甸园回忆的情境中幡然悔悟。如果说那曾经给予禁果的死亡之树还留在炼狱山顶上的伊甸园中,那么此处看到的是一棵从死亡之树生出的救赎之树。[②]

弗里切罗在解读地狱之门铭刻的著名文章中[③],曾提到《约翰福音》第6章中的一个段落,这个段落和《创世记》中伊甸园吃禁果的故事遥相呼应——耶稣在迦百农会堂里讲解来自天上的“真正的粮食”。“我就是生命的粮。到我这里来的,必定不饿。信我的,永远不渴。”耶稣说:“因为我从天上降下来,不是要按自己的意思行,乃是要按那差我来者的意思行。”小信的门徒们疑心重重地听着,窃窃私语:“这不是约瑟的儿子耶稣么?他的父母我们岂不认得么?他如今怎么说,我是从天上降下来的呢?”在接下来的传道中,耶稣告诫人们要吃他的肉、喝他的血:

> 我实实在在地告诉你们,你们若不吃人子的肉,不喝人子的血,就没有生命在你们里面。吃我肉,喝我血的人就有永生。在末日我要叫他复活。我的肉真是可吃的,我的血真是可喝的。吃我肉喝我血的人,常在我里面,我也常在他里

① 参见《炼狱篇》,24.112—114。

② 关于“死亡之树”和“救赎之树”的关系,彼得·阿莫尔(Peter Amour)有详细的考证,见Peter Amour, “The Griffin and the Tree of Justice”, in *Dante's griffin and the history of the world: a study of the earthly paradise*(*Purgatorio*, *cantos XXIX - XXXIII*), Oxford University Press, 1989, pp.180 - 214。根据阿莫尔的说法,在中世纪文化中,亚当的形象与“死亡之树”是合一的。亚当是整个人类的树根,而以但丁代表的每个人则是这树的枝叶。直到亚当的后裔里诞生了耶稣,才有了使人类重生的“救赎之树”:即耶稣殉难的十字架。从阿莫尔的分析可以推导出,炼狱山第6层上的这棵树充满了救赎意味。

③ John Freccero, “Infernal Irony: The Gates of Hell, ” in *Dante, the Poetics of Conversion*, pp.93 - 109.

> 面。永活的父怎样差我来,我又因父活着,照样,吃我肉的人,也要因我活着。这就是从天上降下来的粮。吃这个粮的人,就永远活着……①

愚昧的犹太人眼里看着耶稣的生人之躯,无法接受耶稣让人吃他肉、喝他血的教训。“这话甚难,谁能听呢?”他们说。最后,出于对牛弹琴的无望,耶稣只得直白地解释了他想说的意思:“叫人活着的乃是灵,肉体是无益的。我对你们所说的话,就是灵,就是生命。只是你们中间有不信的人。”

这一个段落集中表现了道成肉身的耶稣的“言”和犹太人的理解之间存在差异。犹太人没有坚定的信仰,所以耳中听到的只是字面的意思,而不是其中的寓意;眼中看到的也只是可以实实在在被人的口腹吞食的人的血肉,而不是耶稣的灵。在耶稣字字珠玑的教诲中,他们感受到的只能是禁果般的诱惑。

耶稣最终满足了他们,在殉难的时刻,在经过了 6 个小时十字架上的煎熬后,耶稣说出了“成了”,“便低下头,将灵魂交付上帝了”②。在这殉难时刻,耶稣将自己的肉和血一同抛洒进了芸芸众生的灵魂,让亚当饥渴的子孙得到了永生的粮食,也将自己背负的十字架转化成了让人重生的“救赎之树”。

笔者以为,这个福音书典故也正是炼狱山第 6 层情境背后的真实寓意所在。在这象征着救赎的第 6 层山崖上,灵魂们通过救赎之树的启示克服了原罪中“吃”的愿望③,也得以透过沉重身体的表象,领悟灵魂的真谛。正是在此情此景中,追随着赎罪者们精神进程的朝圣者才得到契机,发出了那一问:“感觉不到营养

---

① 《约翰福音》,6: 53—58。同一段落中的其他引文出自《约翰福音》,6: 35—42; 60—64。

② 《约翰福音》,19: 30。

③ 与此形成对比的是,地狱中最后的景象就是吃人的撒旦。

的需者,何以会消瘦呢?”斯塔提乌斯也才能够给出一番符合经院哲学正统的灵魂论。贪食罪者们幡然一悟,看淡了诱人的果子,朝圣者开言一问,参透了灵魂的表象。

不过,炼狱山第6层的语境只能为解释问题提供一部分答案,按照当代但丁学的读法,细心观察《炼狱篇》第25歌与《地狱篇》第25歌及《天国篇》第25歌之间的关联,则可以看到答案的另一部分;具体说来,将这三歌联系在一起的主题,正是“形体”。[①]

《地狱篇》第25歌延续了第24歌的主题,书写的是受惩罚的盗贼。根据基督学意义上的历史,人类的第一次偷盗就是原罪,这是在蛇的诱惑下进行的行为。始祖偷窃的结果,便是人身体的变形,人从此有了淫欲,也有了生育和死亡的痛苦。[②]作为对《创世记》故事的追忆,但丁将盗贼们的具体惩罚写成了灵魂在蛇的攻击下进行的变形。在盗贼们的恶囊中,象征魔鬼的蛇成为上帝以恶制恶的执行者;灵魂承受的惩罚是永无休止的,这具体体现为灵魂周而复始的变形:盗贼们要么不断地死而复生,要么与蛇纠缠在一起形体模糊,要么与蛇进行永远的形体互换——这些周而复始的变形的背后是《变形记》第15卷中描写的毕达哥拉斯主义的宇宙论:“宇宙间一切都无定形,一切都在变易,一切形象都是在变易中形成的……”[③]正如德林(Robert R. Durling)在对

---

① 德林总结了《神曲》全书中和《炼狱篇》第25歌有关的各个段落,参见Robert M. Durling ed., Purgatorio, pp.436－437;而三部曲中数字相近的篇章之间的关联可以在德林所编的《地狱篇》(*Inferno*)、《炼狱篇》(*Purgatorio*)、《天国篇》(*Paradiso*)中每一篇末尾的注释中找到。

② 关于偷盗—蛇—性爱的关联,见德林对《地狱篇》第25歌的疏解(*Inferno*, pp.568－571)。关于盗贼变形的解读,则见Joan Ferrante, “Thieves and Metamorphoses”, in *Inferno, a Canto-by-Canto Commentary*, pp.316－327。

③ 《变形记》,15: 177—178。此处《变形记》译文采用杨周翰译本,参见奥维德:《变形记》,杨周翰译,人民文学出版社,2008年。

《地狱篇》第 25 歌的解释中指出的,毕达哥拉斯式的灵魂论所描述的恰恰是灵魂堕落后才有的状态:由于始祖的罪过,人既被魔鬼从灵魂中“偷”去了上帝,“偷”去了美好的形体,也被“偷”去了“永恒”——人有了时间,也有了死亡。形体的幻灭实为灵魂虚无的表记。①

对比看来,《炼狱篇》第 25 歌中,随着罪的回忆转变成了皈依的顿悟,毕达哥拉斯式的形体理论也被置换成了托马斯式的灵魂——身体理论,这是一种诗学结构上的对应与变形。而在《天国篇》第 25 歌中,烦琐的托马斯式灵魂—身体哲学甚至被替换成了诗人更直接的、末世论式的自我预言:

> 如果有朝一日这部天和地一同参与其中的、使得我为创作它已经消瘦了多年的圣诗,会战胜把我关在那美好的羊圈之外的残忍之情……我将带着另一种声音、另一种毛发,作为一位诗人回去,在我领礼的洗礼盆边戴上桂冠;因为我在那里进入了那使灵魂为上帝所知的信仰之门。②

这段预言的主题也是“形体”,那是在经历了朝圣之后,诗人“脱胎换骨”后的新形象:他不再是那个参与了“地上之城”——佛罗伦萨的罪过,并被之放逐的“旧人”但丁,而是灌注着圣灵的神圣诗篇的作者。

由此看来,《炼狱篇》第 25 歌中斯塔提乌斯经院哲学般的解释相对《地狱篇》第 25 歌而言更为正确,但相对诗人在《天国篇》第 25 歌中展现的抱负,却仍显得呆板而不足。《天国篇》第 25 歌

---

① 参见 *Inferno*, ed. Robert M. Durling, pp.568 - 571 的相关疏解。

② 《天国篇》,25.1—11。

则提升了《炼狱篇》第25歌中斯塔提乌斯的托马斯式灵魂论，修正了《地狱篇》第25歌中毕达哥拉斯式的灵魂论，将二者整合为"上帝之城"诗人的预言，书写了诗人新的"变形记"，将对人类往日思想的记忆转变成了面向未来的启示。因此，三部曲各自的第25歌合而为一，实为从"形体"的角度再现灵魂皈依的诗学手法。

四　结语：但丁的"重"与"轻"——一种忏悔的诗学

在《未来千年文学备忘录》里，卡尔维诺称赞了但丁平衡"轻"与"重"的高超艺术，为他取作典范的是《地狱篇》第14歌第30句的"好像无风时山上纷飞的雪花"和《天国篇》第3歌第123句的"一面像重物沉入深水中一般消失了"。[①]卡尔维诺没有说出的是，但丁在描写灵魂的表象这一贯穿《神曲》的现象中，从未放弃展现他时而举轻若重、时而举重若轻的诗学技艺，这种技艺在本质上所展现的是灵魂的上升过程。在某种意义上，在从地狱到天国的旅程中，"灵魂的身体性"随着罪孽的加深与洗涤而递增或递减；与此相应的，朝圣者对于形体的认识也随着皈依的进程经历着迷失与升华——这种演进过程实为一种忏悔的诗学。

因此，"像身体一样的灵魂"既非来自但丁对古典诗歌的单纯因袭，也非出自其对哲学的生搬硬套，更非来自诗人漫无边际的臆想。在种种看似荒诞不经而又彼此矛盾的情节背后，是对《旧约》与《新约》精神的深刻理解。也正是依靠着这样的理解，诗人才能将古代的诗歌与哲学的思想把玩于妙笔之下。诗人正是在上帝那"看不见的手"中，放飞着他想象的翅膀。

---

① 参见卡尔维诺：《未来千年文学备忘录》，杨德友译，辽宁教育出版社，1997年，第1—10页。

最后,当一切的妄念与痴迷都消解之后,也就是一切的形象消失之时,那就是《天国篇》最后的情形:

> 犹如梦见什么的人,梦醒以后,梦中的经历留下的印象还存在,其他一切都回想不起来,我就是这样,因为我所见的一切几乎完全消失,从其中产生的甜蜜之感还滴在我的心中,就像雪花在日光下的消融;就像西比尔写在单薄的叶片上的神谕随风飘散……①

“就像雪花在日光下的消融;就像西比尔写在单薄的叶片上的神谕随风飘散……”随着这诗人投笔的一刻,读者才真正领悟到了“上帝之城”无形的“大象”。

① 《天国篇》,33.55—66。

《神曲》中的“水”与“土”

朱振宇

（浙江大学　外国语言文化与国际交流学院）

在汉语世界但丁接受史上，《地狱篇》第4歌中古代圣贤云集的“Limbo”受到过较多的关注，但译者们对“Limbo”一词的翻译莫衷一是。数年前，林国华在其《灵泊小议》一文中对这个词的翻译史进行了归纳和点评，并提出一种兼顾音译与寓意的译法“灵泊”。作者追溯了汉语史上“泊”字的本意“浅水”，并指出，“泊”字由于这种本意而具有“边缘化”与“放逐”两重含义，这既符合地狱中“Limbo”的地理环境，也符合“Limbo”中灵魂的状态。[①]

笔者认为，“灵泊”是一个“雅译”，其原因不仅在于它准确再现了《地狱篇》第4歌中的自然环境和灵魂处境，并且，由于它指出了灵泊是作为“水”与“土”交界的地方，它触及了“水”与“土”在《神曲》中的精神寓意。在本文中，笔者将试着阐述这种精神寓意并对这种寓意书写进行溯源，进而在此基础上提出对“Limbo”的一种理解。

---

① 关于“Limbo”翻译的汇总，参见林国华：《但丁〈神曲·地狱篇〉中的“灵泊”小议》，收入林国华、王恒主编：《罗马古道》，世纪出版集团，2010年，第13—17页。

一　神学地理

“水”与“土”勾勒出了《神曲》的精神地理轮廓。在《地狱篇》最后一歌中,但丁借维吉尔之口叙述了地狱和炼狱山的形成。维吉尔说,由于撒旦的反叛,他被逐出天国,从南半球的天上坠落下来穿透了地表。为了躲避堕落天使的冲击,南极附近的土地躲闪到了人类居住的北半球,而地球中心的陆地则从表面回缩,在撒旦身体的周围形成了巨大洞穴——地狱,收缩的土地冲出地表,形成了南极陆地上的山峰——炼狱山。人类曾经居住的伊甸园就坐落在山顶,自从亚当犯罪,南半球山顶的乐园就变得荒芜。[①]从这段叙述可见,在但丁的视野中,土地的位移与灵性世界中发生的神学事件有着直接的关联。从地球的角度看,撒旦叛变的结果是“土地的丢失”,就像朝圣者在走出地狱后自己说的,“我们所在的地方……是一个天然的地窖”。[②]始祖叛变的代价也是失去曾经拥有的“乐土”,而获救的希望就在失去的“土地”——炼狱山上。在此,土的匮乏对应着善的缺失,土地的重获意味着灵魂的得救。

与这一段关于“土地”的演变史对应的是《地狱篇》第 14 歌,在那里,但丁仍然借助维吉尔之口对地狱中 4 条河流的来历进行了解释:

> 在大海中央有一块已经荒废的国土,叫克里特……山中挺然屹立着一个巨大的老人,他的肩膀向着达米亚塔,眼睛眺望着罗马,好像照自己的镜子似的。他的头是纯金造成

---

① 但丁:《地狱篇》,田德望译,北京:人民文学出版社,2004 年,34.121—126。(本文中出现的《神曲》译本均为田德望译本。)

② 但丁:《地狱篇》,34.98。

> 的，两臂和胸部是纯银做的，胸部以下直到腹股沟都是铜的；从此往下完全是纯铁做的，只有右脚是陶土做的；他挺立着，主要是用这只脚，不是用另一只脚支撑体重。除了金的部分以外，每一部分都裂开了一道缝，裂缝里滴答着眼泪，汇合在一起，穿透那块岩石。泪水流入这一深渊，从一层悬崖落到另一层悬崖，形成了阿刻隆、斯提克斯和弗列格通；然后由这道狭窄的水道流下去，一直流到不能再往下流的地方，形成了科奇土斯……①

由于“克里特老人”的身体由金、银、铜、铁和陶土构成，批评者们得以辨认出的原典首推旧约《但以理书》第2卷。在巴比伦之囚后，巴比伦之王尼布甲尼撒做了一个梦，却不记得梦里说了什么，身旁的术士(magicians)无人能将梦的内容告诉他，王就发怒，要处死所有的哲士(wise men)。但以理从王的护卫长亚略那里了解到王的命令，于是就请求宽限，说自己可以将梦的内容和寓意告诉王。但以理的同伴向神祈求怜悯，求神将这事的奥秘指明，夜间但以理得到神的异象，明白了王的梦。亚略将但以理带到尼布甲尼撒面前，但以理就将王的梦说了出来：

> 王阿，你梦见一个大像，这像甚高，极其光耀，站在你面前，形状甚是可怕。这像的头是精金的，胸膛和膀臂是银的，肚腹和腰是铜的，腿是铁的，脚是半铁半泥的。你观看，见有一块非人手凿出来的石头打在这像半铁半泥的脚上，把脚砸碎。于是金、银、铜、铁、泥都一同砸得粉碎，成如夏天禾场上的糠秕，被风吹散，无处可寻。打碎这像的石头变成一座大

① 但丁：《地狱篇》，14.94—119。

山,充满天下。[①]

但以理又解梦说,这个人像象征着巴比伦今后的历史,拥有强大帝国的尼布甲尼撒王就是那金头,在他之后,不如当下帝国的白银之国、掌管天下的铜之国和压制列国的铁之国接踵而至。后来的帝国必将分裂,就像人像那半铁半泥的脚。但以理睿智的解梦征服了尼布甲尼撒,他敬拜但以理,令他掌管巴比伦的一切哲士。[②]

在第14歌中,"克里特老人"的身体结构与尼布甲尼撒梦中的人像的确非常相似,由于但以理将梦中人像身体的不同元素解释成帝国历史的各个阶段,也可以由此推出,维吉尔口中的克里特老人也是某种历史的缩影。但在做出推论之前,应注意到,"克里特老人"与尼布甲尼撒梦中的人像存在以下不同:第一,尼布甲尼撒梦中的人像没有处所,但在维吉尔口中,这个老人有具体的处所——大海中央的"克里特";第二,维吉尔说,老人"眼睛眺望着罗马,好像照自己的镜子似的"[③];第三,老人的眼泪汇成了地狱中的四条河流。

在《埃涅阿斯纪》中,"克里特"是一个错认的故乡。埃涅阿斯的父亲安奇塞斯得到神谕,流浪的特洛伊人应该到"祖先的地方"去寻找西土。老安奇塞斯解错了神谕,将"故乡"理解为母系祖先的居所克里特岛,于是,特洛伊人未经仔细思考就欣然向克里特进发。在到达目的地开始建城时,上天惩罚了特洛伊人的错误,天上降下瘟疫和灾荒,人体羸弱,大地上五谷不生。家神在梦

① 《圣经》新标点和合本,中国基督教协会,1995年,Dan.1:31-55。

② 同上书,Dan.1:37-48。

③ 但丁:《地狱篇》,14。

中指点了真正的西土所在，那就是拉丁乌姆，是安奇塞斯的父系由之出走的地方。[①]在第14歌的语境中，作为《埃涅阿斯纪》作者的维吉尔用自己诗歌中代表错误的地方来指称老人的所在，解释《圣经》中记载的人类堕落以后的历史。

德林(Robert Durling)追溯了这种“迷误之地”在《圣经》解释史上的对应者：奥古斯丁追随老普林尼《自然史》中的记述，认为克里特岛上有一个巨大的人的身体，后来的作家曾把克里特与拉丁语的“陶土”一词“creta”联系在一起，因此克里特岛上的人就意味着“陶土做的人”，在《旧约》中第一个陶土做的人就是始祖亚当。维吉尔将这人称作“老人”(veglio)[②]，在但丁时代的意大利，这个词语和现代英语的“old”一样，兼有“老的”与“旧的”两种含义，因此，从《圣经》角度看，克里特老人实为“陶土做的旧人”，这旧人的形象象征着人堕落后的处境，作为人高级自然的理智就像是老人的金头，固然天生美好，但人体的其他部分象征的低级自然却由于原罪而受到了伤害。[③]

确定了老人形象的神学意义，就可以接着解释克里特老人与尼布甲尼撒梦中人像的其他两点不同：老人看罗马就像揽镜自照，因为罗马和老人都是堕落后的人类社会的写照，罗马城就是亚当之城。从克里特老人眼中流出的四条地狱河流象征着因原罪而派生的种种罪恶。将《地狱篇》第34歌和第14歌结合在一起，可以读出但丁眼中人类世界地理的形成史：撒旦的堕落引起了土地的丢失，在北半球造成了巨大的洞穴，人堕落之后，旧人那

---

① 参见维吉尔：《埃涅阿斯纪》，杨周翰译，江苏：译林出版社，1999年。

② 但丁：《地狱篇》，14.103。

③ 这个解释见德林为《地狱篇》第14歌写的疏解，见其编的*Inferno*, Oxford University Press, 1996, pp.555－557。德林还指出，整个的地狱可以被看作一个“身体”，见第552—555页。

土做成的“自然”也像人类曾经的大地一样失去了完整，就像旧人眼泪流进了身体的裂缝一样，源起自这眼泪的罪恶之水填补了北半球洞穴的部分空间，形成了地狱。

《神曲》中4条冥河的名称无疑来自《埃涅阿斯纪》卷，但在维吉尔笔下，4条河流没有统一的来源也没有明确的界限。在《地狱篇》中，4条河流构成了地狱三部分(放纵、暴力、恶意)的界河。①它们甚至就带有以其为边界的罪的特征，在作为地狱界河的阿刻隆以外，但丁笔下的斯提克斯河是一个泥沼，犯暴怒和抑郁罪的恶灵在其中受罚，暴怒者从泥沼中露出头来，“他们不仅用手，而且用头、用胸膛、用两脚相互殴打踢撞，相互用牙齿把对方的身躯一块块地咬下来”②。而抑郁者则沉入河底，永久地憋闷着。③污浊的泥沼与由于情绪失控而丧失理性清明的内心世界有着想象上的相似，这一点不言而喻。弗列格通河是一条血河，这条河中以及周围的地带惩罚的是犯有暴力罪的人，他们对邻人(杀人犯)、对自己(自杀者)、对上帝与自然施暴(渎神者、鸡奸罪者、高利贷者)。从文本语境推测，血河弗列格通是一条沸腾的河，因为这河流“使它上空落下来的火焰统统熄灭”④，在河畔还有一片火雨纷飞的沙地⑤。在托马斯的传统中，暴力罪是属于灵魂中“血气”部分的罪，用沸腾的血河表现血气之罪十分贴切。科奇土斯湖是一个冰湖，犯有背叛罪的灵魂就冻结在其中。背叛意味着割裂上帝给予的爱的纽带；爱由于背叛而止息，就如河水停止了流动，冻结在冷酷之中。就像4条河流有着相同的起

---

① 在《地狱篇》(11.79—111)中维吉尔向朝圣者解释了地狱的这种三分结构。

② 但丁:《地狱篇》,7.112—114。

③ 同上书,7.117—126。

④ 但丁:《地狱篇》,14。

⑤ 同上书,14.28—39。

源,在地狱的所有罪行中也都能找到原罪的影子。

因此,土地的缺失形成的洞穴与四条地狱之河勾勒出的地狱实为"旧人"的形象。在《新约》中,与这"旧人"对应的,是因基督的救赎而诞生的新人,就像《以弗所书》中说的:

> 你们学了基督,却不是这样。如果你们听过他的道,领了他的教,学了他的真理,就要脱去你们从前行为上的旧人。这旧人是因私欲的迷惑,渐渐变坏的。又要将你们的心志改换一新。并且穿上新人。这新人是照着神的形像造的,有真理的仁义,和圣洁。[①]

回到诗歌开篇,这旧人的形象正对应着朝圣者陷入的"幽暗的森林"(selva oscura)。[②]纽曼(F. X. Newman)追溯了"森林"(selva)一词在中世纪寓意的变化,他指出,中世纪教父们用"silva"一词指代柏拉图《蒂迈欧篇》中"物质"(hyle)一词的拉丁译法。[③]在《蒂迈欧篇》以及受其影响的罗马思想传统中,"物质"都被认为是罪恶的来源;就人而言,正是物质性的肉身带来的欲望阻挡着灵魂的飞翔。奥古斯丁修正了将罪恶的起源单纯归于肉身的看法,他认为罪恶是来自恶的意志;但他同时认为,由于人的原罪,人的肉身也堕落了,情欲及其他不当欲望的产生就是肉

---

① 《圣经》新标点和合本,中国基督教协会,1995 年,Eph.4,第 20—24 页。

② 迄今为止,绝大部分注释者都认为,"幽暗的森林"首先指的是人类精神世界中的种种罪恶。安东尼·E.卡塞尔梳理了迄今为止关于这个问题的解释史,参见 Anthony E. Cassell ed., *Inferno I*, University of Pennsylvania Press, 1989, pp.1 - 7。另参见但丁:《地狱篇》,1.2。

③ 参见 F. X. Newman, "St. Augustine's Three Visions and the Structure of the Comedy," in *Modern Language Notes*, 1967, pp.64 - 65。

身堕落的标志。[1]而秉承奥古斯丁传统的但丁,在此处所写的“幽暗的森林”意味着有罪的身体。[2]第1歌接下来的诗句说“我说不清我是怎样走进了这座森林的”,这诗句充满了肉身化的意味:朝圣者就像每个尘世中的人,在初生时未经自由抉择就承担了因始祖的原罪而变得残缺的肉身。在这里,有罪的身体与有罪的世界是合一的,就像始祖亚当,从他身上繁衍出了整个人类世界,而每一个个体由于继承了始祖的罪,都可以同时被看作“亚当”本人。因此,诗歌中的朝圣者并不仅仅是历史中的某个个体,而是救赎历史的见证;因此,诗歌的第一行才写成了“在我们(nostra)人生的半途”[3],而非“在我(mia)人生的半途”。

将《地狱篇》第1歌、第14歌和第34歌连读,不仅可以看到自然史与救赎历史合一,也可以看到自然元素与“我”的心灵旅程的关联,因此在《神曲》的世界里,关怀土与水就意味着关怀人的处境。

二 自然元素、心灵之旅与救赎历史

在《飨宴篇》(*il Convivio*)中,但丁称赞了奥古斯丁的《忏悔录》作为精神自传的典范力量,将这部作品的内容称作“人生从坏到好、由好到更好、再由更好到最好的进程”[4]。在很大程度上,这里总结的人生三阶段也可以看作其后来创作的《神曲》三部曲的主题,而《忏悔录》毫无疑问可以看作《神曲》中心灵旅程

---

① 奥古斯丁:《上帝之城:驳异教徒》,吴飞译,三联书店,2007年,14.2—3。

② 参见John Freccero, “the Firm Foot on a Journey without a Guide,” in *Dante, the Poetics of Conversion*, Harvard University Press, 1986, pp.1-28。

③ 但丁:《地狱篇》,1.1。

④ Alighieri Dante, *Il Convivio*, trans. Richard H. Lansing, New York & London: Garland Publishing, Inc., 1990, I.ii.12.

的先驱。事实上，在《忏悔录》中也能找到《神曲》中自然元素的精神寓意。在全书末卷的第13卷中，奥古斯丁用神在人类历史中的业绩为"创世七日"中的行动赋予了象征寓意：

> 但如着眼于象征意义——我以为圣经所以把祝福仅限于水中生物与人类，真谛即是如此——则无论在精神与物质受造物中，——犹如在天地之中，——无论在良好的与败坏的灵魂中，——犹如在光明与黑暗之中（第一日），——或在传授圣经的神圣作者中，——犹如在诸水之间的穹苍，——或在痛苦的人类社会中——犹如在海洋之中，——或在虔诚信徒的持身方面——犹如在陆地之上——或在现世的慈善工作方面，——犹如在花草果树之间……我们都能找到芸芸众生。在这一切之中，众生都在生长蕃息；……犹如水族的孳生，为我们沉溺于罪恶的肉体是必须的；而思想概念则犹如人类的嗣胤，是由我们理智所诞生……大地的干燥是由于渴求真理，但大地是属于理智范围。①

在这一段落中，奥古斯丁将自然世界与人类精神世界加以比拟，可以明确看出，水对应着沉沦在罪中的人类世界，花草果树代表着慈善，陆地代表着信仰，"大地的干燥是由于渴求真理，但大地是属于理智范围"。问题在于，如何理解第13卷中的这段《创世记》释义在整部精神自传中的地位？这个段落涉及的自然元素与救赎历史与奥古斯丁记述的个人经历有无关联？

以布朗（Peter Brown）为代表的研究认为，《忏悔录》的前9卷是奥古斯丁真实的个人历史，后4卷则是论述心灵结构的一般

① 奥古斯丁：《忏悔录》，周士良译，商务印书馆，1996年，13.24。

原则,前9卷与后4卷无论在主题还是叙事方式上都存在着比较大的差异。[①]以斯蒂芬尼(William A. Stephany)和麦克马洪(Robert McMahon)为代表的学者则认为,既不应将前9卷看作死板的历史事实,也不应仅仅对后4卷进行断章取义的哲学分析,布朗研究思路的最大弊病乃在于无视奥古斯丁精神传记结构上的完整。

斯蒂芬尼通过对《忏悔录》的文本结构分析指出,《忏悔录》前9卷记述的个人经历并不仅仅是奥古斯丁的个人生活史,而且是作为救赎历史见证的每个个体故事的缩影。按照斯蒂芬尼的分析,《忏悔录》前9卷以第5卷为核心,存在着明显的下降—上升的对称结构:第1卷肉身的诞生对应着第9卷灵魂的重生;第2卷邻家花园中的偷梨对应着第8卷米兰花园无花果树下的皈依;第3卷与第7卷的主题都是哲学,在第3卷中摩尼教的谬论使奥古斯丁陷入迷误,而第7卷中新柏拉图主义的思想使奥古斯丁接近信仰;第4卷与第8卷的主题是爱与友谊,在第4卷中奥古斯丁为虚假的友谊的失去而哭泣,在第8卷中真正的友谊给予了他心灵的慰藉;第5卷奥古斯丁从迦太基去了罗马,在这里他濒临肉身与精神的"死亡",也赢得了人生中的转向……这一系列个人经历中隐含的下降—上升结构,再现了基督从道成肉身、到殉难、再到复活的救赎历史的一般模式。因而,《忏悔录》的精神自传并不仅属于历史上的奥古斯丁自己,它也是每个人心灵旅程的见证。[②]

---

① 布朗(Peter Brown)的奥古斯丁传记体现了这种思路,参见 Peter Brown, *Augustine of Hippo*, Berkeley: University of California Press, 1967。

② Stephany William A., "Thematic Structure in Augustine's Confessions," papers presented at the 1982 Patristics, Medieval and Renaissance Conference held at Villanova University, November, 1982.

麦克马洪接着斯蒂芬尼的结论,对前9卷与后4卷的关联进行了探索。他指出,救赎历史将前9卷的个人历史与第13卷的《创世记》解释联系在一起。他又在字句层次上指出,在前9卷各卷可以从奥古斯丁的修辞中分别找到与上帝创世七日的工作呼应的字句,这些修辞就夹杂在前9卷各卷的叙事中。比如,在描述早年沉溺于肉欲时,奥古斯丁将此世的生活比作“习俗的洪流”和“无涯的苦海”[①];此后,在追寻信仰过程中,他又将失落信仰比作“沉入了海底”[②]。这些段落中的水的比喻显然和末卷中水的寓意吻合。再如,在《忏悔录》第5—7卷中,奥古斯丁先后记述了自己从迦太基渡海来到新的土地罗马[③]、莫妮卡的追随[④]以及内布利提乌斯来到米兰[⑤];而上帝的王国则被称作“和平之乡”[⑥]。在走向新土地的过程中,奥古斯丁及亲友们那好似在大海中沉浮、不坚定的信仰渐渐取得了坚实的地基。这与上帝在第六日的创造中从海洋转向陆地的举动彼此呼应。

正是这些看起来只是一些修辞手法的细节,将个人生平与《创世记》中记述的水与土的创生联系在一起。由此出发,可以将《忏悔录》理解为具有“9—3—1”的结构[⑦]:前9卷为以奥古斯丁为代表的常人的经历,这种经历中的沉沦—死亡—再生结构再现了上帝在尘世的具体工作。第10—12卷为心灵的一般原则,其主要内容为心灵回忆—注意—期待的三位一体结构,人通过自己心灵中的三位一体接近上帝的三位一体。人通过自己的历史

---

① 参见奥古斯丁:《忏悔录》,周士良译,商务印书馆,1996年,1.16。

②④ 同上书,6.1。

③ 同上书,5.8。

⑤ 同上书,6.10。

⑥ 同上书,7.21。

⑦ Mcmahon Robert, *Augustine's Prayerful Ascent: An Essay on the Literary Form of the Confessions*, Athens and London: the University of Georgia Press, 1989, p.147.

与心灵结构得以接近上帝，因为神既在记忆之内又在记忆之上。第13卷用上帝的言——《圣经》——将个人历史与救赎历史联系在一起，包含《创世记》释义的第13卷因而相对独立，是作为“本源”的一卷。从这一卷即终末的角度看，全书从数字1开始，以3倍、再3倍的方式呈反向放射结构，以这种结构勾勒出从本源的“整一”到个体历史的“杂多”的流溢过程。

麦克马洪指出，在《忏悔录》前9卷中，作为作者的奥古斯丁往往站在终末的角度插入叙事，对以往的自我进行评价。正是这种看似杂乱的结构引导着文本情节的前进，就好像是主人公奥古斯丁与代表上帝发言的奥古斯丁之间的一场对话——历史中的自我在与最高存在的对话中以螺旋形上升着。个人的“言”——精神自传的叙事——也通过这种螺旋形的对话（dailectics）回溯到上帝的“言”——《圣经》。①

如果说在《忏悔录》中，这种螺旋形的推进还只是在修辞上存在，那么在《神曲》的三部曲中，螺旋形就实实在在地成为朝圣者的行走路线：朝圣者在地狱中是螺旋下行，穿越了地狱的底部，调转了身形，在炼狱山上以螺旋形的路线环山而上，而后在天国中随着诸天在旋转中上升，直到最后，在天国花园中见到上帝，朝圣者开始按照环形绕上帝旋转。

问题或许在于，地狱、炼狱和天国三界中的旋转方向是否一致？显然，只有肯定的答案才能确认朝圣者的旅程是连贯的。诚然，由于天国在南半球上方，从天国的角度看去，朝圣者在地狱中的下降其实也是上升，他的精神旅程因而在纵向上是连贯地向上行进的，然而在横向维度上情形如何呢？

---

① Mcmahon Robert, *Augustine's Prayerful Ascent: An Essay on the Literary Form of the Confessions*, pp.148 - 150.

弗里切罗(John Freccero)通过文本的细节中的一个矛盾获得了答案。他发现,但丁在地狱中的旅程是按顺时针方向螺旋进行的[①],诗人将这种行进方向称为"向左";而攀爬炼狱山的行动则是按逆时针方向螺旋进行的,诗人将此行进方向称为"向右"。[②]诗人的说法与现代意大利语的习惯相悖,在现代意大利语中,顺时针是向右,而逆时针才是向左。弗里切罗通过思想史的考证断言,只有回溯到亚里士多德传统中才能解决这个矛盾。对于现代人而言,"左"和"右"是相对的方向,但在亚里士多德哲学中,左和右的方向却是绝对的。在《论天》(*De caelo*)第2卷中,亚里士多德将宇宙自东向西的运动称为向右[③],而《论天》是但丁天体宇宙论的来源之一。在《神曲》的宇宙中,由于天国在南半球上方,而堕落后的人类生活在方向颠倒的北半球,所以从北半球的角度看,诸天运动的方向就是"向左",因此,无论是朝圣者在地狱中向左行进的旅程还是在炼狱山调转身形后向右的行进,都是在追逐群星运动的方向。由此来看,朝圣者从地狱到天国的旅程是连贯的。[④]

弗里切罗并未止步于探索《神曲》的亚里士多德主义本源,他将《神曲》中明显的螺旋形路线回溯到了新柏拉图主义的传统,指出,在这种传统中,存在着心灵秩序与宇宙秩序的对应,而这种对应恰恰是《神曲》的自然哲学与心灵之旅得以统一的本源。根据《蒂迈欧篇》的创世神话,人的小宇宙与大宇宙有着相

---

① 此时朝圣者和维吉尔坐在格律翁背上盘旋向下,诗人说:"我从右边已经听到旋涡在我们下面发出可怕的隆隆声。"这似乎意味着,他身体的左侧在外,靠近堤岸,而他身体的右侧向着地狱的中心,由于但丁肯定是在前进而非倒退,因此其方向是顺时针。参见但丁:《地狱篇》,17.118—119。

② 但丁:《炼狱篇》,田德望译,北京:人民文学出版社,2004, 19.79—81 及 22.121—123。

③ *De Caelo*, II. 2. 285b.

④ John Freccero, *Dante, the Poetics of Conversion*, p.72.

同的本源,大宇宙与小宇宙都以三种方式进行着运动,环形的运动是属灵的、完满的运动,线性的运动属于物质世界,二者的结合是螺旋形运动。这种复合运动在天体运行中表现为诸天公转和自转的混合;在人身上,环形的运动意味着理智的运动,线性运动意味着纯粹身体性的行为,二者结合则是肉身化的灵魂的特征。根据《蒂迈欧篇》,灵魂来自诸天,在进入罪孽的肉身时,其环形运动由于肉身的介入而受到打扰,只有通过古典教育才能恢复灵魂的环形运动,那意味着摆脱肉身的羁绊,向天国故乡回归。[①]

基督教传统否认肉体本身的罪恶,因而在奥古斯丁以及其他拉丁教父那里,“线性运动”由物质运动的特征变成了灵魂流连于外物的象征,丢尼修(pseudo-Dionysius)对天使运动方式的分析就体现了这种对《蒂迈欧篇》灵魂运动模式的修正[②],他指出,天使灵性的运动有三种方式:当其敬拜上帝时,进行圆形运动;当其照料人时,进行线性运动;两者结合时,进行螺旋形运动。同样,拥有灵性的人也能够进行三种理智的运动:当人的心灵进入自身,思考最高的存在时,进行圆形运动;当人的心灵执着于外在事物时,进行线性运动;在《神曲》中,朝圣者的心灵旅程是一个在罪的诱惑与上帝的恩典交错中不断反思而前进的过程,螺旋形的行进轨迹是这种心灵旅程的完美再现。由于小宇宙与大宇宙——上帝创造的世界是同源的,于是,就像在《忏悔录》中一样,这种回溯性的螺旋形轨迹将个人的心灵之旅与救赎历史和自然世界联系在了一起。对于奥古斯丁和但丁来说,人与“世界”之间的关系不像笛卡尔哲学之后那样彼此疏离;在他们的世界

---

① John Freccero, *Dante, the Poetics of Conversion*, pp.77 – 78.

② 参见丢尼修:《论神圣的名字》(De div. nom.)IV, 8。

里，自然哲学无往而不是精神哲学。

正是由于心灵旅程与大宇宙之间存在的同源，以“水”与“土”为象征的自然元素才在诗歌的字句与寓意层面参与了朝圣者的旅程。不难发现，在《神曲》每一部曲的开端和结尾都有渡河或航海意象出现，从地狱开始，诗人将朝圣者比作在“灵魂沉船后”脱离海难的人：

> 犹如从海里逃到岸上的人，喘息未定，回过头来凝望惊涛骇浪一样，我的仍然在奔逃的心灵，回过头来重新注视那道从来不让人生还的关口。[1]

而后，朝圣者在维吉尔的引领下穿越了地狱中的 4 条河流。在炼狱的海滩上，诗人“天才的小船把那样残酷的大海抛在后面……扬帆向比较平静的水上航行”[2]，登上炼狱山坚实的土地，在山顶越过了源自天国的勒特河与欧诺尔河。而在《天国篇》开篇，诗人自比成“一面唱歌一面驶向深海的船”[3]，在进入天国花园前，朝圣者看到来自上帝的大光汇成了一条河。而在三部曲中，对“土地”的追寻最终都变成了对在宇宙秩序等级中更高的“土地”——“群星”（stelle）的追随。正是这个词出现在每一部曲的结尾：“重新见到了群星”[4]；“准备上升到群星”[5]；“太阳和其他的群星”[6]。弗里切罗注意到了“星辰”一词的拉丁文写法“sidus”：朝圣者追随群星便意味着与群星在一起，那便是“con-

---

①② 但丁：《地狱篇》，1.22—27。

③ 但丁：《天国篇》，田德望译，北京：人民文学出版社，2004 年，2.3。

④ 但丁：《地狱篇》，34.139。

⑤⑥ 但丁：《炼狱篇》，33.145。

sideration”——冥想,这就是《神曲》的最高境界,即人与宇宙的合一。[①]

三 但丁与维吉尔:水际的诗人

在此,让我们回看地狱中“Limbo”的风景。“Limbo”的中心地带是一座被7道高墙环绕的“高贵的城堡”,“周围有一条美丽的小河防护着”,城堡里还有“青翠的草坪”。[②]这美丽的风景让人想起《埃涅阿斯纪》第6卷中的乐土。然而,稍一反思便能察觉这美丽风景中隐含的悲凉:根据维吉尔在《地狱篇》第14歌中的说法,地狱中所有的河流都源自克里特老人的眼泪,因而那“美丽的小河”或许是地狱入口处的阿刻隆河的支流,而它在本质上肯定是一条“死亡之河”。

值得玩味的是,作为灵泊化身的维吉尔在《神曲》的精神之旅中出现和消失的地方,同样是由水与土构成的道德风景。

在《神曲》开篇的场景中,朝圣者挣扎着走出象征罪恶的幽林,走到山谷尽头的一座小山脚下:“瞥见山肩已经披上了指导世人走各条正路的行星的光辉。”[③]阳光的温暖使他暂时复苏,“犹如从海里逃到岸上的人……回过头来凝望惊涛骇浪”[④]。他顺着一条“荒凉的山坡”(piaggia diserta)前行,但三头野兽出现,最后出现的狼将他逼退。[⑤]朝圣者初步的旅程就这样宣告失败。在《地狱篇》第2歌中,由维吉尔转述的露西的话吐露出了从天国的角度是如何看朝圣者处境的:“没看见他正在风浪比海还险

---

① John Freccero, *Dante, the Poetics of Conversion*, p.226.另见但丁:《天国篇》,226。

② 但丁:《天国篇》,4.106—108, 111。

③ 但丁:《地狱篇》,1.17—18。

④ 同上书,1.22—24。

⑤ 同上书,1.44—60。

恶的洪流中受到死的冲击吗?”[1]换言之,在天国的视野中,朝圣者是从那荒凉的山坡被逼回到了以狼象征的欲望的洪流中。维吉尔就是在这个时刻出现的,可以推知,他出现的地方就是死亡河畔的“荒凉山坡”[2]。

与此对应的是维吉尔消失的地方,那是在伊甸园的勒特河畔的土地上。当贝雅特丽齐从天而降时,朝圣者怀着激动的心情回头寻找维吉尔,“但维吉尔已经走了,让我们见不着他了”[3]。随后是贝雅特丽齐的劝诫,让他不要为维吉尔哭泣。[4]已有无数批评家对这个场景的前前后后进行过分析,但笔者以为,维吉尔消失后出现的一个比喻是最值得注意的,因为在那个比喻中,朝圣者再次将自己比作将要出海的人:

> 正如一位海军上将站在船头和船尾,视察在别的船上履行职责的人们,鼓励他们做好工作;同样,当我听见直呼我在此处必须记载的自己名字的声音,转身去看时……[5]

这出海的比喻正好构成了对开篇场景中沉船比喻的回应。

维吉尔在死亡河畔出现,又在天国的河畔消失,正体现着林译所说“灵泊”的“边缘”特点。而彼此呼应的沉船和起航的比

---

① 但丁:《地狱篇》,2.108。

② 弗里切罗曾指出这荒凉的山坡就对应着灵泊,但未给出特别的论证,见 John Freccero, *Dante, the Poetics of Conversion*, p.54。其实文本的证据并不难找:在这水边“荒凉的山坡”上,朝圣者瞥见了古代哲学的光芒,又在此碰到了诗人的荣耀维吉尔,在地狱中,二者都居住在“Limbo”中,因而由此推断,“荒凉”的山坡象征着灵泊。

③ 但丁:《炼狱篇》,30.49。

④ 同上书,30.55—57。

⑤ 同上书,30.58--62。

喻,则对应着现代汉语中“泊”的意思:“停船,靠岸”。化身为维吉尔的“灵泊”是一片能让灵魂航海的人栖息的土地,异教圣贤的灵魂由于缺乏信仰而在此搁浅,作为基督诗人的但丁却不能以此作为永恒的港湾。

对于无法进入天国的异教圣贤而言,“灵泊”确实有放逐的意味,但笔者以为,不可以将这种意味进行过度延伸,因为在《神曲》的世界里,彻底被放逐的灵魂只有《地狱篇》第3歌中那群“既不背叛也不忠于上帝”的天使和灵魂。[①]而在上帝创造的世界里,位于阿刻隆河彼岸的“灵泊”是有地位的。在撒旦堕落后由于土地的遗失而变得残破不堪的地下世界里,“灵泊”是唯一一块美丽而完好的土地,它就像克里特老人金色的头颅,也像圣托马斯对人类处境的断言:人堕落后,灵魂的低级部分都遭到了败坏,但较高的部分保存着善。[②]

对于开篇场景中朝圣者瞥见阳光而得到恢复的比喻,解释史上一般将这瞥见阳光的动作看作但丁早年,特别是写作《飨宴篇》时期的哲学努力[③],研习亚里士多德使但丁暂时摆脱了灵魂的苦境。但朝圣者最终被逼了回去——亚里士多德的哲学没有起到作用,这位古希腊哲人也从未走出过“灵泊”。维吉尔却成功地引领但丁穿越死亡之河,并引导他来到天国的边界。这似乎意味着,在救赎的道路上,诗比哲学更接近信仰。

不应忘记,在基督殉难之前,“灵泊”是以色列人祖先们的居所,由于信仰,他们最终得以进天国。在这些祖先中有摩西,他带领以色列人走出了埃及,穿越红海和沙漠,抵达约旦河。他在约

---

① 但丁:《地狱篇》,1.38—39。

② 相关内容见 St. Thomas, *De malo*, 9, 4, a.6 ad.4,拉丁文本见网页:http://www.corpusthomisticum.org/qdm08.html。

③ 参见但丁:《地狱篇》。

旦河畔死去,而以色列人在约书亚引领下进入应许的土地。[①]

在致斯加拉大亲王的书信(*Epistola a Can Grande della Scala*)中,但丁正是以这个出埃及的故事为例解释了自己诗歌的四重含义。[②]将这救赎历史中的片段套用在《神曲》的旅程上则或许可以说,那一开始阻挡朝圣者,又在维吉尔引领下穿越的死亡的洪流,就像红海;但丁在其中脱胎换骨的勒特河与欧诺尔河就像约旦河;维吉尔是但丁的摩西,但丁则是我们的约书亚。

---

① 弗里切罗指出,开篇场景的三个物理领域——海难的比喻、荒凉的山坡以及露西看到的河,分别对应着出埃及故事中的红海、沙漠和约旦河,参见 John Freccero, *Dante, the Poetics of Conversion*, p.59。笔者关于出埃及故事与灵泊的联想受其启发,但认为其结论值得商榷,笔者倾向于认为,《神曲》中与约旦河对应的河流应在炼狱山顶的伊甸园中。

② "以色列出了埃及,雅各家离开说异言之民。那时,犹大为主的圣所,以色列为他所治理的国度。"(《诗篇》,114.1—2)。但丁对这段解释是:"如果我们仅仅考虑字面的意义,则预示给我们的是,在以色列的孩子们在摩西时代从埃及出走;从寓意看,则作品预示着我们通过基督获得救赎。从伦理意义看,是灵魂从罪的悲伤与惨状转换到享受恩典的状态,从神秘意义看,是得到洁净的灵魂从此世朽坏的束缚进入永恒荣耀的自由。"(*Epistola XIII. 21*)但丁书信拉丁文本见网页:http://etcweb.princeton.edu/dante/pdp/epistole.html。但丁用这个例子来说明《天国篇》的寓意,但解释家们往往将这个段落的拓展到对整个《神曲》的解释,辛格尔顿就是由此出发,论证了《神曲》中的个人旅程与救赎历史的统一。

寻找丢失的“整体”：弗里切罗的但丁批评

朱振宇

在但丁身后，关于这位诗人，特别是《神曲》(*La Divina Commedia*)的批评，大体集中于两个方面：但丁的信仰问题和《神曲》的写作风格问题。[①]前一种批评始于14世纪的多明我会修士、教皇世俗权力的支持者维尔纳尼(Guido Vernani)[②]，并一直持续到19世纪。这种批评主要关心的是《神曲》等作品是否符合基督教教义，以及这些作品的精神来源。后一种批评始于16世纪的俗语人文主义者本博(Pietro Bembo)。[③]这种批评将《神曲》的写作风格与其精神寓意分割开来，仅仅关注诗歌的写作形式问题。在17至18世纪的欧洲，后一种批评达到了顶峰。在这种批评思潮影响下，《神曲》被认为语言粗俗，但丁受到了长期冷落。两种批评向度虽然各有其理，却都割裂了作为一个整体的《神曲》：前者忽略了《神曲》的诗歌本质，后者则忽略了诗歌的精神

---

① 关于但丁解释史的概述，参见《但丁批评遗产》：*Dante*: *The Critical Heritage*, ed. Michael Caesar, Routledge, 1995, “Introduction”, pp.1－88。

② 系统分析这一段历史的著作为《关于〈帝制论〉的论争》：*The Monarchia Controversy*, trans. and ed. Anthony K. Cassell, The Catholic University of America Press, 2004。

③ Pietro Bembo, “the Models for Literary Italian are Petrarch and Boccaccio, not Dante”, in *Dante: The Critical Heritage*, ed. Michael Caesar, p.232－238.

寓意。[1]

到20世纪初,意大利本土最有影响力的《神曲》诗学研究在很大程度上继承了后一种批评,其中最经典的著作来自克罗齐(Benedetto Croce)。在《但丁的诗》(*La poesia di Dante*)中,通过划分“诗”(poesia)与“非诗”(non-poesia),克罗齐分析了《神曲》中的美学特点。克罗齐指出,赋予《神曲》崇高地位的并不是这部作品的所谓神圣性,而是但丁艺术家式或抒情诗式的冲动,诗人被压抑的天才在《神曲》看似严密的结构下涌动,不断地冲击着但丁对“神学传奇”(romanzo teologico)的构思,在诗人与使徒的较量中,诗是最终的胜利者;但丁与莎士比亚和歌德一样,都是天才诗人的典型;《神曲》体现的是一种“普遍诗歌”(poesia universale)的理念,而这种“普遍诗歌”在所有伟大的诗人和艺术家那里都存在。克罗齐的但丁批评沿袭了第二种批评向度的优缺点,他的观点奠定了20世纪意大利但丁学研究的风貌。

在20世纪上半叶,欧美学界继承前一种批评取向的观点普遍认为,但丁是托马斯·阿奎那的伦理学体系的实践者。这一观点的代表作有里德(W.H.V.Reade)的《但丁〈地狱篇〉的道德体系》(*The Moral System of Dante's "Inferno"*)、吉尔松的(Étienne Gilson)《但丁与哲学》(*Dante and Philosophy*)。这些著作从圣托马斯的伦理学体系来分析《神曲》思想,准确指出了《神曲》中的托马斯主义渊源,也指出了但丁体系对托马斯伦理学体系的修正,但仍忽略了《神曲》与托马斯伦理学的其他一些重要差别:

第一,圣托马斯不像但丁对“爱欲”(eros 或 amor)有深刻的

---

① 在但丁批评史中,这种分裂在19世纪以前一直存在,但到19世纪初,英国和德国浪漫派的批评在总体上想要扭转这种局面,特别是德国浪漫派非常重视《神曲》的精神总体性。不过,浪漫派的但丁批评问题比较复杂,译者拟另行撰文分析,在此不予讨论。

关切。托马斯伦理学的基础为亚里士多德的伦理学，在亚里士多德的伦理学中有很大篇幅探讨“友爱”(phileia)[①]，却基本不谈论“爱欲”(eros)。作为中世纪的亚里士多德主义者，托马斯的伦理学体系同样很少单独谈论“爱欲”，对他来说，在初人灵魂的原始正义失去以后，爱欲特别是男女的爱情只不过是一种扭曲的人类欲望(appetitus)，克制这种扭曲的爱欲要靠理性，而非对爱欲本身的升华。但在《神曲》中，爱(amor)既是引诱者也是救赎者，《神曲》的精神之旅实为一条逐渐上升的爱的阶梯。《神曲》中的很多篇章都因充满爱欲的色彩而具有非凡的感伤力[②]；更重要的是，作为爱的象征的是贝雅特丽齐的形象，她出于对但丁的爱，先是找到维吉尔引领但丁走过地狱和炼狱，而后她又亲自引领但丁走进了天国。无论怎样解释贝雅特丽齐的象征意义，都无法否认她作为但丁曾经的世俗恋人的身份。如果仅仅按照托马斯的伦理学体系来解释《神曲》，则既无法解释《神曲》强烈的爱欲冲动，更无法解释一位曾经的世俗恋人何以能成为朝圣者的最高向导。

第二，圣托马斯认为，理智和意志(即爱)就像灵魂的两只脚，支撑着人在通往上帝的道路上行走，这一点为早年的但丁所继承，但相比而言，他认为理智的力量更为重要。[③]而《神曲》中对意志的强调却是显而易见的，在致斯卡拉大亲王的书信中，就对

---

① 非常典型的，《尼各马可伦理学》第8、9卷为亚里士多德讨论“友爱”的著名篇章。在《政治学》等著作中，也有大量内容直接或间接涉及“友爱”。

② 比如《地狱篇》第5歌弗朗奇斯加和保罗的爱情故事；《地狱篇》第24、25歌描写盗贼变形中露骨得甚至有点下流的性爱意味；《炼狱篇》第17、18歌，但丁借助维吉尔之口谈论爱的秩序。

③ 参见《神学大全》(*Summa Theologica*, I. Q.82. a.3)“事物越单一、越抽象，它本身就越高贵越卓越，因此理智的对象高于意志的对象。从而，由于一种[灵魂]能力的本质取决与其对象的等级，所以在绝对的意义上，理智本身比意志高贵和卓越。”详见网页 http://www.newadvent.org/summa/1082.htm#article3。

《神曲》的主题进行过定位:“仅从字面意义上讲,整部作品的主题讲的只是灵魂死后的状态,……但从寓意上看,主题则是人运用自由意志(arbitrii libertatem),依据其行善或作恶而受到神圣正义的报酬或惩罚。”[①]可见,《神曲》强调的首先是自由意志而非理智的力量。从这一点看,但丁与圣托马斯的主要关怀有所不同。

第三,如果将托马斯伦理学体系作为《神曲》结构的根本,则顺理成章的是,朝圣者进入天国之前的向导应该是哲学家亚里士多德,因为在但丁的全部作品中,亚里士多德被引用的次数仅次于《圣经》;[②]但不能忽略的是,《神曲》中朝圣者的第一位向导却是古罗马诗人、《埃涅阿斯纪》的作者维吉尔。如果过分执着于亚里士多德—托马斯的思想影响,则但丁将维吉尔作为向导的选择就显得过于随意。而如果以“维吉尔代表理性”[③]为理由把维吉尔看作包括亚里士多德在内的古典哲学(首先是古希腊哲学)的代言人,又无法解释为什么一个罗马诗人有资格代表古希腊哲学;或进一步说,为什么是维吉尔这个罗马诗人而不是其他罗马诗人有资格代表古希腊哲学。

第四,以《神学大全》和《论恶》(*De Malo*)为代表的著作给出的是圣托马斯一般性的伦理原则,而《神曲》带有相当强烈的个人色彩,其诗歌全篇都是以第一人称叙述的,如在“人生的中途……陷入一片幽暗的森林”(《地狱篇》1.1—2)中朝圣者不仅

---

① 参见 Dante, *Epistola* XIII. 24－25。书信拉丁文原文来自网页 http://etcweb.princeton.edu/dante/pdp/epistole.html。

② “诗人的作品包括 575 条《圣经》的引文,相比之下,对亚里士多德的引用有 395 次,而对维吉尔的引用有 192 次。”详见《但丁的圣约书:圣经式想象论集》:Peter S. Hawkins, *Dante's Testaments: Essays in Scriptural Imagination*, Stanford University Press, 1999, p.36。

③ 这种说法可以追溯到 14 世纪早期但丁评注者弗朗切斯科·达·布蒂(Francesco da Buti),详见 *Dante: the Critical Heritage*, ed. Michael Caesar, pp.179－182。

亲历了地狱的恐怖与天国的喜乐,分享了三界中各种灵魂的故事与情感,最后还面对面见到了上帝。正是这种强烈的"个体性",表现了但丁强烈的非托马斯特征。

对上述问题的忽略其实都可总结为对《神曲》诗歌本质的忽略。这些著作与克罗齐的但丁批评虽各有千秋,但都拒绝看到一位完整的但丁和一部完整的《神曲》。

对于20世纪但丁学研究的这种"分裂"现象,奥尔巴赫(Erich Auerbach)是第一位有清晰意识并力图彻底解决这个问题的批评者。在一系列著作和文章如《论模仿》(*Mimesis*)、《但丁:世俗世界的诗人》(*Dante, Poet of the Secular World*)以及《喻像》(*Figura*)中,奥尔巴赫以"诗"为立足点,分析了《神曲》的结构与托马斯神学体系的差别。他在确认了但丁的托马斯体系来源后,指出:

> 圣托马斯没有受到诗人们具体的启发,就能在一个圆满的体系之中建立亚里士多德式的、天主教的世界,在这个思想大厦之中,上帝、"分立的实体"、人及其灵魂、自然,都有与其相称的位置,不过虽然如此,他却没有让这个世界充满具有名字和不同品质的个体。但丁则不然,他令其中住上了他诗性幻想的喻像,每一个喻像都来自某一具体时刻的非理性的灵感,借着哲学思想的帮助,他便能规定适合于每一个喻像的自然、处所、地位与活动。①

奥尔巴赫也指出了《神曲》作为个人精神旅程的特点:

---

① Erich Auerbach, *Dante, Poet of the Secular World*, trans. Ralph Manheim, The University of Chicago Press, 1961, p.73.

> 个人的内容并没有因为转化成理性的寓意而丢失，它反倒保留了下来，成为一种基础。读者可以从中吸取两种意义，诗人表现为一个拥有人生经历的人，成为理性寓意与个人内容之间的纽带。……作为一个被冲突撕扯着的、被爱驱使着做出决断的人，作为一个其命运将要被决定的灵魂，他将自己放入抽象的思辨中，就这样他将一种历史特征赋予了他的思想大厦；即使我们的哲学知识不完整，这拥有历史特征的喻像也是自足的。[①]

概言之，奥尔巴赫的做法是先将哲学理解为“抽象概念”，将诗理解为“具体的情感和历史”，然后，在托马斯伦理学的一般原则不足以解释《神曲》的情况下，用诗作为哲学的补充；哲学解决的是《神曲》的一般原则问题，诗歌则涉及但丁的个人实现：“在感性形象中再现那种追求是非常合理的，因为只有通过这些形象，个人的戏剧才能变得清晰。”[②]按照这种解释思路，贝雅特丽齐和维吉尔在诗歌中的重要地位，以及朝圣者个人经历的切身性，都可以按照“诗”的这个向度得到解释。在奥尔巴赫看来，《神曲》是一个包含着诗与哲学、个性与共性的矛盾统一体，其中蕴含着“传统经院哲学观点与对其诗歌真正本质的理解之间的冲突”；而在那些特别具有世俗意味的、以《地狱篇》为代表的篇章中，诗人高超的“模仿”力量和情感压倒了和经院哲学密不可分的信仰，最终成就了作为“世俗世界的诗人”的但丁，也最终成就了文艺复兴初期“古典”对基督教的胜利。最后，力图整合《神曲》精神寓意和诗学本质的奥尔巴赫在结论上得出了多少与克罗

---

① Erich Auerbach, *Dante, Poet of the Secular World*, pp.73－74.

② Ibid., p.74.

齐类似的结论,那就是:但丁的诗歌冲动最终战胜了心中的虔敬。

不难看出,奥尔巴赫这种调和诗与哲学的努力其实不算成功,他所理解的"哲学"更符合笛卡尔以后的现代哲学观念,他所理解的诗歌则充满了德国浪漫派的烙印。就这样,还未对"哲学"与"诗"的本来意义进行返本溯源的追溯,奥尔巴赫就在现代人对"哲学"与"诗"的片面理解上开始整合《神曲》中的"诗与哲学之争"。他尽量将《神曲》的信仰问题和风格问题解释成一个统一体,其结果却是让我们看到了这两种因素的激烈冲突:作为哲学家的但丁是理性的,作为诗人的但丁是感伤的;作为哲学家的但丁是严谨的,作为诗人的但丁是随意的;作为哲学家的但丁本质上是基督教的,而作为诗人的但丁本质上是古典的……奥尔巴赫用"模仿"(mimesis)来概括《神曲》的写作风格,然而最后展现给我们的却是《地狱篇》与《神曲》的其他两部曲特别是《天国篇》的根本对立:《地狱篇》的模仿因为更具有生动的"个性",在"诗"的方面大大胜过了充斥经院哲学色彩的《天国篇》——这就好像《神曲》不是一个连贯的作品:《天国篇》是神圣的,《地狱篇》是异端的;写作《地狱篇》的诗人但丁是成功的,写作《天国篇》的诗人但丁是失败的。在《神曲》的连贯性和统一性问题上,奥尔巴赫陷入了"二元对立"的窘境;在但丁的精神信仰方面,奥尔巴赫陷入了"非此即彼"的窘境。[1]其结果是,透过奥尔巴赫的眼睛看到的但丁和《神曲》仍然都是分裂的。

奥尔巴赫的但丁学研究在20世纪上半叶的欧美但丁学研究中具有极高的地位,他的研究代表了一个时代但丁学的基本风貌,也暴露了那个时代但丁学的窘境。在奥尔巴赫之后,公认的

---

① 笔者认为,在这方面,浪漫派的但丁批评对奥尔巴赫的影响是不可忽视的,但本文无暇分析这个问题。拟另文撰述。

新一代但丁学代表为辛格尔顿(Charles S. Singleton)。辛格尔顿的两部但丁学研究《但丁的〈喜剧〉:结构因素》(*Dante's "Commedia": Elements of Structure*)、《走向贝雅特丽齐之旅》(*Journey to Beatrice*)和对《神曲》的集注,继承了奥尔巴赫想要将《神曲》作为一个整体来解释的意愿。辛格尔顿在此基础上提出,要从《圣经》的角度来理解但丁的诗与哲学。他通过对《神曲》的注释给出了大量文本证据,但由于并未在《圣经》和《神曲》之间找到一条清晰的思想史脉络,他的研究往往停留于宏观叙事而不能深入。

了解了奥尔巴赫和辛格尔顿研究的优劣,才能看到约翰·弗里切罗(John Freccero)的文集《但丁:皈依的诗学》(*Dante: the Poetics of Conversion*)的杰出贡献。概言之,弗里切罗对奥尔巴赫—辛格尔顿研究思路的突破之处在于,他将但丁的思想来源从亚里士多德—托马斯的体系转移到了柏拉图—新柏拉图主义—奥古斯丁的脉络上,从而找到了调和奥尔巴赫最终陷入的"二元论"与"非此或彼"的窘境的路径。

弗里切罗首先指出,《神曲》的典范并不仅仅是以荷马史诗和《埃涅阿斯纪》为代表的古典史诗,还有奥古斯丁的《忏悔录》:

> 如果但丁精神之旅的起点和终点有意让人想起奥古斯丁在《忏悔录》中的经历,那么我们或许可以认为,但丁全部精神自传的结构在本质上是奥古斯丁式的。("开篇场景"①)。

将《神曲》归入《忏悔录》传统的做法至少可以回答关于《神曲》的两大疑问:第一,但丁将个人历史的故事嵌入托马斯式的丰沛体系,是否只是诗人异想天开的想象?第二,如果说《神曲》

① 选自《但丁:皈依的诗学·开篇场景》,以下文内注均选自此书,仅保留篇章名。

的最终归宿是基督教的,那么为什么在但丁的旅程特别是《地狱篇》中,每每能看到但丁对恶灵们的同情甚至敬佩?按照奥尔巴赫的思路,第一个问题的答案是,但丁"将一种历史特征赋予了他的思想大厦;即使我们的哲学知识不完整,这拥有历史特征的喻像也是自足的"。简言之,是为了成就文学形象的完整,这种完整与诗人的信仰或思想体系没有本质关联。而第二个问题的答案则是,这是作为诗人的但丁"人性"的表现。地狱中的灵魂尽管从信仰的角度看是有罪的,但从人的角度看,这些灵魂代表了人性的种种伟大;但丁对这些灵魂表现的正面情感是诗人内在冲突的体现,它最终体现了但丁作为一个世俗诗人的立场。弗里切罗紧扣《忏悔录》的传统,给出的解答则是这样的:第一,正如《忏悔录》前9卷的个人皈依故事是对后4卷的"上帝之书"——《圣经》原理的见证,《神曲》中的个人故事也是为了给出对神圣真理的见证,"而在'此刻'的见证中,个体事件被反思性地解读为在个人历史中对整个救赎历史的重演"。在个性与共性、个人历史与哲学的普遍原则之间不存在分裂。第二,正如《忏悔录》的叙述者奥古斯丁和作为故事主人公的奥古斯丁之间存在差距,在《神曲》中也有作为叙述者的"诗人但丁"和作为精神旅程亲历者的"朝圣者但丁"之别。朝圣者但丁是一个成长中的人,他的旅程"是正在生成的历史,它是不确定的、成问题的,不断进行着修正"("开篇场景"),他在《地狱篇》中流露的错误情感是历史中的自我在迷惘中前进的体现,而诗人但丁代表着一种终结的、完整的看法。从精神成长的角度看,奥尔巴赫看到的"世俗世界的诗人"只是但丁历史成长过程的一个阶段;就像三部曲的创作原则是统一的一样,在从地狱到天国的旅程中,诗人但丁的意图也是连贯而统一的。对于奥尔巴赫式的推论——《地狱篇》代表"人性价值",弗里切罗明确回答道:"在地狱之行结束之时,事实上每一种人想要肯定的、纯粹属人的价值都被毁坏了。”（“地狱的讽刺”）

与《神曲》连贯的主题对应的是诗歌一致的创作原则，弗里切罗借用纽曼（F. X. Newman）的研究成果[1]，用奥古斯丁在《〈创世记〉字解》中区分的三种异象模式，即身体性的（the corporeal）异象、属灵的（the spiritual）异象和属理智的（the intellectual）异象，来分析《神曲》的创作形式。按照《〈创世记〉字解》，身体性的异象是凭借“身体器官的普通感觉而感受到的异象”；属灵的异象指受写作、记忆或梦等的启发而感受到的异象；最后，属理智的异象则超越了感官的认识能力和想象的作用。三种异象模式对应着人类理解事物的三个阶段：“从感性材料，到想象，再到心灵。”（“地狱的讽刺”）将这三种异象模式对应到《神曲》的写作上，则是：

> 《地狱篇》中表现的异象显然是身体性的：朝圣者能够看到和触摸到罪人们的灵魂。但丁诗句的表现力让我们有了身临其境的感受。地狱的景象、声音甚至气味冲击着朝圣者，……而《炼狱篇》则是想象的世界。我们注意的焦点并非朝圣者周围的环境，而是他的精神状态……梦不时打断着他的旅程，异象推动着他的想象……最后，《天国篇》呈现为恰兰萨（Margerite Chiarenza）所称的“没有形象的异象”（an imageless vision）。在很多方面，《天国篇》都是最为现代的一部曲，因为从一开始它就宣称自己的主题是不可能的：超凡入圣的事物不能用言语表达。（“地狱的讽刺”）

由此来看，《神曲》的表现手法经历了一种渐变的过程，与这

---

[1] 参见 F. X. Newman, “St. Augustine’s Three Visions and the Structure of the Comedy”, in *Modern Language Notes*, 1967, pp.64－65。

种变化对应的是朝圣者灵魂的净化。诗学手法的变化是诗人但丁或朝圣者内在心灵境界的外在投射,因此,是一种"忏悔的现象学"("地狱的讽刺")。《地狱篇》中的灵魂执着于罪恶,为了再现灵魂的堕落,但丁就将这些灵魂内心的罪外化为感性甚至物质性的动作。因此,《地狱篇》的表现手法是"身体性"的,这种表现并不仅仅是客观的"模仿",而且是一种贬低。这种贬低的表现手法就是讽刺,正是这种讽刺透露了诗人但丁对地狱最终的否定。所以,从表现手法来看,奥尔巴赫看到的地狱人物的悲剧特征也是不成立的。

弗里切罗还指出,寻找但丁的精神祖先,并非只能通过圣托马斯回溯到亚里士多德;通过奥古斯丁上溯到新柏拉图主义的"流溢说",全面看待但丁对柏拉图和亚里士多德两种传统的融合,才是正确的。他认为,但丁精神之旅的原型来自柏拉图的《蒂迈欧篇》,可以在《神曲》的个人旅程与作为《神曲》结构的宇宙体系之间找到一种内在的关联,从而弥合奥尔巴赫看到的"托马斯体系"与但丁个人历史之间的分裂。弗里切罗指出,根据《蒂迈欧篇》,在人的灵魂与"世界灵魂"、物理运动与心灵运动之间存在着类似:

> 环形的运动是天体秩序中的完满,它还意味着反思,即理智秩序中的完满;直线运动是物质的特征,它意味着非理性的行为;像行星那样的螺旋形运动意味着将前两种运动结合起来,它也因此是肉身化的灵魂的特征。("旋转中的朝圣者")

在《神曲》中,背负着肉身重负的朝圣者的旅行路线正是螺旋形的。根据《神曲》文本的细节,朝圣者在地狱中下降行动的完成是按螺旋形向左进行,而攀爬炼狱山的行动则是按螺旋形向右进行的。由于在《地狱篇》和《炼狱篇》交界的地方朝圣者调转了身形,因而但丁在地狱和炼狱山中的旅程实为方向一致的按螺旋形"向右"上升。按照亚里士多德传统,"右"是指"诸天每日围绕静止的地球的运动",因此,《神曲》中的旅行路线实为追随群星的运动。在这追随群星的旅程里,融合着柏拉图和亚里士多德的宇宙论。根据这种渊源久远的"宇宙论",弗里切罗在奥尔巴赫所说的"个性化的历史"与"抽象原则"、朝圣者个人历程与故事发生的场所之间——在"历史"与"自然"之间——找到了一种内在的联系:

> 即使朝圣者在地狱中下降的时候,他也是向上行走的,因为宇宙真正的"上"对我们来说是"下";这在字面上证明了奥古斯丁用布道词表达的道德真理:"要上升,先该下降。"在灵的生活中,一个人必须在谦卑中下降然后才能开始上升到真理……("旋转中的朝圣者")

就这样,弗里切罗将《神曲》的诗学理念归结为一种"皈依的诗学"(the poetics of conversion),地狱之旅结束时的调转身形既是柏拉图意义上的"灵魂转向",也是奥古斯丁意义上的"皈依",处在地狱底层的魔鬼实为朝圣者实现皈依的十字架:"朝圣者在魔鬼十字架上的转身……代表着柏拉图式的或基督教式的精神变化观念。"("地狱的颠倒与基督教的皈依")这魔鬼十字架"将柏拉图式的古典教育理想(paideia)转变成对基督的模仿"("撒旦的记号")。

既然指出了但丁背后的柏拉图—奥古斯丁传统,也就能为《神曲》中强烈的爱欲色彩找到根据:在柏拉图和奥古斯丁的作品中,对爱欲的关怀本身就是思考的基础;就像柏拉图的《理想国》《会饮篇》等不仅是哲学也是诗,就像《忏悔录》不仅有后 4 卷的内在时间意识哲学也有前 9 卷的救赎戏剧,《神曲》的诗与哲学、个人存在与救赎历史是一个统一的有机体。在再现“人,运用自由意志(即爱)……受到惩罚或奖励”的《神曲》中,身兼世俗爱人与圣爱两种身份的贝雅特丽齐象征的是一种“爱的修正与升华”,而维吉尔作为但丁的第一位向导,也可以从“克制爱欲”的角度得到理解:

> 除非说所有诗人都是爱欲的诗人,否则在爱情诗歌的语境中想起维吉尔就似乎令人奇怪。……在个人欲望和神圣命运的斗争中,维吉尔的埃涅阿斯是一个以其使命的名义弃绝了自我的人。正是由于这个原因,维吉尔才能帮助朝圣者调转目光,直到贝雅特丽齐指明调和人类之爱与神圣安排的道路。就像在但丁的阅读经历中,历史上的维吉尔曾帮他指明如何走出爱的僵局、抵达优美的风格(lo bello stilo)一样,在诗歌中,正是维吉尔帮助他避开所有爱情诗人都面临的陷阱。(“美杜莎:字句与灵”)

把《神曲》定位为爱的诗篇,以对爱欲的态度重新为维吉尔的出现定位,避免了“维吉尔代表理性……因而代表古代哲学”这种推论的粗疏,也开启了将《神曲》中的维吉尔当作书写《埃涅阿斯纪》的历史上的维吉尔的解读思路。此外,将信仰与哲学都还原为对“爱欲”的某种态度,能够真正看到诗在思想史上的位置,而不会像奥尔巴赫那样,陷入“诗”与“信仰”非此或彼的二元论。弗里切罗最终将诗与精神朝圣的统一的来源归结到了奥古斯丁传统:

> 从奥古斯丁开始,中世纪坚持认为,在爱欲与语言之间

> 存在着关联。爱欲想要达到的是凡人无法获得的东西，语言想要达到的是静默的意义。人的欲望有一种不完满，正是这种不完满迫使灵魂去超越，拒绝看到这种不完满就意味着流连于被造物的王国，像崇拜造物主一样崇拜它们。与此类似地，语言与诗歌是一种连续的苦修(askesis)，它们指向比自己高的东西，拒绝看到这一点就意味着流连于字面，将它看作完全没有灵性的东西，而为人类话语赋予意义的却正是那灵。(“美杜莎：字句与灵”)

换言之，正如上帝的“言”(道路)同时也是爱一般，人的“言”同时也是爱欲的流溢，二者的最终目的都是上帝，诗歌与朝圣之旅的根本关联就在于“爱的秘密”，“爱是包含着诗歌本质的纽带，这纽带将天与地、将诗人与他的听众捆绑在了一起”(《天国篇·导论》)。就这样，弗里切罗在诗歌与信仰的和解上正面应对了从本博一直延续到克罗齐的将但丁的写作风格问题看成独立于其信仰之外的那些批评，“对弗里切罗而言，风格的标志是形式与其神学对应者的合一”(“编者导论”)。

应该指出，在但丁批评史上，试图发现但丁与柏拉图精神关联的批评者并不少见。早在15世纪，新柏拉图主义者斐奇诺在其《帝制论》意大利译本序言中就指出，他自己在《神曲》中“找到了我们正义的导师柏拉图描述过的三个王国”①。在当代，纳尔迪(Bruno Nardi)②以及更为晚近的福廷(Ernest Fortin)③等，都力

① 参见 Marsilio Ficino, “Preface to the Monarchia”, in *Dante: The Critical Heritage*, ed. Michael Caesar, p.217。

② 代表作为 Bruno Nardi, *Nel mondo di Dante*, Rome: Edizione di “Storia e Letteratura”, 1944。

③ 代表作为 Ernest. L. Fortin, *Classical Christianity and the Political Order: Reflections on the Theologico-political Problem*, ed. J. Brian Benestad. Lanham, Md.: Rowman & Littlefield, 1996。见其中关于但丁的4篇文章。

图寻找《神曲》中的柏拉图传统。与这些批评相比,弗里切罗的出色之处就在于,他真正做到了从文字表面出发。他的具体方法是,在《神曲》往往不为人注意的细节(一个词、一个短语、一个方向)中寻找出来自古典或中世纪传统的蛛丝马迹,追溯某个观念完整的演变史,从而将但丁的诗句归诸更为古老的精神传统。比如在"开篇场景"和"但丁的尤利西斯:从史诗到小说"中,弗里切罗从《地狱篇》第 26 歌中的一个短语"疯狂的飞行"(folle volo, v.125)出发,将尤利西斯航海的形象追溯到新柏拉图主义传统中的"灵魂的飞翔"。再比如,在"旋转中的朝圣者"中,他通过在《地狱篇》和《炼狱篇》中仅仅出现过几次的关于但丁行走方向的提示,将但丁的"左""右"与古典哲学中的"左""右"联系在一起,揭示出了朝圣者旅行全程的行走方向,从而论证了但丁对《蒂迈欧篇》的继承与修正。与弗里切罗的这些文章相比,其他几位追溯《神曲》柏拉图传统的学者,要么不能把自己的理念落实到文本的细节上,从而令文章显得空疏;要么所选择的细节无法用来论证《神曲》全篇的精神气质,从而令自己断章取义的论证更像对某种思潮不求甚解的附和。

同时应该看到,在将但丁归入奥古斯丁传统时,弗里切罗面临着相当多的困难。首先,缺乏文本主干上的支持。在《神曲》中,圣托马斯的地位是崇高的,奥古斯丁的地位却相对模糊。但丁借维吉尔、斯塔提乌斯等灵魂的口长篇复述的是圣托马斯的伦理学(《地狱篇》第 11 歌;《炼狱篇》第 17、18 歌;《天国篇》第 25 歌),在《天国篇》中,圣托马斯是"太阳天"中的主要角色,他对朝圣者进行了相当长的教诲,而奥古斯丁只在天国花园中短暂现身并且保持沉默。其次,缺乏来自但丁解释史的支持。莫尔(Edward Moore)编辑的 4 卷本《但丁研究》(*Dante Studies*)对《神曲》中的典故进行了穷尽的搜索。关于奥古斯丁与但丁的关联,莫尔声称“不断地找到两者之间新的相似之处”，但是，有哪些关联之处？以资料丰富著称的莫尔却几乎无力指出《神曲》来自奥古斯丁的直接典故。[①]由于上述困难，在注重文本考据的西方但丁学传统下，弗里切罗必须给出实实在在的文本证据，并且证实这些文本证据对于理解《神曲》全篇有着至关重要的作用，才能支持自己的立论。对此，弗里切罗仍是从文本的细节或情境来追溯思想史的全部脉络，从而发现《神曲》的精神总体性。比如在《没有向导的旅途上，那坚实的脚》中，弗里切罗从《地狱篇》第1歌中的短语“坚实的脚”（piè fermo, 1. 30）出发，追溯了中世纪传统中关于“灵魂之脚”的全部解释史，并成功论证说“坚实的脚”的真实意义是作为奥古斯丁思想基石以及《神曲》根本关怀的“自由意志”。在缺乏具体文字上的相似时，弗里切罗则根据文本的情境判断但丁的精神先驱。比如在“开篇场景”中，弗里切罗将《神曲》开篇的文学原型果断归结为《忏悔录》第7卷描述的“异地”（region of unlikeness），“我的论点是，朝圣者发现自己身处其中的风景，与《忏悔录》第7卷年轻的奥古斯丁发现自己身处其中的‘异地’有着惊人的相似”，“虽然但丁没有在任何地方用到‘异地’这个短语，他却数次借用了奥古斯丁比喻的细节来描述他自己的精神状况”（“开篇场景”）。这种以小见大、从部分见全局的解读，经常能给读者以别有天地而含蓄隽永的感觉。也正是在这一点上，弗里切罗远远超过了擅长对《神曲》进行宏观叙事的辛格尔顿。正如雅可夫（Rachel Jacoff）所说的，“辛格尔顿强调了诗歌更广泛的寓意结构，而弗里切罗则常常从某个细节的意义出发”；“虽然在表面上，这分析的目的是为了澄清一个令人困惑的短语，但这分析的结尾却蕴含着对全歌以及但丁旅程意义

① 参见 Edward Moore, *Studies*, *First Series*, Oxford: Clarendon Press, 1963, p.294。

的一种解读。弗里切罗以小见大的方式令人想起斯皮策所坚信的那个道理:每一个难题都蕴含着它所属的那个整体——‘碎片中的整体’(Das Ganze im Fragment)。正是在追求‘碎片中的整体’的意义上,弗里切罗成了‘两位上一代伟大的但丁学家:奥尔巴赫与辛格尔顿的继承者’”(“编者导论”)。也是在探索《神曲》精神总体性的意义上,弗里切罗超越了两位前辈,成了当代北美但丁学的学术领袖。

弗里切罗的研究对北美但丁学的主要影响在于以下两点:首先,他和纽曼还有恰兰萨等人一起,促成了北美但丁学研究的“奥古斯丁转向”,更为晚近的学者马蒂内斯(Ronald Martinez)、马佐塔(Giuseppe Mazzota)、施纳普(Jeffrey Schnapp)、霍金斯(Peter S. Hawkins)、德林(Rober R. Durling)等将但丁与奥古斯丁作品的具体精神关联落实到了文本的细节中。其次,弗里切罗继承奥尔巴赫和辛格尔顿对“诗”的尊重,对作为但丁写作来源的古典诗人与基督教的关联开始了更为精细的探索,维吉尔和奥维德等古代诗人不再被看成某种抽象理念的代表,而是被还原成了书写过某些具体作品的诗人。这为后来学者的治学提供了新方向的可能。[①]在思想史上,弗里切罗给我们的启迪在于,他立足于奥古斯丁传统,发现了基督教精神与“诗”在本质上的某种类似,从弗里切罗的立足点或许可以推出,在某种程度上,文艺复兴时期“诗”的复活恰恰是基督教的一种精神向度“世俗化”后的必然结果——换言之,基督教在某种程度上刺激了现代性的产生。无

① 这里仅举一例,1991年,斯坦福大学出版社(Stanford University Press)出版了由雅可夫、施纳普合编的《用典的诗歌:但丁〈喜剧〉中的维吉尔与奥维德》(*The Poetry of Allusion: Virgil and Ovid in Dante's Commedia*),其中收集的文章均以讨论《神曲》对维吉尔及奥维德诗歌文本细节的继承和改写为主题,从行文中,能够看到弗里切罗对文集作者们的深刻影响。几乎参与写作的每一位作者都有关于但丁与古典诗歌的系统论著。

论我们对于弗里切罗的结论是认同还是反对，我们都能从他的论证过程中受到启发，并进而对“诗与哲学之争”和“启示与理性”等问题有更为深入和全面的思考。

弗里切罗不具备华丽流畅的文风，其半数以上的文章有着相当啰唆和晦涩的开头，但总结起来，这些枯涩的反复论证其实强调的都是《神曲》文本的精神总体性。如果对但丁的学术史有所了解，则多少会体会弗里切罗这种啰唆的重复论证中体现的焦虑，因为他的论战对象并不仅仅是热衷于“解构”的后现代的文学理论，他要应对的是整个但丁学术史中一直存在的诗与哲学的“分裂”——从思想史上看，那种“分裂”正是整个现代思想的痼疾，正是但丁的批评史中折射出来的古典整全视野的消失。弗里切罗的这本文集通过分析《神曲》反思了整个《神曲》的解释史，从而也反思了现代性。

在弗里切罗的这本文集中，虽然每一篇文章的开篇都不引人注目，但其行文过程却都如层层剥茧，令人折服于作者的智慧与学识；而每一篇文章的结尾也都留有余地，让读者回味无穷。这样的写作风格最令人受益之处就在于，能够引导读者在与作者的对话中为作者留出的余地填补空白，体会思考的快乐。正如雅可夫说的，弗里切罗研究的生命力“并不仅仅在于这些文章的真知灼见，它还在于，这些文章以某种谦逊和礼貌让读者自己得出这些文章的结论或类似的东西。这些文章是提示性的、而非穷尽性的。”（“编者导论”）